流域人类学导论

田阡 / 著

LIUYU RENLEIXUE DAOLUN

TIAN QIAN

人民出版社

序一　让大家更多地关注流域研究

大江小河养育了我们的万物生灵，也养育了我们的人类文明！从西亚的幼发拉底河与底格拉斯河最早的两河文明，到埃及尼罗河文明、印度恒河文明，到我国的黄河、长江文明，这些大河孕育了文明的中心，而大河的千万条支流则成为了文明繁衍、辐射的载体。当历史的河流传颂到今天，当火车、飞机、汽车取代了航船，"听惯了艄公的号子，看惯了船上的白帆"似乎成了保住乡愁的记忆。似乎流域的研究不再是显学，渐渐远离了学者的关注！

我一直认为，流域研究对人类学有重要的意义，也一直敬仰张光直先生当年在中国台湾发起的"浊大流域研究计划"。在 2000 年规划"211"项目时，有机会进行了这样的尝试，提出了"珠江流域的文明进程与族群的关系研究"课题，试图整合人类学系考古学、体质人类学和民族学的力量对珠江流域进行综合研究。当时课题设计的目标，一是突破中国传统"两河文明"的说法，二是勾画出珠江文明的特点，三是探讨珠江流域族群的分布与接触，四是分析珠江流域的发展与城市化特征。虽然没有完全达到预期的目标，但还是出了些成果，如《珠江流域的族群与区域文化研究》一书就是成果之一。

当田阡教授发来《流域人类学导论》这本著作时，引起了我极大的兴趣，总体上感觉这是一本非常精彩、非常有创见的著作，在我倡导的流域研究基础上有了长足的进步！这本书的出版，无论是对于当代区域社会发展，抑或是对于人类学学科发展都有重要的意义。

第一，流域自古与人类的活动密切相关，并深刻影响着人类文明的发展进程。从古代开始，人类就是利用流域进行开发、利用河流进行交流，物与人的流动、文化的传播、政治的渗透与扩张、区域社会的发展与变迁等无不囊括于流域的历史长河之中。人类活动于流域中的交流与互动，成为区域社会历史发展的积淀，对当代仍产生着深远的影响。这对于一个流域来说，是很重要的一点，但可能也是容易被大家所忽视的一点。对于今天族群的分布、人口的分布以及城市的分布，流域的影响其实一直存在。比如，长江流域的沿岸城市，或者传统码头的城市，到现在仍然十分活跃；另外，其他支流的城市，如湘江下游的长沙等，同样保持着活跃。又比如，珠江流域的沿岸城市，从珠江口一直到珠江尾，这些城市的重要性到今天依旧明显。

第二，从学科发展来说，流域研究是超越传统社区、村落研究的一个更高、更宏观层面的研究，是区域研究的新转变。人类学的研究不能仅仅停留在社区、村落这样的微观层面，对此我曾经写过一篇文章——《超越村落民族志》，诸多前辈学者也开始在这方面做出了努力，试图做一种区域的、宏观的研究，比如费孝通先生关于民族走廊的研究，这便是一种尝试。流域研究则是区域研究的另一种新的探索与实践，但是，对于流域的人类学研究，我觉得开展是不够的。而在这方面，田阡教授做了更多的工作。重庆地属长江流域，又属嘉陵江流域和乌江流域，所以河流对重庆这样一个城市有着特别的意义。田阡教授到重庆工作，因为地域上的优势，他在研究中即是利用重庆这个特别定位来开展流域研究，而且取得了很多的成果，其中，开过专门的学术讨论会，也组织过专栏，现在又出了专门的著作。我觉得这个是非常有意义的，可以有力地推动人类学打破单一的族群、行政区域化的限制。实际上流域形成自然的生态，虽然我们现在有桥梁，也有公路，但是流域又形成我们生态格局的一种风格，这直到现在都还有很大的影响。我想这也是一个领域研究的重要体现。

第三，本书充分体现了人类学研究的特点，从三个纬度讨论流域：首先是从人与自然的关系来探讨，分析了流域产生的地理地貌、气候生态对人的影响，包括农业的产生、特色植物的栽培、文明的特征、人体特征等；其次是从以水为载体所产生的人群流动、迁徙与互动，探讨了流域与交通、物资的流动、贸易圈的形成、族群关系等；

最后是从流域与权利的视角讨论流域与城市、流域与战争、流域与文明和国家等。当然作为一本教科书式的研究著作，还归纳了流域人类学的研究方法与理论，归纳了主要流域的发展史。

总之，田阡教授所著《流域人类学导论》，结合了生态、族群、民俗、移民、文化遗产等方面，是比较系统、全面地对流域进行研究的著作。我愿意向读者推荐这本书！

是为序。

周大鸣
2018 年 7 月 9 日于中山大学盛斯堂

序 二

　　呈现在我们面前的这部《流域人类学导论》是田阡教授的倾心之作。在答应田阡教授为这本书写序之后，断断续续用了一个多月的时间阅读了书稿，确实欣慰于中国有了一部用人类学的理论和方法对流域、人和自然之间复杂互动关系进行深入研究的新作。这本著作不仅构建了一个流域人类学的基本框架，同时也给人更多的启发，为这个领域的相关研究指出了更广阔的路径。

　　流域是人类文明的主要发源地和人类重要的生存空间，因此对流域的研究有重要的价值。流域是一个复杂的自然和生命载体，它向理论界提出的问题必然是丰富而生动的。虽然在国内外对于流域的研究已经不少，但是仍然有必要基于不同学科的理论和方法去构建关于流域研究的学科分野。就本书的主题——流域人类学而言，对流域的研究为人类学的研究扩展提供了广泛的空间，一个方面是人类学自身的发展，诚如田阡教授在书稿中所论述的，人类学研究从点到面、从区域到流域的研究是一种学术发展的必然；另一个方面，流域人类活动的生动性、流域治理的迫切性等必然对这门学科的专门化建设提出了呼唤。

　　在历史上人类依靠流域的恩赐而发展起了不同程度的文明，包括在古代埃及人们利用尼罗河泛滥的规律而发展起的农业文明，在幼发拉底河和底格里斯河两条河流间发展起先进的灌溉农业从而支撑了两河流域文明的发展，黄河与长江哺育了中华文明等。流域不仅仅是人类文明的诞生之地，同样也是人类迁徙的重要走廊，在历史上人类沿着河流的迁徙而形成新的生存形态和文明形态，例如南非的瓦尔河是

1

古代人类从非洲大陆中部向南部迁徙的重要通道，亚洲的澜沧江—湄公河是亚洲古代很多族群迁徙的走廊。河流为流域人类的生计和发展提供了重要的资源，不仅发展起了不同形态的农业、工业、航运业等产业，同时也发展起了农村、集镇、城市等不同的居住模式。在中国，所有有影响的古代城市都是首先诞生于大河流域的。不同的流域也形成了不同的流域文明和地域文化，更显示出了河流文明的生动性。因此，人类和河流的历史互动不仅对人类文明的起源和发展起到了重要的作用，同时也展开了最生动的互动。在今天人类仍然在依赖河流资源而获得生存与发展，但是我们也面临着与河流互动中更复杂的关系，在这种互动中自然和人类两方面都存在挑战，需要加以应对。探讨人类从远古到今天与河流的互动关系，是河流人类学这个分支学科能够成立的重要基础。

在这本书稿中，田阡教授已经构建起了一个流域人类学的基本框架。但是就流域人类学的研究基点与视野等问题，我还想再谈一点看法供大家进一步探讨。一个学科以什么为对象、秉持什么样的研究方法、解决什么问题，是这门学科构建与存在的重要依据。首先，我认为流域人类学研究应该紧紧把握住水、河道、流域生物、人类四者之间的互动关系。把流域看作是一个自然与生物的共同体，细致观察这个共同体内每个构成要素的能动性和与其他要素的相互影响。水是河流形成的基本要素，没有水就没有河流。从河流的自然特征来说，河水包括了水量的大小、河水的季节性变化、水的物质状态如含沙量和其他的物质成分等。这一切都会对河道、流域生物多样性和人类生存产生影响。河水水量的大小决定了河道的体量大小、生物多样性的状态和人类的生存状态。一条河的水量大，尤其是在沿途获得更多的水量补充，必然成为大河，同样也能形成流域的生物多样性，为人类提供更多的生存资源。河流的季节性特征同样也影响到这些方面，例如尼罗河在不同季节的泛滥带来了营养丰富的泥沙，使农田得到灌溉和滋养，给流域的人们带来了丰厚的收获。再如湄公河中游水量的季节性变化，形成了湄公河主要河道和洞里萨湖之间水面的互补。雨季来临湄公河水暴涨之时，河水经洞里萨河灌入湖中，从而减轻了湄公河下游的泛滥。此时洞里萨湖湖面面积从 2700—3000 平方公里扩大到 1.6 万平方公里以上，带来了渔业丰收的机会。每年枯水季节，湄公河水位降低，湖水经洞里萨河流入湄公河，补充了湄公河水量的不足，使下游的人们能够继续从事农业生产。湖水退去之后的湖岸成为季节性肥沃的农田。这一切使古代吴哥文明得到了丰厚的滋养。这些现象虽然不是大自然刻意给人类的恩赐，但是人类却从中获得了机遇。当然河流的泛滥往往也会给人类生存带来灾难，这一点不必多言。河流水质是河流的自然物质特征，但是它却会对人类的生存产生影响。人类的活动也会改变河流的水质，造成非自然的水质改变，对人类危害最大的就是水体污染。

河道是河水的重要载体，也是河流最重要的构成部分。河道的状态同样对人类的生产生活产生着重要的影响。它能够供给流域的人类所需要的生产生活用水、形成流域的生物多样性，但与此同时自然和人类两者都可能引起河道的改变，危害到流域的生物多样性和人类的生存。在历史上黄河多次改道就给流域的居民带来了很大灾难，同时也定义了流域居民的生产和生活方式，乃至于流域的社会结构。流域的生物多样性既是河流哺育的结果，同时也养护着河道的生态系统，尤其流域的植被为河流涵养补充水分，也为人类提供了河水之外的生存资源。

在以上简单的论述中我们看到了河水、河道、流域的生物多样性都对人类的生存产生着重要的影响。对于流域来，人类是可有可无的，而对于人类来说河流却是必需的。人类努力利用大自然的恩惠去建设自己的生存家园、获得更多的生存资源，改善自己的生存状况。但与此同时，人类也往往过度利用资源、改变河流的自然状态，从而危害到自身的生存。从这个角度来说，在河流的三个自然要素和人类之间构建起一种有利于人类可持续生存的平衡关系，对于人类来说是至关重要的。因此流域人类学不仅要以流域为研究对象，实现人类学研究范式的转变，还要深入阐释流域内四大要素间复杂的互动关系，尤其要说明人与自然之间的关系、平衡点，为认识历史上人类与流域的互动关系、今天的状态、未来的前景以及解决当代及涉及人类未来发展利益的相关问题提供智力支撑。我认为这是流域人类学要解决的根本问题。基于人类学的基点，一方面是要深入阐释不同流域的自然特征是如何影响到流域人类的社会文化构建的，包括人们的信仰、人的性格、心理状态、社会组织形态、分布特征、迁移等在河流自然因素约束之下而形成的流域居民的社会文化形态；另一方面是阐述人类对于流域自然特征的适应和回应，即人类如何利用流域的自然条件、改造自然使之有利于人类生存的过程和成果，包括修建水坝沟渠、发展农业生产、水上交通、建设城镇等。同时也包括这个过程中人类活动所造成的流域自然状态的改变，以及这种改变对自然和人类生存的影响等。

流域人类学既然是关注流域从自然到人类社会不同要素之间的互动关系，那么流域人类学研究的方法除了固守人类学传统的民族志方法、田野调查方法、历史文献检索印证等方法以外，很重要的一个方法是综合研究的方法。这种综合研究的方法是针对河流特征要吸收相关学科的研究方法，包括水文学、地理学、地质学等多学科方法，形成和人类学方法相融合的、能够综合研究流域各种要素之间复杂互动关系的方法，我认为这是流域人类学研究的特殊性。当然这种方法的构建学者们可进一步去探讨和实践。总之，方法论的构建也是这一研究成立和发展的重要基础。

令人欣喜的是，田阡教授的《流域人类学导论》这本书已经站在了一种综合研究的高度去审视这一研究的基础和构建空间。首先从自然、社会和人类学的视野去审视流域，把流域的概念带到一个广阔的空间思维中，界定了在自然、社会和人类学视野中对流域的不同理解。其次从宏观到微观来理解流域，探讨了流域文明的产生和存在过程及流域文明对整个人类文明的影响，同时也探讨了流域的微观社会和人类生存状况，包括流域对于民族族群形成分布的影响、流域居民的迁徙等人类学关注的核心问题。最后还探讨了河流与人类生存不同要素之间的互动关系，流域自然对于流域社会经济文化的影响，包括生产方式的形成、集镇和城市的发展、水面交通运输和商业贸易的发展、文学艺术，乃至因为资源争夺产生的战争等。总之，把流域作为一个综合体来看待对于我们深刻理解流域内部复杂的系统关系十分重要，我们不能把流域看作是一个单纯的自然现象，或人类只是被动地适应流域的自然，我们应该看到流域内不同要素之间复杂的相互影响，用系统的思维去理解流域。一方面我们要构建并且去维持一个流域各种要素之间相平衡的流域系统，维持人类的可持续生存；另一方面我们也要治理流域，这其中不仅要对流域内不利于人类生存的自然现象进行工程治理，同时也要构建一个流域友好型的社会，把社会和人文等要素更全面地植入流域治理过程中。今天流域在治理的过程中仍然较多地依赖工程手段，社会和人文治理的价值仍然没有得到充分体现，这不能不说是一个较大的缺憾。但这种不足也正是包括人类学在内的社会科学服务于流域管理的广阔空间。《流域人类学导论》向我们展示了流域作为一个系统而存在的历史和今天，思考流域的未来，构建对流域的学术研究和治理的系统思维，着重关注人在流域中的角色，我想这一点是这本学术著作对于理论和现实所做出的主要贡献。

郑晓云

2018 年 7 月于昆明

中国人类学区域研究范式
转变的思考与探索

在现代语境下，中国人类学的研究讲究范式。所谓范式是 20 世纪 60 年代初，美国科学哲学家托马斯·库恩在其博士论文《科学革命的结构》中提出的一个概念。范式理论的基本观点是：科学不是连续性的、积累的进步过程，而是范式的间断性转换的结果；范式之间存在着不可通约性。科学革命就是范式的变化和概念的转换。有人认为范式理论出现后，科学的霸权地位被动摇，范式理论逐渐成为后现代主义批判现代性的有力武器。从这个认识出发，范式的基本原则可以在本体论、认识论和方法论三个层次表现出来，分别回答的是事物存在的真实性问题、知者与被知者之间的关系问题以及研究方法的理论体系问题。用范式理论去观察和评估中国人类学区域研究的范式转变，可以很清楚地看到从村落的社区研究到民族走廊研究，再到流域研究的路线图。

一、村落：中国人类学社区研究的范式

村落，是中国人类学传统而经典的研究对象。1899 年美国传教士明恩溥（A. H. Smith）的《中国乡村生活》（*Village Life in China*）一书，打开了中国村落研究的大门，他说："中国乡村是这个帝国的缩影。"[①] 他在另一部以中国乡村生活为素材写成的《中国人的德行》

[①] ［美］明恩浦著：《中国乡村生活》，午晴、唐军译，时事出版社 1998 年版，第 1 页。

1

(Chinese Characteristics) 中，又明确地指出："一个外国人如果想了解中国人的家庭生活情况，那么他可以去中国的农村待上一年，这么做的效果比他在中国的城市待上十年还好。农村是中国社会生活的基本单元。"① 进入 20 世纪后，在"乡村是中华帝国的缩影"这种西方式的中国观影响下，荷兰人高延（J. J. M. de Groot）、美国人葛学溥（Daniel Harrison Kulp）等西方人类学者，一开始就把村落作为理解中国的着眼点。随后，中国学者吴文藻在吸纳了美国芝加哥学派人文区位理论和英国人类学结构—功能理论的基础上，开创了燕京学派，也倡导以社区作为基本的文化单位来观察中国。

此后，刚起步的中国人类学研究以村落为切入点，展开的"社区"研究事实上主要是村落研究。费孝通作为吴文藻的弟子，其早期研究是从少数民族村落开始的。费孝通和夫人王同惠深入广西大瑶山，历经生死，在对主要调查地六巷村的研究中，完成了《花篮瑶的社会组织》。也许是机缘巧合，痛失爱妻并身受重伤的费孝通因为回到家乡吴江县养病，开展了针对开弦弓村的调查，他的研究对象转向了汉人社会。在开弦弓村调查的基础上，费孝通完成其博士论文《江村经济》，从而悄然打开了中国人类学社区研究的路线图。同一时期，国内其他学者对于人类学中国化的尝试，也都把村落作为"乡土中国"的切入点和分析单位，例如林耀华对于义序和黄村的研究，杨懋春对于台头村的研究，许烺光对于喜洲的研究等。在中国人类学史上出现"江村""台头""义序""西镇"等具有国际影响的田野工作地点的同时，标志着以村落为代表的中国人类学的社区研究范式的形成。

关于社区研究的范式，特别要提出的是《江村经济》面世的范式意义和价值。人类学界周知，《江村经济》在当时的国际学术界引起了极大的反响。费孝通的导师马林诺夫斯基在 1938 年为《江村经济》所作的序中，不吝赞道："（《江村经济》）一书将被认为是人类学实地调查和理论工作发展中的一个里程碑……此书的某些段落确

---

① ［美］明恩浦著：《中国人的德行》，朱建国译，译林出版社 2014 年版，第 4 页。

实可以看作是应用社会学和人类学的宪章。"① 马林诺夫斯基用具有奠基意义和转折意味的词语，来称赞《江村经济》从对初民社会的研究中提炼出来的民族志方法应用于中国村落研究这一研究范式的转向。费孝通在《重读江村经济·序言》一文中也说，这是在当时英国人类学面临从研究野蛮人和野蛮社会转向研究文明人和文明社会背景下，R. Firth 指导自己进行的"扭转方向盘的第一手"。费孝通这一"无心之作"反而在这一契机下成为世界人类学转折的第一项标志性成果。正如他自己所说，《江村经济》诞生的原因是"只有用我来研究花篮瑶时所用的方法，去研究一个本国的乡村，若是我能有相当的成绩，这成绩就可以证明我们的方法是可以用来研究不同性质的社区"。

这样，费孝通以村落为单位运用田野调查法、类型比较法、功能分析法进行社区研究，成为以"小村落"反映"大社会"的范例，并发展成为中国人类学乡村研究的"社区范式"。人类学者并非研究村落，他们只是在村落中做研究。当被当成一种方法论的单位加以研究时，"村落"就成为人类学者们借以窥视社会的"分立群域"。这一"社区范式"开启了中国人类学区域研究的第一个范式。

但是这个研究范式是否具有普遍意义和价值，很快受到质疑。于是，20世纪50至60年代，"村落"是否能够代表中国社会现实的问题被提出来。用"社区"这种起源于研究简单社会的方法来研究高度文明的社会有没有广泛的理论适用性？带着对社区研究方法的质疑与批评，英国人类学家弗里德曼以宗族组织来研究中国东南沿海的农村，从更宽广的视野看待中国村落和社会。美国人类学家施坚雅在研究中国农村的市场和社会结构的基础上，提出："研究中国社会的人类学著作，由于几乎把注意力完全集中于村庄，除了很少的例外，都歪曲了农村社会结构的实际。"并且他认为，"农民的实际社会区域的边界不是由他所住村庄的狭窄的范围决定，而是由他的基层市场区域的边界决定"。

---

① 费孝通者：《费孝通全集》（第1卷），内蒙古人民出版社2009年版，第1页。

与此同时，以费孝通为代表的中国人类学者也一直对村落研究进行着反思，并且试图寻找新的分析单位和理论框架来研究中国社会。费孝通完成在英国的学业回国后，在反思《江村经济》得失的基础上，开始尝试将"江村"的农村社区研究拓展到更大范围的区域，《云南三村》其实是其"走出江村"的努力。作为比较，《云南三村》首先是在以费孝通、张之毅为首的云南"魁阁"学术团队的有意识组织下，进行的跨村级社区的系列调查。其次，在费孝通完成的《禄村农田》一文中，虽然与《江村经济》一样是以农村的土地为主要研究对象，但已明显可以看出布朗结构功能主义的理论与社区类型比较的研究方法。从费孝通在"禄村"找到的是"由一点到多点，由多点到更大的面，由局部接近全体"① 研究的路径和发展方向。在云南三村调查的基础上，费孝通在 20 世纪 40 年代先后发表了《生育制度》《乡土中国》，在对传统的皇权、绅权研究基础上，提出了乡土重建的问题，对传统农业社会转型进行了探讨。通过多点的民族志调查，把村落类型化、典型化，进而把握中国农村社会的基本格局，乃至中国社会，这是费孝通这个时期研究的初衷。

正因为此，这个"社区范式"对中国人类学产生了极大的影响，改革开放后，即 20 世纪 90 年代在中国再次掀起了一个村落社区研究的高潮，这是大家所熟悉的，在此不赘述。问题在于无论是"江村"还是"三村"的研究，都无法摆脱"以点代面"和"以偏概全"的质疑。以利奇为代表的西方人类学者也提出了质疑费孝通的"利奇之惑"："虽然费孝通将他的书冠名为'中国农民的生活'，但他并没有证明他所描述的社会系统在整个国家中具有代表性。"随着自身研究水平的提高和对中国研究范围的扩大，费孝通也进一步反思区域研究这些问题。

改革开放以后，费孝通先后 20 多次到开弦弓村调查，关注点放在村落的经济和意识形态与城镇的联系上。他主要研究了吴江县的五种不同类型的小城镇，将研究视野从一村一厂扩展到小城镇，又从小

① 费孝通、张之毅著：《云南三村·序》，社会科学文献出版社 2006 年版，第 4 页。

城镇扩展到更广阔的区域，又从单一区域跨越到多个区域，最终构建起"全国一盘棋"。他的小城镇调查，"在一定意义上可以说是江村调查的延伸、扩大。小城镇调查研究，是农村调查的新开拓、新高度"。1983 年，费孝通在《小城镇·再探索》中概括出"苏南模式""温州模式""珠江模式"等"经济发展模式"，并在此基础上提出了经济区域论。经济区域论把费孝通的研究工作向前推进了一步，即要从整体出发，探索每个地区发展的背景、条件以及在此基础上形成的与其他地区相区别的发展特色，促使他进入不同地区经济社会发展道路的比较研究。

"区域发展""经济区域"概念的使用与实际分析，是费孝通小城镇研究的深化与延伸。费孝通指出，越来越多的见闻和思索使他注意到经济发展具有地理上的区域基础。各区域不同的地理条件包括地形、资源、交通和所处方位等自然、人文和历史因素，均具有促进和制约其社会经济发展的作用，因而不同地区在经济发展上可以有不同的特点，具有相同地理条件也有可能形成一个在经济发展上具有一定共同性的经济区域。这些区域又可能由于某些经济联系而形成一个经济圈或地带。费孝通提出"港珠经济一体化"的观点，建议推进以香港为中心的华南经济区的整体发展。费孝通曾提出建设黄河上游多民族经济开发区的意见，以及建立黄河三角洲开发区的问题。这表明费孝通的经济区域理论又向前发展了一步。

归结而言，中国本土的人类学在发展阶段，主要任务是寻找适合中国社会研究的分析单位和理论模型。在"宗族""市场""国家—社会"这三个西方学者创立的研究范式下，中国人类学者只有找到适用性更强、代表性更强、解释力更强的分析单位与框架才能完成中国人类学研究的提升。当时适逢西方人类学的"现代社会研究"转型，因此，我们不仅能回望之前人类学野蛮人研究的理论与方法，还能观察西方的人类学理论体系，如何逐渐浸润于重大社会转型期的中国实践当中，从这一意义上来说，中国人类学的区域研究转变成为必然趋势。

二、民族走廊：中国人类学民族历史的"区域"范式

以村落为对象的社区范式，对于区域研究来说，毕竟范围太小。"一滴水"虽能映射"太阳"，但"一滴水"并不等于江湖河流，更不等于大海。这恐怕是费孝通不得不反思、也必然会反思的问题。于是在区域研究的探索中有了费孝通对民族走廊范式的建构。

中国多民族的历史和社会现实给了费孝通灵感和智慧。如果说经济区域论侧重于对区域经济发展模式的分析考量，那么在区域研究上，与之对应，"民族走廊"则是费孝通在"文化区域"方面的探索与归纳。前者强调生产资源在一定空间（区域）的优化配置和组合，是人类学对区位—空间经济的观照；后者则明显受到了"文化区域"和"文化圈"理论的影响，关注人的迁徙和文化的传播扩散。"民族走廊"的提出，一般来说，既是对区域研究新的探索和创新，也是在回答"何为中国"的宏观整体视野下，对中华民族格局构建的深层思考。

其实，费孝通对民族走廊范式的思考源于 1939 年，彼时，在驳顾颉刚的《中华民族是一个》一文的时候，就已经明确认为"顾先生虽然论证了中华民族的一体，但是仅有一个混元的一体而不考虑多元是不够的"。但由于当时特殊的抗日背景，费孝通不便将这一"多元一体"的格局进一步阐释，否则有"分裂中华"之嫌。而且当时没有找到有效的分析单位来论证"多元"与"一体"的关系。直到 1978 年费孝通在当年的政协委员会民族组会议的发言中首次提出"民族走廊"的概念，随后在 1981 年中央民族学院研究所座谈会上提出"六板块三走廊"说。在此基础上，1988 年，费孝通在香港 Tanner 讲座上提出了"中国民族多元一体格局"理论。与顾氏出于政治目的和历史理论的"中华民族一个论"不同，费孝通的"中华

民族多元一体格局"主张宽容的民族多元化政策，是在长期大量的田野调查和学术实践中，基于广袤的中国领土范围内，对生存在不同区域、不同民族和族群的不同情况，做出的合理的解释与科学的判断。①

费孝通这样描绘中华民族"多元一体"的图景："从宏观的研究说来，中华民族所在的地域至少可以大体分成北部草原地区，东北角的高山森林区，西南角的青藏高原、藏彝走廊，然后云贵高原、南岭走廊，沿海地区和中原地区。这是全国这个棋盘的格局。"②"六大板块"是在充分考虑差异的基础上对区域的合理划分，而"民族走廊"则有力地解释了板块格局分布的特殊情况。费孝通虽然大体描绘了"民族走廊"的分布与走向，并将其定义成"历史形成的民族地区"，但是并未对概念本身进行专门论述。后来李绍明将"民族走廊"定义为"一定的民族或族群长期沿着一定的自然环境如河流或山脉向外迁徙或流动的路线。在这条走廊中必然保留着该民族或族群众多的历史与文化的沉淀"③。民族走廊为跨民族分布地带的跨区域研究提供了崭新的分析单位与研究视角。

在人类学区域研究的视角下，"民族走廊"的核心问题是把自然空间转化为文化与民族空间，目的是完全打破省区界限，形成多学科的综合研究，进而形成全国一盘棋的概念。费孝通在其著名的《中华民族的多元一体格局》中指出："（中华民族）的主流是由许许多多分散孤立存在的民族单位，经过接触、混杂、联结和融合，同时也有分裂和消亡，形成一个你来我去、我来你去、我中有你、你中有我，而又各具个性的多元统一体。"④ 从"民族走廊"到"多元一体"，费孝通完成了他从微观的个案社区研究到宏观的区域研究的转换，形成了包括西北走廊、藏彝走廊、南岭走廊三大走廊的人类学区

---

① 参见费孝通：《谈深入开展民族调查问题》，《中南民族学院学报》1982 年第 3 期。
② 宋林飞：《中国经济发展模式的理论探讨：费孝通的一项重要学术贡献》，《江海学刊》2006 年第 1 期。
③ 李绍明著：《李绍明民族学文选》，成都出版社 1995 年版，第 10 页。
④ 费孝通：《中华民族的多元一体格局》，《北京大学学报（哲学社会科学版）》1989 年第 4 期。

域研究的新范式——民族走廊。① 根据费孝通的观点，民族走廊的研究关键在于两点，即"历史"与"变化"。其中，"历史"包括族群迁徙、流动、接触、融合、分离等方面；"变化"则包括族群的身份、认同、地域、边界等方面。②

在区域研究范式的转变中，藏彝走廊研究特别引人关注，取得的成果也非常丰富。这是因为在藏彝走廊的研究中，如李星星所说："西南范围广大，除了通常所说的云南、贵州、四川、广西和西藏五省区以外，还包括福建、广东、湖北、湖南、甘肃、青海南部和重庆。中国若干条'民族走廊'都在大西南的范围之内……西南民族研究不只是西南的少数民族研究，而是西南所有民族的研究；西南民族研究也不只是西南局部区域的研究，而是以局部区域研究经验和资料为基础而拓展开来的具有整体性联系的更大区域研究。这也是西南民族研究学会成立时的初衷，正如李绍明所说：'要做好中国的民族研究，像西南这个区域，要尽快先联系起来，然后再做更大范围的区域研究。'"③ 这正是中国人类学区域研究"民族走廊"范式的意义和价值之所在，"民族走廊"研究终成中国人类学区域研究园地中的一朵盛开的鲜花。

三、流域：探索中国人类学
区域研究新方向

文化具有多样性，学术也具有多样性。文化的变迁是常态，学术的变迁也是常态。

"民族走廊"的这一研究范式，在新时期焕发出新的活力。"民

---

① 参见曹大明：《论民族走廊研究中的三个问题》，《北方民族大学学报（哲学社会科学版）》2011 年第 4 期。

② 参见周大鸣：《理解"中国"：民族走廊研究的历史与现实意义》，2018 年 7 月 18 日在南开大学的讲座。

③ 李星星：《论民族走廊及三纵三横的格局》，《中华文化论坛》2005 年第 3 期。

族走廊"不仅是文化走廊，而且是经济走廊、生态走廊。"民族走廊是一种通道，既是人群流动暨文化交流的通道，也是经济流动的通道，实现经济、文化的互动—交融—发展是其基本功能。"① 但是，人类学关注的对象越复杂，对分析单位和理论框架的要求就越高。任何理论都不是尽善尽美的。就"民族走廊"来说，其概念相对不清晰，"三大民族走廊"界定区域尚存争论，而且费孝通所言及的跨区域研究更多是从"行政区划"到"历史文化区域"的一种转变，而非具有方法论意义的对"历史文化区域"的超越，这些都制约着其解释效力和适用度等问题。②

王铭铭在谈到"藏彝走廊"时就说过："在这块区域里，可以从对藏彝走廊这一特殊地区开展研究的意义就在于它的地区性，这是一个历史形成的民族地区，而不是一个个单一民族居住区域的复合或叠加。因此，对藏彝走廊的研究，显然不是由一个简单的民族学调查就能完成的，应该综合人文学科及自然学科的多学科人才共同工作，才能取得重大突破。"③ 很显然，"民族走廊"的提出是基于民族关系的，在学界领域还无法形成共识，还不具备跨学科研究强大的引领能力。

当代中国人类学呈现出"百花齐放""百家争鸣"的景象。无论是沿着费孝通的道路将"乡村建设""民族走廊""多元一体"等理论和实践的进一步深化，还是对"人类生态""中心—边缘""城市民族"等全新领域的研究和探讨，都在当今的中国人类学界占有一席之地。所以，在"后费孝通时代"，中国人类学区域研究必须开始进行新的学术尝试和理论构建。

为此，人类学的区域研究要从发生学的角度，加深对动态的历史分析研究、整体内容与功能研究和主客体相互作用的过程研究，避免

---

① 徐学书等：《"民族走廊：互动、融合与发展"学术会议综述》，《西南民族大学学报（人文社科版）》2014年第11期。

② 参见王铭铭：《小地方与大社会——中国社会的社区观察》，《社会学研究》1997年第1期。

③ 王铭铭：《藏彝走廊——多学科区域研究》，《西南民族大学学报》2007年第1期。

各学科、学派之间的"自说自话"或"各说各话"，需要一些具有高度概括性和引领能力的分析单位和框架。而社会科学概念体系中的区域研究，是一个多学科合作的概念，其假定在一个大的地理范围内的文化、历史、语言诸方面具有某种一致性。区域作为人类学解读人类文化的方式，是人类学的重点研究范畴之一。鉴于人类学兼具包容性、开放性、跨学科的独特气质，人类学者希望从特定区域的研究出发，把相关学科（包括某些自然科学学科）的学者集合在一起，跨越学科界限而形成一个多学科领域。

正是在问题导向、需求牵引、应用为上引导的跨学科研究、多学科合作、跨界行动方兴未艾的趋势下，区域研究越来越成为中国人类学重要的发展方向。其中，值得重视的是人类学视阈中的流域研究正在兴起，其张力和价值逐渐显现。人类学的流域研究在经历着从单纯的"地理概念"向"文化空间"转变的同时，也被赋予了新视角、新方法和新使命。这主要表现为三点：在研究视角上，流域研究体现人类学的整体观；在研究方法上，流域研究体现系统论；在研究范式上，流域研究体现为由历史的、封闭的、静态的社区研究向现实的、开放的、运动的区域研究的转换。

首先，流域研究体现为系统的多学科观照。流域既是自然资源、人类群体聚散认同、人地关系行为、文化多样性和历史记忆的群集单元，也是物质及能量流动、人口迁移和文化传布的廊道线路，更是人—地—水交叉互动的复合系统，具有面上的区域性、整体性、层次性、复杂性和协同演化特征。

流域作为人、地、水互动的复杂系统，从中可以分成很多子系统，流域系统集群具有区域性、集体性的特征。正因为流域是一个中层问题集群，所以可以在这个系统层面发现很多现实问题，诸如生物多样性的问题、传统知识的传承保护的问题等。鉴于流域的区域性、整体性、层次性、复杂性和协同演化特征，要把整个流域作为一个系统加以综合研究，运用系统思维对流域系统的构成、结构和功能等进行分析，统筹考虑，以便为流域的开发、管理、协调和治理等提供理论基础。而采用多学科合作与跨学科视野以及多样性的研究方法，则是人类学的整体观和流域研究的系统性、复杂性双重决定的结果。①

　　流域作为"地理概念"，也具有"文化空间"的一面。正是因为流域有这样丰富的外延性，使得各个学科通过流域实现与人类学的"牵手"成为可能，所有的人文社会科学学科和大部分的自然科学学科，都能够成为流域人类学协作的对象。这也使流域人类学在面对各种各样不同的问题时，有多种分析和解决的工具和武器。

　　其次，流域研究在方法论上体现为点、线、面的呈现。如何在流域研究中将点、线、面三个层次上的研究融为一体，这就需要在研究方法上有所创新。从点到线，流域研究为区域研究提供了一条线索。因为河流是线性的，不同的文化区域就如同五颜六色的珠子，被一条线穿到了一起，形成了项链。在不同的文化区域流淌着的河流起着勾连、贯通的作用，成为民族迁徙、文化交融的通道。我们可以通过对流域内上下游不同段的区域进行多点民族志的研究，通过对比，发现其共性与差别，从而找到民族迁徙、文化传播的脉络。从静态的分布与呈现，到动态的流动与脉络，人类学试图从点、线、面的结合中找到呈现流域文明的方式，这势必要对传统的社区研究方法提出挑战。相对于传统的单一田野点，研究者需要将自己置于世界体系中，放弃固定的田野点，而跟随人、故事、隐喻或事物的流动从一个地方到另一个地方。同时，多个地方移动让田野工作变得困难，在进入和适应新田野点的过程中需要更多金钱、时间和精力的支持，因此相对于传统的个人研究，"集体调查"和"集合研究"对流域研究也更行之有效。②

　　第三，流域研究是一种现实的、开放的、运动的区域研究。传统的人类学研究以历史研究见长，偏重于探寻与解答流域民族群体来自哪里的问题。河流作为天然通道是不同民族生活于其间并且交往、交流、交融的前提。流域确实有作为费孝通提出的"民族走廊"的一

---

① 参见王剑：《聚落、廊道、立面：西南区域研究的流域人类学视野》，《社会科学战线》2016 年第 10 期。

② 参见涂炯：《多点民族志：全球化时代的人类学研究方法》，《中国社会科学报》2015 年 12 月 3 日。

面，不同的民族、民族群体在流域内流动汇聚，频繁交流互动，保留了民族群体众多的历史与文化积淀。因此流域人类学为更好地理解和解释"中华民族多元一体"格局提供了独特的流域视角。

当今的人类学越来越关注现实问题，不仅研究人与人的关系问题，而且更多关注到人与制度的关系问题。人类的生活、生产活动对水体和流域生态的影响越来越大，"河长制"治水管理模式、跨流域调水、水利工程建设、水污染、水权分配和生态补偿等问题，都是当前社会关注的热点和焦点。人类对流域的开发和生态的保护问题归根到底是处理好人—水—地三者关系的问题。人类学的介入，能为社会治理、生态调适、政策的制定与实施提供一种全新的视角。

当今社会，在全球化、现代化、城市化的背景下，各民族成员的流动比历史上任何一个时期都更为频繁和常见，甚至已成为今天的"新常态"。地理环境对民族关系仍然起到一定的影响，但是现代交通网络使得人口、资源与文化等要素的流动轻易就能突破地理的局限。例如高速公路、高铁、航线，乃至网络、快递、物流改变着人们的生存、生活方式，冲击着传统的观念与文化。民族群体的交往与融合，比以往任何一个时期都更频繁、更深入、更多姿多彩。因此，人类学研究已经从简单的、静止的、结构性的文化、社会研究转换为将文化、社会视为一种运动和过程的研究。城市作为具有人口资源集散、商品生产、物流中转或者政治中心、交通枢纽的区域性经济政治文化中心，其民族人口流动、城市民族关系及民族社区等问题必然会成为流域研究的关注点。

文明转型与发展走向问题是世界各个文明体所面临的共同课题。尽管民族文化、传统文化呈现出复兴的态势，但是往往以一种碎片化的、符号化的、模糊化的方式呈现给世界，文明的特质越来越空泛。就像我们的母亲河长江、黄河一样，其背后的精神世界是什么？流域文明的文化主体性又是什么？哪些地方经验具有人类的普世价值？这些命题看上去有些宏大，但决定着民族的身份认同与价值传播。正如费孝通所强调的那样，生存在一定文化形态中的人们只有对自己的文化"有自知之明"，才能"对自身的发展历程和未来有充分的认识"，才能通过文化反思走向文化自觉，实现文化自信。流域让生活于其中的民族群体有着共同的物质家园，但是如果在现代化大潮中大家找不到共同的精神家园，流域文明也无从谈起。这就要求我们重视对凝聚产生起着支配作用的文明形态进行宏观的把握，阐述流域文明在地方社会形成中的支配地位。因此，流域研究虽然是中观研究，但是也应该把流域文化的模式、文化的特征和特质、文化的边界作为研究对象，在促进民族融合和文化建设中发挥应有的作用。这一切正是我们探索流域人类学研究范式的动力。

四、结语：通过流域研究构建人类学"中国话语"的理论与实践

转型期，中国人类学区域研究范式转变的路线图呈现出中国人类学者的理论自觉。众所周知费孝通的《江村经济》一书又称《中国农民的生活》，其副标题为"长江流域农村生活的实地调查"。在成书之初，无论是有心还是无意，费孝通就已经将"流域"一词作为地理范围提了出来。在费孝通学术研究的后期，他也曾提到在"江村"研究中，过于集中关注"村"，而忽视了更为重要的"江"。可见费孝通也意识到流域研究的重要性，但由于时间、精力和研究视野所限，来不及进一步开拓。从村落、城镇到经济区域、"民族走廊"，再到"多元一体"，费孝通无疑是运用多种分析单位研究复杂社会的集大成者。沿着费孝通从社区研究转向区域研究的脉络，当代学者把人类学的流域研究朝着流域人类学的方向建设，给中国人类学区域研究的园地中再添一朵鲜花，这既是对费孝通"民族走廊"理论的继承与发展，也体现了当代人类学者构建人类学"中国话语"的理论自觉。

新时代，中国人类学区域研究范式转变的路线图呈现出中国人类学者的实践自觉。在实现"两个一百年"目标的历史交汇期，中国要全面建成小康社会、实现第一个百年目标，进而开启全面建设社会

主义现代化国家新征程、向第二个百年目标进军。人类学作为一门以不断"迈向人民"为己任的人文社会科学，在中国社会这一重要的历史时期不能缺位、失位和错位，为了实现新时代人类学在新语境下的实践意义，人类学者们做出了不懈的努力。例如，对于国家的"一带一路"倡议，人类学者给出了人类文明融合发展角度的东西方文化、物产、技术交流的解释。今后，流域人类学亦将在横向和纵向两个维度参与相关问题的研究：横向方面，"一带一路"沿线国家和地区的人类如何因河流而生、顺河流交往、聚流域发展的过程比较将成为研究对象；纵向方面，流域与人类社会诞生、发展和壮大之间的关系在不同地域的历史沉淀和现实表现，都可以也应该成为今后流域人类学服务中国的国家战略，实现人类学学科的实践价值的重要话题。

2018年4月24—26日，习近平总书记来到长江沿岸湖北、湖南两省，登大坝、乘江船、进企业、访村落……实地考察调研长江生态环境修复工作，并主持召开深入推动长江经济带发展座谈会，为长江经济带发展把脉定向。先后作出"长江是中华民族的母亲河，也是中华民族发展的重要支撑"，"推动长江经济带发展必须从中华民族长远利益考虑，走生态优先、绿色发展之路，使绿水青山产生巨大生态效益、经济效益、社会效益，使母亲河永葆生机活力"，"长江经济带是'一带一路'的主要交汇地带，要统筹沿海沿边沿江和内陆开放，培育国际合作竞争的新优势"，"新形势下推动长江经济带发展，关键是要正确把握整体推进和重点突破、生态环境保护和经济发展、总体谋划和久久为功、破除旧动能和培育新动能、自我发展和协同发展的关系"等论断和指示。在中国特色社会主义建设进入新时代新阶段的今天，中国最高领导人对于以长江为代表的流域的重视和关注，为流域人类学的诞生和发展提供了充分的政策空间和研究机遇，作为立志为方兴未艾的流域人类学的创立、生存和未来发展努力的一代学者，唯有以只争朝夕的精神，加大和丰富研究的深度、广度和维度，更好地为流域治理方面国家大政方针的制定和各级地方政府法律法规的出台提供基本原则、理论依据和学术指引，这也是流域人类学成为一门"有用之学"的重要路径。

从历史到现实，河流无声，奔流万年；从现在到未来，山河无言，万古长存。流域人类学这一人类学区域研究的新视野，将沿溯着世界各地默默流淌着的大江小河，从点到线再到面地把握人类区域的脉络，重新认识和理解历史和现在的人类社会，并对其未来的发展趋势做出人类学基础上的判断，这也应是人类学不断"迈向人民"的必经之路和正确的实现方式。

目　录

绪　论

人类的每一段文明，都离不开大江大河的哺育。世界各国从农业文明到工业文明再跃迁到生态文明，大势浩浩汤汤。顺势而为，方能行稳致远。创新、协调、绿色、开放、共享是当前和今后相当长一段时间人类文明应当秉持的发展理念。

因之，人类文明的进程与流域有着密切的关系，不按国家的划分而按流域来划分则会出现另外的状貌。实际上，相对于漫长的人类文明发展史，国家的出现是非常近期的事情，对于流域地区而言，流域良好的环境带来的农业发展，促使出现了畜牧业和手工业的分工，进而私有制的产生和剩余产品的出现带来了原始社会的瓦解，伴随着这一进程，国家作为保护私有财产安全的工具方才出现，此时河流已经默默流淌了千万年。江河无言，但却有着巨大的力量，随着国家出现而产生的疆域划分与行政区域边界的确定，人为地将流域分隔开来。然而，分割开的只是看不见的界线，大江东去则是阻挡不了的趋势。在这一背景下，行政划分带来的人类社会与适应自然而生的人类群体之间的对立统一，就具备了探讨人与自然的哲学关系的含义。

第一节　什么是流域

虽然从整体的地形上看来，河流的流域范围应该是一个大致的宽带状，然而，现代的行政区划将完整的流域人为地分割为不同的村、镇、县、市、省，甚至分为不同的国家。这就为流域范围内的各种流动、社会网络的联通、社会之间的交往打开了研究空间。我们可以从流域生态环境的相关性、流域上下游的社会互动、流域不同区域的经济交换和社会网络的建立等多个方面切入流域研究。事实上，学术界较早对流域问题的关注，正是从马克思主义政治经济体系方法与理论对流域内不同村落权力更迭的研究，到人类学互动论和过程论对流域范围内不同群体间交互关系及社会文化互相嵌入的探讨开始的，包括随后发展起来的后现代人类学多点民族志对流域内多个田野调查点的整合与有机衔接的尝试，都与流域内族群之间的相互关系有关。

在人类学区域研究中，流域是一个非常重要的视野，流域复杂的人文生态环境、多元的民族文化事象和丰富的族群分布样貌，为人类学区域研究的理论提供了优秀的实践场域，使研究者能够通过参与观察、反复调研、民族志书写等多种人类学田野方法的综合运用，为区域视野下流域人类学研究的有意识整介，提供了成功的个案和可行的路径。

一、自然的流域

人类的各种活动总是在一定的地域空间内进行的，这些分布在地球表面的空间被称为区域（region）。按照考察对象的特征，区域可以分为自然区域、行政区域和经济区域三种类型。地理空间上的流域（river basin）是一种典型的自然区域，指以河流为核心，被分水岭所包围的区域，在地域上具有明确的边界范围。然而，流域又不仅仅是一个地理上的概念，很多学科都在使用"流域"的概念，如在水文学中，流域的英文翻译为 drainage basin；在地貌学中，则译为 drainage area basin；环境学中是 river basin；水利科技中有时又译为 watershed；农业中，流域被译为 catchment basin；较为典型的是在土木建筑学中，流域的英译有 basin、drainage basin、catchment 和 watershed 四种用法。

从上述学科对流域的英译可以看到，基本是使用直观的集水区的概念来完成的，其核心为"分水岭所包围的集水区"①，即以上学科

① 杨海乐、陈家宽：《"流域"及其相关术语的梳理与厘定》，《中国科技术语》2014年第 2 期。

的流域概念都是从地理学的流域中引申而来的。然而流域作为集水区的概念即使在地理学内部也存在相当大的争议，有学者直接指出："现行的流域定义通常就是指'集水区'。而事实上现实应用中的流域概念显然远非仅有'集水区'这一种。我们从玛纳斯河流域、塔里木河流域、黑河流域等许多流域的相关研究以及水利部门的生产管理与实践中，都可以明显地看到，人们所应用的流域概念并不总是像辞典中定义的那样，多数情况下并不是很严格的，而且这些应用一般也并不妨碍科研和生产的顺利进行。从新疆许多县市的农业区划资料中我们也都看到，人们并没有总是把集水区与流域、集水面积与流域面积等同起来。此外，流域的概念也并不仅限于河流流域（有些文献如 *International Hydrographic Dictionary* 的流域定义已指出了这一点），我们还经常见到'艾比湖流域''乌伦古湖流域'以及'流域盆地'等这样的说法，可见流域概念还可应用于湖泊、盆（洼）地等。"并进一步论证"流域的概念实际上应当包括狭义和广义两个方面：狭义的流域是指河流、湖泊或盆（洼）地的集水区域（drainage basin、watershed 或 catchment），即河流、湖泊或盆（洼）地的地表水和地下水的补给区域，通常指地表水的汇水区域。广义的流域是指所有包含某水系（或水系的一部分）并由分水界或其他人为、非人为界线（如灌区界、地貌界等）将其圈闭起来的相对完整、独立的区域。现实应用中的（河流）流域概念，主要是指现代状态下形成流域水系以及流域水系在自然或人为作用下所影响或涉及的范围和区域（不包括跨流域调水）"。在广义的流域概念下，"流域的实质是地球陆地表面的特定地理单元，是地球陆地水及其所携物质在自然状态下、在重力作用的驱使下发生汇集、运移和沉积（或消耗）过程并因此形成一系列相互密切联系的、具有特定范围的区域的集合。当然，由于人类作用的介入，流域内原有地貌和水文过程往往发生了很大的改观，流域的界线变得比自然状态下更加模糊，并且在一定程度上开始具有了人为的特征"[1]。至此，来自自然界的流域，在人类活

---

[1]　岳健等：《关于流域问题的讨论》，《干旱区地理》2005 年第 6 期。

动的参与下，进入了人类学区域研究的视野。

二、社会的流域

区域研究，在社会科学概念体系里，实质上是一个多学科合作的概念，其假定在一个大的地理范围内的文化、历史、语言诸方面具有某种一致性。"它在一种共同兴趣的基础上，将希望从本学科出发研究特定区域的学者（包括社会科学、人文学科及某些自然科学学科）集合在一起，跨越学科界限而形成一个多学科领域。研究普遍规律的社会科学家、东方学者，注重文化差异的人类学家、民族学家，地理学家、流行病学家、地质学家以及艺术史家等均加入此行列。"① 作为一门"西学"的人类学，在发展和兴起之初与西方的殖民历史相关。19 世纪在欧美作为社会科学得以成立的人类学，对西方社会并无多大兴趣，关注的调查对象有着明显的区域指向性，这些非西方地区的研究和经典民族志一方面奠定了人类学学科发展的基础，另一方面也极大地丰富了这类区域的研究成果。美国作为区域研究概念的发祥地，其国内的大批学者对区域研究有着系统而详细的理解并有丰富的成果展示，美国人类学以其特有的学术理论和学科方法为区域研究做出了重要贡献。第二次世界大战后，20 世纪 60 年代的人类学危机同样影响到区域研究，西方人类学界在不断反思的同时也在寻求区域研究的新方向。从人类学角度看现代的区域研究，虽然也延续着传统的民族志的表达方式，但是从区域研究中能够寻求到更多新的命题，人类学家进行区域研究的目的不再是单纯了解某个区域的文化，而是更多地关注区域之间人、物品、资源的流动。虽然现在的区域研究已经不再是单纯地了解"他者"的工具，也不能归类成"西方"与"非西方"，但是区域研究将一直是世界不同地区的人们了解世界知识和增进文化沟通的重要桥梁②。强调对某一区域文化进行全貌性的

---

① 周泓：《庄孔韶人类学民族学研究的方法论诉求之意义（上）——中国认知传统与区域文化理念的理论与实践》，《民族论坛》2012 年第 3 期。

② 参见周大鸣、詹虚致：《人类学区域研究的脉络与反思》，《民族研究》2015 年第 1 期。

了解并推崇区域间文化比较的区域研究，一直以来就是人类学相当重视的研究领域，区域研究和区域民族志成为人类学分类的一个重要项目，非洲、大洋洲、南美洲、东南亚、东亚、中国、日本等都是学界经常论及的区域及分类。

中国人类学自诞生之初，以农村社区为代表的区域研究就是主要的对象。中国人类学的先驱，将西方的人类学带到中国的农村社区；并以"民族走廊"理论为基础的"中华民族多元一体格局"的提出，标志着中国人类学完成了从农村到小城镇再到区域研究的发展历程。新时期随着多元文化研究的深入和新的西方人类学研究方法的引进，中国人类学的研究面临新的转折，因此，梳理中国人类学从个案的社区到中华民族整体格局的区域研究思想发展过程，彰显了以流域人类学为代表的人类学新的区域研究理论和方法的价值与意义，为从区域社会理解人类整体指明了发展的方向。费孝通的人类学中国化尝试，是从他伦敦政治经济学院的博士论文《江村经济》开始的，该书开启了他对中国农村的研究，获得了其老师马林诺夫斯基为代表的国际人类学界的高度评价。费孝通完成在英国的学业回国后，在反思《江村经济》得失的基础上，不断开拓中国人类学研究的新对象，并继续深化人类学的理论研究，其代表性著作《云南三村》，开始尝试将"江村"的农村社区研究拓展到更大范围的区域，在多点民族志调查的基础上把握中国社会，尤其是农村社会的基本格局。然而，无论是"江村"还是"三村"的研究，共同存在的问题都是"以点代面""以偏概全"，费孝通随着自身研究水平的提高和对中国研究范围的扩大，开始意识到这些问题的存在。同时，以利奇为代表的西方人类学者也提出了质疑费孝通的"利奇之惑"："虽然费孝通将他的书冠名为'中国农民的生活'，但他并没有证明他所描述的社会系统在整个家中具有代表性。"针对这一问题，费孝通提出了"民族走廊"研究发展出的"中国民族多元一体格局"理论，将他人类学的研究单位拓展到整个中国，进而从微观的个案社区研究到宏观的区域研究再到理论方法和学术思想的凝练，形成了完整、自洽的中国人类学理论体系。

在 2005 年费孝通逝世后，其一手创建的中国人类学在新时期得到了多样化的发展和长足的进步。无论是沿着费孝通开创的道路将"民族走廊""乡村建设""多元一体"等理论和实践进一步深化，还是对"人类生态""中心—边缘""城市民族"等费孝通不曾涉及的全新领域的研究和探讨，都在当今的中国人类学界占有一席之地，呈现出"百花齐放""百家争鸣"的繁荣景象。在"百花丛中"，山地和流域是近年来涌现出的两种新的人类学研究方法，相对于视野主要集中于中国一、二级阶梯山区的山地人类学，流域人类学的研究范围更加广阔，对象更加明确，也更具有走出中国、进行跨文化区域比较研究的基础。因此，尽管现在尚处于方兴未艾的起步阶段，但可以预见的是，只要坚定地按照人类学学科的基本理念和规律进行长期不懈的调查与研究，流域人类学将成为未来中国人类学，乃至世界人类学研究的重要组成部分。

在"后费孝通时代"，费孝通开创的中国人类学研究必须开始进行自己的学术尝试和理论构建。对于人类学的区域研究而言，为了避免各分支理论之间的"自说自话"或"各说各话"，需要一种具有高度概括性和引领能力的理论来串联起这方面的研究。就像由"江村""禄村"发展而成的"多元一体格局"一样，某一种理论需要拿起人类学区域研究的指挥棒，将零散的思想、理念和观点系统化为理论、学科和学术，进而推动世界人类学未来的发展。在中国人类学界先后出现的"藏彝走廊研究""西南少数民族地区研究""华北农村研究""珠江三角洲研究"等分支，以及近年来由历史学和人类学的跨界合作所产生的"华南研究"，刚刚兴起的"环南中国海研究"等都是人类学区域研究传统的彰显。但上述分支或由于对象范围较小，不适应整个中国研究的对象；或由于研究方法仍囿于费孝通从个案到整体，从特殊到一般的前半阶段，难以进一步推进；还由于过于集中关注中国的特色而忽视了世界乃至全人类的一般状况，所以虽然自圆其说有余，但引领学科发展未来方向的能力还不足。

在区域研究的启发下，人类学视阈中的流域人类学研究正在兴起，其张力和价值逐渐显现。从概念上来说，流域是以河流为中心的人—地—水相互作用的自然—社会综合体，以水为纽带，将上中下游和左右两岸的自然体和人类群体连接为一个不可分割的整体，在人类生活世界的本体系统中具有十分重要的地位。流域人类学是遵循人类学的基本理论与方法，并以跨流域比较研究为其方法论特色，来进行流域中的人与自然的关系、人与人的关系以及族群之间的关系研究。因此，流域人类学的研究来自两个方面内容的建构：一是流域与人类文明关系的整合；二是基于"人—水"关系的流域开发与保护。

三、人类学视野中的流域

从学术理论上来说，流域人类学所展现的，是新时期人类学研究的新方向，这一新方向的产生，既与人类学当今世界政治、经济、文化的多元性发展背景有关，也彰显了人类学中国化更高的水平和更深的层次。具体而言，流域人类学所引领的中国人类学新方向，包括以下几个维度的建构。

首先，研究视角方面，流域人类学展现了区域研究的观察切入点从客观到主观，再到主客交融的转变过程。对于人类学视野中的中国，本者与他者的视角之争旷日持久，两种视角的支持者各抒己见，各美其美地加深了中国人类学理论研究的深度。如果从费孝通源于功能学派的社区研究的视角分析，其早期的观察角度更接近于"在社区中做研究"，社区只是界线而非对象，所以费孝通自己也多次提及早期的《江村经济》等著作在理论归纳、类型分析以及"主观性"上的不足。20 世纪 80 年代以后，随着费孝通学术思想的成熟和学术理路的逐渐清晰，真正从"人"出发的社区研究成为其主要的研究内容和用于理解中国社会的主要方式，但作为区域研究的对象，社区过于狭小和单一，典型性和作为比较对象的价值不够。于是在费孝通和其他中国人类学者的推动下，中国人类学界开始进行由一到三、由点到面的较大范围的人类学区域研究，并将整个中国划分为六大板块，设置了大区研究的宏伟目标。这种从单位社区的比较到整体区域的综合研究转向，正是流域人类学能够在河流区域范围内成立的前提之一。

其次，研究对象方面，流域人类学展现了区域研究分析单位的划分从地域到人群，再到人—地结合的维度。之前的人类学者在研究某一区域的某一群人时，往往根据斯大林关于民族的定义"民族不是种族的共同体……民族是人们在历史上形成的一个有共同语言、共同地域、共同经济生活以及表现于共同文化上的共同心理素质的稳定的共同体……这些特征只要缺少一个，民族就不成其为民族"。进行民族或者族群的研究。这一定义在某些特殊的历史时期和像苏联这样的民族国家具有一定的适用性，但并不完全符合中国的民族情况。近年来，也有很多民族学者和人类学者对斯大林的民族定义提出批评。以流域人类学为代表的人类学区域研究理论认为，任何离开空间、时间和人类群体互动的视角进行的民族或者族群研究，都是不全面和不完整的。流域作为一个既是历史概念也是空间范围的问题集，正在逐渐成为人类学区域研究主要的对象。

再次，研究范围方面，流域人类学展现了区域研究的跨越维度从中国的西南、东南，到世界各地跨流域比较研究的尺度。费孝通的研究起点《江村经济》中的"江村"无疑属中国的东南范围，但前文也曾提及，该书是费孝通西南研究的成果《花篮瑶的社会组织》的"副产品"。所以，中国的民族学人类学研究，其实最早是从西南地区开始的。除了费孝通、杨成志、袁家骅、李仕安、江应樑、陶云逵、林惠祥、芮逸夫、马长寿、林耀华等诸多民族学和人类学者，都曾进行过西南地区社会文化调查和研究。但随着20世纪80年代以来中国民族学人类学学科的重建，经济基础更加坚实、宗族保留更为完整、跨国交流机会更多的东南和华南研究，逐渐占据了中国人类学研究更多的视野。近年来，随着经济全球化的深入，中国的东南和华南发生了剧烈的社会转型和重构，城镇化带来的严重的社会同质化，使这里的人类学研究面临"对象沙漠"的困局。而这时依旧保有"绿水青山"和传统文化片段的中国西南地区，又重新回归人类学重点研究的范畴，作为以西南山地流域为出发点的流域人类学研究，面临着良好的发展契机。

最后，研究主体方面，流域人类学展现了区域研究从人类学单一学科向多学科综合的趋势。流域研究的中心概念是"流域"，所有的理论都是围绕着"流域"的概念建构起来的。流域作为人、地、水互动的复杂系统，从中可以分成很多子系统，流域系统集群具有区域性、集体性的特征。正因为流域是一个中层问题集群，所以可以在这个系统层面发现很多现实问题，诸如生物多样性的问题、传统知识的传承保护的问题等。正是因为流域有这样丰富的外延性，使得各个学科通过流域实现与人类学的"牵手"成为可能，所有的人文社会科学学科和大部分的自然科学学科，都能够成为流域人类学协作的对象。这也使流域人类学在面对各种各样不同的问题时，有多种分析和解决的工具和武器。

综上可见，流域人类学具备统筹协调人类学内部分支学科，以及人类学之外其他学科的基本能力，是未来引领人类学发展方向的重要选择。在流域人类学基础之上，人类学可以重新建设一整套分析和研究区域社会的理论和方法，使之不仅能够将前人的成果纳入研究背景之中，并且能够继往开来，开拓世界范围的人类学研究领域。

第二节　流域人类学的概念与方法

克鲁伯（A. L. Kroeber）说："人类学是人的科学"（the science of man）；弗思（Raymond Firth）也认为，人类学是全面研究人及其文化的学科。从学科整体意义上说，人类学是以科学方法研究人类的学科，试图通过人类的生物遗传和文化创造，以及比较研究现存人类社会间的不同，来解释人类的各种共通点和不同点；而从社会科学学科意义上说，人类学主要探究社会和文化之间的关系。它应该是在文化形式和社会意义两方面对人类的常识进行比较研究的一门学科。所以，人类学是研究人类进化及其文化的学问，它全观地研究人及其文化，以及人类在不同的环境中创造出不同的社会、政治、经济制度和宗教体系。人类学者通过比较研究，找出这些文化制度之间的异同，从而探求人类生存的本质。

从人类学的基本学科属性和研究对象可以凝练出流域人类学的概念：流域人类学是遵循人类学的普同、整体、整合的理论与方法，并以跨流域比较研究为其方法论特色，来进行流域中的人与自然的关系、人与人的关系，以及族群之间关系研究的人类学研究的新方向。

流域是人类文明的摇篮，所以对流域的研究，是人类学研究天生的对象和必须涉及的领域。然而，遗憾的是，或是由于话题的宏大，或是因为对跨学科视野的高要求，抑或单纯是因为"最熟悉的陌生人"观念作祟，从人类学学科本体出发，探讨水与人、流域与人类文明以及河流与人类社会关系的尝试，还处于各学科自说自话、自弹自唱的阶段。因此，以人类学基本理论与方法为切入点，建立一个深度分析、比较流域范围内人类群体异同，进而得出人类生存规律的人类学的研究方向，具有较强的理论价值和学术意义。

流域人类学正是在这样的学科需求中应运而生的，其理论与方法基于人类学基本的理论与方法而构建，并在其基础上，将跨地区、超时间的流域比较理论与方法作为其方法论层面的创新，将跨流域比较人类学作为其突出特色予以彰显。

一、普同论（Universalism）方法

现代人类学的基本原则是人类的普同性，即所有人均完全平等。不论我们属于哪一个民族，我们都属于同一个物种，即世界上现存所有的人类都是同一种属，任一人群都不比其他人群更为进化。正是因为人类平等，人类学家不仅对中非矮小黑人及澳洲土著人群感兴趣，也对北美及西欧工业化国家的人民生活感兴趣。所以，所有的人，不论活着的或死去的，都是人类学家研究的对象。人类学家认为，任何一群人都有助于我们了解一些重要的人类状况，了解人类如何靠文化，即社会传承，而存活且仍是动物界的一员。人类在生物的、心理的、社会的和文化上的共同性特征，就是人类学特别关注的普同性内涵。根据普同性认识论原则，人类学在强调社会人类文化多样性的同时，考察全人类所具有的某些共同的基本行为特征和一些普遍意义的生活方式。

对于流域范围内的人，普同性同样是最基本的原则，普同的认识原则是最基本的理论内涵。仅以流域与人类聚居的原始城市建立的过程为例，在世界范围内就具有一定程度的普同性。来自河畔湿地的泥浆，是世界最早的文明建于其上的物质材料。泥浆制成统一规格的长方形泥块后，可以用来建筑房屋、庙宇和城墙。泥浆，压成平板之时，人们在上面记录商务活动、法律条文和宗教仪式。泥浆，定型锻烧之后，成了烹调和储存工具。泥浆，可用来塑造人物及动物像，代表了早期雕塑家对人类及动物世界的认识。但比上述作用更重要的是泥浆提供了丰沃的土壤层，它滋养了农作物，农作物滋养了最早的城市。当从营养丰富的泥浆中生长出来的农作物达到一定的产量之时，变化同时在分布于各大流域的文明中发生了，农作物不仅仅意味着维持生存：剩余农产品把农民从田地里解放出来，使他们成为工匠与商贩；组织必要的灌溉工程形成了统治者与管理者的阶层结构；粮食出口成为支付进口奢侈品的手段；随之增多的财富吸引了周围村庄的移民和商人。

按照这样的顺序，大约公元前 3500 年，在底格里斯河和幼发拉底河之畔，中东苏美尔文明就先发育于美索不达米亚的泥浆之中。在苏美尔文明诞生的几个世纪内，在世界其他地方，埃及、中国及印度的泥浆与美索不达米亚的泥浆一样富饶多产。沿着世界上最壮观的一些河流——尼罗河、黄河、印度河——河边的定居地独立地成长为羽翼丰满的文明之邦。

二、整体论（Holism）方法

人类学的整体论是指把人类及其所赖以生存的社会当作一个动态发展的整体来研究。人类学家试图去了解的是人类生活状况的所有层面，社会经济、政治组织、宗教礼仪、语言文化和科技艺术，甚至婚育及生活环境等都是人类学家的研究范畴。此外，他们对于人类社会的过去与现在都同样重视。在这个整体性的观念中，人类的存在被视为一个多面性的整体，可以就生物面来看，也可以就文化面来看。把人类社会的过去、现在和将来视为一个动态的整体，关注对其共时性和历时性的双重观察，做生物性与文化上的综合分析，以不断认识各种形态的人类社会的总体。人类学家对涉及人类活动的多种文化要素进行整体考察，获得对人类行为的全面认识。

整体论是一个辩证的理论，也就是说，整体是必要的，同时又是相对的。很多人类学研究把焦点集中在一些较孤立的小社会上，因为这些小社会的整合性较明显。这些小规模社会（small-scale society）的特征主要就是局限于某一区域中的社会互动与资源开发。在这种小规模社会中，社会生活的各种关系都比较紧密，且直接受环境影响。但现实的人类学研究，同样关注大规模社会（large-scale society），甚至世界体系（world system）。

流域人类学正是以世界体系范围内流域的过去、现在和未来为研究对象，以人类学整体研究为基本原则和研究方法的分支学科。考察世界体系中的流域文明，我们不难得出一些整体性的结论。例如，在公元前2000年左右，以流域为主要生存环境的早期文明出现了一次重大的危机，在这场危机中，印度河流域的早期哈拉帕文明、两河流域的乌尔文明、尼罗河流域的早期埃及文明，以及中国黄河中游的早期文明，几乎在不长的时间范围内同时受到了严峻的挑战，致使这些文明有的衰落，有的消亡，有的沉寂数千年，还有的被更高级的文明所取代。将这些文明的兴亡与其依赖的流域结合起来研究，就会发现一些很有意思的"巧合"。公元前2000年，印度河流域的人们辛劳与之奋战的河流，最终占了上风。例如，在摩亨佐·达罗，印度河河道的改变使沃野良田变成荒芜之地，城市为之屈服。在其他地区，由于为百万块规模的烧砖提供燃料，过度砍伐了天然林，导致土地侵蚀，河水侵蚀了它曾冲积而成的沃土。不管是什么原因，繁荣一时的城市文明衰败成了孤星点点的农业定居地，许多人向东漂泊，跨过恒河的河床。远方的美索不达米亚也感觉到了印度河流域文明衰落带来的影响。在乌尔，由于气候变化无常，那个地区的地下水位一直在下降。一度有利于乌尔农民的河流反过来与他们作对。苏美尔人的庞大灌溉系统虽然开拓了可耕土地，也持续地侵害着土地。渠水过去曾经很深，但现在却在很浅的沟渠里滞留，水分在阳光下蒸发后，留下了盐分。加重的盐分使土地不复堪用，乌尔生机顿失、死气沉沉。埃及同样处于河流的控制之下，在公元前 2000 年，一连串的洪水引发了饥荒，使城镇、村庄萧条败落。当农民们从农业生产转而从事畜牧业时，农产品骤然减少了。人们对生存条件越来越感到绝望，在随后的几百年里，外来入侵者一批接一批地席卷了埃及，在埃及文明的废墟里提取有用的东西服务于他们自己的目的。此时的中国，同样经历了夏朝的建立。夏朝统治者的中心任务是驯服凶猛而且泛滥成灾的黄河。中国最早的定居点都避开黄河直接泛滥的平原，因为那是世界上最危险的地方。黄河的河床堆满了山里带来的淤泥，其有史可查的改道记录就有 26 次，造成难以估量的灾难。早在龙山文化时期，人们就学会构筑堤坝，开挖河渠，用来防洪、排涝和灌溉。中国的传说把首次驯服黄河的功劳给了中国古代文化英雄、公元前 23 世纪的大禹，也是传说中夏朝的奠基者。这一传说反映出，王室通过组织大规模的群众治水，从而获得了权力①。

三、整合论（Integration）方法

多角度、多层面的整体的整合研究是流域人类学最大的特点。

"整合"一词最早由 19 世纪的社会学家赫伯特·斯宾塞从生物进化论中引入社会学和文化学领域。在斯宾塞的理论中，整合包含社会结构的各个部分的相互依赖性，以及对这些社会结构各个部分的协调和控制两层涵义。后经过索罗金、帕森斯等社会学家对社会整合、文化整合等理论的阐释和发展，在 19 世纪后半叶，逐渐为文化人类学家借鉴和使用，逐渐形成了人类学中一种重要的方法论。这其中，以博阿斯、本尼迪克特、杜尔克姆，以及英国社会人类学者拉德克里夫·布朗、马林诺夫斯基等的理论较有代表性。

博阿斯的文化整合观可以概括为，文化产生于非理性的情绪、风俗和习惯并受制于非理性的情绪、风俗和习惯。被文化认同的情绪对

---

① 参见［美］斯霍华德·斯波德著：《世界通史（第四版）》，吴金平等译，山东画报出版社 2013 年版，第 64—85 页。

个人的行为起制约作用。个人在与文化的互动中受到规范，文化在与个人的互动中规范个体，使之整合。不管是个人对文化的习得，还是文化与文化之间的接触和交流，传播和修正牢固地维持了其内在和谐。传播的过程是接触、了解和学习的过程，修正的过程是情绪认同、经验内化和取舍吸纳的过程。只有被修正的内容才能被赋予意义和获得整合。由于传播的无休止进行，文化的整合是不周全的，即绝对的、完全的整合状态是不可能出现的。

本尼迪克特认为，整合的原始力量来源于个人的心灵，是个人以情绪的主观标准对文化特质加以选择、排斥与修正的结果。文化的整合是相异的，没有两种文化是雷同的。任何一种文化的整合模式也是偶然的，是对新文化特质的随机组合、重新解释和重新发展。文化整合过程的完成决定于整体对部分的取舍，是整体整合元素。而且，整体大于部分之和。

杜尔克姆的整合涵盖以下几点：集体良心或社会道德维护着社会整合或社会团结的存在。在传统社会，对违反社会道德的行为以约束性法律制裁之；在现代社会，对犯罪分子以复原性法律制裁之，使之整合。在传统向现代转型的过程中，对社会整合的危害主要来自于不适当的社会分工。多层次的集体活动的开展，道德规范的重建，是整合现代社会的关键。

拉德克里夫·布朗的结构功能整合观认为，任何文化或社会都是一个整合完好的系统，在这一整合完好的系统中，在社会结构的各个部分之间存在着业已确定的行为规范和准则——它们构成该社会共同体的一系列制度，这些依附于特定的社会结构又外在于个人的制度体系，最终构成布朗的功能统一性和功能普遍性假设：即其维护着社会的稳定、协调着社会各组成部分的关系、防止着社会的崩溃和解体，起着整合社会的功能。

马林诺夫斯基的整合观可总结为，文化是为了满足自身的需求而创造的一个人工的再造系统，它的功能就是对人之需求的满足。文化系统内各因素构成一种特殊的等级序列，生物系统居底层，社会结构系统居中层，文化符号系统居上层。每一层的"需要"的满足方式制约着与它接近的那个系统的满足方式。基本上，社会结构系统整合生物系统，文化符号系统整合社会结构系统，形成自上而下的一元论整合功能机制，维持着社会的统一性。在对社会结构的描述中，马林诺夫斯基断定它存在着四种普遍的功能需求——经济、政治、社会教育和社会控制。

综合上述社会学家和人类学者的理论，流域人类学的整合论大概涵盖以下几个主要层面：

第一，社会和文化的整合是多种因素共同作用的结果，这些因素中既包括个体的接触、族群的交流，也包括不同地域人类的文化心理和文化模式，还受客观的气候、地形、温度等环境因素的影响。流域作为直接影响客观环境、间接影响主观性格的因素，对于整合具有非常重要的影响力。

第二，如果将社会视为一个超越个体的有机体，其实现和维护整合的关键是多层次集体活动的开展和道德规范的重建。流域作为人类集体活动开展的主要场所和社会集体道德形成的起源，对社会有机体的构建与社会整合的维持，起到了重要的作用；另一方面，流域带来的经济发展、带来的区域社会的转型与现代化，随之产生的不适当的社会分工又反过来危害了社会整合，因此需要用辩证的眼光看待流域社会与社会整合之间的关系。

第三，社会功能整合的基础是一个具有完好系统的文化或社会，在人类文明的早期，流域区域往往是最早出现整合完好系统社会的地区，从这一意义上来说，流域具有原生的区域社会整合的功能，对流域区域的研究，能够洞察最原始的自然社会的整合方式，为当今遇到严重的可持续发展问题的人类文明提供重新整合的借鉴。

第四，在文化符号—社会结构—生物系统这一满足人类需要的等级序列中，流域具有贯通性的影响力，流域自下而上的为人类文明的再造系统提供源源不断的生物、经济、文化等各方面的资源，从多个层面满足着人类的需求。在这一意义上来说，流域对人类文明和人类社会的整合，具有根源性的作用。

因此，无论是从社会整合、文化整合、功能整合还是结构整合各个层面，流域都具有重要的对象映射功能，并自始至终对人类社会的诞生和重构起着重要的作用，整合的理论和方法对于流域人类学的研究，是最基本的方法论。

四、跨流域比较（Comparison）的方法

作为人类学主要研究方法的"跨文化比较"，号召从跨文化的视角来研究人类的文化和行为，以整体性的视角对某一文化进行全貌性的深入研究①。以人类学基本的普同论、整体论、适应论和文化相对论为基础的理论和方法，流域人类学发展出具有自身特色的跨流域比较人类学理论，即将跨地域、超时间的流域人类文明进行横向的比较，并通过比较尝试总结河流与人类社会、流域与人类文明的关系，进而上升到探讨人与水的关系和人与自然关系的层面，以期为未来的人类应对流域问题、改善流域环境和传承流域文化提供理论支撑和方法路径。

作为流域人类学的特色方法，前人在这一领域也曾做过一些有益的尝试，如许倬云在《万古江河——中国历史文化的转折与开展》中，对中国古代文化与两河古代文化发展进行了比较：

两河流域古代文化是人类几个古代主要文化之一。古代中国的农业是北方的粟黍稷（小米）与南方的稻作农业，两河地区的农业是麦类耕作（包括大麦、小麦、黑麦与燕麦）。这三种农业，作物不同，耕种的方式不同，都是独立发展，彼此没有文化传播的亲缘关系。单从这一点着眼，即有比较讨论的意义了……中国栽培粟黍稷和水稻，两河流域栽培麦类作物，各自发生"农业革命"……农业起源于山地，不在大河的冲积平原，后续的文明发展则是在河谷平原出现。距今5000年前，两河下游的冲积平原上，已有许多农业聚落。麦类生长需要相当水分，扎格洛斯山脚坡度不大，有雨水湿润，麦类可以成长；冲积平原土质松软，地下水充沛，于麦类更为适宜。人类育种，寻求高产品种，而这些优良品种，例如所谓"面包小麦"（今

---

① 参见庄孔韶主编：《人类学通论》，山西教育出版社2005年版，第12—13页。

日食用的品种），尤其需要吸取水分。于是，驯养麦类，肇始于扎格洛斯山坡地及地中海海东地区，而农业扩张、出现许多定居的农业聚落，却是在两河中游与下游的沿岸……这些聚落，出现于各处，尤其南部的两河下游冲积平原，分布最为密集。而距今5000多年前，在幼发拉底河的下游，而又远离河口沼泽地带，欧贝德（Ubaid）文化揭开了人类城市经济的序幕。这一转变，经过一段演化过程。大约先是在许多毗邻村落中，出现了一个中心村落，逐渐以此为核心，发展为聚落群。聚落群能聚集资源与人力，合作改善生活条件。两河冲积平原，地势低平，全为土质，不见岩石，新石器文化生活必需品的石料，必须求之他处。冲积平原上，多灌木而少大树，生活所需的木材，也必须取于两河上游及山地。另一方面，冲积平原地势低平，常有泛滥；地下水多咸卤，不宜于稼穑。人们必须建构水利设施，引导河水灌溉，排除苦卤。长程贸易与水利工程，都不是一个村落的力量可以做到的，于是超越村落层级的聚落群，遂应而出现。①

以上对两大流域文明的比较主要以考古学为理论依托，所以对于一些涉及人类和人类社会文化内涵的问题无法解释与回答，只有通过与人类学四大基本理论和方法的对话，将实物的考古证据与逻辑的人类发展轨迹予以结合，再次经过普同起源、整体发展、群体适应和相对的文化特征的验证，才能更加全面地认识流域人类社会发展的全貌。因此，从流域人类学角度，开展世界范围内的流域文化比较研究，是大有可为的学术领域。

第三节　相关文献回顾及本书框架

根据流域人类学的概念与方法，回顾前人的相关研究成果，我们不难看出，从人类学的视角研究流域中各种与人类相关的关系专论，

---

① 参见许倬云著：《万古江河——中国历史文化的转折与开展》，上海文艺出版社2006年版，第35—38页。

还未见于学界，反而在其他专业，如世界史、文化史、经济史等方面的著作中，有大量流域人类学的研究对象和可供分析的案例，按照已有学术成果和流域人类学研究的阶段性目标，我们拟建构本书的逻辑和理论框架。

一、相关文献回顾

按照前人成果不同学科的属性，以往流域研究的文献资料大致可以按照以下三类进行归纳。

1. 世界通史系列

在这一系列文献中，主要有四种世界史方面的著作。按照出版的先后顺序排列，首先是 1970—1971 年出第 1 版，到 2015 年，已出到第 7 版，印刷 55 次的畅销世界历史教科书，美国加州大学历史学教授 L. S. 斯塔夫里阿诺斯所著的《全球通史：从史前史到 21 世纪》。该书虽然是一部历史教科书，但并不是一味地把读者拉向遥远的过去，而是随时把历史上的重大变故与当今世界的现状联系在一起，提醒读者认清所生活的现实世界与历史的内在联系，从而使读者的思想能够跨越时空的限制，在历史与现实的两个时空里驰骋，甚至由此产生出自己对历史事件的联想与对比，产生出自己思想的火花和创作的冲动。《全球通史：从史前史到 21 世纪》是"全球史观"的代表作，是迄今为止全球史观最有影响力的作品。斯塔夫里阿诺斯在该书中熟练地运用了历史学和其他人文社会科学的多种方法，如文明模式理论、地缘政治理论、文明交流理论、长时段和宏观历史理论等①，由远及近地展现了人类历史的巨幅画卷。斯塔夫里阿诺斯版的《全球通史》，摒弃了西方传统的世界历史的阐释方法，如"古代—中古—近（现）代"的"三分法"，将整个人类历史的演进划分成两个基本的阶段，即 1500 年以前诸孤立地区的世界和 1500 年以后西方的兴起并占优势的世界。该书没有设定一个统一的标准来评价世界各地区的

---

① 参见［美］斯塔夫里阿诺斯著：《全球通史：从史前史到 21 世纪》，吴象婴等译，北京大学出版社 2006 年版，第 15—20 页。

历史进度，而是从不同的角度探求整个世界历史进程中时间与空间的契合点。这种贯穿始终的全球史观，既与流域人类学的基本理论与方法不谋而合，又为同一历史时期世界各地流域文明的比较研究提供了切入点。尤其是该书的上卷，作者花大量的篇幅分别论述了尼罗河、两河、印度河与黄河流域的文明起源进程，为流域人类学的研究奠定了坚实的基础。

第二种重要的参考资料是吉林文史出版社 2010 年出版的一套《全球通史》。此套书共 12 册，由美国时代生活公司历经多年编著而成。全书汇集了世界各名牌大学史学专家的智慧和劳动；包含 300 多万的文字和 3000 余幅精美图片及珍贵照片；从史前文明到 20 世纪末，涉及人类 300 余万年的历史，全面展示了全球悠久的历史和灿烂的文明。这套丛书最大的优势在于全面和翔实，几乎涵盖了世界各个角落的文明起源和发展状况，如对非洲克拉西斯河口晚期智人发现过程的记录、东南亚的流域文明、威尔卡努达河与印加文明等内容，为流域人类学研究对象的多样性和全面性提供了保障。尤其值得一提的是，该套丛书在最后两册分别从城市、家庭、战争和自然四个角度对人类历史进行总结，在纵向梳理完全球的历史之后，又从各个层面回顾了影响人类历史发展的关键要素，这为流域人类学的建立提供了可资借鉴的参考方法。

接下来的一本重要参考书是美国的霍华德·斯波德所著的《世界通史：公元前 10000 年至公元 2009 年》。这本厚达 887 页的著作，也是世界历史的重要教科书。2013 年山东画报出版社出版该书的第 4 版。此书具有知识完整的特点，即涉及了人类文明从发生到当下的全部重要内容，同时编著者还特别留意将最新的学术成果纳入其中。与大多数世界通史著作比较，霍华德·斯波德的这本书，具备信息多样丰富的特点。这里的信息多样丰富，不仅仅是指图文并茂，还包括史料文本、作者评论、编年史表、地图、表格等。更为重要的是，该书真正摈弃了欧美学者编撰世界通史所常用的"欧洲中心论"。其考察世界历史发展的视角也十分独特——选择代表人类历史重要变化的重大转折点。他认为，人类形成与文明出现（即史前至公元前 10000 年间人类生物和文化进化)、农业与定居（包括公元前 10000 年至公元 1000 年村庄和城市的发展)、城邦国家与帝国（包括亚欧大陆各帝国)、政治与宗教（涉及犹太教、基督教、伊斯兰教、印度教、佛教)、商品流动与世界贸易（从 1300 年至 1700 年)、政治与工业革命（从 1640 年至 1914 年)、奥林匹克运动会与国际政治、科技变化与控制制度（从 1914 年至 1991 年)，是人类历史发展的重大转折点，并由此加深对最近二三十年世界历史的理解。尤其是该书第二部分，用整整一章的内容详细描述尼罗河与印度河的河谷文明，为流域人类学的研究提供了可供比较的对象资料。

在世界通史系列中最后值得专门提出的资料是由美国的海斯、穆恩和韦兰合著的《全球通史》。该书由江西教育出版社于 2015 年 3 月出版。由于是多人合著，所以该书较之斯塔夫里阿诺斯所著《全球通史》，个人色彩更为淡薄，而以科学的梳理和严谨的表述为其突出特色。在写作方式上，该书按照时间和专题混合编排，并将志略式的条目呈现作为全书主要内容的表述方式。这都对世界通史乃至文化史的书写，产生了深远的影响。尤其是本书的上部，在近东流域与农业时代的来临、文明的摇篮尼罗河、爱奥尼亚人的流域与城市等方面，均为流域人类学的相关观点提供了完整而科学的论证。

2. 文化研究系列

如果说世界通史系列的前人研究成果为流域人类学的提出和建立提供了历史的视野、研究方法与研究对象，那么，一系列前人的文化研究，则为流域人类学在历史视野之外，提供了另一个角度的切入点。

在与流域人类学息息相关的文化研究中，取得令人瞩目成果的学者首推许倬云，其《历史大脉络》（广西师范大学出版社 2009 年版）与《万古江河——中国历史文化的转折与开展》（上海文艺出版社 2006 年版）尤其能为流域人类学所用。其中，前一本书在开篇就阐明了流域与古代文明的关系；之后的前半段，以泼墨山水的手法勾勒人类历史与中国文化发展有关的大方向；后半段是从 16 世纪开始，即大洋航运开通，新大陆进入世界史，世界已是一个整体的局面下，中国与世界各处的发展。书中把中国纳入世界：为了今日，理解过去，在世界大框架内，立足中国，关心世界①。后一本书是许倬云毕生学识和智慧的结晶，也是他对中国历史文化源流与发展的创新诠释，此书以江河流域的扩大比喻文化的进展，从中国文化发轫的地理空间开始谈起，论及史前时期中国文化的多元发展与分合，然后再细述中国文化在不断的冲突与融合中，一步步扩大进入世界体系的历程②，其中，有相当多的篇幅涉及长江、黄河与中国古代文化，中东与两河流域的地理状貌，以及前文所引用的中国古代文化与两河古代文化发展的比较等内容。

另一位久负盛名的学者冯天瑜编著的《江河万古流——中国文化巡礼》（湖北美术出版社 2010 年版）从距今六七千年至三四千年间，北温带几大流域先后出现一批独立创制文字和金属工具的人群谈起。在地球上诸文明民族创造的文化此起彼伏、交相辉映的背景下，编著者聚焦在黄河—长江流域崛起的中国文化，认为其于坎坷跌宕中绵延生发，是不曾中辍的"连续性文化"之典范。该书图文并茂地为流域与人类的关系提供了考古学的例证，其中，长江、黄河、辽河流域文化遗址，流域遗址与原始宗教，流域与城市初现等内容，对流域人类学的论证大有裨益。

第三种流域文化研究的书籍较难严谨地归为此类，然由于此类书集中论述的是历史变迁中流域文化的演变以及流域水资源的现实问题，所以暂归为流域历史文化研究一类。典型的如王尚义等著的《历史流域学论纲》（科学出版社 2014 年版）。该书提出："流域作为以河流为中心的人—地—水相互作用的复合系统，是受人类活动影响最为深刻的地理单元。近年来，中国流域性资源环境问题日益突出，洪涝灾害、水资源短缺、水污染、流域生态安全、流域经济与城镇的协调发展等问题已引起高度关注，流域科学发展问题在国家和区域经济社会可持续发展中占有举足轻重的地位。我们认为，以历史流域为

---

① 参见许倬云著：《历史大脉络》，广西师范大学出版社 2009 年版，序第 1 页。
② 参见许倬云著：《万古江河——中国历史文化的转折与开展》，上海文艺出版社 2006 年版，前言第 2 页。

视角，对流域系统进行综合、交叉研究，不仅对区域历史地理学理论创新具有重要学术意义，也对科学治水、科学解决现代流域问题具有重要的实践价值。"①

从名称上看来，"历史流域学"与我们尝试构建的流域人类学最为接近，此书在出发点上也观照到了历史上流域与人类的关系："只要回溯历史，就能够感觉到提倡历史流域学研究的价值，而从事历史流域学的研究，是应当从古埃及尼罗河流域出发的。因为从这里出发，可以接触到有关古埃及独特而细致的历史材料，触及历史演进中的一系列问题；若向前追溯的话，还有通过考古手段揭示的早王朝之前和早王朝时期的内容；若向四周和往后延伸的话，可以扩大人类文明与河流之间关系研究的时空范围，多方探求，进而推进以往的认识。因此，将人们的视角聚焦到过去的流域上，将自然科学和人文科学密切地结合到过去的流域上，结合使用人类生态学、地理信息系统等研究方法，当会产生富有创新意义的科研成果。"② 然而，遗憾的是，该书囿于具体写作时的视野限制和集中于汾河流域的对象限制，未能摆脱固有的"以流域谈流域"的桎梏，停留在流域水资源与水利社会关系的探讨之上，对流域与人类的关系浅尝辄止，没有从深度和广度上拉开空间，这不得不说留下一个遗憾为今天流域人类学的进一步研究提供了可供拓展的理论场域。

3. 个案研究系列

世界通史系列和文化研究系列，为流域人类学的构建提供了足够多可供选择的视角和方法，然而落脚到实际的研究切入点，就不得不从关于流域的个案研究着手了。在这一系列的成果中，我们较多关注的是有关中国流域的研究，因为只有先将本国流域的情况摸清吃透，才有可能在未来的研究中展开跨越国境和文化区域的流域文化间的比较。

个案研究中首先要提及的是概观类的成果。一个是在葛剑雄主编

---

① 王尚义、张慧芝著：《历史流域学论纲》，科学出版社 2014 年版，出版前言第1页。

② 王尚义、张慧芝著：《历史流域学论纲》，科学出版社 2014 年版，代序第6页。

的"沧桑河山"系列中，付林祥所著的《江河万古》（长春出版社 2012 年版）。该书从历史地理角度出发，介绍了长江、黄河、黑龙江、珠江、塔里木河、淮河等江河以及青海湖、鄱阳湖、洞庭湖、太湖、洪泽湖等湖泊。既是了解中国流域的入门书籍，也可视为江河历史、地理材料的概括性材料来源。另一个概观类的成果则要具体、详细得多，即由河北大学出版社出版的大江大河传记丛书，包括第一辑的《黄河传》《长江传》《珠江传》《运河传》《淮河传》《塔里木河传》《雅鲁藏布江传》和第二辑的《澜沧江怒江合传》《松花江传》《辽河传》《海河传》等。此套为大江大河所立的传记丛书，是以江河为载体，综合历史、地理、环境、生态、经济、文化、民族、民俗等多个学科，揉成一个有机的整体，既写出江河的共性，又突出每条河流的个性，展示江河文化的博大精深，体现历史的久远、文化的厚重、思想的深邃、江河的魅力，表现中华民族的历史、现在和未来。这套丛书体量较大，且基本囊括了中国境内所有的较大江河，遗憾的是，由于是多人分别立传，难免水平参差不齐，又由于为无生命的江河著述立传这一形式前所未有，所以各位作者对大江大河传记的理解各有不同，较难形成真正学科意义上的重大理论影响。

较之概观型的个案成果，聚焦于某条江河的相关著作无论是专业性还是理论性，都要更加深入。此类著作来自各个不同的学科，如英国的托马斯·布莱基斯顿所著的《江行五月》（又译为《长江上的五个月》，中国地图出版社 2013 年版）是来自探险家的博物性质手记，详细记录了 19 世纪中期长江流域的交通、物产、风土人情等方面的状貌；刘俊男的《长江中游地区文明进程研究》（科学出版社 2014 年版）将马克思主义国家起源理论进行了全新的阐释，从考古学角度为长江中游流域文明的发展情况提供了有力的证据；同样来自考古学的还有郭立新所著《长江中游地区初期社会复杂化研究》（上海古籍出版社 2005 年版），该书立足于现有考古材料，系统探讨了长江中游地区石器时代晚期的自然环境、文化发展谱系、社会分工、社会分化、社会组织与结构，揭示了在初期社会复杂化不同阶段社会关系所发生的调整与变化，其中对流域冲突与战争的探讨别具特色；个案中还有来自人类学的成果，如周大鸣、吕俊彪所著的《珠江流域的族群与区域文化研究》（中山大学出版社 2007 年版），透过对一些少数民族聚居村寨所进行的田野调查，同时结合对珠江流域区域文化的全面考察，研究珠江流域不同族群的社会与文化的变迁情况，探讨族群与区域文化之间的互动关系。

二、本书研究框架

从之前的研究成果可见，各学科关于流域与人类关系的前人研究成果，种类丰富、规模较大、观点新颖、论证详细，但从人类学研究人类与客观世界的关系角度出发，将流域作为人类文明的发生场域和最初的营养来源的观点及系统论证，还未整体呈现出来。因此，流域人类学相关观点的提出及学科的构建，既水到渠成，又迫在眉睫，这也正是本书想要达成的研究目标。根据这一研究目标，本书拟用绪论、十章内容和结语建构流域人类学的理论框架。

绪论部分主要解决什么是流域，流域人类学的概念与方法、前人研究成果，以及本书研究框架的问题。文中指出在人类学区域研究中，流域是一个非常重要的视野，流域复杂的人文生态环境、多元的民族文化事象和丰富的族群分布样貌，为人类学区域研究的理论提供了优秀的实践场域，使研究者能够通过参与观察、反复调研、民族志书写等多种人类学田野方法的综合运用，为区域视野下流域人类学研究的有意识整合提供了成功的个案和可行的路径。通过绪论的梳理，提纲挈领地提出流域人类学的基本理论框架。

第一章至第三章为本书的第一部分，主要研究流域人类的本质——人—水关系形成的过程，探索人类如何与表现为大大小小流域的水（尤其是淡水）在时空中由躲避、对抗到主动靠近、利用的过程，这一过程包括三个阶段。

第一个阶段为人—水关系的开端，从人类体质对水的需求、人类文明对流域的依赖、人类社会发展对流域的利用和人类活动对流域的影响探讨流域与人类的关系。从分子人类学对人类种族的流域起源出发，指出适宜的流域环境为人类文明进化提供了物质基础，提供了区域文明发展的多种可能性和可塑性；同时人类能动地适应着流域环境，创造着适应区域流域环境、体现区域人地关系特征的文明模式。认为人类起源与发展和流域地形之间是辩证统一的关系：与气候因素为人类文明带来的普同性不同，地形因素给诞生在不同流域环境中的人类文明带来了不同的发展特征。流域因素影响着人类文明的发生与发展，同时在一定程度上决定了世界不同地方文明的特征。在诸多环境的构成要素中，地形和环境对于一个人类文明的形成和发展具有一定的决定作用。然而，人类的历史是人与自然环境相互作用的历史，人类既是自然界的产物，受自然界制约，同时，人类又可以利用自然界，对自然界有反作用。自然界总是不断发展的，人类也是不断发展的，而且人类和自然界一直都在发生相互作用。这种相互作用，对于人类来说是对自然环境的不断适应，而对于流域区域来说，则表现为人类对流域的开发与改造。历史证据表明，人类从"逐水而居"到因水而兴，其文明的发育程度越高，越是表现出对流域开发的依赖。从这个意义上讲，人类社会的文明和进步就是一部流域开发史。

第二个阶段为人—水关系的发展，主要研究流域与人类农业的起源过程，指出逐水而居是人类的生存本能。纵观全球，人类文明的起源和发展都与河流地理环境密不可分。河流除了为人类提供维持生命必需的淡水，更重要的意义还在于为人类社会提供了食物。世界各地先后发生的人类文明中，以河流为中心的流域，通过提供源源不断的水源、耕地和聚居地的方式，为缓解人类自身发展的人口压力默默贡献着。经过历史时期先进文明示范效应下的各地区的紧密联系和交流，流域范围的原始农业生产技术和水平不断提高。随着不同地区文明按照各种不同方式的传播、集聚和融合，各大流域成为汇聚来自各个方向生产经验的地区，为后来的流域农业生产突破农业起源几千年较低水平的发展模式奠定了基础。而一旦人类掌握了河流涨落的规律，懂得使用相应的手段和措施来疏导洪水和抵御干旱以后，流域对人类的养育功能就会显得更加重要。

第三个阶段为人—水关系的延伸，探索流域与人类交通体系的形成过程。认为由于河流及其形成的河道、河谷天然的地形优势和交通便利，使之成为人类文明扩张中的重要廊道，起到了举足轻重的作用。流域除了作为人类最适宜的生存环境和发展原始农业的最佳场所外，其沿干流和支流天然形成的河道与河谷，也是人类交相通达、互通有无的重要网络体系。不同文明的交流是文明发展的动力，而交通在文明起源和社会发展中起着极其重要的作用。人类文明发展史上，以流域交通体系为主要表现形式的交通走廊是文明交流与文化传播的重要途径，也催生了文明的产生。这些流域交通体系以分水岭为节点和枢纽，以廊道为连接方式，在实现文化交流、推动文化传播方面，起到了不可替代的作用。尤其是在物资流动方面，流域的交通功能表现得更加明显。以往较为隔绝的区域，在河流水路、河谷陆路，以及运河转运所形成的流域交通体系作用下，遵循物质文化传播的一般规律，或有序或突破地进行着沟通与交流，最终形成更大范围的区域文化和民族文化。

第四章至第七章为本书的第二部分，主要研究流域人类的融合过程，探讨人类在集聚到流域范围之后，怎样在各种因素的共同作用下完成主客观的改造与变化，实现与人造自然的全面融合的过程，这一过程涵盖四个方面的内容。

第一个方面为人—水交融的经济基础，讨论流域与商贸的话题。江河兴经济，从区域经济来看，沿江河地区，物产富饶，交通便利，因而，往往成为农业和商业的发达地带，由此，经济往往能得到迅速发展。整体而言，随着河流的流动带来的物资的流动与人口的流动，推动了流域经济的发展。如果将时间的长度略加拓展，就能发现，相对于暂时的物资和人口的流动，具有转运、补给、修整、交流等功能的流域枢纽市镇的繁荣，才是流域商贸推动地方社会经济，进而推动人类社会发展的根本动力源。除了为沿江河的城市带来人流、物流和财富外，流域商贸的发展还为沿线的城市传播了文化和信仰，尤其是与商贸相关的信仰，在流域城市中得到优先的传播，并在因水致富的观念影响下传播到更广的地域中。

第二个方面为人—水交融的物质基础，讨论流域与城市的话题。将人类文明视为一个整体进行观察发现，城市和城市群是迄今为止人类聚落发展的最高阶段。从城市的历史上看，它虽然是人为建造的一种人类活动场所，却与以流域为代表的自然环境息息相关，可以说自然地理环境是城市形成和发展的重要条件，在某些特殊的历史阶段，甚至起到了决定性的作用。本章用大量的历史事实证明流域对城市兴衰的功能和作用，是为了摸索人类城市与自然界流域互相依存、共同促进的基本规律，最终推进与流域自然环境协调统一的现代化生态城市的建设。从人类学角度考察流域与城市群之间的关系，把城市群看作人文空间，流域看作自然空间，探索两种空间关系的分布规律，发现了两个基本事实：流域与城市群形成了较好的空间对应关系，中心城市一般在流域的最佳区位。

第三个方面为人—水交融的社会基础，讨论流域与族群的话题。指出流域是族群文化活动的地域空间，自然形成的流域在人类活动的参与下，转化为有意义的人类文化空间，在这一过程中，族群活动的影响是十分明显的。本章从空间和时间两个维度定义了流域与族群的关系，并认为以河流为中心的族群研究是族群与区域文化研究的重要通路。研究认为，流域是传统社会在渔猎、游牧和农耕经济条件下族群迁徙、聚居的自然流向。人与自然因素的结合，创造了特定地理、物候环境为基础的流域文明；因而，流域也是一种传统文化的载体。特定的"流域"是我们整体观照族群文化的一个有趣的学术视野。虽然这并不算是一个新鲜的理论视角，但它对于跨界族群文化研究的有效性是显而易见的。由国家疆域割裂的族群文化空间，在特定流域中显现出不可分割的内在联系；同时，也使相互之间由地理因素所构成的渊源关系得以合理地揭示。作为区域文化理论体系的一部分，流域与其他区域相比，最突出的特征就是"水"文化特色，水对于流域族群互动具有特殊的重要性。而这点特殊性，决定了可以将流域与区域有机联系成为一个整体。

第四个方面为人—水交融的政治基础，讨论流域与国家的话题。根据国家的定义，处理公共事务是权力很重要的标志，所以中央集权化组织的出现和灌溉事业的发展之间存在着联系，利用河流水源灌溉是一个庞大的系统工程，需要一个中央集权体制的有力保障；与此同时，大河谷地中的灌溉农业也成为国家的经济基础。河流在给人类带来肥沃的耕地、便利的交通的同时，雨季的洪水灾害也给人类社会带来了灾难。人类在趋利避灾的开发过程中，传统的农业生产方式及与之相适应的上层建筑也逐步形成。流域内以土地、温度、水资源等为核心的农业资源，以及生物、矿产等其他资源，不仅丰饶而且可以相对轻松地获取，这就为古代自给自足的生产方式提供了物质基础，农民被固定在土地上，且身份已被固化，于是在此经济基础上，以血缘关系为纽带的宗法制度，以专制主义为核心的统治理念逐步形成。国家形成的历史具有明显的流域性特征，愈在早期，这一特征愈发明显。

第八章至第十章为本书的第三部分，主要研究人—水交融之后更高层次的人—水和谐。文中探索在各种因素共同作用下，人类与流域如何形成紧密相连、休戚与共的生存共同体的过程，在各种因素中，决定性较强，能够在某一时间段内改变流域和人类关系的主要有三类。

第一类为人—水和谐的竞争因素，即流域战争。指出战争是人类社会生活的产物。从人类诞生的那一天起，它便以各种形式伴随着人类的演进。发生在大河流域的战争，由于或决定族群势力范围，或涉及生存空间扩张，或关乎自然资源争夺，或牵涉区域政治中心形成，所以具有矛盾激烈、规模宏大、场面残酷和影响深远的特点，往往成为部分或全体人类历史发展过程中重要的转折点。文中揭示了战争的性质与人类文明发展的历程的密切关系，发现以流域作为人类文明起源和早期发展的主要场域，见证和经历了人类早期，尤其是冷兵器时期的大部分战争。战争对流域环境造成巨大的破坏，限制了流域环境的发展。尤其是当政治、军事家们还没有充分认识到遭受破坏的流域环境对人们的生活、生产和社会活动将产生反作用时，战争对流域环境的破坏性就更是显而易见的了。

第二类为人—水和谐的社会因素，即流域移民。文中指出，流域是一种开放型的耗散结构系统，其各子系统间协同配合，同时系统内外进行大量的人、财、物、信息交换，具有很大的协同力，形成一个

"活"的、有生命力的、越来越高级和越来越兴旺发达的耗散型结构经济系统。文化是由人类创造的，也是依附于人类而存在的。地理环境的多样性和人类创造力的多样性使文化因地而异，因人而异，表现出强烈的地理特征。人口在空间的流动，实质上也就是他们所负载的文化在空间的流动。所以说，移民运动在本质上是一种文化的迁移。人是文化最活跃的载体，在信息交流主要依靠人工传递的古代社会尤其如此，文化传播一般都是借助于人的迁移和流动来实现的。从流域视角看，一定规模的移民汇聚到某一个流域，不仅为流域经济发展提供了人力资源，从而促进了流域内部农商工各业及流域城镇的发展；而且这些移民带来的异域文化与流域内部本土文化结合，还会催生新的文化模式的形成。此外，国家为了管理这些移民，还会推进流域内部政治制度文明的发展。其中最主要的是随着沿流域移民的传播和定居，带来的流域移民文化与本地文化的交融、结合与重构。在文化的各种形式中，考察以物质民俗和社会民俗为代表的流域民俗文化的扩散轨迹，能够使我们一窥流域移民和移民文化的类型、形成过程和基本特征。

　　第三类为人—水和谐的精神因素，即流域文化。指出区域文化具有发端于地理环境，成形于流域文化的普遍规律。文化作为人类开发利用自然资源创造的财富和适应环境采取的方式，与地理环境有不可分割的联系。流域的区位、地质、地貌、植被、气候、水文和综合自然地理总体特征与它们各自和整体上对流域文化特质和风格存在一定的感应关系。流域是人类文明的摇篮，文化是人类文明的结晶，二者之间关系密切。流域作为地球系统最基本的组织单元，要素众多，结构复杂，功能多样而繁杂，这些要素成为文化形成与存在的物质和精神基础。流域本身及其所具有的农业经济、交通、自然功能为文化的产生和发展提供了驱动力和源源不断的思想源泉，促使形态各异的流域形成了流域文化的特质和风格及其地域差异。文化属于思想的上层建筑，是社会意识形态组成的有机整体，与经济基础相对应，并同政治结构一起构成了社会上层建筑的整体。江河流域范围，在区域分布上有其特色，其上、中、下游往往会流经不同的自然地理区域与民族、文化区域，但就整个流域论，又具有明显的共同特点。

本书最终落脚于将流域人类学构建为人类学中率先跨越学科与理论界限的全新认知方式，从重视对凝聚精神家园起着支配作用的文明形态进行宏观把握出发，阐述流域文明在地方社会形成中的支配地位，把流域文化的模式、文化的特征和特质、文化的边界作为研究对象，通过文化反思走向文化自觉，实现文化自信，实现流域研究在促进民族融合和文化建设中的作用，最终，在重新认识区域文化、重新解释人类社会的基础上，完成重构人与自然、社会关系的目标。

第一章　人—水关系的开端：
流域与人类

　　尼罗河在自然界一切河流中是最有益的河流；大自然所展现于人类眼前的也正是这样。在埃及，灼热的焦土深深吸收着水分，而每年的干旱，使泥土尽量吸收那么多的水量以满足它的需要。在这个时候，大自然便安排好使尼罗河的水每年及时地灌溉埃及。就因为向着埃塞俄比亚的那些埃及地区，或者完全不下雨，或者下一点儿雨，就使得不习惯于天空水气的土地没有什么用处。埃及的一切希望都寄托在尼罗河。

—— ［古罗马］辛尼加①

　　一条大河波浪宽，风吹稻花香两岸。我家就在岸上住，听惯了艄公的号子，看惯了船上的白帆。

——乔羽②

第一节　流域与人类种族

　　从人类种族的起源来说，世界现存所有的文明从根本上说是同

---

① ［古希腊］希罗多德：《历史（上）》，王以铸译，商务印书馆 1959 年版，第 111 页。
② 电影《上甘岭》插曲《我的祖国》歌词，乔羽创作，1956 年。

源异流的，正如现代人在全球独存而其他人种已消亡一样，异源的文明即使有，在全球文明史中也会找到更进一步的同源出处，因为现代人本身就是同源的。独存的现代人的文明在同源异流中始终保持着相互的关联，从差异的种族到差异的民族，各个族群皆对文明有所贡献。实际上文明就是在族群相互关联激荡中发展壮大的，多元恰恰是同源异流的族群之间的互动，只是有些互动有着时空上的复杂交错。

二十世纪的进化论学者普遍认为，猿类和人类有共同的祖先，是人类的近亲。"人和猿来源于共同的祖先，约在中新世时期，便开始从主干上分开，一支发展为现代猿，另一支发展为现代人。在生物分类上，前一支上的所有种类都归属猿科（Pongidae），后一支上的所有种类都归属人科（Hominidae）"①，这一说法是中国史学界关于人猿关系的一般共识。然而，经过现代科学验证，人猿的关系远不是这样简单和确定。从达尔文时期开始，找寻能够证明从猿到人进化关系缺环的猿人化石，就是一个热点的问题。由此而开启的人类起源"非洲说"和"亚洲说"之争，引领了考古人类学的研究和发展。1891 年 8 月，荷兰军医杜布瓦（Eugene Dubios）在印度尼西亚爪哇岛特里尼尔梭罗河左岸的冲积层里发现的"爪哇人"，和后来在中国北京周口店发现的"北京人"，确立了亚洲猿人在从猿过渡到人过程中的重要地位。随后，在非洲先后发现的南非汤恩小孩（Taung child）和坦桑尼亚南方古猿与能人（Homo habilis）化石，将人类历史推至距今 220 万年之前，人类起源非洲说又占据了上风。然而，近几十年来的考古发现，让人类起源"非洲说"的观点受到了巨大的挑战。如在高加索地区格鲁吉亚德玛尼西（Dmanisi）古人类遗址发现的人类化石，将亚洲有人类活动的年代推至距今 185 万年前，与古人猿非洲起源和发展的路径相矛盾；此外，在缅甸中部伊洛瓦底江流域发现的 Afrasia djijidae，以及中国长江流域中下游的湖北荆州发现的 Archicebus achilles 这两种灵长类动物，分别把亚洲出现类人猿的

① 林耀华主编：《原始社会史》，中华书局 1984 年版，第 19 页。

时间推至距今 3700 万年和 5500 万年①，也严重挑战了达尔文提出的人类起源的进化图。

如果我们能够换一个视角，从流域的角度来看待人类的起源问题，是否可以尝试解答人类起源"非洲说"和"亚洲说"之间的矛盾呢？从各个时期的考古证据来看，人类种族生存的区域空间往往是和特定流域和流域间所形成的地理单元相一致的，流域相关的各个地理单元及它们之间共同构成的不同层面的地理单元。江河提供了定居和迁徙的便利，流域也自然成为稳定的族群生存的空间。从体质人类学方面考察流域与人类种族的关系，大概可以从以下几个方面得到论证。

一、流域与分子人类学

分子人类学是用 DNA 材料和计算生物学方法解答人类血缘上起源、迁徙、变化、融合等一系列过程问题的人类学分支。在分子人类学中，DNA 测序是主要使用的一种分子技术。然而，现代人类的序列分析只能间接地反映人类历史，为了得到更为直接的证据，人们需要从古代人的遗骸中获取信息。

DNA（脱氧核糖核苷酸）为两条脱氧核苷酸链反向平行盘绕所生成的双螺旋结构。在生物活体中它与蛋白质融合而成遗传物质的载体——染色体。DNA 存在于几乎所有的细胞中。古 DNA（又称 aDNA）是指残留于古代生物遗骸中的 DNA。古代生物遗骸可分为三类：软组织（soft tissues）、硬组织（hard tissues）和化石（fossil）②。软组织指以较好的状态保存下来的遗骸，如人或动物古尸的肌肉、皮肤、脑、内脏等，只有在特殊或罕见的情况下，这些软组织才得以较好地保存，如埃及的木乃伊、德国和法国边境发现的距今 5000 年的"雪人"、中国长沙马王堆的干尸、中国各地发现的明清时期古尸等，这些都是古代 DNA 研究难得的好标本。硬组织则指一般考古发掘所

---

① 参见黄慰文：《走"出"非洲，还是走"入"非洲？人类起源探索》，《大众考古》2013 年第 2 期。

② 参见蔡胜和、杨焕明：《方兴未艾的古代 DNA 的研究》，《遗传》2000 年第 1 期。

得的古代骨骼、牙齿等，这些材料来源广泛，种类和数量较多，是古代DNA研究的更常见的材料。化石即指远古人类和动植物的化石，由于年代太过久远，在现有的技术条件下，绝大多数化石还不能成为古代DNA研究的材料。

就生物中的人类而言，古代DNA是指考古发掘所得的古代人类遗骸中所含的人类DNA。众所周知，DNA中蕴含着人体所有的遗传信息，历来是分子生物学研究关注的焦点，自从DNA快速排序技术问世后，建立在生物DNA序列比较上的进化研究逐渐普及开来。但是现代DNA序列只能提供形成该序列历史过程的间接而非直接证据，所以从某种意义上说，这种类似于"关公战秦琼"式的比较方法，尚无法摆脱"时间陷阱"这一困境。而古代DNA研究的兴起为摆脱这种困境提供了一条出路。自从证实了在古代人类遗骸中的某些"硬组织"（如骨骼、牙齿）及在缺水条件下的"软组织"存在着少量未降解或稍降解的DNA，对古代遗骸的分子水平上的研究就迅速开展起来。通过分子技术对古代人类遗骸中的DNA片段进行提取、扩增、测序，就能得到关于古人的遗传结构信息，对于了解人类的起源、进化和迁徙提供了直接证据，开拓了一个新的领域。

20世纪80年代中期，聚合酶链式反应（Polymerase Chain Reaction，简称PCR）技术问世，这一分子生物学领域的革命性进展为古DNA的研究注入了全新的活力。PCR技术的介入使得古DNA的研究真正迅速地开展起来，1988年Paabo和Willson等人率先将这种技术运用于古DNA的研究中，在此以后，有关学者对古代DNA的提取分析技术进行了更加深入的研究，样品范围已扩展到人类骨骼、牙齿、木乃伊及其他干化组织，已成功地从距今数百年到接近一万年的样品中提取到DNA。

通过对古代DNA的研究使我们能够对古代人类的基因型、群体、甚至已经灭绝的人属成员的DNA进行分析；同时也使得我们能对不同阶段的人类DNA进行纵向对比，从而加深对人类演化历史的认识。对古代DNA的分析可以获得以下三方面的信息：

一是个体水平上的遗传信息（individual level）：这方面的信息可

用于考古墓葬发掘的个体鉴定、家系鉴定，同时也是获得下面两方面信息的前提。

二是人群内部的遗传信息（infrapopulation level）：通过比较群体内两个或多个个体之间的遗传信息可以确定一个群体中个体之间的相似或歧异程度；

三是群体之间的遗传信息（interpopulation level）：比较不同人群之间的 DNA 差异可以揭示出他们之间在进化上的相互关系，进而在时间或空间上重建人类演化过程。

迄今为止，美国、德国、日本等国已在运用分子生物学技术进行人类学、考古学研究领域中做出了相当的成绩，不仅已成功地从距今数百年到一万年的样品中提取到 DNA，而且对种族、群体、个体特征 DNA 研究的成果已被用于考古发掘中发现的人类遗骸的鉴定以及一些古代人群形成发展的研究[①]。

不管外部环境如何变化，人类的 DNA 受到的影响是比较小的，其变化也更加缓慢。从这一意义上来说，理论上讲，任何一个人，只要能够提供他的 DNA 片段，都可以用分子技术还原他的血缘、亲属和最初的族群。然而，现实的情况是，DNA 技术高昂的费用和漫长的操作时间，使这种随机的测序毫无学术研究价值和意义。因此，如何尽量缩小 DNA 来源的范围，在最有可能的特定区域找到古 DNA 的样本来源，就成为关系到分子人类学理论是否能够具有实际可操作性的关键。在这一背景下，最早聚集大量人类群体的流域地区，就成为分子人类学古 DNA 样本重要的来源地。因此，无论是纵向的历史血缘梳理还是横向的区域 DNA 比对，流域地区都是重要的区域。

二、流域与人类染色体研究

目前，对古 DNA 的研究主要集中于对其中线粒体 DNA（mtDNA）的分型上，对 Y 染色体的分型研究则处于起步阶段。线粒

---

① 参见黄颖等：《遗传基因技术与三峡考古实践》，《东南文化》2002 年第 3 期。

体是真核生物细胞中重要的细胞器，其功能是产生能量以维持细胞的活动，故被称为"动力工厂"，是细胞乃至整个机体的能量源泉。线粒体DNA具有如下一些特征：第一，单倍体呈严格的母系遗传；第二，其突变率较高，比细胞核DNA（nDNA）高5—10倍，所以比较其DNA序列可以获得在相对较短的进化时期内积累的大量核苷酸变化信息。而且线粒体DNA变化主要来源于突变而非重组，所以通过对其差异的系统分析可以忠实再现人群的母系进化史；第三，线粒体DNA拥有比细胞核DNA更多的拷贝数，因而在组织中残留量大，易于提取，相对于细胞核DNA而言具有更高的灵敏度，适合于古代的分析。另外，线粒体DNA还有群体内变异大、分子结构简单、疾病序列已完全清楚等特点，因而被较广泛地应用于DNA（包括古DNA）的研究中。线粒体DNA的若干多态位点在不同人群中的遗传多样性的研究，为人类进化和群体源流、迁移提供了大量生物学证据。

但是线粒体DNA在研究中仍然存在一些问题，比如说，线粒体DNA的高突变率尽管带来了高多样性，但是同时带来的问题是很难通过对其的分析确定其古老的基因状态，而且某些片段的突变率太高以致在一些特定的突变位点会产生回复突变以及再次突变。相对而言，Y染色体避免了这些不足。Y染色体是一个小的近端着丝粒染色体，由大约50Mb核苷酸构成。其具有如下特点：突变率较低，使得不同的单倍型可以较稳定地遗传，增强数据的说服力；Y染色体由于父系遗传，简化了数据分析；基本不存在重组现象，比较容易得到群体单倍型；显示出比常染色体和mtDNA更好的空间结构。目前关于Y染色体的研究的目的，一是构建一个进化树以提供现代Y染色体的进化关系以确定它的起源和分支时间，这一点突出体现在人类的起源与进化研究的应用中；二是通过检验不同人群之间不同Y染色体类型的频率来确定人群间的亲缘关系。一般而言，亲缘关系近的人群具有相似的同种Y染色体的频率较高，亲缘关系越远，Y染色体类型的差别就越大，这对于人群亲缘关系及迁徙的研究无疑极有实用意义。Y染色体成为线粒体之后研究人类起源、进化和迁徙的又一有力工具①。

由于 Y 染色体的突变率相对较低，可以通过较少的 Y 染色体遗传标记得到较多的信息，对研究较久远的人类进化事件和人群迁移比之线粒体更具优势。而目前，众多的 Y 染色体分析集中于现代人的样本研究，通过数据库的建立来推测远古的人类事件，这只是一种横向的地域性比较。如果将古 DNA 中 Y 染色体信息与现代人的研究结果进行纵向比较，综合分析，构建人群变迁时空框架，将加速人们对人类历史的了解。不过由于古代样品中 Y 染色体含量较少，研究起来比较困难，所以就必须找到一个范围清晰、DNA 样本富集，且能够进行古今 DNA 变化情况对比的区域，在实际的找寻过程中，这些地区往往集中于大河流域。

三、流域族群与体质人类学的互相印证

人类的 Y 染色体直接代表着父系遗传，永远是父子相传的，不会受到任何社会文化和自然因素的影响。人体内有 23 对染色体，其中 22 对常染色体中，每一对染色体都有一条来自父系，一条来自母系。两条染色体在传代过程中对应的部分会发生交换，从而造成混血效应，这就是遗传学上所说的重组。另一对性染色体包括 X 染色体和 Y 染色体。在女性体内，X 染色体也是成对的，分别来自父母双方，所以也不能避免混血的影响。而在男性体内，却只有一条来自母亲的 X 染色体和一条来自父亲的 Y 染色体，也就是说男性的 Y 染色体只能来源于父亲，所以人体性染色体的遗传方式决定了 Y 染色体遵从严格的父系遗传。

通过大量的 Y 染色体分子遗传结构的分析，能够与民族史籍记载和族群历史记忆结合起来相互印证，从而更加全面地了解某一地区民族和族群的来源、发展与融合情况，在这一领域，已经出现了一部分理论结合实际、有分量的研究成果。

如分析湖北恩施、湖南吉首地区两地土家族的人群样本，利用

———————

① 参见黄颖等：《遗传基因技术与三峡考古实践》，《东南文化》2002 年第 3 期。

14 个 Y 染色体非重组区（NRY）单倍群分型技术对土家族的遗传结构进行研究。分型结果结合其他地区土家族两个人群和相关民族群体进行主成分分析，并将分析结果根据不同人群的地理分布展示在地图上。然后对各主成分和单倍群进行偏相关分析来探讨它们之间的相关性。结果显示土家族主体与汉族在父系结构上比较接近，但依然有一定的区别。同时还发现龙山地区唯一保留土家语的土家族与氐羌族群有很明显的相关性，这说明土家族最早的起源可能正是氐羌民族。实验结果表明，恩施和吉首地区的大部分土家族与周边民族群体间的血缘交流频繁；而龙山和永顺的土家族更能代表土家先民的遗传结构，他们与西部氐羌族群密切相关[1]。

又如对福建长汀的 148 个客家男子进行采样，从父系遗传的 Y 染色体 SNP 的主成分分析看，客家人与中原汉族最近，又偏向于苗瑶语族群中的畲族，不同于其他南方汉族偏向于侗台语族群。混合分析发现客家人数据结构中汉族结构占 80.2%，类畲族结构占 13%，类侗族结构占 6.8%。各族 M7 个体 Y—STR 单倍型的网络结构分析发现客家人中类苗瑶结构有两个来源，其一来自湖北，其一来自广东。客家人之类侗族结构应来自江西土著干越。客家人母系遗传的线粒体 RegionV 区段 9bp 缺失频率为 19.7%，与畲族很近，不同于中原汉族。客家人的主要成分应是中原汉人，畲族是对客家人影响最大的外来因素。与客家话中的苗瑶语特征相印证，客家人可能是古代荆蛮族的核心成分不断加上中原汉人移民形成的。客家话等南方汉语方言最初也可能是南方原住民语言在中原汉语不断影响下逐渐形成的[2]。

还有对广东汉族三大民系即潮汕、广府和客家人的遗传研究发现，河南太行山人主要由北方汉族主要单倍群构成，广府和客家人则以南方原住民族主要单倍群为主。潮汕人表现为北方汉族主要单倍群稍高于南方原住民族主要单倍群。基于单倍群频率的主成分分析显示，河南太行山和潮汕人聚在一起。客家和广府人则与南方原住民族

---

① 参见谢选华等：《土家族源流的遗传学初探》，《遗传学报》2004 年第 10 期。
② 参见李辉等：《客家人起源的遗传学分析》，《遗传学报》2003 年第 9 期。

群体聚在一起。三大民系中，只有潮汕人的中原汉族血统更纯正，与河南太行山人群的关系最近，这可能也是其为南方沿海食管癌高危人群的原因之一；而客家和广府人则与南方原住民族在母系血统上有更多的交融①。

总之，分子人类学技术运用于流域人类群体的研究之中，无论以线粒体还是 Y 染色体为对象，都能够通过横向或者纵向的比较与综合研究，对不同年代的文化群体之间以及统一群体不同时代之间的遗传差异进行分析，进而尝试建立遗传信息库，这对于加强考古学、人类学、民族学和遗传学等相关学科的跨学科交流合作，解决一些长期困扰的历史疑难问题，有极其重要的意义。

第二节　流域与人类文明

文明是人类适应、改造世界的物质和精神成果的总和。一方面，适宜的流域环境为人类文明进化提供了物质基础，提供了区域文明发展的多种可能性和可塑性；另一方面，人类能动地适应着流域环境，创造着适应区域流域环境、体现区域人地关系特征的文明模式。在这一多因素互动过程中，人类与流域相互塑造着彼此，共同创造着人类文明的滥觞之地——大河流域文明。

大河多发源于高原山区，穿过上游的崇山峻岭，进入开阔肥沃的下游平原，山的阳刚、水的阴柔，刚柔相济、相得益彰，使得流域内部的居民一方面具有锐意变革的创新精神，与此同时也呈现出兼容并蓄的开放态势。这正是流域文明形成的文化前提。

在晚更新世早期（大致属旧石器时代中期），人类主要是打制以打猎和采集为用途的简单工具，单纯靠打猎、捕鱼和采集野生植物为生，可以说在人类社会发展初期，人类赖以生存的食物全部是自然界

———————

① 参见李晓昀等：《潮汕人与广府、客家人母系遗传背景差异的分析》，《西南交通大学学报（医学版）》2010 年第 6 期。

赐予的。由于人类对自然的利用局限在采集、狩猎、渔鱼、选择适宜场所栖息等方面，活动以适应环境为主要特征，罕见人为的开发行为，故这一阶段人类与自然是融为一体的，自然状态未因人类的活动而发生明显的变化。期间地理环境作为人类文明的历史舞台，对古代文明发展产生着巨大的影响。

考古资料证明，人类早期文明多诞生在地理环境优越的温暖的大河流域，这里有两层含义：一是气候因素，二是地形因素。流域（River Basin）作为一种自然区域，是水资源的地面集水区和地下集水区的总称，是一个以河流为中心具有明确的地域边界的自然区域。与河流水体共存的多样生物，丰茂的森林、草原，为早期人类提供了丰富的植物果实及动物资源；河流不停地腾挪、搬运，又在两侧塑造出适宜早期采集、畜牧的台地，这一切都为早期文明的诞生奠定了物质基础。

一、人类文明诞生于流域的气候因素

据考古发现，世界最早的文明发源地是古埃及和两河流域。气候对于一种人类文明兴衰的影响，在尼罗河流域表现得最为显著。环境变迁研究的结果表明，在尼罗河流域文明诞生的关键时期，不仅在整个尼罗河流域，而且从大西洋岸边到红海之滨，在横贯非洲北部的辽阔的撒哈拉大沙漠上，都出现了相当湿润的气候。也正是这种湿润的气候给大地带来了勃勃生机，才使得包括尼罗河流域在内的整个撒哈拉的文明都繁荣起来[1]。尼罗河流域文明是幸运的，它在距今9000—5000年前的湿润气候时期的最后1000年不失时机地创立起来；然而，尼罗河流域文明又是不幸的，因为直到距今3000年前，全球性的湿润气候才基本结束，而在撒哈拉和尼罗河流域，这种湿润气候却在距今4500—4000年前就已经过早地结束了。在此后的岁月里，虽然也曾出现过短暂的湿润气候，但总的变化趋势却是朝着愈来愈干旱

---

[1] Gabriel, B., "Zum, Oekologischen Wandel in der Oestlichen Zentralsahara," Berliner Geographische Abbandlungen, 1977, 27.

的方向在发展。尼罗河流域文明伴随着历代法老王朝始终在干旱气候的煎熬中挣扎。显而易见，如果说尼罗河流域文明的兴起和初步发展是得益于季风雨露的惠泽，是季风雨的赠礼，那么，这个伟大的文明在它的中期发展和后期衰落过程中所经受的环境恶化的磨难与冲击，则从另一个方面证明了气候环境的变化、季风雨量的多寡对于尼罗河流域文明的命运来说是多么重要。换言之，影响尼罗河流域文明兴衰荣枯的历史命运的，不是尼罗河本身，而是洒向尼罗河流域的季风雨。

因此可以得出结论，尼罗河流域文明的命运是紧紧和北半球中—低纬度文明带上的气候环境的变迁联系在一起的。如果没有最近10000年来全球气候的转暖，包括尼罗河流域在内的整个撒哈拉地区就会仍然处在第四纪大冰期时代干旱沙漠气候的控制之下，当然就不会出现农业革命，更不会形成古典的农业文明。如果不是在距今6000—5000年前气候达到最暖湿的程度，就不会发生气候—自然带的大幅度迁移，就不会产生海陆气压差的悬殊对比，就不会引发西南季风势力的猛烈扩张，就不会给尼罗河流域带来如此丰沛的季风雨，文明的花朵也就不会如此鲜艳地开放①。

自然规律的运行是不以人类意志为转移的，在世界范围内，当全球气候变暖时，北半球的气候—自然带依次向北方迁移；气候变冷时，则向南回归。在全球气候达到最温暖程度的距今6000年前后，欧亚大陆腹部因夏季温度迅速升高而形成了强大的热低压中心；而南部海洋上因夏季增温并不显著而形成了相对的高压中心。这样，在北半球副热带高压带北移和海陆气压差的共同影响下，使得热带地区从海洋吹向陆地的西南季风的势力大大增强，从而给中—低纬度地区带来了丰沛的季风雨。使得北非、西亚和南亚这些今天为干旱气候所困扰的副热带沙漠地区，在距今9000—4000年前的气候变得相当湿润，不仅河流水量丰富，而且湖泊水域扩展，水位高涨。正是在这种十分

———————

① 参见王会昌：《尼罗河流域文明与地理环境变迁研究》，《人文地理》1996年第1期。

优越的气候环境中，公元前 4000 年前后，两河流域诞生了苏美尔文明；公元前 3100 年，尼罗河流域出现了埃及文明；公元前 2500 年，印度河流域形成了哈拉帕文明。然而从距今大约 4000 年前后开始，由于气候开始向冷冻方向转变，西南季风势力衰退，季风雨量大幅度减少。作为古典文明发祥地带的北非、西亚和南亚地区，在副热带高压带控制下，最近两三千年来逐步沦为干旱的沙漠，撒哈拉大沙漠席卷了尼罗河流域文明，阿拉伯沙漠吞噬了两河流域文明，塔尔沙漠掩埋了印度河流域文明①。

二、人类文明诞生于流域的地形因素

人类起源与发展和流域地形之间是辩证统一的关系：与气候因素为人类文明带来的普同性不同，地形因素给诞生在不同流域环境中的人类文明带来了不同的发展特征。

在古埃及，尼罗河定期泛滥给下游带来了一层厚厚的淤泥，河谷中冲击土壤是柔软和疏松的。人们只要用简单的工具，例如鹤嘴锄和运土的篮子，就可以挖掘灌溉网，修筑拦水的堤坝，或开凿沟渠，排干低地沼泽的水，利用河水灌溉农田，开始了灌溉农业。埃及农民只用简单的石锄木犁就能得到好收成。独特的地形条件使古埃及文明在相当长的时间里按自己的道路独立发展。埃及尼罗河上游有瀑布险滩与努比亚相接，山峦之外是一望无垠的撒哈拉沙漠，北临地中海，只有东北部有地峡与巴勒斯坦和叙利亚相连。这种相对封闭的地理环境使古埃及很少受到游牧民族大规模的侵袭，在长达三千多年的文明发展史中一直走独立发展的道路，古埃及文化传统世代传承少有变异。虽然在王国后期，来自西亚的喜克索斯人曾一度统治埃及，但并没有影响埃及文明发展的特点，一直到亚历山大占领埃及后，才开始埃及文化和希腊文化的交融时期。尽管此后埃及文明结束了它独立发展的历程，但三千年文明凝固浓缩成的那些不被蛮力所摧毁的宗教信仰、象形文字、金字

---

① 参见王会昌：《尼罗河流域文明与地理环境变迁研究》，《人文地理》1996 年第 1 期。

塔、狮身人面像无言地传递着文明的魅力，如同尼罗河水般生生不息，直至今日，生活在这片土地上的人们仍承袭着这份独特的文明。

定居在两河流域的苏美尔人，在公元前 5000 年左右，就开始排除沼泽的水，利用两河的水，奠定了灌溉农业的基础，到了公元前 4000 年左右，两河流域已经有了较大规模的灌溉网。但两河流域地理环境对该文明发展产生的影响与埃及有很大不同。一方面，两河流域灌溉农业与埃及相比显然有许多不利的地方，大自然对两河流域居民的挑战要比埃及强。首先尼罗河上游有大湖调节，每年泛滥水量比较稳定，不易成灾；而两河流域因上游雨量变化较大，加之"两河"流程较短，水量也不确定，易于成灾，水害在下游形成大片沼泽。其次，尼罗河的冲积土有大量腐殖质肥料，而两河流域则缺少这种天然肥料。再次，两河对农业致命的影响还是耕地的盐碱化。尼罗河由于先沉积了一层沙砾，然后才盖上埃塞俄比亚流下来的泥土，这就有可能使洪水渗入地下，从地下排到海里去，因此，埃及新土壤的表面大部分不至于沼泽化、盐碱化。而两河流域恰恰相反，地下几乎无法排水，长期汲水灌溉，特别是水渠渗出的水和过分灌溉会造成地下水位的升高和土壤中盐分的积累。美索不达米亚平原的盐碱化很早就成为一个普遍的社会问题。为了对付盐碱化的威胁，古代两河流域农民不得不采用休耕轮作，以及改种耐盐作物等方法，而这只能减慢盐碱化速度而不能克服它。整个两河流域的文明，不得不随着盐碱化向北移动，去占领那些未开垦的土地。未开垦的土地是有限的，整个灌溉的土地迟早要被密密麻麻的盐层所布满。两河流域这块哺育了古代文明，曾被誉为神话中伊甸园的地方，今天百分之八十耕地已盐碱化，其中三分之一已无法耕作，成为一片不毛之地。另一方面，两河流域与外界联系的地理条件与埃及大不相同，深刻影响了两河流域文明的发展。首先，频繁的民族迁徙与冲突，使得两河流域国家的政治变迁始终体现为民族交替与王朝更迭。富饶的美索不达米亚，北接亚美尼亚高原，西连叙利亚草原，东面紧邻伊朗高原，三面均无险可守。周围众多的游牧部落，逐鹿于这块肥沃的新月地带，一个城市兴起又衰落了，一个部落赶走了另一个部落，一种语言代替了另一种语言，两河流域的历史充满了刀光剑影。

东亚中国的地形条件与其他文明古国相比较为恶劣。中国特别频繁的水旱灾以及其他自然灾害，使中国居民承受着更多的磨难。相对封闭的地形，使中华文明具有连续性。中国居于东亚，北连西伯利亚，西北有阿尔泰山、祁连山以及一望无际的沙漠，西南也是崇山峻岭，西面是世界屋脊青藏高原，东临太平洋，并且与世界其他文明区相隔遥远，在古代海陆交通均极为艰难。与地中海文明区各国的频繁交往相比，中国在古代基本上是闭塞的，这造成了中国独特的坚韧的以汉族为主体的文明。自秦汉以来，中国政治上始终实行封建专制主义中央集权制，经济上是以自耕农为主的小农经济，文化上儒家思想始终根深蒂固，一切外来的宗教文化，不仅不能占统治地位，而且或多或少被儒化了；汉民族的文字、风俗习惯、心理素质也一脉相承。中国这种特殊的地理因素，是造成其文明发展连续性的一个重要因素[①]。

在本节中，我们探讨了气候与地形对于人类文明诞生于流域环境的决定因素。根据流域人类学的基本理论和方法，我们不难看出，无论是在古代埃及、两河流域，还是古代中国，最早的人类文明产生的多元化和各自独特的发展轨迹与流域地理环境的影响有很大的关系。作为人类文明创造的自然条件，流域地理环境为每个民族文明的产生发展提供了多种可能性和可塑性。总体看来，流域地理环境固然不是影响文明产生和发展的决定因素，但在生产力十分低下的时期，由于人类受自然因素的较大制约，流域地理环境对文明的产生和社会形态的发展发挥了不可低估的影响。甚至在某种程度上决定了早期人类文明的兴衰变化。

第三节　人类的流域开发

流域因素影响着人类文明的发生与发展，同时在一定程度上决定

---

① 参见林秀玉：《古代文明与地理环境之关系——古代中国、埃及及两河流域比较》，《闽江学院学报》2004 年第 1 期。

了世界不同地方人类文明的特征。在诸多环境的构成要素中，地形和环境对于一个人类文明的形成和发展具有一定的决定作用。然而，人类的历史是人与自然环境相互作用的历史，人类既是自然界的产物，受自然界制约，同时，人又可以利用自然界，对自然界有反作用。自然界总是不断发展的，人类也是不断进步的，而且人类和自然界一直都在发生相互作用。这种相互作用，对于人类来说是对自然环境的不断适应，而对于流域区域来说则表现为人类对流域的开发与改造。

在人类文明最早诞生的流域环境中，这种开发与改造表现得尤为显著。人类活动一直与河流流域休戚相关，这绝非偶然。河流总是发源于山丘，有着丰富的林牧业和能矿资源；河流有发电、灌溉之利，促进两岸工、农业兴盛；河流还有舟楫之便，自然成为物资集散流通的渠道。因此，沿着河流必然形成一系列不同规模和各具特色的工业、农业、商业中心和大小不等的城市，成为沟通对内对外经济联系的枢纽。

人类对流域的开发是以流域内聚集的自然资源、大量的人口和低成本的水路交通为基础的。此外，流域的经济空间的生成，还与以河流为中心的区域集聚点密切相关。流域作为一种带状的区域，在其上、中、下游，人类分别采取不同的模式，对流域内的水资源、生物资源、土地资源及矿产资源等沿河流进行开发。在流域内的人类开发活动影响下，流域由单纯的自然系统逐步转变为"自然—社会—经济"的复合系统，在这一流域复合系统中，各子系统在不同的流域区段内既相互联系又相互区别，并形成经济中心、经济腹地和经济网络纵横交错的格局，在此基础上，构成了多维度的流域经济区域。

在人类对流域的开发中，面对流域不同区段的自然特征和社会结构，采取了不同的开发模式。

一、流域上游的开发

按照自然生态条件，流域上游多属宜农宜牧区，或者说农牧交错地带。历史早期这一区域的居民多为游牧民族，产业结构多以狩猎采集为主。随着与流域中下游文化交流的增强，开始出现农业，但在很长时间内以刀耕火种的原始农业粗放式经营为主。随着生产技术的提升，流域腹地经济联系加强，农、林、牧兼有，至于各产业具体所占比例则处于动态变化之中①。

人类对河流上游开发的有力例证来自俄罗斯最初建立的过程。俄罗斯人的祖先是东斯拉夫人，早期的东斯拉夫人，主要生活在第聂伯河上游阴暗、少见光照的森林中，这里有着恶劣的气候、贫瘠的土壤和数不清的沼泽。在这块土地上，生活是很艰难的，求生存成为当地人的全部生活内容，农民在种庄稼之前，要先砍出一片空地，伐倒树木，然后焚烧树桩和丛林作为肥料。经过三四年的耕作，地力枯竭，人们再到别的地方重复同样的程序。这种"伐林农业"适合于以家庭为单位从事生产。因此，虽然东斯拉夫人有部族之分，但基本的社会单位是由几个有血缘关系的家庭组成，其首领通常是年龄最大的男性，由他来分配工作和做出决定，包括土地在内的财产，东斯拉夫人都是共有的。在密林中迁移是极其困难的，因此绝大多数斯拉夫人将房屋建造在树木稀少、便于迁徙的河边，如沃尔霍夫河和第聂伯河，后来，这些河流逐渐发展成为现成的作为商贸往来的重要交通线。尽管有许多危险和不舒适的方面，但东斯拉夫人的土地上有种巨大的吸引力：一种是看起来取之不尽的、极其丰富的森林资源，这些资源包括各种兽皮，波罗的海地区的琥珀、蜂蜜和蜂蜡；另一种是相连的水道，使得东斯拉夫的商人可以用船将上述物品运至哈扎尔人和拜占庭的市场。在那里，东斯拉夫人可以换到丝绸、葡萄酒、武器和装饰品②。同时，这些河流上游拥有的资源和便利，也带来了对此感兴趣的其他入侵者。在8世纪，一小群维京人或被称为瓦兰吉亚人就开始从波罗的海拉多加湖沿河道南下，经过近两个世纪与东斯拉夫人的对流域、水路和资源的争夺，在历经被驱逐和回归后，最终由瓦兰吉亚三兄弟的大哥留里克在诺夫哥罗德建立了最早的俄罗斯。

---

① 参见王尚义、张慧芝著：《历史流域学论纲》，科学出版社 2014 年版，第 89 页。
② 参见美国时代编辑部著：《全球通史·5》，吉林文史出版社 2010 年版，第 128—129 页。

二、流域中下游的开发

流域中下游多为流域文明的策源地，这是为考古所证实的事实，也是为史籍所详载的事实。流域开发一般从自然禀赋最为优越的中下游河谷平原开始，然后逐步向上游、河口推进，这一区段的经济文化对于整个河流开发影响深远。流域内部上中下游之间虽有明显的自然地理差异，甚至迥异，但流域内部社会经济文化所具有的整体性特征依然是这一特殊区域的主导属性。流域中下游相对流域上游而言，一般气候温暖，水源充足，土地肥沃，物产丰富。由于河流的侵蚀、堆积作用，在河床两侧形成了多级台地，一般有一级堆积阶地和二、三级高阶地。自然地理环境决定了下游的生产、生活方式等各方面都明显地具有农耕文明的浓厚色彩。中下游的商业也多具有悠久的历史，一则上游以畜牧业为主的生产，需要交换农业产品；二则交通便利；三则中下游人口增加迅速，工商业是解决农业剩余人口的重要途径①。

人类对河流中下游的开发在印度河下游冲积平原的例子中表现得最为突出。印度河冲积平原位于今巴基斯坦境内，已知最早的印度河沿岸居民是来自西部不远处俾路支斯坦山区的游牧人。最初，他们还受季节的限制，只是在河谷中暂居。每年，高地的严冬驱使他们迁往低地，低地河谷水草丰茂，可以养肥成群的绵羊和山羊。然后，夏季来临，骄阳直射大地，牧民们于是重回凉爽的山区。公元前4000年左右，这种模式开始改变。一些家庭除了饲养牲畜以外，还种植小块园地——大麦地和小麦地。他们用石制工具耕作，用兽皮桶从河中汲水浇地。他们在春季返回俾路支斯坦高地收获庄稼。随着时间的推移，一些部落夏天也生活在河谷。久而久之，牧业暂住地变成了定居的农耕村落。与崎岖不平的俾路支斯坦高地相比，印度河河谷富饶诱人，这里辽阔的草地与广袤的森林相间分布，森林中有雪松、柏木、

---

① 参见王尚义、张慧芝著：《历史流域学论纲》，科学出版社2014年版，第89—90页。

红木、柳和剌槐等木材。河谷的气候温和湿润。西南季风经过该地区的某些地方，带来了夏季降雨。每年春天，喜马拉雅山上的积雪融化，印度河随之泛滥，溢出的河水给两岸铺上了淤泥，这是庄稼的天然肥料。许多农业村落开始星罗棋布地出现在印度河平原上，河谷像张开的手指，伸展进周围的山麓。到了公元前 3000 年左右，印度河流域的人们已经知道如何对付变幻无常的河水。冲积平原的大部分地区都被他们开垦耕种，农业产品开始有了剩余，这构成了社会结构的基础。他们也不失时机地建造了宏伟的城市，城市成为生产和贸易的中心①。

三、流域河口三角洲的开发

三角洲又称河口平原，是指河口段的扇状冲积平原，从平面上看，像三角形，顶部指向上游，底边为其外缘，所以叫三角洲。河流入海时，因水流速度降低，所挟带的大量泥沙在河口段淤积延伸，填海造陆，逐渐形成面状的堆积体。河流一般注入更高一级的江河或者是大海，适宜发展外向型经济。三角洲一般面积较大，土层深厚、水网密布，农业基础较好，多为鱼米之乡，可以为大型港口城市的发展提供辽阔的腹地。在以舟楫、畜力为主要交通工具的农耕时代，口岸在很大程度上是流域与外部信息传输的门户，加之水、陆、海三位一体的交通枢纽地位，往往既是流域内的经济中心，也是更大区域范围内的经济中心②。

人类对河流河口三角洲的开发在维金人将都柏林设为重要立足点的例子中整体呈现出来。在公元 8 世纪末，挪威的维金人在都柏林、利默里克、科克及其他地方建立了沿海防寨。其中，都柏林位于爱尔兰海边，地处由波多尔河和利菲河交汇形成的河口三角洲地区，两河在此流入爱尔兰海。古代的维金人将都柏林选为重要的立足点和防寨，正是看中它横卧于通向北方、东方和南方的充满生机的商路的优

---

① 参见美国时代编辑部著：《全球通史·1》，吉林文史出版社 2010 年版，第 309—311 页。

② 参见王尚义、张慧芝著：《历史流域学论纲》，科学出版社 2014 年版，第 90 页。

秀区位。10 世纪后期，都柏林成为一流的国际性港口。一道顶端筑有木制栅栏的大堤环绕着这座城市。在这道防护堤内，有 1 万之众的居民拥挤在这块不足 6 公顷的范围内。每一个维金人家庭都有其自己的围着篱笆的小块土地和房舍。对于爱尔兰人来说，以都柏林为代表的防寨有着双重的意义。挪威人从这些据点出发进入内地掠夺牛羊、奴隶和教堂的珍奇贵重物品。但是，这些城镇也变成了贸易中心，将这个岛屿的孤立地区对外面的世界开放了。[①]

概言之，人类对流域的开发，就是人类群体在流域这一以河流为中心区域的复合系统内，根据流域不同阶段的资源特征，因地制宜地开展以维持人类生存、繁衍种族群体和促进人类社会发展为目的的各类活动的总和。这些人类活动既是人这一智慧的群体社会性动物面对自然环境的挑战产生的主动反应，也是人类自身不断拜大自然为师，向大自然学习，主动适应自然变迁规则的结果。在人类生产力突破某一个阈值之前，这种对流域的开发和改造是有益的，既能最大程度地合理利用自然资源，促进人类自身的进步，又能在一定程度上推动自然界的优胜劣汰，实现人与自然的和谐。

然而，随着人类社会的发展，这种人类沉浸于自然环境中，人与自然互惠互利的阶段注定非常短暂。人类生产力的高速发展，使人类开发和改造流域的水平越来越高，力度越来越大，程度越来越深，以至于造成了一些不可逆的后果。在世界的一些地方，伴随着流域生态的破坏和流域环境的倾覆而来的，使流域范围内的人类文明走向衰败甚至灭亡。

第四节　人类与流域文明的兴衰

历史证据表明，人类从"逐水而居"到因水而兴，其文明的发

[①] 参见美国时代编辑部著：《全球通史·4》，吉林文史出版社 2010 年版，第 218—219 页。

育程度越高，越是表现出对流域开发的依赖。从这个意义上讲，人类社会的文明和进步就是一部流域开发史。如果说古代时期人类的流域开发还带有对大自然的敬畏的话，那么，自工业革命以来，人与流域的关系开始发生重大转变。大量体外工具的制造和使用彻底改变了人类以往的流域开发方式。高筑坝、广蓄水、谋发展的流域梯级开发方式已成为促进国家和地区现代化发展的基本手段。不断兴建的大坝在满足人类获取能源、防止洪涝、扩大灌溉、改善通航和城乡供水等各种需求的同时，也对工程建设所在地区乃至整个流域生态系统的稳定和正常发育产生了负面影响。长期的实践表明，流域的开发具有明显的生态效应极化特征，即在流域人文生态系统获得快速发育的同时，严重干扰和破坏了流域自然生态的系统发育及其多样化的发展。流域开发的程度越高，这种极化特征也就越明显。显然，如何维系流域的健康发育便成为人类社会持续发展及其文明传承的基本任务和首要目标①。

一、人类活动对流域水资源的影响

2007 年，世界自然基金会发布了全球遭破坏最严重的河流，这些河流遍布全球，其流域几乎覆盖了世界上所有人类涉足的区域。如北美洲的格兰德河、南美洲的拉普拉塔河、欧洲的多瑙河、非洲的尼罗河、亚洲的恒河、印度河、长江等。分析这些河流被破坏的原因，与人类活动直接相关的因素有兴修水利设施、过度取水、过度捕捞、污染等，其他破坏原因如全球气候变化、物种入侵等也与人类活动有着密切的关系。

人类的活动对流域的直接破坏表现为流域水资源的短缺引起的河流断流。随着全球人口增加、气候变暖等社会、自然因素的复合影响，水资源短缺的问题日渐突出、严峻。人类对于河流的取水量不断增加，污染程度剧增，一些人类赖以生存了数千年的母亲河开始出现

---

① 参见张雷、黄园淅、程晓凌等：《流域开发的生态效应问题初探》，《资源科学》2011 年第 8 期。

断流，如中华民族的母亲河黄河的断流问题已经非常严重了。黄河自然断流始于 1972 年，主要发生在下游的山东河段。据利津水文站观测统计，在 1972—1996 年的 25 年间，黄河有 19 年出现河干断流，平均 4 年 3 次断流；1987 年后几乎连年出现断流，且呈现断流时间不断提前，范围不断扩大，频次、历时不断增加的态势，如 1995 年断流历时长达 122 天；1996 年 136 天；1997 年断流达 226 天，为历时最长的断流。从人类活动的原因分析，主要有二：一是人类对水资源的不合理利用，二是人类对流域环境的破坏。20 世纪 50 年代以来，黄河流域人口猛增，生活和农业灌溉、工业用水急速增加。20 世纪 50 年代时，黄河下游灌区灌溉 140 万公顷农田，工业年均耗水量 122 亿立方米；到了 20 世纪 90 年代，农田灌溉面积上升到 500 万公顷，工业年均耗水量达到 300 亿立方米；与此同时，黄河下游非限期年均降水量减少了 24.5 亿立方米，水资源供需矛盾尖锐。于是，在枯水季节或枯水年份，沿岸各地纷纷引水、蓄水、争水、抢水，加之水资源管理混乱，水荒问题更加突出。黄河流域一方面水资源短缺，另一方面水资源浪费惊人，如农业灌溉仍然主要采用大畦漫灌、串灌等原始灌溉方式，一些灌区每公顷耕地年均毛用水量竟然高达 60 立方米，粗放经营的农业生产方式使黄河水资源的有效利用率不及 40%。随着人口剧增、经济加速发展，特别是城市规模不断扩大，流域水污染程度亦逐年加重，"水荒"矛盾更加尖锐①。

二、人类技术开发与流域环境危机

在人类的各种对流域的开发活动中，技术干预下的流域梯级水利水电开发，是对流域环境影响最为深远的。固然，依赖着流域开发，人类社会开始了文明发育之旅。经历了漫漫长途跋涉，人类社会终于步入到现代文明的殿堂。当俯瞰今日的地表景观时我们不难发现，人类"征服"流域的努力到处可见。溯源而上的大坝工程已使越来越多的流域原始生态景观荡然无存，取而代之的则是庞杂的渠道系统、

---

① 参见王尚义、张慧芝著：《历史流域学论纲》，科学出版社 2014 年版，第 2—4 页。

各色的农田牧场、交织的输电线路、繁华的城镇村落、繁忙的船只航运以及多彩的旅游设施等人文景观。这种从自然主导到人文主导的系统转变是现代流域开发所产生的最大生态变化，而造成这种沧海桑田变化的则是大规模的流域梯级开发模式。

稳定的水土空间组合是人类文明生存和延续的基础所在。因此，有效控制流域的江河水源就成为能否实现人类对流域土地利用及其产出能力控制的先决条件。自然流域的形成是一个从面到线再到面的从高到低和自上而下的发育过程。在这种流域自然发育过程中，高原山地为能量汇集之所；大江大河为能量输送通道；洪积与冲积平原为能量宣泄之地。与之相比，人类的流域开发则采取的是一种与流域自然发育过程完全对立的逆向开发方式，即为了确保中下游地区长期形成的人口与财富的集聚，通过从低（坝）到高（坝）和自下（游）而上（游）的梯级水工设施建设以减缓和节制流域水能运行的速率及方向，从而实现人为控制流域水资源的开发和利用。在这种逆向开发过程中，包括大坝及相关水工设施在内的水利水电工程便成为了流域开发生态效应发生的起点及其扩展的动力来源。流域梯级开发的程度越高，这种生态效应发生的时间也就越长，发生的范围也就越广。这就是现代流域开发的基本特征。

流域所承载的是地球陆地表层最具生机和最为复杂的生态系统。当人类试图通过现代工程手段实现对流域资源环境开发的控制欲望时，所产生的生态效应无论是在时间上和空间上均大大超出了人类的预期，并已对自然流域的自我完善和发育能力形成巨大挑战，甚至威胁到流域人文系统发育的安全。这正是近年来越来越多的人关注流域开发、特别是流域梯级开发走向的根本原因所在①。长期的实践表明，现代流域开发的生态效应主要通过物理和化学两种途径来实现的②。

---

① 参见王赵松、李兰：《流域水电梯级开发与环境生态保护的研究进展》，《水电能源科学》2009年第4期。

② 参见罗小勇、陈蕾、吐尔逊：《流域综合利用规划环境影响评价有关问题探讨》，《水电站设计》2005年第1期。

1. 人类技术开发的物理效应

人类开发流域的水利水电工程建成后，会对所在流域的生态系统产生巨大的物理效应，这种物理效应可以表现为直接、间接和诱发三类。

就直接的物理效应而言，主要表现在：河流流速与流向变化，人为控制流域水能流动的变化是水利水电工程建设的一个基本目标，并以此提升工程的防洪、灌溉、供水、发电和航运等职能；水体形态变化，大坝截流使流域水体面积大增，形成"高峡平湖"，从而使流域水量的人工调度需求得以实现。

就间接效应而言，主要表现在：流域局地水文气象和河道径流的水文特性条件的变化，前者如降雨、蒸发、气温、风速、风向等，后者如洪峰流量、年径流量、季（日）径流以及极值流量（最大、最小）等变化；库区土地覆被变化，如库区居民点、耕田、林地和其他用地的淹没；流域输沙特性的改变，如造成库区淤积和下游河道冲淤等；库区与河道水温变化；流域水土空间组合结构的改变，如大坝的阻隔作用常使流域河流断流、下游地区湖泊与湿地萎缩乃至完全丧失其生态功能；水土流失，例如库区和河道水位的升降会影响到岸坡的稳定、河口岸线侵蚀和库区移民安置（包括居民点安置和荒地开垦）等所造成的水土再流失。

就诱发效应而言，主要表现在：诱发地震，库区蓄水和弃水时引起断层移动所引发的库区及邻近地区地震；物种变迁，随着生存环境的变化，如库区水温和河道变形等常常对水生和陆生原生物种种群的繁衍生息产生严重干扰影响，甚至造成一些物种的消亡；人为活动的加剧，例如，水工设施建设所产生的自然景观变化常易诱发库区旅游和养殖业的发展，从而加速库区水体水质变化；突发性灾难，如因人为管理和维护不善或其他自然外力因素造成的溃坝，殃及大坝下游所有生灵。[①]

---

① 参见张雷、黄园淅、程晓凌等：《流域开发的生态效应问题初探》，《资源科学》2011 年第 8 期。

2. 人类技术开发的化学效应

客观地讲，人类技术开发的化学效应是流域水资源开发常见的一种生态效应，是大坝工程所诱发的一种结果。这种化学效应主要表现在：流域水环境的变化。通常，在水流变缓与水温升高的物理效应作用下，库区水化学组成天然的结构、状态及时空变化特征等方面也会随之发生改变，产生相应的化学变化，从而对水质的稳定产生不良影响，造成水质污染。特别是在工程投产后引发库区及周边人为活动增强的情况下，这种化学变化的作用往往会得到明显放大。流域土壤化学环境的变化。如大规模引水灌溉所引发的流域土壤盐碱化等。①

综上，作为流域生态系统的重要组成部分，人类社会是流域开发的最大受益者。随着流域开发程度的提高，人类社会通过减少洪涝危害、增加灌溉面积、改善航运条件、扩展供水范围、提高水产能力和增大能量供应等极大地改善了自身的生存和发展环境，强化了人文系统在流域生态系统发育中的地位和影响力。这一发展无疑改变了流域生态系统的发育状态，总体上属于流域开发的正面生态效应。然而，大规模的流域开发完全改变了河流的物质能量交换方式与运行节律，严重干扰和破坏了流域水土空间组合结构的稳定与整个生态系统的生存环境，以致流域最终失去生态多样性的发育能力。这种变化所产生的效果则属于流域开发的生态负效应。目前的关键问题在于：人类社会对现代流域开发的生态正效应已经形成了较为全面的认知，对其所做的评价往往预期很高。但是，对其负效应还缺乏深入和系统的了解，对其所做的评价常常不具有明确的针对性。应当指出的是，由于各类开发方式，特别是梯级开发方式所产生的流域生态效应通常需要一个大尺度的时空演进过程，特别是负效应的发生往往具有明显的时空滞后特征。这一效应发生特征使得流域开发的生态效应评价往往显得十分复杂和艰难。凭借着科学技术的进步，人类更希望通过资源开发能力的扩展而非资源利用水平的提高来满足自身发展需求的愿望无

---

① 参见张雷、黄园浙、程晓凌等：《流域开发的生态效应问题初探》，《资源科学》2011 年第 8 期。

可厚非，然而，需要正确认识到，流域开发的生态效应具有明显的极化特征，即在人文生态系统获取快速发育的同时，严重干扰和破坏了流域自然生态的系统发育及其多样化的发展。流域开发的程度越高，这种极化特征也就越明显。[①]

三、流域变迁与人类文明的兴衰

人类活动总是在一定的区域范围内开展的，因此，由人类大规模有规律的活动而形成的人类文明，同样是在某一特定的时空场域中存在的。流域作为人类活动的地域空间中自然区域的一种，在地域上有明确的边界。流域作为一种特殊的区域，既有区域的一般属性，如客观性、地域性、综合性、可度量性、系统性等，又有流域自身的特性。这些特性直接决定了流域对人类文明发展走势和变迁方向所起到的重要作用[②]。

1. 流域的整体性、关联性与人类文明

流域是整体性极强、关联度很高的区域。流域内不仅各自然要素之间联系极为密切，而且上中下游、干支流各地区间的相互制约、相互影响也很显著。上游过度开垦土地，乱砍滥伐，破坏植被，造成水土流失既使当地农林牧业和生态环境遭到破坏，又会招致洪水泛滥、河道淤积抬高，威胁中下游地区人民生命财产的安全和广大地区的经济建设。同样，在水资源缺乏的干旱、半干旱流域，如果上中游筑坝修库，过量取水，就会危及下游的灌溉乃至工业、城镇用水，影响生产的发展和生活的需要。因此，流域内的任何局部开发都必须考虑流域整体利益，考虑给流域带来的影响和后果。

以中国的长江为例可以论证流域的整体性、关联性与人类文明可持续发展之间的关系。长江是中国第一大河、世界第三大河，流域面积180余万平方公里，干流流经11省市区，支流涉及6省区，长江经济带是中国经济的轴心地带，各省市区对流域可持续发展的影响因

---

① 参见张雷、黄园淅、程晓凌等：《流域开发的生态效应问题初探》，《资源科学》2011年第8期。

② 参见张文合：《论流域开发》，《长江论坛》1993年创刊号。

区位和经济水平等差异，生态服务价值和生态环境保护和建设的优先序有所不同。青海作为长江源区，关系到8省区的水资源安全，生态环境保护和建设具有最优先的地位。长江上游各省区地表坡度大，森林破坏严重，水土流失、滑坡和泥石流频发，引起中下游的河道泥沙淤积、洪涝灾害等，生态环境保护和建设具有优先的地位。长江中游和下游各省区是中国洪涝灾害重灾区，人类活动一方面向高风险的低湿地进入，围湖造田、建垸；另一方面人类开垦坡地、破坏森林，加速了水土流失和河湖淤积，致使水灾灾情加重，这些省区是防灾减灾的最优先区域。河口区承受着全流域的各种影响，也是淡水和海水汇合的区域，然而，作为河口区又常常成为水污染的汇集区，以及沿海污染的高风险区。长江流域由于涉及的行政区较多，协调该流域内各省市区间的水资源优化分配，制定水资源有偿开发利用的合理价格、行政区间水资源的有偿转让等，在中国流域可持续发展中，有着极为重要的优先地位。为此，将长江流域作为一个整体，将上、中、下游密切相关的区域进行综合考虑，进而将全流域的水资源纳入国家水资产的账户体系，以省份为单位，进行供求平衡核算，像银行一样实施水资源的存贷制度，以利息的方式，发挥全流域水资源的效益，从而建立水资源的有偿转让体系①，是科学、合理，也符合流域整体观念的措施。

2. 流域的区段性、差异性与人类文明

区段本意是指在一个环形地区或一条单一线范围以内的距离，在某一自然区域内依据不同的目的可以划分出不同的区段，譬如一般河流可划分为河源、上游、中游、下游、河口5个区段。差异性就是事物之间存在的不相同的特点、性质，不同地区的地理环境差异性被称为"地域分异规律"，它是地球圈层间相互作用的结果，是地理环境结构和特征的具体体现，这种差异性特征包括以热量为基础的纬度地带性差异、以水分为基础的经度地带性差异和以海拔为基础的山地垂

---

① 参见王静爱：《中国政区和流域的多样性与可持续发展》，《北京师范大学学报》2002年第4期。

直地带性差异①。流域特别是大流域，往往地域跨度大，构成巨大横向纬度带或纵向经度带。上、中、下游和干支流在自然条件、自然资源、地理位置、经济技术基础和历史背景等方面均有较大不同，表现出流域的区段性、差异性和复杂性。

尼罗河与其孕育的上、下埃及文明，印证了流域的区段性、差异性与人类文明的进程速度之间的关系。远在大规模的人类群体出现在流域区域之前，尼罗河就已是一些依靠狩猎采集生活的小部落的生命之源。那里鱼禽丰富，羚羊经常在浅滩出没，野生大麦在尼罗河每年泛滥沉积的肥沃的淤泥中生根发芽。大约在公元前5200年前后，尼罗河边的居民用石刀、箭头等进行收割。当尼罗河泛滥威胁到他们的栖息之地时，他们便退缩到周围的沙漠地带，等待尼罗河洪水退去。尼罗河每年的洪水滋养了周围的农田。洪水产生于非洲赤道附近，6741公里长的尼罗河就发源于该地。晚春时节，从印度洋吹来的季风携带暴雨降到东非的高地上，流入支流青尼罗河。暴涨的支流汹涌向北，穿过高山峡谷、大片沼泽及腐臭的丛林，最终在现在的卡哈尔托姆附近与白尼罗河汇合。在汇合处以下形成六个系列大瀑布。最北部的称为第一瀑布，它是埃及的地理分界线。从一开始，尼罗河畔的肥沃土地被自然分成两部分，即上埃及和下埃及。上埃及指从第一瀑布向北延伸的狭窄的河谷地带；下埃及指尼罗河三角洲的沼泽地区。夏至后不久，洪水到达尼罗河谷。尼罗河谷是长为800公里的大裂缝，从第一瀑布向北延伸至尼罗河三角洲的沼泽地区。对"肥沃走廊"（即上埃及）的居民来说，幸运的是，经过数个世纪的沉积，沿尼罗河畔形成了山状的天然河堤。除了特大洪水，一般的洪涛不能漫过这种天然河堤。

尼罗河上游和下游扩建水利工程的需要，有力地加强了沿河人们之间的相互联系。当时，不少村落聚集成为州（或称诺姆），由其首领统辖，被称为诺马尔克。由于没有太多的人为的困难或地理障碍，上埃及的各州很快便巩固起来，该过程发生在约公元前3500年。然

---

① 参见王尚义、张慧芝著：《历史流域学论纲》，科学出版社2014年版，第87页。

而，在北方三角洲的潮湿地带，情况却明显不同。这儿的大多数村落常年被沼泽上面的沙丘所隔绝。直到大片沼泽地区被法老开垦之前，这个被称为下埃及的地区一直是一个较荒凉的地区。放牧者在潮湿的草场上放牧牛群；鳄鱼伺机等待捕获失群的小牛；狩猎者则手持鱼叉刺杀河马——一种凶猛的能吞噬人的野兽。这种生活方式孕育了埃及人勇敢多谋的美德，然而对政治天赋的培养却没起到多少作用。上、下埃及的统一不是发端于三角洲地区，而是发端于更为团结的尼罗河谷地区。[①]

3. 流域的层次性、网络性与人类文明

流域是一个多层次的网络系统，由多级干支流组成。一个流域可能划分为许多小流域，小流域还可以划分成更小的流域，直到最小的支流或小溪为止。由此形成小流域生态经济系统，各支流生态经济系统，上游、中游、下游生态经济系统，全流域生态经济系统等。从产业来看，流域生态经济系统可分为工业、农业、交通运输、城市等子系统，农业生态经济系统又可分为种植业、养殖业生态经济系统等。流域经济网络的层次性要求流域开发也应有一定的先后次序和层次。

美国田纳西河的开发过程能够从流域的层次性、网络性与人类文明推进的科学性方面提供可资借鉴的案例。田纳西河是美国第一大河——密西西比河东岸支流俄亥俄河的一条流程最长、水量最大的支流，全长1600公里，流域面积10.4万平方公里。流域内降水丰富，年均降水量达1320毫米。加之地形起伏，河床坡度大，水能资源丰富，田纳西流域可开发的水能蕴藏量达414万千瓦。但自从19世纪后期以来，尤其是到了20世纪初，由于对资源进行不合理的开发利用，土地的过度耕种和过度开垦、森林过度砍伐、对矿物资源进行掠夺式开采等，造成水土流失、环境恶化，使流域处于广泛贫困状态。由于缺乏强大的经济后盾，流域内存在的一系列社会问题不能得到解决。1929年，美国爆发了全国性的经济危机，

---

① 参见美国时代编辑部著：《全球通史·1》，吉林文史出版社2010年版，第229—231页。

更加剧了该地区的贫困。到 1933 年，田纳西流域人均收入仅 168 美元，只及美国全国平均数的 45%，是当时美国最贫困的地区之一。

在这样的背景下，1933 年罗斯福总统决定对田纳西河流域进行综合开发和治理，成立了田纳西流域管理局（Tennessee Valley Authority，简称 TVA），确定了田纳西河的开发和工作目标：改善田纳西河的航运条件，控制洪水危害；在河流的边缘地带恢复林业、合理使用土地；阐明河流溪谷中农业、工业发展条件；为与流域内国防工业合作开发创造条件；其他目标包括肥料生产试验、建设水库签订承包合同、销售剩余电能等。在开发田纳西河的层次方面，以 TVA 这一跨政区的强力实权机构为中心，实施统一规划，合理安排流域开发建设时空序列。按照"防洪、疏通航道、发电、控制侵蚀、绿化、促进和鼓励使用化肥等，发展经济"这样一种指导思想，TVA 对全流域进行了统一规划，制定了合理的流域开发建设程序。在开发治理过程中，首先是集中力量开发流域内丰富的水资源，把握住流域发展最关键的环节——水坝建设。以田纳西干流为重点，在干支流上建筑了几十座多目标水坝，组成田纳西河多目标的水坝体系，从而控制住洪害，疏通了田纳西河航道，生产了大量廉价的水电，提供了丰富而稳定的水源。在此基础上，利用储量丰富的煤炭资源，就近兴建大型火电厂，形成了流域内水火互济的高容量电力系统，为流域的开发提供了充足而可靠的电力。随着水运条件的改善，流域内外经济联系加强，吸引大量的资本进入田纳西流域。在利用当地原料基础上，利用方便而廉价的水运从外部运入大量原料，在沿河两岸布局冶金、化工和核工业等高耗能、耗水的产业。与此同时，在水源条件改善后，积极开发土地资源，发展肥料工业、农业、林业，进行水土保持。在土地生产力得到提高后，积极调整农业、林业和牧业结构，根据作物生长和对养料吸收等的不同特点，改革农业耕作制度。把对水土流失的控制始终同水坝建设、农业和林业开发结合起来。这样整个开发过程重点突出，层次分明，整体性和系统性较为明显。

田纳西河的分层次网络性综合开发，为我们理解流域的特性提供的例证，使我们能够认识到，流域是一个多样化的自然、经济、社会综合体，它具有广阔的地域环境和明显的差异特征。在流域开发中，水资源的开发利用是贯穿始终的多元优化过程，与流域内各地区的经济发展有着密切关系，各地区之间的经济联系也会随着水资源的开发利用而不断得到加深和加强。因此，流域开发建设必须以水资源的开发利用为中心和前提。但大流域开发不是单纯的水资源利用问题，而是一个多子系统相互作用、多目标反复权衡的综合开发过程，包括区域开发、河流治理、工业布局、交通城镇建设等各目标协调发展。上中下游各部门、各地区的经济开发都应协调发展，各种资源要统一利用，流域各要素应有机结合，全面规划。要处理好局部与整体的关系，使整体效应大于各部分之和，并通过统一的权威性的流域管理机构负责实施。流域开发应遵循综合开发的原则，从单目标向多目标综合开发转化，在开发中突出重点、统筹兼顾，以水能利用为主，兼顾航运、防洪、灌溉等其他目标。实现经济效益、生态效益和社会效益的统一。[①]

4. 流域的开放性、耗散性与人类文明

流域是一种开放型的耗散结构系统，内部子系统间协同配合，同时，系统内外进行大量的人、财、物、信息交换，具有很大的协同力和促协力，形成一个"活"的、有生命的、越来越高级的、越来越兴旺发达的耗散型结构经济系统。具体来说，流域内各自然地理要素在特定地理边界约束下，通过能量流、物质流和信息流的交换和传输，形成具有一定有序结构、在空间分布上相互联系、可完成一定功能的多等级动态开放系统。耗散结构是指在一个开放系统中，通过与外界的能量和物质交换，可以使系统从原来的非平衡状态、无序状态演变到一种平衡、有序结构。耗散结构被引用到地理学后，形成"地理耗散结构"，开放的地理系统内各要素相互作用而不断消耗负

---

① 参见陈湘满：《美国田纳西流域开发及其对我国流域经济发展的启示》，《世界地理研究》2000年第2期。

熵，输入并发散熵输出而形成的一种有序、稳定、远离平衡态的组织。在人类社会早期，流域系统呈现封闭状态，与其他流域之间的物质交流、信息交流较少，水资源的开发利用基本上都是在流域内进行，人类的交通工具也以水系交通为主，因此人类的流域概念是非常牢固的，沿江沿河的交流较多。工业革命以来，随着现代交通工具的开发，现代流域系统开放性不断增强①。这种变迁使流域的开放性进一步加强，耗散性也表现得更为明显和迅速。

以塔里木河等为代表的中国西北众多内陆河流的变化情况，展现了流域的开放性、耗散性如何影响人类文明对生存环境的选择。塔里木河流域总面积 102 万平方公里，灌区面积 1255400 公顷，其中农田灌溉面积 951466.7 公顷，人工林草灌溉面积 303933.5 公顷。人类引河水进行灌溉，输出水资源以发展社会经济，而灌溉水又会遵循自然规律渗漏为地下水或者以大气水的形式回归生态环境，汇入河流之中，形成了内陆河水资源—人类灌溉—回归水形态的物质交换模式②。塔里木河流域山区，分布着许多珍稀野生动物，而各水系中，也分布有多种土著鱼类种群。这是塔里木河向外界不断传递信息导致的结果。水是生命之本，河流的存在，往往是生物种群繁衍的保障，内陆河不断地改道，传递出不同的生存信息，而生物种群就根据河流信息进化生存，生物链条的完善，也使河流本身维持着有序和谐的发展模式。塔里木河的生态环境包含特有的动物、植物、微生物和人类四个子系统，人类劳动耕作，不断从动物、植物系统中获取能量，以维持社会生活。塔里木河中下游地区，人类集约发展，依托河流水源形成了一定规模的绿洲，组成了一个具有自我调节功能的内陆河流域子系统。绿洲靠河流生存，以河流水源的多少而变化，河流也依托绿洲而保持水系的完整和稳定，人类等物种繁衍、自我更新，都依绿洲的规模发展，塔里木河流域生态系统是由各个大小不一的绿洲系统组

① 参见张道军等编著：《流域生态环境可持续发展论》，黄河水利出版社 2002 年版，第 12—13 页。
② 参见刘志仁：《最严格水资源管理制度在西北内陆河流域的践行研究——水资源管理责任和考核制度的视角》，《西安交通大学学报（社会科学版）》2013 年第 5 期。

成，绿洲有序发展，调节塔里木河生态系统的自然演化有序发展，形成新的有序结构系统。

组成塔里木河生态系统的各个子系统是相互联系、相互作用的。任何一个子系统状态的变化最终会影响整个流域的生态系统。例如塔里木河流域的楼兰文明，由于人为原因加上自然原因，富有生机的绿洲文明消失，风沙横行，植被枯死，完全改变了区域的生态环境。塔里木河流域地区深居大陆内部，距海洋遥远，降水稀少，流域内形成了广大的荒漠、戈壁，依靠山区降水和冰雪融水为荒漠地区提供水源，且蒸发量大，大部分地区植被覆盖度低，生态环境破坏后不易恢复。环境内部正熵就来源于环境的自然进化，气候等自然条件的微小变动都会影响整个塔里木河流域的生态环境，影响流域内动物、植物等子系统的自然活动，而负熵的引入没有形成规模，环境耗散结构稳定状态就会向消极方向发展。不排除自然因素会不确定地突然强烈影响生态环境，从而改变消极的稳定状态[1]。

小　结

在本章中，我们从人类种族和文明起源的流域出发，分别探讨了人类群体在不同的发展阶段与以河流为中心的流域之间的关系。在这些关系中，既有良性的互惠互利的开发与改造，也有恶性的涸泽而渔的侵袭与破坏。通过全球各地流域中人类社会发展情况的历史与现实案例，我们可以大致勾勒出流域与人类关系的轮廓。

在绪论中我们强调，流域是生命的摇篮、人类文明的故乡。世界上所有的文明古国，都是在流域中发源、滋生和成长起来的。与一般的自然区域不同的是，流域环境的外在形态具有贯通性，内在具有流动的特质。通过本章列举的不同阶段人类活动与流域环境相互作用的

---

① 参见刘志仁、汪妍村：《基于耗散结构理论的西北内陆河流域生态环境补偿研究》，《西北大学学报（自然科学版）》2014年第4期。

过程，我们可以发现，在人类活动以适应环境为主的远古时代，流域是人类文明进化的基础，为人类文明的发展提供了多种可能性和可塑性。与此同时，早期的人类在适应不同流域的过程中，生成了具有地域特色的人文性格，并在流域的形塑下，逐渐形成了具有鲜明特色的流域文明。

通过本章对流域开发中特性的分析，我们看到，由于流域天然的整体性、关联性、区段性、差异性、层次性、网络性、开放性、耗散性等特性，使流域这一特殊的自然区域在人类社会进步到一定程度后，面临着被人类开发与破坏、征服与改造的局面。随着这一过程的深入，流域的环境问题日益突出，严重制约了流域的可持续发展。现在的流域环境问题，已经到了刻不容缓的地步，要解决这一关乎人类未来发展和子孙后代幸福生活的问题，必须从多方面、多学科入手，用跨学科的综合视野对其进行整体把握。要从新的视角分析流域环境问题产生的根源，进而提出解决流域环境问题的途径。

流域是文明的摇篮，当人类渡过婴儿期，必定要走出摇篮，走向更广阔的世界，此时如何面对曾经生我养我的母亲河？是完全以人类社会自身的发展需要为中心，对其予取予求，甚至索求无度；还是暂时牺牲眼前的局部利益，对其进行长远的可持续开发？这需要生活在现代社会中的我们，在努力偿还前人所欠的"环境账"的基础上，无论是对未来流域的开发还是保护，做出自己正确的选择。

第二章 人—水关系的发展：
流域与农业

人类漫长的历史中，农业只有短短的 1 万年左右时间，但带来人口迅速增长的巨大变化，在最主要的大小麦、小米和稻谷三大谷类农业中，尤以稻作最为深远。以田螺山遗址为代表的河姆渡文化在早期稻作起源发展中是最重要的一个转折点。

——［英］傅稻镰①

第一节 农业：人类文明的曙光

水是生命的源泉，逐水而居是人类的生存本能。纵观全球，人类文明的起源和发展都与河流地理环境密不可分。例如古巴比伦就是起源于底格里斯河和幼发拉底河，古印度起源于印度河和恒河，古埃及起源于尼罗河，而中华文明，则是起源于黄河和长江流域。

河流除了为人类提供维持生命必需的淡水，更重要的意义还在于为人类社会提供了食物。在早期以狩猎—采集为主要生计方式的人类原始部落中，男人负责狩猎动物、提供肉食，而女人则负责采集营地周围所能发现一切可供食用的东西：植物块根、浆果、坚果、水果、

---

① ［英］傅稻镰（Dorian Q. Fuller）：《农业起源中的河姆渡文化》，宁波博物馆学术报告厅"河姆渡遗址博物馆讲座"，2015 年 12 月 28 日。

蔬菜、昆虫、蜥蜴、蛇类、啮齿类物、贝类，等等。虽然男人弄来的肉类极受欢迎，但事实却是，女人采集来的食品仍为主要的食物来源——女人采集到的食品经常是男人带回的猎物的两倍。因此，早期的人类部落对流域的依赖不是那么深，除了取水，为了躲避当时的人力无法抗拒的河流泛滥，人类往往选择追逐食物而随时迁移。所以，此时的人类与其他动物仍是十分相近的：他们仍像猎食其他动物的野兽那样，靠捕捉小动物为生；仍像完全依靠大自然施舍的无数生物那样，靠采集食物谋生。由于他们依赖大自然，所以就为大自然所支配。为了追猎动物、寻找野果或渔猎场地，他们不得不经常过着流动的生活；由于一块地方所能提供的食物有限，他们只好分成小群行动。①

一、农业转向与人类向流域的集中

考古的证据表明，人类很早之前就已经掌握了种养农作物，但直到 10000 年前左右，原始农业才逐渐在世界的不同角落兴起。这一观点基本已经得到世界学术界的一致认可，虽然之前以哈兰（Harlan 1971）为代表的农业中心传播论一度得到了学术界广泛的响应，但是越来越多的考古证据表明，农业的起源和发展并非完全同步的，其出现在人类文明中的时间，并不与人类聚居地的环境条件和动植物品种的类型完全相关，而更多地与该地的人类群体的规模及发展与扩大的意愿相关。为何人类没有一开始选择以农业为主要的生计方式，有以下几个主要原因。

1. 原始农业的萌芽

值得注意的现象是，在定居于流域范围内之前，原始人类虽然对农业一无所知，但有考古证据表明，彼时的人们对居住地周边植物的特性已经有了比较熟悉的了解。他们知道：种子萌芽，长出幼苗；有了水分和阳光，植物才会茂盛；植物在某种土壤中可生长得很好，而

---

① 参见［美］斯塔夫里阿诺斯著：《全球通史：从史前史到 21 世纪》，吴象婴等译，北京大学出版社 2015 年版，第 21 页。

在另一种土壤中却不行。如在近东地区距今 23000—21000 年的奥哈罗 II 遗址，发现的遗存包含一整套丰富的果实和种子，并且与早前在阿布胡赖拉丘遗址（Abu Hureyra）的基本地层中为科学家们所知的种类相符；随后在同一区域约距今 19000—15500 年出现的克巴拉文化（Kebaran）中，一些在旧石器晚期首次出现的工具，如研磨石臼、碗和杯状托（cuphole）等，表明了对植物性食物的加工利用，这些工具的发明标志着人类已从旧石器中期对植物性食物的准备方法中革命性地脱离出来。① 这些对植物知识的获得和掌握，是因为此时的人类的生存需要。但是，已经具备的植物知识并不足以促使此时人类向农业社会转向，因为对于以捕猎—采集为生的人类，完全没有这种必要。捕猎为生的原始人在正常情况下过的并不是忍饥挨饿的生活，他们从来不使自己的人口增长超出食物来源所许可的范围。作为游牧群体，他们经常处在迁徙过程中，因此也就不容易形成人丁兴旺的大家庭。此外，捕猎为生的原始人不仅有充足的食物，而且还有极为丰富的食物品种。例如，生活在南非的布希曼人，他们虽然活在环境恶劣的沙漠中，但食物依然包括 85 种可食用植物和 223 种动物。从历史情况来看，靠捕猎为生的原始人的食物来源最可靠，因为他们能够从种类繁多的动植物中获取食物。相形之下，如果天公不作美导致庄稼歉收，主要种植少量作物品种的农民，就会经常面临挨饿的危险。②

2. 适合种植的植物和驯养的动物较少

有史以来，人类所能驯化的正好具有某些必不可少的特性的植物只有几百种，动物只有几十种。因为适于栽培的植物必须具有高产的性能，最好能适应各种各样的环境；如果不具备这些特性，即使加以栽培也收不到什么成效。这就解释了为什么在大约 200000 种开花植物中，只有约 3000 种在某种程度上被用作食物。而在这些被用作食

---

① 参见 Ofer Bar-Yosef：《黎凡特的纳吐夫文化——农业起源的开端》，高雅云译，《南方文物》2014 年第 1 期。

② 参见［美］斯塔夫里阿诺斯著：《全球通史——从史前史到 21 世纪》，吴象婴等译，北京大学出版社 2015 年版，第 24 页。

物的植物中，也只有不超过 30 种的植物是主要作物，它们包括种禾本科植物（小麦、水稻、玉米和甘蔗等）、淀粉为主要成分的植物（土豆、番薯、树薯粉和香蕉等）以及被称为"穷人的肉类"的豆科植物（扁豆、豌豆、大巢菜、豆角、花生和黄豆等）。适于驯养的动物必须能失去一见人就逃之夭夭的天性，能在人类的饲养下繁殖，乐意吃人类提供的食物。欧、亚、非三大洲的各个民族非常幸运，他们找到了能够提供肉类、牛奶、羊毛，并可作驮畜的各种动物。①

3. 流域作为农业的起源区域

因此，由于前两点原因，如果不发生某种变化来破坏使狩猎社会得以安逸舒适地存在下去的平衡，农业的发生是不可设想的；而且，即使当这种变化到来时，农业也只能发生在那些能找到适于栽培植物的地区。实际的情况是，距今 1 万年前到距今 2000 年前这段人类发展史上相对短暂的时间里，全世界大部分的人类都转向了农业。在此，迫使人们发生转变的是人口压力。上万年前，人类的数量增长缓慢，但还是造成了非洲、亚洲、大洋洲乃至美洲的人口迁移。最后，除南极洲外的各大洲都住满了人。随着此后人口缓慢但不断的增长，靠捕猎为生的原始人不得不以自己种植的食物来补充采集食物的不足。毫无疑问，他们并不喜欢待在一个地方种庄稼或者养牲畜，但事实是，就每平方英里所能养活的人口而言，农业远远超过了食物采集。在这一压力背景下，农业首先在少数几个存在可以驯化的动植物地区成为主业。在这一驯化过程中，野生动植物长得越来越大，从而提供了更多的食物。因此，靠捕猎为生的原始人也就花费越来越多的时间去做食物生产者，而不是食物采集者——最后他们就变成了居住在村庄中的农民。而这种全新的生活方式，也从农业革命最初的几个中心地区逐渐传播到了全球大部分地区②。在最初的原始农业起源的区域——包括埃及和苏丹的尼罗河流域，叙利亚和伊拉克的底格里斯

---

① 参见〔美〕斯塔夫里阿诺斯著：《全球通史——从史前史到 21 世纪》，吴象婴等译，北京大学出版社 2015 年版，第 25 页。
② 参见〔美〕斯塔夫里阿诺斯著：《全球通史——从史前史到 21 世纪》，吴象婴等译，北京大学出版社 2015 年版，第 25—26 页。

河和幼发拉底河流域，以及中国北部的黄河流域中，流域作为拥有种
类最繁多的可驯化的植物和动物的区域，成为人类集中的自然区域。

二、流域与定居农业

当人类在大约 20 万种开花植物中艰难地选择出大概 30 种作为主
要作物，开始尝试进行定居农业生产之始，对于水源的选择就成为一
个不能回避的问题。从距今 1 万年前到距今 2000 年这段人类发展上
相对较短时间内，全世界的人类大部分都转向了农业的生产方式。在
最初的原始农业起源的区域——包括埃及和苏丹的尼罗河流域，叙利
亚和伊拉克的底格里斯河和幼发拉底河流域，以及中国北部的黄河流
域，流域作为拥有种类最繁多的可驯化的植物和动物的区域，成为人
类集中的自然区域。以原始农业为主要的生计方式，以流域附近的村
庄为主要形式的定居农业，逐渐在人类社会中建立起来，并成为今后
很长一段时间内人类主要的社会形态，这一社会形态的典型遗存可以
在中东的幼发拉底河与底格里斯河的河谷、古埃及的尼罗河河谷，以
及中国北方的黄河流域半坡遗址中看到。

在人类早期历史时期，随着气候的变化，以农业为主要生计方式
的人类群体为了追逐适宜的生存区域，不断进行迁徙。作为原始人类
尚不能控制的河流，其性质很大程度上决定了流域内人类文明的兴
衰。根据目前的考古研究发现，农业起源以后并没有在某一地区固定
下来，并一直延续下去。无论是长江流域、黄淮流域，还是两河流
域、尼罗河流域的各种文化遗存都出现了被替换的现象。造成这种替
换的原因很多，比如外族入侵、气候变迁、疾病、饥荒等都可能造成
早期先民迁徙他处。但最主要的原因，无疑是河流随着年份和季节的
变化，使原始人群不得不被动地迁徙。一地的先民迁徙到另一处，就
会将他们的生产经验和技术带到另一处。原始农业就是在这样的不断
迁徙和流变中相互交流，最后分别在各大流域汇聚并扩大，为人类文
明的肇始奠定了基础。

根据人类聚居的流域属性，可以大致将其分为水利社会和水患社
会。水利社会一般分布在河流径流量较小，接近人类需水最低值的区

域，在水利社会中，流域中的水是珍贵的资源，对于水的所有权和使用权，构成了社会生活的主要内容，甚至在某些地区在水权分配和水利设施营造的基础上，逐渐发展成成熟的社会政治、经济和文化系统，构成了社会系统的主要组成部分，在近代中国华北、西北，以及古罗马、古埃及诸多社会形态中，以水利为基础的社会形态比比皆是；与水利社会相反，水患社会较多分布在河流径流量较大的区域甚至河口地带，这一地区往往也是降雨量较大区域，在水患社会中，对于能够避开水的威胁和不利因素区域的分配，决定了社会生活的样貌，从躲避水患到利用水资源的转化，构成了水患社会发展的主要脉络，在中国长江下游河网地区，尼罗河下游河口地区，以及亚马逊河流域，水患社会的形态有较充分的展现。

对于秉持"靠山吃山、靠水吃水"观念的人类，无论是在水利社会还是水患社会，养活自己都是首要解决的问题，这时因地制宜的农业生产方式的选择，就直接关系到当地人类群体的规模和前途命运。农业的出现，是人类对环境曾作出的最重要的一项干预，标志着人类最终从消极地适应环境转变为积极地改造环境。它使地表植被的分布格局改变，以便人类能够长期定居，兴建各种建筑、道路等人工地理景观，并使人类文化以前所未有的速度发展、进步。例如，在中国内陆地区，黄河流域是以旱作农业为主，长江和珠江流域是以水稻种植业为主，这种格局一直可以追溯到新石器时代[1]。旧石器时代，人类是以采集和狩猎为获取食物的手段，人与自然的关系，是以人类适应自然为主的一种古老平衡关系，在此基础上，人类文化缓慢地发展着。农业标志着人类不再单纯地适应环境，而是第一次破坏旧有的生态平衡，把人的因素带到整个自然界生态平衡中去，建立新的平衡，使人类文化进步的速度明显加快。

自公元前5000年逐步开始的人类向流域集中，随之产生原始农业之后，以流域农业村庄为主要形式的定居农业逐渐在人类社会建立起

---

[1] 参见刘壮壮、樊志民：《文明肇始：黄河流域农业的率先发展与文明先行》，《中国农史》2015年第5期。

来，并成为今后很长一段时间的主要社会形式。定居农业极大地增加了食物供应的数量与质量。随着人口数量的增长，狩猎与采集已不能满足人们的食物要求。为此，人们不得不走到更远的地方，但这必然与邻居发生冲突，因为邻居们的人口也在增长，他们也是费尽心思去狩猎和采集食物以果腹。定居农业就是解决这一问题的有效办法。狩猎者和采集者从以前对动植物的仔细观察中已经为这一刻的到来打下了基础。定居之后，人们开始不仅仅种植农作物，也驯养家畜，有些用来作为食物，有些则用来驮重物、拉犁，也被用来生产奶、毛、毛皮、皮革等产品。农业村庄居民制造的工具在用途和审美方面越来越老道。有些工具是由象骨头和植物纤维等有机物制造的，更多的则是用石头做的。村民们很擅长磨制石头工具，并进行抛光处理。这一时期被称为新石器时代。定居农业基本上都是在"肥沃的新月形地带"，也就是在诸如1.2万年前的幼发拉底河与底格里斯河的河谷，以及尼罗河河谷等地。然而，保存得较为完好的村社遗址来自中国北方黄河流域的半坡村。

公元前5000年的中国半坡村，是目前发现的东亚地区最早的定居农业遗址，该遗址是在干旱但丰产的中国北方、黄河中游地区发现的。像半坡这样的村庄建立在富含冲积层和黄土沉淀物的河水泛滥的平原上，一些抗干旱作物如小米就可以在这里种植。半坡居民除了种植小米，还用剩余的粮食喂养猪和狗。他们的农业生产采取刀耕火种，实行休耕与轮作制度。半坡人在公元前6000年左右开挖的最古老洞穴，让我们对早期的农业村庄的物质形态有了一个非常清晰的认识。半坡村有三种房屋风格：正方形、圆形和长方形，并多采用部分在地上部分在地下的分层式结构。半坡村民把谷物藏在二百多口贯穿全村的地坑里。一条壕沟围绕着整个居民点。村子的北部是有着6口窑的制陶中心，旁边是一块公共墓地，共有250座墓穴被发现。小孩子的尸体被装在瓮里，埋在主要居住区。①

与中国北方的半坡遗址相对应，在中国南方，几乎在同一历史时

---

① 参见 [美] 斯霍华德·斯波德著：《世界通史（第四版）》，吴金平等译，山东画报出版社2013年版，第36—39页。

期，稻作农业也发展起来。距今 9000—7000 年前，地球进入全新世大暖期初期，地球气候开始四季分明。考古发现长江和淮河流域存在大量稻作遗存，如贾湖文化、彭头山文化、上山文化晚期、跨湖桥文化早期和顺山集文化等。这些遗址大多处在新石器时代的早期到中期，根据对遗址的研究发现，虽然采集渔猎经济在人们的生活所占比重仍然很大，但是稻作已经在原始先民的经济中占有一定比重。如，贾湖文化的早期——八里岗遗址的发现显示出前仰韶时代稻作与采集并存的情况，且穗轴分类显示大部分已属于驯化形态，有少量野生型和不成熟型①。长江流域中下游地区的彭头山文化（距今 9000—8300 年），八十垱遗址发现大量兼有籼、粳、野稻特征的小粒种稻米以及夹有大量炭化稻壳的陶片②，这表明彭头山文化先民在进行采集、渔猎的同时兼有规模有限的水稻种植。长江下游地区的跨湖桥文化（距今 8000—7000 年）早期稻作遗存的小穗轴分析结果显示有 41.7%属于粳稻型（驯化型），58.3%属于野生型③。这表明跨湖桥文化遗址的先民，在采集利用野生稻谷的同时已经开始驯化水稻。

因此，在距今大约 9000—7000 年前，中国南北方的广大地区已有农业起源。在此期间，虽然各农业类型尚未成熟，各农业区的界限还较为模糊，北方的旱牧格局尚未形成，旱稻之间的过渡带还处于动态变化中，但是南北农业格局基本形成。从时间上来看，南北方农业起源大体一致，都可追溯至万余年前后；从空间上来看，农业起源之初，南稻—北粟的农业格局基本奠定④。

三、农业的发展与人类原始社会的变迁

根据目前的考古研究发现，农业起源以后并没有在某一地区固定

---

① 参见邓振华等：《河南邓州八里岗遗址出土植物遗存分析》，《南方文物》2012 年第 1 期。

② 参见张文绪、裴安平：《澧县梦溪八十垱出土稻谷的研究》，《文物》1997 年第 1 期。

③ 参见郑云飞、孙国平、陈旭高：《7000 年考古遗址出土稻谷的小穗轴特征》，《科学通报》2007 年第 7 期。

④ 参见刘壮壮、樊志民：《文明肇始：黄河流域农业的率先发展与文明先行》，《中国农史》2015 年第 5 期。

下来，并一直延续下去。无论是长江流域、黄淮流域，还是两河流域、尼罗河流域的各种文化遗存都出现了被替换的现象。造成这种替换的原因很多，比如外族入侵、气候变迁、疾病、饥荒等都可能造成早期先民迁徙他处。一处的先民迁徙到另一处，就会将他们的生产经验和技术带到另一处。原始农业就是在这样的不断迁徙和流变中相互交流，最后分别在各大流域汇聚并扩大，为人类文明的肇始奠定了基础。在影响农业发展变化与人类群体变迁的诸原因中，以下几种是起决定作用的主要因素。

1. 气候变化的影响

作为客观的变化因素，史前地球的气候变迁，对人类生存和农业的发展都具有重要影响。国内外学者的研究发现，万余年来地球的气候发生了许多重要变化，对人类的生存和文明的发展产生了重要影响。第四纪末期，"新仙女木事件"导致的降温结束以后，地球气温开始上升，地球气候开始变得四季分明，温暖湿润。根据英国气象学家 Folland 的研究，地球在距今 8000—4500 年间，气温经历了一个长期持续上升的时期，并在很长时期内处于历史平均温度之上。这时期被称作"全新世暖期（altithermal）"，这一时期地球温度可能较现代高 1—3℃，欧洲学者又称其为"气候最宜期（climate optimum）"。显然，这一时期中低纬度地区气候炎热，尤其是赤道地区高温对人类的生存构成了威胁，而在中纬度、中高纬度地区的气候则变得温暖湿润，草原地带变得更加广阔。在此气候条件下，我们可以推断，人类在此期间应当经历了一个由低纬度向高纬度迁徙的过程。在此之前，低纬度地区起源的原始农业形态，或者由于气候炎热部族北迁而中断，或者由于自然物质条件变得丰饶，采集渔猎也可以满足生存需要，故而发生退化。此时的中高纬度地区，则由于气候温暖湿润，变得更适宜人类生存，大体具备了农业发生的自然条件，农业在中高纬度地区普遍发生[1]。在这样一个迁移过程中，集中于地球

---

① 参见刘壮壮、樊志民：《文明肇始：黄河流域农业的率先发展与文明先行》，《中国农史》2015 年第 5 期。

中纬度地区的各大河流域就成为汇聚各方农业生产经验的重要地区，故而成为人类文明曙光最早出现的区域。

2. 人类群体迁移带来的农业经验交流

在人类早期历史时期，随着气候的变化，以农业为主要生计方式的人类群体为了追逐适宜的生存区域，不断进行迁徙。以中国的南北农业交流情况为例，农业起源以后，在距今 7000—5000 年间全新世暖期的气候进入高峰期。新石器时代，黄淮间比现代湿润，这就为南方稻作农业的发展提供了适宜的气候。随着农业的进一步发展旱作农业区和稻作农业区的基本格局逐步形成。在这一过程中，由于黄淮间的史前环境具备旱稻两种作物共生的生态条件，因此在这一地区逐步形成了一个旱稻混作的农业区。淮河中游发现稻作遗存的有河南舞阳贾湖遗址、蚌埠双墩遗址、定远侯家寨和霍邱红墩寺遗址等；淮河下游有龙虬庄一期、二期；汉水流域的稻作遗存有西乡何家湾、淅川下王岗等；距今 6000—5000 年，稻作区北移至黄河两岸，主要稻作遗存遗址有：山东济南月庄遗址（属后李文化），浮选出共 28 粒碳化稻，很可能为栽培稻[①]；陕西华县泉护村遗址中也发现了炭化稻米[②]；三门峡南交口遗址中浮选出数粒炭化稻米和加工脱壳的粳米[③]；河南洛阳西高崖遗址中，一件草拌泥杯坯上有稻谷印痕[④]；除此之外，郑州大河村、渑池仰韶村、华县泉护村等地的遗址都发现了稻作遗存。最西北已到达甘肃庆阳（属于仰韶文化）。因此可以推断，黄河稻作区北移后，与传统粟作区交汇，形成了一个稻粟混作区。这个区域自新石器时代早期开始出现，晚期基本形成。大致位于北纬 32°—37°，东经 107°—120° 之间，东至黄河在渤海湾的入海口，南以淮河为线，西抵伏牛山与秦岭汇合处，北达豫北地区[⑤]。所以，到仰韶文化时代，

---

① 参见［加拿大］Gary W. Crawford、陈雪香等：《山东济南长清月庄遗址植物遗存的初步分析》，《江汉考古》2013 年第 2 期。

② 参见中国考古学会编：《中国考古学年鉴（1998）》，文物出版社 2000 年版，第228 页。

③ 参见魏兴涛、孔昭宸等：《三门峡南交口遗址仰韶文化稻作遗存的发现及其意义》，《农业考古》2000 年第 3 期。

④ 参见洛阳博物馆：《洛阳西高崖遗址试掘简报》，《文物》1981 年第 7 期。

⑤ 参见王星光：《新石器时代粟稻混作区初探》，《中国农史》2003 年第 3 期。

旱稻混作区已经基本形成，龙山文化时代旱稻混作区继续发展，使得中国史前南北农业生产技术和生活交流得以进一步发展。这种交流对于中原地区人口的增加以及农业的发展进步都具有重要意义。混作区的出现既是人口增多对食物数量和质量要求的需要，亦是人类认识自然、改造自然能力进步的表现，还是南北地域文化交流的产物①。

3. 文化交流融合带来的原始农业快速发展

在原始农业诞生并集中了一定规模的人类群体之后，文明的传播和扩布的趋势不可阻挡。数个文明的扩展必然带来以农产品生产为主要形式的人类物质生产方式的交流和融合。此时必然会发生因为一种文明比另一种或者几种文明先进，而对其他文明的文化进行覆盖和替换的现象。在这种情况下，以生产工具为代表的农业生产力的先进程度，与这种文明的包容能力密切相关。在世界几大主要的文明发源地和农业起源地，这种现象都或先或后发生过，如雅利安文明对古印度文明的覆盖、苏美尔文明对两河流域早期欧贝德文明的替换等，在中国这一从未中断文明古国连续历史的地区，这种现象更加的频繁和易于观察。

最显著的例子来自大约距今 7000—5000 年间的"仰韶文化时代"。据不完全统计，仰韶文化自 1921 年发现以来，已发现遗址 5000 多处，发掘或试掘过的遗址 200 多处。这一时期华北地区全新世气候适宜期进入高峰期后段，原始农业在前一阶段的基础上继续发展。据目前的研究结果显示，仰韶时代的农业遗存有：距今约 7000—6000 年的半坡早期遗址，距今约 6000—5500 年的庙底沟遗址以及距今约 5500—4900 年的半坡类型晚期②。仰韶文化的影响范围十分广泛，北到内蒙河套地区和华北西辽河流域的红山文化，南抵鄂北长江流域的屈家岭文化和石家河文化，西到甘青地区的马家窑文化，东至豫东平原和山东的大汶口文化。仰韶文化与同时期来自东南西北的各个方向的文化都发生了碰撞和交流。

---

① 参见刘壮壮、樊志民：《文明肇始：黄河流域农业的率先发展与文明先行》，《中国农史》2015 年第 5 期。

② 参见戴向明：《黄河流域新石器时代文化格局之演变》，《考古学报》1998 年第 4 期。

仰韶时代各部落文化间这种频繁和紧密的交流，使各地生产生活经验得以传播，农业生产技术得以不断进步，至仰韶时代晚期原始农业得以快速发展。此时，北方的旱作农业区已经遍布整个华北地区，北方有辽河上游以红山文化为代表的粟作区，东部有以山东大汶口文化为代表的粟作区，中部黄河流域中游有以仰韶文化为代表的旱作农业区，在西部关中平原和甘青地区有以马家窑文化为代表的旱作农业区。与此同时，南方稻作农业区在前期基础上进一步发展，分布范围主要位于长江两岸和江淮平原，如大溪文化、马家浜文化、河姆渡文化、屈家岭文化大部、崧泽文化、薛家岗文化等。

由此可见，在仰韶时代的两千年里，中国由北到南依次形成了旱作农业区—旱稻混作农业区—稻作农业区的原始农业格局。仰韶文化时代中原地区同周边地区的文化存在紧密的联系和交流。虽然在此期间，中原的仰韶文化同周围的各种文化遗存存在紧密的联系和交流，但是从其发展水平来看，仰韶文化类型的技术水平同周围相比，并不完全处于领先地位。如，玉器制作和加工技术明显落后于辽河上游的红山文化和长江下游的良渚文化，而石器制造水平又不及大汶口文化，陶器的遗存又不及甘青地区的马家窑文化丰富。但是，正是这种频繁的交流和融合使得中原地区的农业得以快速发展。从总的情况来看，仰韶时代无论是生产工具、生产技术、生产规模、生产关系等都较前有所发展。原始农业的繁荣为文明的产生和发展奠定了坚实的物质基础，并伴随着日益频繁的南北交流的趋势，不断吸纳得以更新，由此促进这一区域向更高程度的文明社会迈进，又影响和推动着周围地区农业及社会文明的发展①。

第二节　农业发展与人类文明的传播

在各种必然和偶然因素的影响下，原始农业在世界各地流域地区

① 参见刘壮壮、樊志民：《文明肇始：黄河流域农业的率先发展与文明先行》，《中国农史》2015 年第 5 期。

发生和发展开来。经过历史上先进文明示范效应下的各地区的紧密联系和交流，流域范围的原始农业生产技术和水平不断提高。随着不同地区文明按照各种不同方式的传播、集聚和融合，各大流域成为汇聚来自各个方向生产经验的地区，为后来的流域农业生产突破农业起源以来几千年较低水平的发展模式奠定了基础。后来随着流域农业的进一步发展，人口数量迅速增加，导致社会结构的进一步复杂化，为文明的出现做好了充分的准备。由于开始传播的时间、环境和主体民族各异，世界范围各大流域农业文明的传播过程有自身的特殊性，表现为方式、速度和影响的区别。

一、尼罗河流域古埃及农业文明的发展

埃及早在公元前 2686 年的旧王朝时期，农业已经达到相当水平。古代埃及农业是与河流紧密相连的。每年尼罗河洪水的定期泛滥，为尼罗河流域内的耕地带来肥沃的淤泥，使耕地获得丰富的有机质，并且还为农业生产提供了丰沛的灌溉水源。在埃及的早期文明发展史上，尼罗河占据了关键的地位。尼罗河洪水始于夏季，六月至十月是洪水季节。六月上旬尼罗河上游的苏丹中部普降暴雨，丰沛的降水迅速抬高其支流白尼罗河的水位。几周之后暴雨随大西洋季风的移动而遍及埃塞俄比亚高原，另一条支流阿伯拉河的巨大洪水汇集于尼罗河。八月份洪水到达埃及，整个尼罗河谷水位高涨，在几乎长达一个月的汛期里，除了部分高地和村落外，洪水浸没了土地，由于洪水来自埃塞俄比亚高原，冲刷下来的泥土逐步在埃及沉积，在耕地上形成了富有养分的淤泥层。同时，洪水使原来干燥的土壤充分浸透。由于洪水的作用，每年洪水水位高低对农业生产就显得至关重要。水位过高，洪水冲毁房屋和堤坝沟渠；如果水位太低，没有足够的水，就无法栽种第二季庄稼。早在旧王朝时期，埃及人已经尝试预测水位。他们采用沿河设立水位观测点的方法，不断记录水位的上涨数据，他们将新的记录和过去几个世纪的记录加以比较，根据比较结果做出水位预报。新王朝时期埃及人已经熟练地掌握了这一预测技术并运用于农业生产。

农民的耕作和洪水下降是同步进行的。耕作的第一步是修复遭洪水冲毁的堤坝和灌溉渠道。然后是重建耕地的围边、平整土壤。重新确定地界也是十分重要的。其作用有两点，第一是防止非法侵占土地所有权；第二是核准该年的税收。这一工作由政府监督进行。为保证这些工作的顺利进行，古代埃及很早就建立了徭役制度。

当所有准备工作完成，耕种即可进行。当时主要农作物有 EMMER 麦（小麦中最原始的栽培种）、大麦和亚麻等。谷类作物用于食品和饮料酿造。亚麻则提供纤维，古埃及人使用亚麻纤维制造大部分衣物。根据所需纤维不同，可以在不同时间收获亚麻，在亚麻尚未成熟变硬时，割下细嫩的茎秆用于制造精细的亚麻纤维，这种纤维织成贵族穿用的衣物。从已经长成变硬的原料中提取粗纤维，用于制绳和编织垫席。制麻过程中埃及人使用一种梳状工具，将零乱的茎秆打捆，切下亚麻的冠状枝叶以及亚麻子。这种亚麻子可留作来年的种子，也可用以榨油。亚麻的茎秆通过浸泡，使纤维中的木质部分分离，通过锤击除去木质成分，将剩下的纤维加以梳理后用于纺织。

一般在每年的 10 月，农夫开始犁地播种。常用牛作为犁地的动力畜。在古代埃及，人们使用母牛而非公牛拉犁，在缺牛地区也有使用人力拉犁的情况。远离河流的土地由于雨季已经过去，土壤中水分逐步蒸发变干需要灌溉，从旧王朝时期开始，古埃及人为了灌溉便在许多地区修筑运河，通过闸门将尼罗河水引入运河，然后再经渠坝将水导入耕地，通过这些纵横交错的渠网，有力地保障了农作物生长所需水分。除了粮食作物，古埃及人还种植葡萄、瓜果、蔬菜和豆类。这些作物都需要经常灌溉，因此主要栽种在园地里。葡萄是主要的园地作物，也是最早用于酿酒的作物。葡萄可以作为水果食用，或晒成葡萄干，但最主要的用途仍是酿酒。

尼罗河在埃及农业文明发展史上起着至关重要的作用，它几乎影响到埃及人民生活的各个层面，特别是在农业耕作方式、农作物品种的选择以及加工方式方面。这些特点充分反映了古代埃及河流灌溉农业的显著特色。①

二、印度河流域古印度农业文明的发展

印度河流域是人类文明的发祥地之一。古代印度河流域的文化有不少重要的成就，它构成了古代印度文化的基础。古代印度河流域文化的遗址自 1922 年发掘以来，迄今已发现有二百多处。它的范围比较广：东起北方帮密拉特县的阿拉姆吉尔普尔（德里附近），西至俾路支的达巴尔科特与苏特卡根·多尔（距伊朗东境约 40 公里）；北自旁遮普的鲁帕尔与古姆拉谷，南达古吉拉特的巴加特拉夫。据估计总面积约为 1200×700 平方公里，大于古代两河流域或尼罗河流域的地理范围。经发掘考查，对印度河文化存在的年代，各家有不同的说法：最初主持发掘印度河文化遗址的约翰·马歇尔认为是公元前 3250—公元前 2750 年，后来，皮戈特和惠勒估计为公元前 2500—1500 年，1964 年塔塔学会的 D. P. 阿格拉瓦尔根据放射性碳素测算年代，定为公元前 2300—公元前 1750 年。因此，现在一般学者认为是公元前 2500—公元前 1700 年较恰当②。这一文化存在的时间不过是五百到一千年之间③，却以农业文明为基础，在城市建筑、工艺技术、雕刻艺术等方面，创造出和当时世界其他文明地区的成就不相上下的辉煌流域文明。

"印度河流域文明"按考古学界以首次发现的地名命名的习惯又被称为"哈拉巴文明"。公元前 4000 年左右，印度俾路支斯坦地区的社会生产力发展较快，进入铜石并用时代，出现了农业村落。逐渐地，这一地区的农民开始向印度河流域的平原地区迁徙。他们带来了先进的农业技术，促使了印度河平原地区向农业村落经济过渡。这一时期，印度河流域存在多种铜石并用的农业文化。如阿姆利文化、科

① 参见［英］米丽亚姆·斯蒂德、李经宇：《古代埃及农业耕作方式及农作物》，《农业历史研究》1991 年第 1 期。

② 参见沙希·阿斯塔纳：《远古至公元前 300 年印度与他国交往的历史的考古》，商务印书馆 1976 年版，第 37 页。

③ 参见涂厚善：《试论古代印度河流域文化的特点及其产生的原因》，《华中师范学院学报》1979 年第 4 期。

特底基文化和前哈拉巴文化。哈拉巴文明源于前哈拉巴农业文化。前哈拉巴文化在哈拉巴、摩享佐·达罗等地都有发现。据考古资料，哈拉巴、摩享佐·达罗等地的前哈拉巴文化都经历了由农业村社向城市文明的过渡阶段。

哈拉巴文明的社会经济基础是农业。在已发现的遗址中，村社占绝大多数。村社是国家的基层组织。村社的分布，有的位于城市附近；有的则离城市较远。村社的规模一般都不大。如加格尔河地区的村社遗址，60%占地不到5公顷；25%占地约5—10公顷。农民的农牧业活动范围大致在5—10公里之内。村社的耕地大多为河边肥沃的洪泛地。在这类土地上种植农作物，农民不用费大的力气就能获得较好的收成。所以，尽管哈拉巴文明的手工业生产技术较高，但农具却较为简陋，多为石制农具。农产品种类很多，有大麦、小麦、粟、豌豆、油菜、芝麻、蔬菜和棉花等。在今天古贾拉特邦的遗址中，发现了稻壳和埋在黏土中的麦穗状花，表明在水源丰富的低洼地方已开始种植水稻。从农作物品种看来，"当时已实行两收作物制"[①]。据对哈拉巴文明遗址出土的人体骨骼分析，没有见到牙齿因日常的食物不同而出现不同磨损的情况。这说明居民的食物以农产品为主。农村地区与城市有广泛的联系。在城市中，一般都建了粮仓。摩享佐·达罗的粮仓在城市内。哈拉巴的粮仓则建在城外，面积约2365平方米。粮仓分割成若干库房，每个库房的面积达90平方米。这座粮仓建在城外，是因为此地靠近拉维河。农村地区的粮食可经水路直接运到粮仓。这类粮仓大概用来贮存国家征收或购买来的农产品。城乡居民之间则通过商人或自行进行贸易往来。在农村遗址中发现的青铜器器皿和工艺品，大多数是城市专业手工业者制造的。

在哈拉巴文明的边远地区，还有众多土著的村社和畜牧业部落。它们与城市国家也有经济方面的往来。例如，俾路支斯坦和喜马拉雅山区有一些畜牧业部落。牧民们夏季时在山区牧场放牧，冬季时把牧

---

① ［印度］伊尔凡·哈比布：《印度史上的农民》，姜述贤译，《南亚研究》1987年第2期。

群赶下山来。他们在山下的营地，有的就在哈拉巴文明的城镇附近。他们向城镇提供农牧产品，而城镇则供给他们农产品和手工业产品。拉贾斯坦铜矿产地的一些土著部落，有冶铜和制造铜器的技术。他们通过水道向城镇输送铜矿石和铜器。在长期的经济往来中，一些土著居民逐渐受到文明的影响，在苏特累季河畔的村落遗址，发现当地"巴拉文化"与哈拉巴文化的器物，表明两种文化是并存的。今之卡拉奇附近有一个名为"阿那第诺"村落遗址，出土了刻有独角兽、公牛等图案的印章，是典型的哈拉巴文化。此地大概已纳入哈拉巴文明城市国家之中，或至少臣服于城市国家。

古印度的哈拉巴文明因流域农业而兴，同样由流域农业的变化而消亡。哈拉巴文明时期，农民的耕地主要为河边易于耕种的洪泛地，农民的活动范围不大。当城市文明达到盛期，人口大量增加时，农业经济必须进一步发展。由于印度河流域的气候干燥，要提高农作物产量需要一定规模的灌溉工程。当时农民并没有铁器，青铜工具也不多，修建灌溉工程是很困难的。因此他们采用了向外迁徙的方法。雅木拿河、恒河和古贾拉特等地区有许多新的居住遗址，说明农民已向东北和东南方向扩展。但在新的居住地，农民又碰到了生产技术上的问题。印度河流域处于亚热带干旱或半干旱地带，适合种植小麦、大麦，畜养黄牛、山羊等动物。而恒河流域和德干高原则属于潮湿的热带气候，适于水稻等植物的种植和水牛等动物的生长。农民没有铁器和热带地区的耕作经验，在新的定居地发展生产是很困难的。因此，作为文明基础的农业发展就停滞下来了。在这种情况下，外族的入侵或自然灾害又带来了一些程度不同的破坏，最终导致了文明的衰亡[①]。

三、两河流域古巴比伦农业文明的发展

幼发拉底河与底格里斯河环绕的"肥沃新月地区"，是以古巴比

[①] 参见易宁、徐耀耀：《论古代印度哈拉巴文明的特点》，《南昌职业技术师范学院学报》2001 年第 2 期。

伦为代表的两河流域文明的兴起之地。古代两河流域文明本质上属于农业文明，农业在整个国家经济中占据着重要地位。古代两河流域的城市国家本质上是农村公社，其绝大部分居民属于农民，国家的行政系统建立在农业生产力和大规模灌溉农业的发展基础之上。水利工程是农业发展的基础，古巴比伦的国王非常重视水利工程的建设，他们开挖、修建了大量的运河和水渠，有力地促进了农业的繁荣和发展，而农业的繁荣又促进了国家的强盛与文明的辉煌。

古代两河流域是世界上最早诞生文明的地区之一，该地区最先开始了原始农业，最早种植大麦、小麦等农作物，形成了世界上第一个农业区。古代两河流域的农业类型根据调节农业供水类型的不同，大致可以分为旱作农业和灌溉农业两种类型：旱作农业主要分布在降水量较丰富的北部亚述地区，而灌溉农业则主要分布在南方降水较少而又具有天然河道的冲积平原上。就两河流域的自然环境而言，只有北部地区季节性的降水比较丰富，可以不用人工灌溉而发展农业。因此两河流域地区最早的农业定居点出现在底格里斯河中游丘陵地带的雅尔莫（Jarmo），时间大约为公元前 7000 年，这也是世界上最早的农业定居点之一[1]。现存的考古资料显示，在公元前 5000 年之前，两河流域南部干旱、缺水的苏美尔地区并没有形成大的农业定居点。但在公元前 5000 年之后，随着生产力的发展、生产技术的改进，南部干旱的苏美尔地区人们开始可以有效引用幼发拉底河和底格里斯河的河水，逐渐掌握了人工灌溉技术，该地区终于后来居上逐渐步入了灌溉农业的新时代。随着苏美尔文明的迅速发展及文明圈的不断扩大，源于苏美尔地区的灌溉农业逐渐在整个两河流域地区迅速发展起来，灌溉农业逐步取代了旱作农业，成为两河流域地区最基本、最重要、最有效的一种农业形式。

旱作农业主要依靠自然降水，而灌溉农业除了依靠自然降水外，则主要依靠复杂的灌溉系统，进行大规模的人工灌溉。两河流域地区最初的人工灌溉技术比较简单，人们通常就是开挖一些小沟渠，把幼

---

[1]　G. Roux, *Ancient Iraq*, Penguin Harmondsworth, 1964, p. 441.

发拉底河和底格里斯河的河水引到田里就完成了简单的人工灌溉。但到了古巴比伦时期，两河流域则发展形成了比较复杂的灌溉技术，国王主持修建密布田间的水利系统，并定期维护，形成了较发达的灌溉农业。灌溉用水通过各种运河、主渠、支渠、沟渠、水道等进入田地。古巴比伦时期的居民还用修拦河坝的方法来提高主渠的水位，修筑堤岸来防止水的外溢，裂缝用芦苇束和泥来修补。在主渠的重要部分，为了防止河堤的腐蚀，用沥青和烧制的泥砖筑墙来加固。用鹅卵石和石块作主渠的河床，来防止水的下渗。两河流域的气候条件决定了降水量的变化较大，一场大的暴风雨也可能引起灾难性的洪水暴发，因此往往需要不断对运河系统进行加固和维护，这项工作被认为是国王的一件重要事情和职责，支渠内淤泥的清理等事务则是当地政府的职责。

与埃及的尼罗河不同，两河流域的幼发拉底河和底格里斯河的泛滥时间并不固定，并且河水的变化较大，河水决堤和改道的事情时有发生。河水的泛滥也给人工开挖的运河和水渠造成了巨大的隐患。因此，加固河堤、防止河水泛滥被认为是一项关系到自己与他人的重大事件，以至于国王通过法律予以规定。在《汉谟拉比法典》中有4个条款，涉及了对灌溉失责的惩罚①。

作为人类最早定居的地区，也是农业最早兴起地区的两河流域，随着农业生产从依赖雨水灌溉的自然农业发展为人工灌溉农业，人类定居生活更加稳定，大约在公元前4500年左右，在两河流域下游冲积平原地区，最早的城市在冲积平原最南端的欧贝德出现。之后，乌鲁克、乌尔、拉格什、基什等城市陆续兴起。为大型中心城市与国家的形成，做好了充分的物质基础与社会结构的准备。

四、黄河流域古代中国农业文明的发展

黄河流域是中国文明的摇篮，黄河流域的文明是在旱地粟作农业

---

① 参见宋娇、李海峰：《从年名看古巴比伦时期的灌溉农业与水渠开建》，《农业考古》2014年第6期。

的基础上发展起来的。早在公元前 6000 多年以前，黄河流域就已经种植粟、黍等旱地作物。以后逐渐增加了小麦、大豆、高粱和稻谷的栽培，但产量不多。大约直到汉代以前，黄河流域都是以粟和黍这两种小米为主要粮食作物的。农业的发生对人类社会生活产生了全面的影响：技术进步、经济发展、人口增加、文化生活的内容大为丰富。这是一场影响深远的革命，从而为往后走向文明社会奠定了初步的基础[①]。

中国黄河流域的先民是在一个颇为独特的环境中创造出一种具有强烈而鲜明特色的农耕文化的。黄河流域从新石器时代起驯化的作物群就有着自己的特点，它主要以小粒籽实的作物为代表，也就是一般所说的"小米"（但不是狭义指"粟"的概念）。我们可以把它算作"以粟为代表的作物群"。粟类作物群最基本的特点有耐旱、春种秋收、喜温等。

作物对外界的要求主要是土壤和气候。一方面，覆盖中国黄河流域大部地区的黄土土壤与粟类作物群是配合的。黄河流域的黄土地带的土壤普遍呈碱性，含有较多的碳酸盐，表明在土壤形成过程中风化程度不好，水分没有把易于溶解的碳酸盐带走。水分在土壤形成中参与成分的稀少，即反映着黄土地带是以干燥为其环境特点的。正是因为黄土的形成与气候干燥有密切关系，所以这一趋于干旱性的气候特点很适合粟类作物战胜其他植物而得以生存。黄土的土质由于结构疏松，具有垂直的纹理，有利于毛细现象的形成，可以把下层的肥力和水分带到地表，形成黄土特有的土壤自肥现象。另外土质的疏松也便于原始方式的开垦及作物的浅种直播。一些原始农业文化发生在这种地区或是在这种地区发展较为迅速，也是由于黄土的这种属性的原因。所以，拥有黄土土壤的黄土地区是发展原始农业理想的环境。在黄土地区，普遍使用的是"刀耕火种"（slash-and-burn）的农业生产方式，即一块土地使用若干年之后便抛荒不用，再去开垦其他土地，让原有的土地的肥力自行增长；若干年以后再回来耕种。显而易见，

---

① 参见严文明：《黄河流域文明的发祥与发展》，《华夏考古》1997 年第 1 期。

这种耕作方法在土壤自肥能力强、便于开垦的情况下方好采用。因而，这种耕作方法是与黄土地带的环境相匹配的，黄土地带有着自己独特的农耕类型，土壤的特性决定着农耕发展的形态，而黄土是原始农业耕作的理想土壤。

另一方面，气候条件对原始农业中栽培作物也有重大的影响。由于各种作物的不同特点，农耕类型受到许多条件的制约，其中很大的因素是气候对作物的"选择"。尤其在农耕水平处于十分低下的情况时，这种因素对农耕知识的形成起着重要的作用。在古代中国，秦岭—淮河一线构成的南北气候分界线是相当明显的。北方的干旱与南方的潮湿决定了北方粟作农业与南方稻作农业。不同作物的起源、驯化的知识与经验是不同的，它们分别依赖于不同的自然环境的改造过程。中国黄河流域的气候基本属于暖温带气候中的大陆东端型。根据研究表明，黄河流域冬半年与夏半年的天气系统是完全不同的[①]。在冬半年，天气完全受强大的蒙古高压和干燥的冬季季风或者极地大陆气团所控制。由于极地气团非常干燥稳定，所以在冬季季风的进袭期间很少发生降水。到了夏季，气压系统与冬季完全不一样。热低压成为这里主要的气压系统，极地冷空气和暖湿的太平洋空气之间作用，使夏季多有暴雨。因此黄河流域的气候特点是冬春干旱，夏季多雨，且雨量集中在七、八两个月。这就决定了在这一地域中驯化的作物属于春种秋收、喜温性的一年生品种。且如粟类作物的特点，在所谓"掐脖旱"的春季，正是它刚刚萌发的幼苗期。根据对这一类作物的研究，其特点恰好是这一阶段特别耐旱。且幼苗阶段干旱并不影响最后收成，当时土壤中水分少一些，反而能够促使茎向粗的方向发展，对后期生长有利。然而在后期生长阶段却需要较多的水分供给。这一点应该说是与黄河流域的气候特点相吻合的。

另外，黄土的土质疏松，容易被大规模的集中降雨冲刷侵蚀，而黄河流域的降水又恰恰具有集中的暴雨性特点，这就给实行灌溉农业

---

① 参见徐淑英等：《黄河流域气象的初步分析》，《地理学报》1954 年第 1 期。

带来很大阻碍。直至今日，修建排灌系统在黄河流域还存在不少困难，沟壑纵横是这里很特殊的地貌景观。中国北方古代农业的灌溉体系一直不很发达，当与这种土壤与气候特点有很大关系。而粟类作物对灌溉并无严格的要求，也应是这一环境的产物。

由上述土壤和气候因素可以推断，以粟为代表的作物群所反映的农耕类型，基本上可以肯定就是黄河流域从采集经济向农耕经济过渡过程中的形式。可以说，粟作农业是与黄河流域的自然环境紧密相关联的，粟作农业是黄河流域人类文化的产物①。

第三节　流域农业文明的发展特征与人类社会的进步

在人类历史早期，随着气候的变化，以农业为主要生计方式的人类群体为了追逐适宜的生存区域，不断进行迁徙。而当原始农业诞生并集中了一定规模的人类群体之后，文明的传播和扩布的趋势不可阻挡。数个文明的扩展必然带来以农产品生产为主要形式的人类物质生产方式的交流和融合。此时必然会发生因为一种文明比另一种或者几种文明先进，而对其他文明的文化进行覆盖和替换的现象。在这种情况下，以生产工具为代表的农业生产力的先进程度，与这种文明的包容能力密切相关。在世界几大主要的文明发源地和农业起源地，这种现象都或先或后发生过，如雅利安文明对古印度文明的覆盖、苏美尔文明对两河流域早期欧贝德文明的替换等，在中国这一从未中断文明连续历史的地区，这种现象更加的频繁和易于观察。

在各种必然和偶然因素的影响下，原始农业在世界各地流域地区发生和发展开来。经过历史时期先进文明示范效应下的各地区的紧密联系和交流，流域范围的原始农业生产技术和水平不断提高。随着不

---

① 参见黄其煦：《黄河流域新石器时代农耕文化中的作物——关于农业起源问题的探索（三）》，《农业考古》1983 年第 2 期。

同地区文明按照各种不同方式的传播、集聚和融合，各大流域成为汇聚来自各个方向生产经验的地区，为后来的流域农业生产突破农业起源几千年较低水平的发展模式奠定了基础。后来随着流域农业的进一步发展，人口数量迅速增加，导致社会结构的进一步复杂化，为新的文明出现做好了充分的准备。

虽然由于开始传播的时间、环境和主体民族各异，世界范围各大流域农业文明的传播过程有自身的特殊性。如尼罗河流域的古埃及农业文明、印度河流域古印度的农业文明、两河流域古巴比伦的农业文明、黄河流域古代中国的农业文明等都在文明发展、传播的方式、速度和影响上有显著的区别。但是，在看似各异的流域农业文明发展历程中，我们仍可以总结出一些基本的共同特征和规律，这从一个侧面反映了流域农业文明发展的一些本质属性与核心要素。

一、流域农业文明发展的文化扩散特征

流域农业文明传播的方式虽各有不同，但基本遵循文化扩散的一般规律。文化扩散（cultural diffusion）是指文化从一地扩散到另一地的空间过程，强调文化特征在空间上的传递。文化扩散主要类型有二：一个是伴随着文化承载者——人口的迁徙而造成的文化扩散，文化传承者的原住地和迁徙地之间存在一定的空间距离，而文化只是从原住地传播到了迁入地，中间存在真空地带，所以呈现出跳跃式特征；另一个则是在一个核心地区发展起来的一种新观念或新创造等文化现象逐步向外扩散，使得接受这种文化的人越来越多，地区越来越大。扩展扩散又可进一步分为三种：（1）传染扩散。如同疾病传播那样不分等级地传播给每一个地区社会所有接触者，它是指一种文化现象通过已经接受它的人，传给正在考虑接受它的人的扩散过程。（2）等级扩散。等级扩散是从最先接受的某一阶层传播到另一社会阶层的人，或者通过中心地系统（见中心地学说）从某一级城镇向次一级城镇传播，或按相反的等级序列传播。它是指一种文化现象在不同划分标准的空间等级中，由高至低或者由低至高的扩散过程。（3）刺激扩散。它是指一种文化现象

由一地传到它地后，保留了思想实质而摒弃了具体形式的扩散过程，是指接受者受新文化启发创造出新的文化。①

在流域农业文明传播的实例中，文化各种扩散的形式都有展现。例如，在印度，文明从印度河流域扩散到恒河流域的过程，不仅地域跨度极大，而且从一个文明彻底灭绝到下一个文明的兴起，间隔了数千年的时间，这正是伴随着人口迁徙带来的迁移扩散（relocation diffusion）的具体表现；又如中国黄河流域的农业文明作为中华文明的初始承载者，并没有发生大规模的迁移，而是将其创造出来的文化事象随着历史发展不断发生空间转移，属于墨渍式的扩展扩散（expansion diffusion）模式。

二、流域农业文明发展的地理传播特征

流域农业文明的发展速度虽有快慢，但中心出发点都是从大江大河及其形成的流域，且地理环境因素起到了重要的作用

在人类生产力尚未发展到能够大规模地开发和改造自然环境之前，流域以其优越的自然资源禀赋，产生了非常突出的集聚效应。所以在历史上流域也多成为开发较早的地域，形成不同的文化中心。在人类早期，一条江河的上中下游之间，可能会形成不同的文化核心区，但是在河流的通道作用下，流域内部的文化交流会很快发生，并逐步形成文化的流域整体性特征。在这一时期，文化信息在空间上扩散时的主要载体是人，而人类早期的活动范围在很大程度上要受到自然地理环境的制约，特别是一些自然障区，比如崇山峻岭、沙漠戈壁等，多为无人区，人类既无法在其间生存，也无法穿越这些地区，于是便出现文化扩散的边界。

越是在人类早期文化扩散越是受制于地理环境，在这些被各种自然边界分隔开的区域中，河流的文化核心地位是非常显著的。以中国农业文明发生的核心区域为例，这一区域是一个大致正方形的、东南

---

① 参见王尚义、张慧芝著：《历史流域学论纲》，科学出版社 2014 年版，第 59—60 页。

濒海的区域，主要是冲击平原与河谷，且可以划分为两个明显不同的区域。昆仑山脉的秦岭和大巴山从山区延伸到西部，而昆仑山脉又像五指一样伸展到长江支流的汉水流域。长江及其所流经的山脉，是截然不同的气温带和地理区域的分野。长江流域的北面是宽阔的黄河大平原，是中国第二大河黄河的流经之处。黄河平原上被优质的黄色土壤覆盖着，这些黄土是在冰川期间由强风从中亚的沙漠地带席卷而来并沉积在中国西北部的，有时黄土的厚度达数百米。黄土易于耕作且较肥沃，大约在 50 万年前，覆盖着森林的岩石层可能就已经穿透这些黄土而裸出地表，这就形成了树木和水流的来源。黄河就发源于这里的山脉，并在流域内的丘陵地区保持着流势。中国初民就生活在这些地区。在这些地区的西部和北部，有世界最高的山峰——珠穆朗玛峰，第二大盆地——吐鲁番盆地，它低于海平面 154 米，还有干旱、炎热的大戈壁塔克拉玛干沙漠，广阔的原始森林和沼泽，以及绵延起伏、绿草葱翠的蒙古大草原。这广大的地区少有人居住，它的平均人口密度每平方公里还不超过一人。① 再加上东部和南部的海洋，自然的隔绝使中国最初的人类农业文明无法自由漫无边界的传播，而只能够以发源地的河流为中心，并借助河流的连接沟通作用，定向而有规律地扩散开来。

三、流域农业文明发展的物种边界特征

流域农业文明的文化影响力虽有大小之别，但以土壤和气候的影响范围为边界，在世界不同的地区呈现出各异的样貌。农业的本质是种植植物，所以农业最基本的问题就是"种什么"和"在哪儿种"的问题。河流带来的冲积平原和淤积肥料，为人类提供了最好的耕种场所，那么唯一的问题就集中于农作物的选择。

通观人类所驯化的农作物，可以发现，无论是麦类、粟类、稻类，还是其他粮食作物，大都属于禾本科。禾本科包括了大多数作

---

① 参见美国时代编辑部著：《全球通史·12》，吉林文史出版社 2010 年版，第 233—234 页。

物，同时也包括了大量的野草。这就是说，作物与野草有着更多的亲缘性，人类是从野草中驯化出作物来的。可以设想，作物在人类尚未驯化之前，它们的祖本与其他植物之间有过激烈的物竞天择的斗争。结果是"野草性"使得它占据了更加适于其特点的环境区。因此观察它的"野草性"特点，可以追溯到它们最原始的分布地点。在土质优良、水肥充足的地方，是没有它们立足之地的。多年生乔木林或枝叶长大的灌木丛早已夺去了营养和阳光，而只有土质贫瘠，干湿明显，大型树木无法生长的地方，野草才容易扎根。可以想见，采集经济的天然食物大多数来自树林（大型果实是主要的）；而农业经济最初的对象都是野草。因而经济类型的转换，这里面包含着环境变化的因素。农业的契机可能就是在林地边缘的杂草地中发生的。根据野草的原生地多在贫瘠地区这一事实，可以推测：农业最初并不是发生在"适于"农耕的地点，而是环境更恶劣一些，从现在眼光来看，"不大适于"农耕的地方。这些作物是由于人类开发自然，逐步改善作物的生长条件，从较为贫瘠的地方移到原来它们不敢"奢望"的沃土中来的。人类重要的作用就是破坏原来的生态关系，把人的因素带到自然界的生态平衡中。据此可以推断，农业肯定起源于较为贫瘠的山间地带，而不是肥沃的原野。由此看来，农业"发生"的地点不同于农业"发展"以后的地区分布；早期新石器时代遗址的环境应与晚期以至现代农业村落的环境有较大的区别，这种区别就是大自然区中的小环境区之间的差异。目前发现的新石器晚期遗址多与现代村落有较大重合，甚或完全叠压，至少反映了那一时期的先民在栽培环境的选择上已达到了较为成熟的程度，脱离了早期的水平①。

从上文可知，流域作为区域农业文明的核心，并非与生俱来的，而是有一个从起源地到发展地的迁移过程。历史上流域文明的发展过程充分证实了这一点。例如，印度河平原上最初的居民是来自俾路支斯坦高地的游牧人；两河流域最早的居民来自拉万斯山谷的贝达游牧

① 参见黄其煦：《黄河流域新石器时代农耕文化中的作物——关于农业起源问题的探索（三）》，《农业考古》1983 年第 2 期。

民族等，都可以从一个侧面证明流域农业文明从起源到发展的传播影响力度。

四、流域农业文明的发展与人类社会的进步

我们在讨论了世界各大流域范围内的农业文明起源、发展和传播过程及基本规律之后，接下来就可以进行流域文明的发展与人类社会进步之间的关系研究了。历史的实例证明，流域农业文明的出现与发展壮大，从生产方式、人口规模、生产工具、商业贸易、宗教信仰等各方面，促进了人类社会的进步。下面，我们将以两河流域"肥沃新月地区"最早的由狩猎—采集者转变而来的从事原始农业生产的人们为例，探索农业是怎样推进流域范围内人类社会的全面发展的。

中东两河流域的狩猎—采集者，是最早开始从事原始农业生产的人类群体之一，农业生产方式的发展为这里的人们带来最早的文明。在这里，从地中海吹来的湿润的风向东吹到肥沃的新月地区，这条丘陵在幼发拉底河和底格里斯河汇入波斯湾前，从约旦到小亚细亚弯成拱状，在湿润的风的滋润下，肥沃而富饶。更重要的是，在这些地方有好的光照和充足的季节性雨水，大片的土地上覆盖着葱郁的野生牧草，有些地方甚至绵延几千公顷。这是一片无论如何也不能错过的富饶土地，一些小群体的游猎民欣喜地在这里建造营地，他们把营地建造在突出的悬崖下，舒适的山洞中，或者住在用树枝搭成、地上铺着树叶和杂草的棚屋中。渐渐地，人们懂得了这片土地物产丰富，可供人们永久居住，于是这些简陋的营房逐渐变成了坚固的木房，并接连在一起。这片土地上繁盛的植被盛产野生谷物，有大麦和良种小麦，这种小麦有很高的质量，比现在的面包粉含蛋白质高出50%，每公顷土地能收获800公斤左右小麦。在谷物成熟的3星期里，人们摘下谷穗，或者用石头打磨成的镰刀割断麦秆，采集够1年用的谷物并要有部分剩余。[1]

---

[1] 参见美国时代编辑部著：《全球通史·1》，吉林文史出版社2010年版，第102—120页。

　　这种大自然的馈赠几乎不可能减少下去，因为这些野生谷物的繁殖力实在太强，每粒种子包裹着有尖头的外皮，外皮表面长满了倒生的绒毛，尖头上还有几根坚硬的芒刺。深秋之时，谷穗成熟，谷粒散落，随着微风吹拂，这些种子像飞蓬一样四处飘飞，落地时钻进土壤，它们的绒毛将自身固定住，任何的刮风下雨引起的微小扰动都会使种子更加深入土壤。炎热干旱的夏天种子处于休眠状态，直到冬雨来临，将种子更深地冲进土壤，下一个季节种子就会萌发生长。

　　然而，谷物的这种超凡的繁殖功能在给人们创造出充足粮食的同时，也给喜悦地收获它们的人们带来了难题。由于这些谷穗极易爆裂，又四处散落，因此收获谷物实在是一个让人烦恼的工作。大麦和小麦的谷穗成熟很快，往往使采集者无功而返，所以收获谷物及时是最重要的：去得太早了，人们在田地里采集倒是十分容易，可收回的尽是不成熟的谷物；去得太晚了，收集者会看到空无一粒的麦秆的海洋，只有沮丧地望洋兴叹。即使去的时候刚好合适，最轻的碰触也会使这些宝贵的谷物溅落到地上，去完成它们继续生长的使命。更令人烦恼的是，每一个谷穗上的籽粒都在不同时间成熟，这就导致每一个成熟的谷穗上都有好坏不同的谷粒。然而在这些草本植物中，有一些突变品种，它们的种子不仅同时成熟，而且能把种子保存在谷穗中，直到谷穗落地也不散落。这种突变品种像无数的标杆一样竖立着，明显不同于它们那些结着长谷穗的亲戚，这些容易收获的粮食可能是人类最先用篮子背回家的。①

　　回到营地后，人们必须做的事情就是处理白天收来的粮食，使它们能够食用。首先要反复磨擦，去掉种子粗糙的外皮，然后把这些混杂的谷物扬向空中，使那些轻飘的谷皮被风吹走，只留下有营养的种仁。下一步要筛出细小的籽实，最后是用石头将它们碾成面粉以备食用。阵阵微风袭来，有些种子不可避免地飘飞落到人们堆杂物的荒地上，在那里，它们不受注目，却也繁茂生长。这样久而久之，这些无

---

　　① 参见美国时代编辑部著：《全球通史·1》，吉林文史出版社2010年版，第102—120页。

意播种的谷物越长越多，直至形成新的片片谷地，这些谷地不是远离村庄，而是在村庄的周围，这就使管理和收获都更为方便，同时可以防止谷物向外围散播。就这样，人们几乎在无意识的情况下，开始了耕种庄稼的第一步。从这种无意识的播种到有目的的培植只经历了很短的时间，不久人们就开始把一些没有散落的谷穗，绑成一串串的堆放在院子里，或者装进陶罐中放在屋外。保存一个季节之后，把它们种到地里，以保证下一个收获季节能更容易地收获谷物。很多年过去了，渐渐地，农民们挑选并培育出另外一些突变品种的庄稼，结出的种子在成分组成和外观形态上都有变化，无论是穗子的大小和穗子上籽粒的数量都有增加。这时候不仅新种植的庄稼有所改良，原来的野生谷物也仍为人们所用。这些新的突变品种的种子有坚硬的外壳，这使鸟类很难剥食，也不容易散落到地上，更适合长时间保存。新品种作物的产量得到提高对人类的发展是至关重要的，这就保证了定居人口数量的稳步增长。

经济能力的增长是显而易见的，原来 650 平方公里的土地才能维持 25 个狩猎—采集者的生活需要，而今只要 15 平方公里的土地就可以养活 150 人的农民群体。与此同时，村民们的生活也显示出了优越性。由于人们有了更强有力地防范狮子、猎豹这样凶猛野兽的能力，狩猎时就很少有事故发生。就连小孩子们的生存能力也随着人类的进步加强了，这就使家庭规模的扩大成为可能，因为再也不用担心拖累群体中的其他人了。在以前往往是累赘的、上了年纪的人，如今在社会上也占有一席之地，他们负责向年轻人传授经验、技术和智慧。而那些更加衰老的人也可以帮助照看小孩，使年轻的父母可以抽出身来去田里劳作或者去打猎。

随着食物由充足直至变得有了富余，定居者便有了闲暇时间和兴趣去制造一些他们一直很向往，但在游猎期间又不方便携带的东西。尤其是在那些缺少合适的燧石制造工具的地方，人们非常喜欢用一种叫黑曜岩的石头作为材料，这种石头是黑色的、呈薄片状的火山岩，它对于猎人和农民都是极其重要的。一个手巧的工匠能把一块石头非常巧妙地剥离成像剃刀一样锋利的箭头，有时还在箭头上安装上芒刺，可以用树皮纤维将箭头绑在木杆上，也可用从树上采集的树胶将箭头粘在固定的位置上。小一点的薄片能安装上一个木柄做成镰刀，而大一点的薄片可制成刀或者刮削工具，用来刮除兽皮上的肉。[①]

公元前 7000 年左右，选种、播种谷物的全部过程已传播到整个肥沃的新月地区，此处的定居者就是这一生产技术的传播者之一。在这之后不久，其他一些作物也开始为人们所耕作，例如豌豆、胡萝卜、甘草、洋葱、橄榄、梨、梅、李等，至今仍是人们喜爱的食物。另外，定居者很快就发现植物绝不仅仅为人们提供食物。公元前 7000 年左右肥沃的新月地区开始种植亚麻，人们不仅用它榨出亚麻籽油，而且能利用其非常有用的亚麻纤维。把植物纤维织成布匹，首先必须把麻秆浸湿，然后用力捣碎，分离出亚麻纤维。然后要把纤维纺成线，可以在大腿上搓，也可以缠在纺锤上，再用安装在地上的平面织布机织成布。织布的确很麻烦，然而织出的布却足以抵偿任何代价，它轻便舒服，穿起来远胜于原来的兽皮和兽毛。

一旦人们在一个地方居住久了，他们就开始建造更加坚固的房子，以便安顿他们自己和他们日益庞大的家庭。在美索不达米亚的中心地带，到了公元前 6000 年就出现了许多小市镇，泥砖砌成，有着抹泥灰的木料屋顶的房子绵延几公顷。在这些住所里都要安装一个炉灶，用于做日常的饭食，包括米粥、炖肉，有时还加上煮熟的根茎，还有面包、水果和坚果，偶尔有用小麦熬成的麦片粥。炉灶的另一个重要作用是在寒冷的冬夜，当人们蜷缩在羊皮下时，它给人们带来温暖。在一些居住的房子外面，还有一些供长期储存粮食用的房子。也有些人在大房子里辟一间小屋来堆放武器、工具，以及一些他们自用或用于交易的装饰品。

这时最普遍的工匠是陶工。公元前 4000 年，制作陶器的转轮和高温炉窑的出现使制陶成了一个专门职业，只要有一些懂技术的专门陶工就可以满足整个社会的需要。制陶的专门技术也被用来为宗教服

---

① 参见美国时代编辑部著：《全球通史·1》，吉林文史出版社 2010 年版，第 102—120 页。

务。人们用大量陶土手工制成的裸体女人小造像，表示对人类生命产生的尊敬。

从另一个角度看来，由于定居生活容易受疾病、天灾、强盗等因素的影响，加上人口的急速增加，要求生产更多的食物，农民们便不得不竭力提高耕地的产量。一种可行的方法就是灌溉。人们必然会发现，那些在下雨时浇透或者发大水时被打湿的土地产量最高，知道这点后，人们很快就开始修一些水渠将水引入干旱的地里。灌溉使美索不达米亚的谷物取得非常好的收成，幼发拉底河和底格里斯河不仅灌溉了这里的土地，也冲来了大量肥沃的土壤堆积在这里。此外，人们还应用了其他一些增加食物产量的方法。早期的农民耕种着谷物，土地不可避免地变得贫瘠。然而农民却无法理解庄稼为什么年年减产，他们往往废弃低产的土地，去开辟新的土地用来耕种。这时的家畜往往放到外面的树林中去，因为这里的野生植物长得很繁茂，同时这些家畜的排便也肥沃了土壤。农民们用镰刀割倒低矮的灌木，用掘土杆挖去树根，这些工作往往在干旱炎热的季节做，到了雨季来临时，就可以播种了。原木和灌木在旱季烧过留下的草木灰，加上腐烂的植物都使土壤变得肥沃。当下一个季节庄稼收尽后，牛群就会又被放出来踩实这些土地。而当收获季节来临，丰富充足的收成给人们艰辛的努力以丰厚的回报。同时那些以前被废弃的土地在人们的忽视中逐渐恢复其生命力，慢慢地重新获得肥料，这主要靠那些死去的植物和雨水带来的盐类，直到有一天这片土地又可以被人们利用了。①

从美索不达米亚平原最早从事农业生产的人类群体的社会进步过程中我们很容易发现，以流域为核心区域的原始农业，不仅仅为人类群体的生存和扩大提供了必需的食物，更在各个方面强有力地推动了人类社会不断向前进步。无论此时的人类是出于主动扩大群体的要求，还是迫于内部与外部综合影响下的压力，这一客观的社会进步实实在在地发生在世界各个角落，为有朝一日人类社会的质变性飞跃，

---

① 参见美国时代编辑部著：《全球通史·1》，吉林文史出版社 2010 年版，第 102—120 页。

奠定了坚实的物质基础与社会基础。从这一意义上说，原始农业对于流域人类群体的意义，远超过在严酷的自然环境中生存下来这么简单。

实际上，从人类与自然界中植物的关系看来，农业的来源哪怕从概念上看来，都不是那么简单和容易辨析的。人与植物的关系包括栽培、驯化和农业三类，其中，栽培（Cultivation）是包括了对土地整治和特定的植物管理利用方式的人类活动；驯化（Domestication）是在人类行为干预下，在遗传学和形态学意义上植物发生的变化。也就是说，最初的栽培是人类行为模式上发生的一种变化，而驯化则是因为人类行为变化而造成的植物的变化。农业（Agriculture）则是由上述两种变化下形成的一种土地利用模式。换言之，农业可以看作是一种景观环境上发生的变化，是在人们持续栽培行为以及驯化作物占主导的情况下出现的①。

从各种考古证据中可以看到，农业实际是在世界各个地方的不同时间段中独立发展出来的。根据哈兰（Harlan，1971）对农业起源的研究，我们可以判断之前所谓从一处或几处中心传播向世界各地的驯化，这一假设的农业起源是站不住脚的。实践证明，在世界各大流域范围内，农业在对应的人类文明发展阶段，几乎都会出现，而其出现时间的早晚，并不以此地的土壤和气候与某种特定植物的契合程度高低为标准，而是直接与该地人类群体的规模及发展扩大的愿望相关。事实上，在人类发展的十字路口，的确有些群体宁愿将人口限制在狩猎—采集者水平，另一些却显然不愿意；然而这种种不同选择最终受竞争这一起决定作用的因素制约。那些由于这样或那样的原因允许人口增长和通过投入更多劳动到农业上以满足需要的部落能够成功地同那些保持小群体（或由于生物学方面的原因未能增加人口）的部落争夺空间。这样，即使只有相当少数的群体允许人口增长和通过农业来补充粮食不足，但在一定时期里它们将最终取代除极其偏远环境下

---

① 参见［英］傅稻镰、秦岭：《稻作农业起源研究中的植物考古学》，《南方文物》2009 年第 3 期。

以外的所有狩猎—采集者（需指出的是，人口增长本身并非关键的变量，其关键乃是由于种种原因所造成的产量需求超过了特定区域中野生资源的供应能力。虽然人口数量稳定，但是稳定在超出了特定技术条件下土地负载能力的水平上并因而导致了资源逐渐枯竭，相似的结果也将发生；如果气候变迁摧毁了资源或者社会因素要求新的产品水平，也会导致这样的结果）。①

综上，当以某一个或几个先进文明为中心向世界各地传播农业的说法崩塌以后，人类学的文化相对主义引领我们更多地关注多样化的人类群体中人与自然关系的相对性。

小　结

在本章中，我们通过大量的证据，证明了流域为人类群体带来了适宜进行原始农业的场所，只要选择合适的农作物种类，用符合其植物属性和适应当地土壤气候条件的耕种方式种植农作物，就能获得养育人类的口粮。

文化相对主义认为，任何一种文化都有其存在的价值，每个文化的独特之处都不会相同，每个民族都会有自己的尊严和价值观，各民族文化没有优劣、高低之分，一切评价标准都是相对的。"每个人都根据自身的背景、阅历的构架及社会规范来解释其经验的一种原则，而那些因素也影响观感和评价，因此，没有一种单一的价值量表可用来衡量所有的社会。"② 所以，在世界各地先后发生的人类文明中，以河流为中心的流域，通过提供源源不断的水源、耕地和聚居地的方式，为缓解人类自身发展的人口压力默默贡献着，而一旦人类掌握了河流涨落的规律，懂得使用相应的手段和措施来疏导洪水和抵御干旱以后，流域对人类的养育功能就会显得更加显著。

---

① 参见［美］马克·纳森·柯恩：《人口压力与农业起源》，王利华译，《农业考古》1990 年第 2 期。

② *Dictionary of Anthropology*, New York Philosophical Library, 1956, p. 454.

在人类学区域研究中，流域是一个非常重要的视野，流域复杂的人文生态环境、多元的民族文化事象和丰富的族群分布样貌，为人类学区域研究的理论提供了优秀的实践场域，使研究者能够通过参与观察、反复调研、民族志书写等多种人类学田野方法的综合运用，为区域视野下流域人类学研究的有意识整合，提供了成功的个案和可行的路径。

在研究主体上，流域人类学展现了区域研究从人类学单一学科向多学科综合的趋势。流域研究的中心概念是"流域"，所有的理论都是围绕着"流域"的概念建构起来的。流域作为人、地、水互动的复杂系统，从中可以分成很多子系统，流域系统集群具有区域性、集体性的特征。正因为流域是一个中层问题集群，所以可以在这个系统层面发现很多现实问题，诸如生物多样性的问题、传统知识的传承保护的问题等。正是因为流域有这样丰富的外延性，使得各个学科通过流域实现与人类学的"牵手"成为可能，所有的人文社会科学学科和大部分的自然科学学科，都能够成为流域人类学协作的对象。这也使流域人类学在面对各种各样不同的问题时，有多种分析和解决的工具和武器。

回到本章讨论的流域人类学视野中的农业问题，除了文章已经提及的流域与农业的方向、流域与农业的品种，以及流域与农业的传播之外，还可以探讨流域与不同环境状况下农业的样貌、流域与不同地区的农业的效益、流域与某一区域从事农业的人类等话题。总之，流域人类学与农业的关系，反映的是人与自然的相互适应：人适应自然环境、选择适宜的农作物品种，实现人类群体的生存、发展和壮大；同时自然也在不断地适应人类，在承载能力范围内为人类提供水源和食物，实现开发—破坏—恢复后新的平衡。在回归农业的本质属性后可以看到，农业正是在人与自然的相互关系中起到载体和沟通桥梁的作用，为实现人与自然的和谐共生，及永续发展提供可行的方式。

第三章 人—水关系的延伸：
流域与交通

朝天门开船两条江，大佛寺落眼打一方。

茅溪桥落眼杨八滩，黑石子落眼下寸滩。

张幺河下朱老滩，到了唐家沱要点关。

大兴场落眼黄腊滩，猪鸭子下礁巴滩。

野骡子下石滩，鱼嘴下有狮母滩。

叶桥子下是剑滩，太洪岗落眼上前滩。

洛碛落眼红石滩，横板石下娃娃滩。

鲁家溪下田家滩，肖家石盘下王家滩。

长寿麸醋溜溜酸，木鱼碛下雷福滩。

花园石下磨盘滩，涪陵有个荔枝园。

青滩泄滩不算滩，峻岭才是鬼门关。

——川江号子·数滩①

第一节 流域与交通体系

在人类文明的传播和交往过程中，暴力征服与和平交流是两种主

---

① 谭宏：《劳动生活音乐——川江号子的音乐人类学解读》，谭宏、徐杰舜编：《人类学与江河文明》，黑龙江人民出版社 2014 年版，第 71 页。

要的形式，前者如雅利安人对印度的入侵、欧洲移民的后裔对美洲印第安人的驱逐等；后者如早期印度河流域文明向恒河流域的开拓、丝绸之路的沟通交往等。然而无论采取哪种传播和交往方式，由于河流及其形成的河道、河谷天然的地形优势和交通便利，使之成为人类文明扩张中的重要廊道，起到了举足轻重的作用。

一、以流域为交通体系中心的原因

流域除了作为人类最适宜的生存环境和发展原始农业的最佳场所外，其沿干流和支流天然形成的河道与河谷，也是人类交相通达、互通有无的重要网络体系。交通是人类社会最基本的活动之一，"交相通达"是人类文明产生、发展的又一重要前提。在现代交通体系诞生之前，交通对自然地理的依赖明显，利用河谷、山川作为交通通道，在世界交通史上具有普遍意义。以"刳木为舟"为起点，交通的开辟发展到了人类交往、国家产生和技术的发展。流域依赖河流、以河流为中心构建的交通体系的便捷性、畅达性，是非流域自然区域难以匹敌的。①

前人学者从现代区位论和地域生产的成本—效益角度，深入论述和证明了流域之所以能够成为区域发展中的空间交流中心的原因。如陆大道（2001）指出，在均质和未开发的地域内，任何一个经济客体要存在和运行，就必须有其他的客体与之发生联系；由于人们对社会交往的需要和对基础设施的共享，社会经济客体必然要在一个地域或点上集中起来。这就是集聚产生效益，关联产生效益。②

在流域内部，聚集效应首先体现在作为内部经济中心的各级城镇上，这些沿河流分布的城镇可以近似地理解为流域内的中心经济"点"，它们以河流干、支流为"轴"分布其间，并沿着轴线的方向形成产业聚集带向外延伸，逐次形成层次分明的各级经济区，这些子系统，进一步形成流域经济系统。由于"点—轴系统"模式发展和

---

① 参见王尚义、张慧芝著：《历史流域学论纲》，科学出版社 2014 年版，第 113 页。
② 参见陆大道：《论区域的最佳结构与最佳发展——提出"点—轴系统"和"T"型结构以来的回顾与正分析》，《地理学报》2001 年第 2 期。

开发，顺应了社会经济发展及其客体必须在空间上集聚成点、发挥集聚效果的客观要求，充分发挥了各级中心城市在区域发展中的核心统率作用，实现了生产布局与线状基础设施之间最佳的空间结合等诸多优势，所以在现代社会备受青睐。在农业时代，虽然流域经济结构的"点—轴系统"特征远不如工业时代明显，但较之非流域区域，从"集聚产生效益，关联产生效益"这一点分析，它们内部联系又要显著许多，所以，在历史上大多数流域也往往成为开发较早的经济地域。流域内部的交通网络既是流域诸网络系统的中枢，也是其经济地域布局的主要经济轴带，换言之，流域内部的交通网络是流域地域布局的基础骨架，这一特征在古代尤为显著。因为，在农业社会时期的空间结构属典型的原生空间形态，主要呈面状经济活动形成分散的空间结构，出于安全的需要和受背景型资源优越条件的吸引，形成了一些自然积聚而成的自然节点，在流域交通网络没有形成的前提下，通道以自然通道为主（河道、山谷）①。再者，区位交通条件的区域性差异对于农业经济发展的影响是显而易见的，在历史的长时段变迁中，流域交通路线的空间分布及运输效率变化，是影响这一地区社会经济发展的重要因素之一。在流域各地理单元中，处在要道位置的地方开发较早，流域内重要的政治、经济中心皆分布在交通网络之结点上②。

二、流域交通体系的形成

早在殷商时期，中国就已形成以殷墟安阳（洹水环绕）为中心向四方辐射的交通网络。到周武王克商之后，"观于殷政"，接受周公建议，"相土地之宜，水土之便，营邑制命之曰：大聚先诱之以四郊，王亲在之。……辟开修道，五里有郊，十里有井，二十里有舍，远旅来至，人易资，舍有委"。在殷商交通网络的基础上，扩建"周道"，以洛邑（伊、洛二水环绕）为中心，向东、南、北三个方

---

① 参见陈修颖：《区域空间结构重组：理论基础、动力机制及其实现》，《经济地理》2003 年第 7 期。

② 参见王尚义、张慧芝著：《历史流域学论纲》，科学出版社 2014 年版，第 114 页。

向辐射，至此先秦时期的陆上交通已初具规模，水陆交通体系不仅利用黄河、长江干支流天然水道，且相继开凿了胥河、邗沟、鸿沟等人工运河。

秦统一中国后，颁布"车同轨"的法令，并建成遍及全国的驰道。在秦汉时期，遍及全国的水陆交通网络格局逐步形成。其中，秦朝修建了大量的公共工程。在其实力不断提高的年间，秦朝于中国北方的渭河流域、中西部四川的岷江流域，修建了运河与河流运输系统。四川成都周围地区得到了灌溉，成为秦朝的重要粮仓。秦朝在陕西北部建立的交通运输和灌溉系统，把当地变为农业丰产、交通便利的地方，成为控制中国北方的基地[①]。此外，秦代还挖掘了灵渠，把长江水系和珠江水系连接起来，灵渠使内陆水道 2000 多公里的航运成为可能，这条人工开凿的 32 公里长的运河，直到现在仍在正常使用。汉朝将内河流域航运逐步推至海上，先后开辟了三条重要的海上航线：其一，北起辽宁丹东，南至广西白仑河口南北沿海航线；其二，从山东沿岸经黄海通向朝鲜、日本海上航线；其三，海上丝绸之路，由徐闻、合浦港口起航，连通罗马帝国。

隋唐两代，国内外商业贸易经济的发展，也把中国古代交通体系推入了高峰时期，不仅构成了以长安为中心的遍及全国的驿路系统，而且位于渭水流域的唐都长安还是当时国内外的交通中心。隋代因政治中心在黄河流域，一则在统一南北过程中，需要运兵南下；二则统一南北之后，为了将江南的物资运送到北方，开始修造运河，最终形成以洛阳为中心，北到涿郡，西到大兴城，南到余杭，全长约 2700 公里、世界上最长的运河。隋唐大运河通达黄河、淮河、长江、钱塘江、海河五大水系，修筑成后的五百余年内，一直是中国古代南北交通的大动脉。

宋元两代古代交通进入鼎盛时期。宋朝的领土从当时北方的黄河洪水造成的冲击平原延伸开来，越过秦岭山脉，直至被有许多支流的

---

① 参见［美］斯霍华德·斯波德著：《世界通史（第四版）》，吴金平等译，山东画报出版社 2013 年版，第 207 页。

长江所灌溉的富饶的南方。公路网、运河、湖泊和溪流交错其间，往返于其中的商人们编织了一个商业网络，将西南的香料种植者和东北的丝织者、四川的造纸者和福建的铜矿业者联系了起来。在宋代，南方商业沿着一套由联结起来的湖泊、河流、支流，甚至是可航运的沟渠所组成的航运系统而川流不息地进行着。这套航运系统非常发达，甚至一条河船的主人完全可以在内陆水道内就制订出一个长达数千公里而不间断的航行计划，省去了麻烦而又有被劫掠风险的陆路运输，从而使远程运输变得更安全。在海外交通方面，宋朝出现了巨大的多层平底帆船，还进行了方向舵、平衡舷外支架和以指南针为基础的航海罗盘的革新，使得此时的航海技术大大提高，打开了通向如印度的马拉巴海岸和波斯湾等地那样遥远地方的商业航线①。元朝定都北京后，因为经济中心的南移，运输南方物资北上就成为一种必需，于是继续开挖运河，在利用隋唐大运河基础上，取直疏浚，减少了逾900公里的航程，全长缩短为1794公里，京杭运河全线通航，元大都成为中国乃至世界的交通中心。

明清时期是中国古代交通的鼎盛时期，也是向近代交通过渡的转折期。明代造船技术达到高峰，郑和七下西洋，标志着中国古代航海活动达到顶峰。明朝的中国商人们站在一个高度集中的国家商贸体系的顶端，而这个体系又是建立在完善的国内外水上交通基础之上。为了整合水道系统，水陆联运的交接点一般都被安排在危险的激流或险滩。为了保证船队的顺利通过，大运河的两岸都建有双闸门。这种水运体系有助于将中国南方的农业财富与北方的统治中心联系起来。主要的港口都配有人力推动的拖船，配有轴舵、防水壁和磁罗盘的中国海船被公认为是当时世界上最好的海船②。清代的水路交通体系已经达到了封建时代可能达到的最为完美的状态，随着沿海运路的开辟、发展，与内地江河、陆路相联系，使原本的交通体系更完善。其中，

---

① 参见美国时代编辑部著：《全球通史·5》，吉林文史出版社2010年版，第17—24页。

② 参见［美］斯霍华德·斯波德著：《世界通史（第四版）》，吴金平等译，山东画报出版社2013年版，第409页。

运河把直隶、山东、江苏、浙江四省串联起来，又将海河、黄河、淮河、长江四水系并联相结，又通过流入运河的富春江，中经陆路与闽江水系联结；长江通过湘江、赣江，中经陆路与西江水系、韩江水系相连；海河与滦河或经陆路，或经海路也可相通，成为重要的水运路线。除运河干流是水驿道之外，其他流入运河的江河亦可通航①。

第二节　流域交通与人类文明的交流

不同文明的交流是文明发展的动力，而交通在文明起源和社会发展中起着极其重要的作用。王子今曾这样评价交通对于文明进步和社会发展的意义："交通系统的完备程度决定古代国家的领土规模、防御能力和行政效能。交通系统是统一国家维持生存的首要条件。社会生产的发展也以交通发达程度为必要条件。生产技术的革新、生产工具的发明以及生产组织管理方式的进步，通过交通条件可以成千成万倍地扩大影响，收取效益，从而推动整个社会的进步……从社会史、文化史的角度来看，交通网的布局、密度及其通行效率，决定了文化圈的范围和规模，其至交通的速度也对社会生产和生活的节奏有重要的影响。"② 历史和现实的例子告诉我们，人类文明发展史上，以流域交通体系为主要表现形式的交通走廊是文明交流与文化传播的重要途径，也催生文明的产生。这些流域交通体系以分水岭为节点和枢纽，以廊道为连接方式，在实现文化交流、推动文化传播方面，起到了不可替代的作用。

一、流域分水岭对人类文化交流的作用

分水岭，顾名思义就是分隔河流的山岭。由于地球的重力作用，隆起的山脉往往成为河水流向不同方向的分界线。分水岭不仅是相邻

---

① 参见邓亦兵：《清代前期全国商贸网络形成》，《浙江学刊》2010 年第 4 期。

② 王子今著：《秦汉交通史稿》，中共中央党校出版社 1994 年版，第 4—5 页。

流域自然地理上的边界，在"山川形便"原则影响下，一般也作为划分不同行政区域间的政治分界。作为分水岭的山脉，既是历史上对人口迁徙、文化传播和文明扩展起到阻碍作用的屏障，也是连接不同流域地带的枢纽和节点，起到连通水陆、便捷交通的功能。

在水陆连接方面，分水岭起到了枢纽作用。在两侧河流的冲刷下，"分水岭"往往成为人类最便于穿越的山地，由之也成为人类文明扩张进程中最早利用的"枢纽"。黄河与长江的分水岭秦岭，平均海拔 2000—3000 米，北侧断层陷落，势如绝壁，《史记》称之："秦岭天下之大阻也。"尽管如此，作为分水岭，穿越其间的河流依然是连接两个流域的通道。据文献资料记载，穿越秦岭，连接汉江、渭河的古道约有 7 条：即蓝武道、镇柞道、子午道、黑水浦河道、傥骆道、褒斜道和北栈道。褒斜道的开创据推测应始于战国，《战国策·秦策》里有"栈道千里，通于蜀汉"的记载，被认为是世界上最早的人工交通隧道之一。这些古道基本上都是沿着南北奔流的河流通行的；迄今，翻越秦岭沟通南北的铁路和公路，也多沿着这些河谷修筑。①

在运河穿越方面，分水岭起到了交通节点作用。中国利用运河解决交通问题历史悠久，灵渠就是世界上最古老的运河之一，位于今广西壮族自治区兴安县境内。秦始皇为开拓岭南，统一中国，派大军南下。为解决军饷转运，公元前 219 年至公元前 214 年间，由掌管军需供应的监御史禄负责，在今广西兴安境内修建了一条人工运河——灵渠（古称秦凿渠、零渠、陡河、兴安运河、湘桂运河），仰赖它的运输能力迅速统一了岭南。灵渠的流向由东向西将流向由南向北的两条河流——湘江源头和漓江源头连接在一起，连接了长江和珠江两大水系，解决了穿越五岭的交通难题，构成了遍布华东、华南的水运网。此后经东汉、唐、宋、明、清历代扩建，迄今依然发挥着重要作用。②

---

① 参见王尚义、张慧芝著：《历史流域学论纲》，科学出版社 2014 年版，第 118—119 页。

② 参见王尚义、张慧芝著：《历史流域学论纲》，科学出版社 2014 年版，第 119 页。

二、流域廊道对人类文明传播的作用

流域廊道的开拓与人类文明开始向不同方向传播需要具备以下几个主要条件：一是定居。居无定所和不断迁徙则很难形成固定的道路；二是交流。不同聚落、氏族和部落因经济、文化的交流而开辟出道路；三是连通。在高山丘陵地区，人们对交通路线的选择主要是利用河谷所形成的天然通道，道路基本都是沿河谷而行；四是供给。道路要近于聚落分布密集之地，沿聚落而延伸，便于供给。上述条件是否具备，是流域廊道开通的基础。

仅以灵渠的开凿与秦代中原主流文化在岭南地区的传播为例，就能充分地说明流域廊道在人类文明传播过程中的重要作用。秦以前，岭南地区被称为扬州徼外之地，且不正式划在中国版图里，中原政权也未对岭南实现真正的统治。这主要是因为，绵延千里的五岭限制了古代岭南与中原的沟通，岭南人很少越五岭入中原，中原的先进文化也很难飞越五岭传到岭南。①

公元前 221 年，秦军最终荡平东方六国，结束了春秋战国以来长期混战的局面，建立了统一的多民族中央集权国家。秦始皇 33 年，秦将尉屠难率领 50 万大军分五路南攻百越，"一军塞谭城之岭，一军守九嶷之塞，一军处番之都，一军守南野之界，一军结余干之水"。攻越的五路秦军，除"结余干之水"一路很快取得胜利外，其余 4 路都遭到当地百越各族的顽强抵抗，进军很不顺利。其主要原因是五岭山高林密，交通不便，粮草补给困难，为了解决交通运输问题，秦始皇命令监御史禄"以卒凿渠而通粮道"②。这条河渠便是灵渠，位于桂林兴安县境内，全长 34 公里。灵渠开凿后，军粮和兵源都得到了有力的补充，为最后平定岭南做出了突出的贡献。

灵渠建成的当年，秦始皇发诸尝逋亡人、赘婿、贾人略取陆梁

① 参见林贵：《灵渠：一个帝国开疆拓土的欲望带来的文明传播》，《珠江水运》2012 年第 18 期。

② 黄家城、陈雄章主编：《交通与历史横向发展变迁》，人民交通出版社 2002 年版，第 410 页。

地，为桂林、象郡、南海，以適遣戍，从此，岭南地区正式实行郡县制。为开发岭南，秦始皇除命令军队长期驻守外，还下令将数十万罪人发配岭南，成为首批岭南移民。来自中原的江南移民，给岭南带来当时中原先进的生产工具和生产技术，对岭南生产进步产生了重大影响。移民中文化素质较高的中原人带来的先进汉族文化，对提高岭南人文化素质起到明显效果。即便在 2000 多年后，在现在漓江上游桂北地区，其建筑风格、饮食习惯、民风习俗以及民间艺术等，还可追溯到当时中原文明的源头。

文化上的交流，很大程度上依赖于经济上的交流，自秦朝开凿灵渠后，灵渠就成为南北水路交通的要道，这一方面方便了军事上的运输，另一方面也加强了南北的商业往来。商品的大量流通，带来了经济的繁荣，同时也带来了文化上的广泛交流。灵渠是当时中原与岭南的交通要道，极大地促进了中原与岭南商品的流通。中原的物质文明伴随着商品的流通一起进入岭南，随着外来物质文明的不断渗透，岭南本土居民的思想观念也随之而发生变化。他们自觉不自觉地开始接受从中原南下而来的种种新的文化观念，并把这种文化融入到了自己的生活中，从而形成了自己独具特色的文化，这在灵渠流域表现得最为突出①。

从历史记载看，中原与岭南交通正式开通并加强地区间政治、经济联系，应始于秦通过灵渠和其他五岭陆路对南方的经略与开发。其中，以灵渠为枢纽的越城岭道是秦以来湖广联系的南北交通干线。从广州出发，沿西江过梧州至桂林，再经灵渠上衡阳，至长安终点全长2500 余公里，沿途没有大的险阻又尽可能利用了水路，是当时岭南漕运的主干道。其交通之利持续 2000 年之久，直到 1937 年粤汉铁路修通方被替代。而其灌溉之利，至今有增无减。

灵渠的开通，实现了引湘入漓沟通航道的目标，湘漓水运衔接，用潺潺流水化解了存在于中原和百越之间的天然阻碍，使两个本不相通的世界从此再也无法分离。在灵渠 2000 多年的舟楫往来中，灵渠

---

① 参见郭太成：《灵渠开凿与文化交流》，《玉林师范学院学报》2009 年第 2 期。

的沟通功能被发挥到了极致，南北社会政治的分水岭不复存在，中央政府的政令可以畅流而行，南北货物得以互通有无，中原与百越之地的文化、经济得以相互交融，两地各族人民心理隔阂得以消解，华夏民族的精神血脉流淌得更加圆融舒畅、雄浑有力①。

文化或文明的隔离在任何一种文明发生的初始阶段都具有极其重要的意义，不同的地区和民族其土壤中萌生的文明幼芽，只有在相对隔绝的情况下，才能够沿着一条单一的取向——有利于本地区、本民族的生存和发展的取向，不断累积和发展，从而形成自己的特色，不同的文明间无限制的遭遇和交往会使处于萌芽阶段的文明陷于流失状态和彼此间无休止的相互冲突、融合及重组之中，从而失去各自独立的发展。然而，隔离又是相对的，传播和交流是绝对的，如果一味地处于隔离状态不但是不可能的，而且也是十分有害的。古埃及文明就是因为始终没能摆脱隔离状态而未与其他文明发生必要的遭遇和交往，最后遭受了自我毁灭的命运。因此，任何一种文明或文化都必须在与其他文明的交往和遭遇、互动中汲取营养，才能促进自己的不断发展和完善②。从这一层意义上来说，流域廊道对于文明这种先隔绝后沟通的要求，是最佳的解决方案，这也是世界上主要的拥有悠久历史发展过程的文明古国，都诞生在大河流域范围内的另一种解读方式。

第三节　流域与物资的流动

由于物质文化紧跟生产力的发展而产生日新月异的变化，所以较之精神层面的人类文明，具有相对不稳定性。物质文化的变动性、创新性的品格决定了它更容易为人们所接受，在追求物质文化时髦的大背景下，喜新厌旧的人类天性在合适的环境下将无限放大，所以，相

---

① 参见林贵：《灵渠：一个帝国开疆拓土的欲望带来的文明传播》，《珠江水运》2012 年第 18 期。

② 参见贺培育：《文明传播中的制度冲突与融合》，《社会主义研究》1991 年第 3 期。

对于文明交流的看不见摸不着，流域的交通功能在物资流动方面的表现更加明显。以往较为隔绝的区域，在河流水路、河谷陆路以及运河转运所形成的流域交通体系作用下，遵循物质文化传播的一般规律，或有序或突破地进行着沟通与交流，最终形成更大范围的区域文化和民族文化。

以通航河流为基础的水运发展，关系大国兴衰。从世界运输历史来看，在火车出现之前，西方国家工业化过程都基本上依托水运完成，科技和生产力发展到今天，交通运输进入一体化发展阶段，但水运仍然是主要发达国家综合运输及其物流体系的重要基石。进入21世纪后，随着工业化进程的加速，经济增长方式粗放造成的环境和社会矛盾日益尖锐。物流业作为国民经济的基础性产业，其带来的环境代价和资源消耗相当巨大。以2008年为例，中国全社会物流总费用与GDP的比率高达18.3%，远远高于发达国家。因此建设高效环保节约的绿色物流体系已成为当务之急。

流域物流本质上是一种生产实践，其概念产生并来源于实践活动。流域是河水、江水等流经的地方，所谓流域物流就是以流域水运为基础或与水运相关的物流活动的总称，它涉及通航核心地域、关联地域和相关地域的物流活动。从地理空间上看，流域物流和区域物流都具备相应的空间属性，二者都是在一定区域内货物从供方到需方的物理转移过程。从这种意义上看，流域物流就是区域物流的一种表现形式，只不过其区域是一个通航流域而已。但是流域物流的存在需要一定的自然和社会条件，那就是流域内必须有可通航河流或水运。另一方面，由于河流是上下游地区历史和现实的各种复杂社会经济关系产生的物质基础和纽带，流域物流相对区域物流而言，其内在联系更为紧密，而这种联系的内在性，通常是区域经济一体化的重要推动力。总体而言，流域物流是一种有明确的主线和空间范围的宏观物流活动，其物流核心功能之一就是水运①。

---

① He Yuancheng, Dong Qianli, "Study on Chinese Water Transport System and Basin Logistics", The proceedings of the Third International Conference on Operations and Supply Chain Management, Wuhan, Jul. 28 to Aug. 3, 2009.

从世界范围内看来，发达国家一般都拥有较为完善和成熟的流域物资流域体系，根据发达程度，全世界流域地区可分为发达、发展和潜在流域地区三种类型。

一、发达流域的物资流动

该类地区在工业化过程中，通过流域水运开发为先导带动整个流域大规模开发，逐步形成了健全高效的流域综合运输和流域物流体系，其中航运在流域水资源综合利用中居于首位或重要位置，流域物流管理组织和体制也相对完善。这类地区在工业革命时期，工业是依托内河水运和海洋运输发展起来的，其流域物流基础设施网络、组织和信息网络先进，流域物流运作和管理水平为当今最高水平。美国密西西比河、美加五大湖、圣劳伦斯河流域、莱茵河和伏尔加河流域、英国等流域地区是这类地区的典型代表。流域水运发达的地区，主要分布在欧美老牌工业化国家，这些国家工业革命主要依靠水运完成，它们有重视和发展水运的悠久传统，流域水运很早以前就连成网。自欧洲工业革命以来，水运一直是欧洲交通运输体系的重要组成部分。目前，欧洲大陆有 40000 公里通航河道和运河。

欧洲是世界工业革命最早的起源地，欧洲大型河流航运开发也历史悠久。其通航河流航道等级高，河流之间有运河互相连通，加上欧洲拥有曲折的海岸线，欧洲水运网络四通八达，有良好的通达性。其中欧洲最为著名的通航河流为莱茵河，全长 1400 公里左右，流域面积约 25 万平方公里，流经欧洲大陆核心地区，并同多瑙河连接，构成了具有欧洲命脉之称的航道网络。莱茵河水资源开发主要目标除了防洪和发电外，航运一直是莱茵河极为重要的功能。莱茵河航运系统非常发达，航道通航标准相对较高，1500 吨的船舶一直可以航行到瑞士的巴塞尔，干支流航运畅通，并且与欧洲大陆其他重要通航河流如塞纳河、易北河、多瑙河、罗纳河等都连接成网。以莱茵河为主体的欧洲航道网，同流域内发达的铁路、高速公路网形成了快捷、立体交叉的综合运输体系，奠定了莱茵河流域物流的网络基础。莱茵河是当今世界航运密度最大、最繁忙的内陆航线。

多瑙河是欧洲第二大河,干流流经德国、奥地利、斯洛伐克、匈牙利、克罗地亚、南斯拉夫、罗马尼亚、保加利亚、乌克兰 9 国,全长 2850 公里,流域面积 81.7 万平方公里。多瑙河干流借助干流梯级开发并以水运和发电为主要目标从而实现水资源综合利用,目前其已通过多瑙河—美因—莱茵大运河,与其他内河水网相连,东南至黑海,西北至北海,贯穿欧洲大陆。此外欧盟还拟从多瑙河中游布拉迪斯拉发向北经捷克、波兰与易北河上游拉贝河和奥得河相连的大运河,通往波罗的海。

伏尔加河为欧洲第一长河,流经欧洲腹地向东南注入里海。伏尔加河及其支流是俄罗斯最重要的内河航道,其水系航道长达 17000 公里,其中深水航道网总长约 6600 公里,其最小航道保证水深 3.65 米。人工运河把伏尔加河与其他河流和海洋连接起来:莫斯科运河,将莫斯科河和伏尔加河连接在一起,还有伏尔加河—顿河运河、伏尔加河—波罗的海运河、白海—波罗的海运河。伏尔加河变成了"五海之河"。以伏尔加河流域为主体的流域地区是俄罗斯的心脏地带,占有全俄 3/4 的人口和绝大部分工业产值。此外,该地区还分布着俄罗斯庞大的铁路、公路、管道和航空系统,组成了综合交通网络。

密西西比河是美国最大的河流,全长为 6000 多公里,流域面积 322 万平方公里,占美国面积的 41%。美国密西西比河流域在水运网络建设方面,采取了与欧洲类似的做法:为增强网络通达性,扩大水网规模,除了加强航道建设外,还用运河串接不同水系,从而形成了干支流与江湖河海相连、四通八达的航道网。早在 1830 年起,美国联邦政府就以建设深水航道网络为目标开始对密西西比河水运进行开发,并修建运河连接不同流域水系,扩展水运网络规模,形成跨流域水运体系。20 世纪 30 年代建成了伊利诺伊水道,渠化了伊利诺伊河,从而把密西西比河流域水网与五大湖地区的航运系统通过运河连通起来;另外,水系内的航道、船闸以及船舶等均采用统一的标准,使各航道彼此互通,船舶航行减少换装过驳等中间环节,使水运变得非常便利。密西西比河水资源开发基本上坚持航运先行的原则。支流的开发,如上密西西比河和俄亥俄河,主要是为航运服务,修建了大量闸坝，渠化了航道。俄亥俄河支流田纳西河的开发以航运和防洪为前提，并最大限度地开发水电。

大湖流域位于美国东北部和加拿大东南部，为美、加两国最早的经济增长极。在工业革命早期就已奠定了发达水运网的基础，19 世纪后期和 20 世纪初期，大湖流域又建立起密集的铁路网和公路网，形成了很发达的流域物流网络体系。流域内资源丰富，以水运为中心的交通物流系统十分便利，美国和加拿大诸如华盛顿、纽约、底特律、芝加哥、费城、布法罗、克利夫兰以及渥太华、蒙特利尔、多伦多、哈密尔顿、魁北克等大城市都分布在流域内。作为跨国流域，大湖流域发达的水运及物流系统建设离不开美、加两国成功的合作。美、加两国先后修建了一系列运河和船闸，把五大湖和圣劳伦斯河航运连接起来。

修建运河是发达流域地区拓展水网的共同做法，美国后来还修建运河连接伊利诺伊河水道与大湖，使北美两大流域航运连成一体。现在大湖流域可以从三个方向连接大西洋，并为与密西西比河、圣劳伦斯河、墨西哥湾沿岸的岸内水道等沿海航线构架出规模宏大的北美水运航道网，与流域其他运输方式共同形成北美发达流域物流系统的基本框架①。

二、发展中流域的物资流动

这类地区在世界各流域地区普遍存在，一般正处在工业化时期，尚未最终完成工业化，流域物流条件有一定发展。除了南极洲外，各大洲都有一些具备发展物流条件的流域。例如亚洲，北、东、南 3 个方向分别与北冰洋、太平洋、印度洋 3 个海洋相邻，其大小河流众多，长度超过 1000 公里的河流有近 60 条。许多河流可以通航，并且流域人口稠密。除了中国大量的通航河流外，俄罗斯远东地区、南亚、东南亚也分布着一些大型和中小型通航河流②。

---

① 参见张文尝、金凤君、樊杰主编：《交通经济带》，科学出版社 2006 年版，第 8 页。
② "Rivers of the World"，http：//www. slco. lib. ut. us/kidriver. htm，2009-10-12；"Inland Waterway Transport（IWT）"，http：//waterwiki. net/index. php/Inland-Waterway_Transport_（IWT），2009-10-10.

南美洲大型河流数量仅次于亚洲和北美洲，有世界上径流量最大和自然通航条件最好的河流——亚马孙河。其主要通航河流为亚马逊河水系和拉普拉塔河—巴拉那河水系。南美洲的拉普拉塔河—巴拉那河、欧洲的多瑙河均流经多个国家和地区，人口都接近或超过 1 亿。这类地区水运潜力大，流域物流还处在起步阶段，水运也逐渐被重视起来。例如，随着欧盟东扩，多瑙河流域国家相继加入欧盟，使得欧盟能够在欧洲大陆整体规划欧洲综合运输体系。根据欧盟泛欧洲交通运输规划（TEN—T），多瑙河定位为泛欧洲运输第 7 走廊[1]；在南美的拉普拉塔河—巴拉那河流域，跨国水运多边合作早在 1969 年就已开始；在亚洲湄公河，中国、老挝、泰国和柬埔寨运输合作在 2001 年也正式开始，关于铁路、公路和其他领域跨国合作也在推进。

澜沧江—湄公河，全长 4800 公里，发源于中国青藏高原，流经中国、缅甸、老挝、柬埔寨、泰国和越南 6 个国家，是亚洲流经国家最多的河流。其航运潜力较大，但由于流域经济相对落后，水运还处于"大河行小舟"、局部通航和季节性通航的局面；流域交通基础设施落后，综合运输体系不完善，流域内没有联系多国的国际公路和铁路，六国互通航空线稀少。

伊洛瓦江流域是缅甸经济中心地区。伊洛瓦江通航里程大约 1300 公里，其中从曼德勒至八莫（1080 公里）全年通航，在伊洛瓦底三角洲还有超过 3200 公里的航道，并有一个连接运河系统。

印度境内有可通航河流约 14500 公里，但印度内河水运利用有限。孟加拉国处于恒河三角洲地区，内河水运承担全国 32%的货运量[2]。

---

① "Inland Waterway Transport（IWT）", http：//waterwiki. net/index. php/Inland-Waterway_Transport_(IWT), 2009-10-10; "Exposure Evalution of Cohesion Policy Programmes 2000-2006", Work Package SA：Transport, http：//ec. europa. eultransport/infrastructure/doc/2009 intermediate report dg regio. pdf, 2009-10-11.

② Biswas, P. K, "Inland Water Transport：An Overview and Prospective Plan", *Journal of the Institution of Engineers*（India）, Part MR：Marine Engineering Division, 2007, 88（7）, pp. 12-17.

Awal, Z. I., "A Study on Inland Water Transport Accidents in Bangladesh：Experience of a Decade（1995-2005）", Transactions of the Institution of Naval Architects Part B, *International Journal of Small Craft Technology*, 2007, 149, pp. 35-40.

拉普拉塔河—巴拉那河全长 4100 公里，总流域面积 310 万平方公里，是南美洲仅次于亚马孙河的第二大河。拉普拉塔河—巴拉那河干支流流经南美洲巴西、玻利维亚、巴拉圭、乌拉圭和阿根廷 5 个国家，巴拉那河水系是巴西、阿根廷和巴拉圭 3 国的重要水上通道，它承担着巴拉圭出口运输量的 90%，阿根廷出口运输量的 30%。全河全年通航里程约 2698 公里。远洋海轮可沿河上行 1200 公里。

亚马孙河位于南美洲北部，是世界上流域面积最广、流量最大的河流。亚马孙河具有非常优越的航运条件。它不仅水量丰沛，河宽水深，而且水流较缓，主要河段上没有任何险滩瀑布，终年不结冰，干流和各大支流之间可以直接通航。载重 3000 吨的海轮沿干流可上溯至 3680 公里远的伊基托斯，10000 吨巨轮可达中游的马瑙斯。各支流的通航条件也相当优越，一些大支流的通航里程超过了 1000 公里（如普鲁斯河通航里程达 2853 公里，马代拉河通航里程为 1090 公里）。整个水系可供通航的河道总长在 2.5 万公里以上。

三、潜在流域的物资流动

该类地区主要为开发原生态地区，人口稀少，经济不发达。如南美亚马孙河流域地区，俄罗斯远东地区的叶尼塞河、鄂必河、勒拿河等流域地区，非洲刚果河流域水运条件也非常优越，有 20000 公里优良河道可供通航，水运潜力巨大。

叶尼塞河是俄罗斯第一大河，水量、水能资源均居首位，流域面积 260.5 万平方公里。叶尼塞河是克拉斯诺雅尔斯克边疆区内最重要的水运干道，并与大西伯利亚铁路构成该地区水陆交通命脉，该流域也有很大水运潜力。

刚果河是非洲和世界著名的大河，刚果河全长 4650 公里，流域面积约 370 万平方公里，其中 60% 在刚果民主共和国境内，其余面积分布在刚果共和国、喀麦隆、中非、卢旺达、布隆迪、坦桑尼亚、赞比亚和安哥拉等国。其流域面积和流量均居非洲首位，在世界大河中仅次于南美洲的亚马孙河，居第二位。刚果河支流众多，河网稠密，发展水运的自然条件非常优越①。

发达、发展和潜在流域这三类地区由于经济发展水平不同，流域水运利用程度、流域物流网络结构和网络密度也有很大差异。将发达流域地区密西西比河、五大湖—圣劳伦斯河流域的美国和英国、莱茵河流域的德国与发展中流域地区的中国、南美拉普拉塔—巴拉圭河流域国家阿根廷做一下对比就可以发现：流域经济越发达，综合运输体系水运比例越大，综合路网密度越大。

除南极洲外，通航河流在各大洲都有广泛分布的，并且呈放射状深入大陆内部，因此通航河流与地球上分布的海洋连接成一个庞大的水运网络，这个网络是流域物流网络的基础部分，同其他运输网络体系和其他物流运作环节形成全球性流域物流网络体系。正是基于流域物流在全球的普遍性，因而流域物流具有广阔的理论研究空间和实践应用机会②。

四、流域与物流的关系

流域物流是区域物流的一种，流域物流理论逻辑主线明确，其研究范围、综合运输体系的基础、管理、目标都与流域水运有关，通航河流和水运的基础地位在整个理论中受到重视。例如流域物流网络理论强调以通航河流为基础的综合运输体系在其物流网络中的核心地位；流域增长极和生长轴、点轴系统理论认为，以港口和航道为核心形成综合物流接点和以通航河流为核心的综合基础设施是通航流域最重要、最有带动效应的增长极和生长轴；流域交通经济带理论重视以通航河流为核心形成的交通经济带；在宏观物流管理与规划方面，流域物流理论以宏观上实现以水运为核心的水资源综合利用原则和流域水资源管理、流域交通管理的综合集成管理为理论基点。在理论上，流域物流更注重物流系统的整体性功能，在管理上强调集成和协同，

---

① Candace Keener, "How the Congo River Works", http: //history. howstuffworks. com/african-history/congo-river. htm/printable, 2009-11-2.

② 参见何远成：《基于水运的流域物流理论与应用研究》，长安大学博士学位论文，2010年。

逻辑主线清晰，理论基点明确，研究内容具有针对性。

物流有六要素：流体、载体、流速、流程、流向、流量[1]。流域物流也具备相应的六要素，但流域物流在六要素方面表现出自己的特殊性：载体是以船舶为主的多种运输工具；流程短、中、长兼备，以中、长距离为主，突出大运距；流量则是大运量为主；流向则在覆盖全通航流域的基础上，辐射国内外，方向上具有国际开放性。流域物流一般要素包括人、财、物要素；流域物流的功能要素包括运输、仓储、装卸搬运、流通加工、配送和信息处理；流域物流物质基础要素包括物流设施与设备、工具、信息技术与组织管理；流域物流支撑要素包括体制与制度、法律法规、行政与命令、标准化体系[2]。由于流域物流是建立在流域内水资源综合利用上的综合性物流，要实现复杂系统各子系统的协同，需要建立起保证协同机制产生和运作的流域宏观管理体制，因此流域物流支撑要素是流域物流不可或缺的。因此，流域的一些基本特性直接影响到流域物流要素的运动规律。

1. 矢量性

物流要素流动都是具有方向的。一是总体物流都会沿着物流网络通道线路方向从一个物流节点指向另一个物流节点；其次每一个具体物流过程也具有方向性。实体货物运动都有特定方位指向。

2. 聚集性

第一，点状。流域物流要素开始在具有空间区位优势的某点聚集，然后流通到下一节点。这些节点常常表现为货运站、仓库、物流中心、配送中心，在宏观上就是一个城市。

第二，带状。在流域地区城市往往以流域河流（水源线、航线）为轴，呈带状布局，从而带动物流要素也呈带状聚集，形成带状物流经济带。

第三，网状。在带状集聚基础上，随着流域综合交通运输体系的发展，交通经济带沿着新交通线扩散和聚集，形成更多的接点和线

---

[1] 参见何明柯著：《物流系统论》，中国时代经济出版社 2001 年版，第 19 页。

[2] 参见夏春玉主编：《现代物流概论》，首都经济贸易大学出版社 2004 年版，第 21 页。

轴，新旧增长极和生长轴互相交错连接，形成网状物流经济带。通过更复杂网络提供的更便利的要素可通达性，流域物流轴线和节点有更强辐射能力和吸引能力，因此流域网状结构是物流要素分布的高级形态。

3. 扩散性

流域物流具有动态性。在流域物流内部动力与外部推力作用下，流域物流活动随着流域产业聚集和扩散而聚集和扩散，因此在具有聚集性的同时也具有相应扩散特性。随着流域经济实力增强，流域地区对外辐射能力增强，流域内外生产要素流动，必然带动流域物流辐射范围也扩展到流域以外地区，形成跨流域物流活动。

4. 向海性

流域物流活动重心一般多分布在河流三角洲地区，尤其是在地理结构上为开放性流域地区。河流三角洲地区一般地势平坦，发展经济资源丰富，另外区域优势非常明显，通达内河水运与海运、连接陆地和海洋，既背靠河流上游腹地，又联系海外，因此一般都有大型港口、铁路和公路枢纽站和大型机场分布。相对成熟的流域地区，经济和物流活动重心一般都分布在河口三角洲地区，或者有向河口三角洲集聚的趋势，实际上这一特性是流域物流要素点轴极化和扩散机制长期积累的结果，也是以上流域物流要素在流域空间上的集中反映。

从历史上看，通航河流一直是对内对外交往的通道，尤其在沿海地带，融各种交通便利为一体的流域三角洲地区，分布着世界上最重要的城市群或经济带。而以水运为基础的流域物流是这些地区沟通国内外的重要的物流活动形式，其流域物流辐射范围不仅覆盖流域内，而且通过海洋运输辐射到世界其他地区，因此流域物流边界也表现出对内边界和对外边界。

通航河流是整个流域物流形成的天然基础和纽带。水运需要作为整个运输体系的支柱之一，如果没有水运的参与，流域地区难以形成一个成本合理、服务到位、富于柔性的运输系统。通过对综合运输体系中不同运输方式在技术经济、地理分布及适应性上的动态集成，低价、快速、结构稳定、功能齐全灵活的服务目标的实现才有可能。河流与流域在物流方面的重要作用与功能，主要体现在以下几个方面：

1. 流域物流在超长距离货物运输方面占支配性地位

改革开放以来，中国货物平均运距不断增大，尤其水运运距增长幅度最大，2007 年相对于 1980 年水运货物平均运距增加 2.03 倍。公路平均运距从 1980 年的 20 公里，增至 1995 年的 50 公里，再增大到 2007 年的 69 公里，与此同时，公路、铁路、水运、民航和管道的平均运距之比也分别从 1980 年的 1：26：59：79：23 变成 1995 年的 1：16：31：44：8，直至 2007 年的 1：11：33：42：7。这说明各种运输方式在经济技术上都有着不同的服务半径，各自在辐射半径分工上相对明确：公路更适合短距离运输，铁路和管道适合中长距离运输，水运和民航适合超长距离运输。如果进一步考虑货物的类型、服务需求的时间性、价格和质量、运输方式地理分布特征，可得出不同运输方式基于宏观水平上的分工合作要远远大于在微观水平上的竞争。

2. 流域物流在货运量和货运周转量方面的支配性地位

为研究中国水运发展趋势，我们基于货运量和货物周转量两项指标分别计算了长江流域和全国水运从 1999 年到 2007 年的重要度，并分别标示为 V_{11}（长江流域地区 7 省 2 市货运量重要度）、V_{12}（长江流域地区 7 省 2 市货物周转量重要度）、V_{21}（全国货运量重要度）、V_{22}（全国货物周转量重要度），然后依据各自数值方向：V_{11}、V_{12}、V_{21} 和 V_{22} 持续增加；$V_{11} > V_{21}$，$V_{12} > V_{22}$；$V_{11} < V_{12}$，$V_{12} < V_{22}$。这说明水运在综合运输体系中相对地位持续走高，尤其在通航流域地区如长江流域；在货物周转量方面，这种趋势更为明显，这说明水运更适合大批量超长距离货物运输。2007 年中国基于货物周转量和货运量的水运重要度分别为 63.4% 和 12.4%，在整个运输系统中分列第一位和第三位（只小于公路的 72% 和铁路的 13.8%）；在长江流域这两个指标的重要度则分别高达 70.7% 和 17.2%（仅低于公路的 75%），在货物周转量和货运量方面分别居五大运输方式第一位和第二位。这说明水运不仅在全国运输体系中居重要地位，在流域地区水运地位则更加重要。

3. 流域物流在运输体系和物流体系适应性和稳定性中的重要作用

基于水运资源在地球分布的地理优势，使水运在价格、批量、宏观上的适应性和通达性（水运全球可达）与其他运输方式相比均有明显的优势：首先，借助大批量运输优势，水运可通过空间换时间弥补其在速度和时间上的劣势，从而保证连续性、大批量生产和消费的需求；其次，地球表面大部分被海洋覆盖以及深入大陆腹地的通航河流的广泛分布使水运服务几乎可以辐射到世界每一个角落。2008年年初，在中国南方各省发生严重冰冻灾害，航空、铁路、公路交通相继中断，而水运却依然保持正常运行，保证了绝大部分电煤运输。这反映了不同运输方式的不同适应性。

4. 环境友好性和资源节约性是流域可持续发展的重要保障

与其他运输方式相比，水运相对更友好的环境特性、能源和土地节约特性，使其相对于其他运输方式具备更多的环保优势。在五种运输方式中，水运利用天然河道或海洋不占用土地，甚至内河航道通过整治还可以造地；水运更多地利用水的浮力航行，能耗比其他运输方式都低；此外航道和港口一般远离人口密集地区，其他派生污染相对较少①。

五、流域对物流的意义

河流是人类社会存在和发展的自然基础，给人类社会提供以水为基础的多样性资源，同时河流还是社会经济交往的重要通道，其航运功能把流域上下游地区、支流和干流地区连通起来；河流作为公共资源，其利用关系到上下游地区的切身利益，防洪、航运、水利、发电、治理污染等水资源问题从来都是全流域的事情。正是基于这种复杂的关系，现代流域治理、管理和流域经济发展都呈现一体化趋势。例如美国各大河流基本上都由统一的独立机构全面负责管理，欧洲的

---

① 参见何远成：《基于水运的流域物流理论与应用研究》，长安大学2010年博士学位论文，第50—52页。

莱茵河也有统一的跨国机构来协调管理，新西兰省级行政区甚至是按照流域来划分的；世界上最发达的经济共同体也分别出现在欧洲和北美通航流域地区。

经济与河流的关系自古以来都密不可分，许多城市因水而兴，因水而衰。对于拥有高价值航运河流的大流域地区而言，充分利用水运是建立高效、低耗一体化运输和物流体系不可或缺的部分。尽管水运速度慢，但却具有与当今规模化大生产、可持续发展相适应的大批量、低成本、低能耗、环境友好等相适应的不可替代的经济技术和环境优势。河流水资源具有多样性功能，这些功能的实现通常是通过大规模水利和水电开发工程来实现的。在美国，水资源多功能性是在水资源综合利用原则指导下通过水电梯级开发来具体实现的，而且其水资源利用一般坚持航运为先的原则。水运对航道畅通性非常敏感，水运是河流功能中最脆弱的一种，因此航运利用的程度可以作为流域水资源综合利用最重要的指标。水运第一原则实际上是流域水资源综合利用原则的具体体现。

水资源综合利用已成为当今世界的普遍共识和河流开发的基本原则。水资源多种功能之间在没有合理和科学的制度安排下有时彼此矛盾，水资源综合利用原则不可能自动实现。由于没有兼顾航运，在通航河流及其支流修建了大量堤坝，中国内河航运里程从 1956 年 17.6 万公里下降到 2007 年的 13.1 万公里。

对于流域而言，基于水资源功能多样性和流域统一性规律，要发展以水运为重要组成部分的流域物流，解决好水资源分配和综合利用问题是不可回避的前提条件。流域物流在世界上具有普遍性，其物流模式符合当今世界追求可持续发展的要求，其应用前景非常广阔，就中国目前的情况而言，流域物流理论至少在物流规划、调整流域产业结构、优化流域物流网络等方面有理论参考价值。

流域物流是当今世界普遍存在的一种物流发展模式，其理论的提出主要是流域社会经济需求和理论研究的产物。当前在全球面临日益严峻的环境污染、气候恶化和资源短缺问题的背景下，国际社会对可持续发展问题倍加关注，环境友好型和资源节约型的社会经济增长方式和生活方式代表全人类的共同利益。物流业正呈现出社会经济和环境协调共生的趋向，物流内涵的单一的经济属性也正逐渐向自然环境、社会和经济合一的综合属性转变，现有的物流理论也需要适应这一形势，改变单纯以经济性物流、以微观物流为主的研究模式。随着工业化进程的加速，中国主要通航流域地区面临的环境污染、资源短缺等问题愈发严峻。如何依托丰富的水运资源，构筑起成本更低、污染更少、既能加强流域地区之间社会经济联系又能满足流域重化工物流需求并且相对高效安全的绿色物流体系，成为一个重大的理论和现实课题。

在重化工化过程中，流域地区不仅要面对日益严峻的环境压力，还受到土地、能源等重要资源短缺的困扰。发展水运，转变物流增长模式是当今时代形势对物流业发展的新要求。水运在货运周转量方面在五大运输方式中居于绝对优势地位，货运量方面也占重要地位。在通航流域地区，尤其是通航流域三角洲地区，这两个指标水运表现得更高。当今世界 80% 的国际贸易量是水运完成的。这说明水运在现代物流中占重要甚至是主导地位。

河流是流域社会经济发展的重要资源，是上下游地区社会经济联系的重要纽带。当今世界包括中国的经济重心和人口、主要城市群大多分布在流域地区和流域三角洲地区，流域河流也是上下游地区天然联系的自然基础，上下游地区常常形成相对其他地区更为紧密的社会和经济联系。从世界发达流域来看，当今世界最紧密的经济共同体都发端于发达的流域地区，例如欧盟最早主要由莱茵河流域地区国家组成，北美自由贸易区最早由大湖流域国家美国和加拿大共同发起。中国长江经济带、泛珠三角合作区都与流域河流有关①。

日益严重的环境污染对人类生存和个体生命安全的威胁，以及资源短缺对片面追求经济高增长的倒逼，使得以经济性为研究目的的传统物流理论已不合时宜。环境、社会和经济协调共生才是物流业以及

---

① 参见何远成：《基于水运的流域物流理论与应用研究》，长安大学 2010 年博士学位论文，第 116—117 页。

物流理论发展的方向和现实选择。鉴于水运在环境保护、资源节约和经济性方面有先天的优势，地球表面水运资源分布的普遍性，并基于发达国家工业革命都是依托流域和水运完成并深化的事实，以及中国流域地区水运的自然禀赋优势，流域水运相关物流的巨大现实需求，何远成等（2009）提出了流域物流概念及流域物流理论，尝试系统性研究流域内物流基本问题，探索更绿色、更有效、更适应流域地区工业化转型和升级需要的物流新模式[①]。

小　结

在本章中，我们通过从多个层面对流域与交通的关系进行深入的剖析，探讨了人类群体是怎样在流域的影响下，规模由小到大，领地由少到多，区域由简单到复杂，以及文明由起源到散播的过程。实际上，流域与交通的关系问题，本质上就是人类文明的发展空间和最佳传播方向的问题。

某一个区域的经济和社会发展，是社会经济要素、自然要素相互作用的结果。"发展"必然表明为社会经济客体的出现。而若干个社会经济客体的出现，就会在一定范围内产生一定的空间组织。我们判断一种空间组织是不是区域发展必然出现的，是不是可以导致区域的最佳发展，标准是使区域发展中的人流、物流和能量流最为经济，生产和流通的中间过程支出最小化，居民点的关联达到一体化，区域从不平衡发展到较为平衡的发展等。

区域的空间结构是社会经济长期发展的结果，也是人们根据区域的自然、区位、历史、经济等因素的特点实施相应的区域发展方针的结果。实践证明，在区域开发初期，人们往往将开发活动集中到少数点上和区域内，这样较之分散开发可获得较好的经济效益。空间结构

---

① 参见何远成：《从水运到流域物流的研究跨越——文献综述》，《惠州学院学报（社会科学版）》2013 年第 2 期。

为什么影响发展，因为集聚产生效益，即存在"集聚经济"。但是，经济和社会活动，或者说，经济和社会客体，在一个"点"的过分集聚也会导致"集聚不经济"。工业、交通、人口、动力设施等集中的规模太大，则用地、用水必然紧张，基础设施建设工程过分复杂而代价太大（如大规模立体交通工程，长距离引水、环境治理工程等），环境和生态质量恶化，各项工程建设成本大幅度增加。如果继续再集聚下去，区域经济增长反而明显减慢。因此，客观上要求并且这时候的经济实力也已经允许逐步调整区域发展的方向，重点发展新的地区，实现较为平衡的发展。只有这样，才能继续保持较高的经济增长速度。

第四章　人—水交融的经济基础：
流域与商贸

　　关于重庆的商业贸易……最近几年，欧洲商品都经由洞庭湖从广州运来。但在太平军占领扬子江下游之前，此种往来则是与江苏苏州间进行，而且规模并不小。……大部分煤和铁都来自于邻近地区，铜、铅和锡则来自云南省。大麻、烟叶、糖和鸦片在本省均有种植生产，来自全省各地。丝绸（劣质）和白蜡大多出自岷江流域的嘉定（Kia-ding）周边，不过，由于现今该地区兵患肆虐，这些物品的贸易量已大不如前。如同其他诸多国家一样，盐也由清政府专卖。但我们留意到，制作清单的人并未提及四川扬子江沿岸有制盐作坊。除了纸、香料和外国制品而外，主要的进口商品还有茶叶和棉花。前者产自湖南，而四川所产则质量不佳。丝绸抵达宜昌前的关税大约是每担3两银子。丝绸、药材等商品从重庆至宜昌的运费为每担1两银子，不太名贵的物品则仅需三分之一两银子。溯江而上的运费还要更便宜些。据说，运送到汉口平均需要20天时间。重庆也有经营刺绣品，还生产一种劣质的绸缎。有一种石灰岩出露于周边山区的砂岩和煤层中，可以用其烧制上好的生石灰。

——［英］托马斯·布莱基斯顿①

---

①　［英］托马斯·布莱基斯顿著：《江行五月》，马剑、孙琳译，中国地图出版社2013年版，第196—197页。

第一节　商贸：流域经济文明的主要形式

江河兴经济。从区域经济来看，沿江河地区，物产富饶，交通便利。因而，往往成为农业和商业的发达地带，由此，经济往往能得到迅速发展。例如，黄河岸边的河套平原，与黄河流经此地得到农业灌溉水源是有很大关联的。这就形成了由江河而兴经济的现象。

一、水利工程与地方经济发展

这里以都江堰促进古代四川地方经济的发展为例。都江堰位于岷江由山谷河道进入冲积平原的地方，它灌溉着灌县以东成都平原上的万顷农田。原来岷江上游流经地势陡峻的万山丛中，一到成都平原，水速突然减慢，因而夹带的大量泥沙和岩石随即沉积下来，淤塞了河道。每年雨季到来时，岷江和其他支流水势骤涨，往往泛滥成灾；雨水不足时，又会造成干旱。远在都江堰修成之前的二三百年，古蜀国杜宇王以开明为相，在岷江出山处开一条人工河流，分岷江水流入沱江，以除水害。秦昭襄王五十一年（公元前256），李冰为蜀郡守。李冰在前人治水的基础上，依靠当地人民群众，在岷江出山流入平原的灌县，建成了都江堰。

都江堰是一个防洪、灌溉、航运的综合水利工程。首先，李冰父子邀集了许多有治水经验的农民，对地形和水情作了实地勘察，决心凿穿玉垒山引水。由于当时还未发明火药，李冰便以火烧石，使岩石爆裂，终于在玉垒山凿出了一个宽20米、高40米、长80米的山口。因其形状酷似瓶口，故取名"宝瓶口"，把开凿玉垒山分离的石堆叫"离堆"。之所以要修宝瓶口，是因为只有打通玉垒山，使岷江水能够畅通流向东边，才可以减少西边江水的流量，使西边的江水不再泛滥，同时也能解除东边地区的干旱，使滔滔江水流入旱区，灌溉那里的良田。这是治水患的关键环节，也是都江堰工程的第一步。

宝瓶口引水工程完成后，虽然起到了分流和灌溉的作用，但因江东地势较高，江水难以流入宝瓶口，为了使岷江水能够顺利东流且保持一定的流量，并充分发挥宝瓶口的分洪和灌溉作用，修建者李冰在开凿完宝瓶口以后，又决定在岷江中修筑分水堰，将江水分为两支：一支顺江而下，另一支被迫流入宝瓶口。由于分水堰前端的形状好像一条鱼的头部，所以被称为"鱼嘴"。鱼嘴的建成将上游奔流的江水一分为二：西边称为外江，它沿岷江河道顺流而下；东边称为内江，它流入宝瓶口。由于内江窄而深，外江宽而浅，这样枯水季节水位较低，则60%的江水流入河床低的内江，保证了成都平原的生产生活用水；而当洪水来临，由于水位较高，于是大部分江水从江面较宽的外江排走，这种自动分配内外江水量的设计就是所谓的"四六分水"。所以鱼嘴也叫分水鱼嘴，是一个分水的建筑工程，把岷江水流一分为二。东边的叫内江，供灌溉渠用水；西边的叫外江，是岷江的正流。夏季岷江水涨，都江堰鱼嘴淹没了，离堆就成为第二道分水处。内江自宝瓶口以下进入密布于川西平原之上的灌溉系统，旱则引水浸润，雨则堵塞水门（《华阳国志·蜀志》），保证了大约20万公顷良田的灌溉，使成都平原成为旱涝保收的天府之国。都江堰的规划、设计和施工都具有比较好的科学性和创造性。工程规划相当完善，分水鱼嘴和宝瓶口联合运用，能按照灌溉、防洪的需要，分配洪、枯水流量。

都江堰在建成之初，就彰显出了巨大的效益，不但彻底根治了四川盆地的水患，而且河网水系开控自如，解决了万顷以上良田的灌溉问题，也解决了运输问题，为秦统一全国奠定了基础，最后"始皇得其利以并天下"。都江堰使岷江水害得到彻底治理，使川西平原成为"水旱从人""不知饥馑"的"天府之国"。从公元前256年李冰主持建成都江堰开始，人们越来越感受到李冰修筑的都江堰水利工程，给成都平原带来的巨大好处。

二、河流与财富的集聚

古今中外的各种例子告诉我们，流域在为人类提供了舒适的生存环境、充足的粮食资源和便捷的交通通道之后，更进一步以发展流域经济的形式，不断增加着人类社会的经济财富，不断扩展着人类社会的文明领域。

在 11—13 世纪的中国，发达的内河贸易带来了社会财富的快速增加。中国的内河贸易依靠的是普通民众的人力、物力投入。下面的四段材料可以支持这一论断。第一个材料来自马可·波罗的叙述，证明了中国内河贸易的规模之大、物产之丰盛。第二个材料是鲍蕙（音译）关于 13 世纪河运海外融资的描述。第三个材料是一卷宋朝的卷轴画，描绘了在黄河流域的港口开封停靠的中国帆船的繁华景象。第四个材料是一首中国诗词，描写了在蜚声中外的丝绸贸易中女性的贡献。

首先是马可·波罗关于长江流域的记载：

> 说实话，以这条河流的长度和流域面积——沿岸城市数百座，以及其所承载的航运量和能够容纳的船只总量来计，所有基督教地区的河流和海域加起来都比不上它。我向你们保证，我在这个港口曾经见过整整五千条船只同时飘荡在河面上。接下来你可以想象，在这座不算多大的城市边就有如此多的船，那么其他的更大城市将有多少。①

接下来可以比较一下鲍蕙关于中国北宋河运融资的记载：

> 河流沿岸的百姓们与从事海外贸易的商人们都有一些亲密关系：他们要不就是同乡，要不就是与某些商人有私交。前者付给后者一定的钱，让他们乘船出海带回外国货给他们，这种委托性质的融资就产生了。他们通常投资十到一千贯铜钱不等，但能收回好几十倍的利润。②

---

① Mark Elvin, *The Pattern of the Chinese Past*, Stanford University Press, 1973, pp. 144-145.

② ［日］斯波义信著：《中国都市史》，北京大学出版社 2013 年版，第 33 页。

第三段材料是 12 世纪张择端的卷轴画《清明上河图》。那个时候，黄河流域的开封位于中国几条最重要河道的十字路口，是中国北部内河航道的枢纽。位于运河沿岸的内陆城市开封和杭州，是中国最主要的区域重镇。以这两个城市为中心延伸的区域城镇体系，将整个中国联结在一起。一个个的市镇接连在中国兴起，使得每户农村家庭都能卖掉农产品换取现金购买城市的商品。小型的市镇与大型城市的市场连接起来，在大城市里出现了专业化货物市场和供皇室专用的御用品市场。在这些市镇上，农户们可以买卖商品、获取最新的时政与农事信息和科举考试的信息等。这些市镇分布如此广泛，以至于几乎每一家农户都居住在一个这样的市镇附近。在这些市镇底层的是农村家庭。他们生产出人们需要的产品，在这个过程中挣扎求生。手工业产品，尤其棉布和丝绸，在农村通常是农业生产的副产品。一些发明创新可以极大地提高生产效率。尤其是 11 世纪左右发明的缫丝机，能够一次性从浸泡在热水中的蚕茧里抽出数条蚕丝纤维。然后将纤维穿过缫丝机上的小孔和细钩，最后捆结成丝线。农业生产者通过个体直接买卖，或是捐客融入市场。捐客们为他们提供原材料并买走成品。女性是这种农事副业中的主要劳动力。她们还必须带着成品到市场上叫卖。农副产品的生产过程和市场行情都是原始而残忍的。我们的第四段材料，徐献忠的《布赋》，就描写了农副产品生产销售过程中的严酷与艰辛。在诗中看不出妇女们到底是在卖织布，还是在卖自己，抑或是两者都是：

> 织妇抱冻，龟手不顾，匹夫怀饥，奔走长路。持莽莽者以入市，恐精粗之不中数。饰粉傅脂，护持风露，摩肩背以授人，腾口说而售我，思得金之如攫，媚贾师以如父，幸而入选，如脱重负。坐守风檐，平明返顾。[①]

---

① ［美］斯霍华德·斯波德著：《世界通史（第四版）》，吴金平等译，山东画报出版社 2013 年版，第 407 页。

与中国通过内河贸易增强国力类似，在更早一些时候，来自维京的贸易者，也是通过两条主要河道占领和开发现在的俄罗斯地区的。在北欧，维京人时代的第一个重要突破是贸易。瑞典人在8世纪就渡过了波罗的海，在芬兰的南部和今天的拉脱维亚、立陶宛及爱沙尼亚地区建立了贸易据点。对于斯堪的纳维亚人来讲，离家远行从事贸易并不是什么新鲜事。至少从公元前1500年起，勇敢的商人就在他们的粗糙的小船上装满琥珀（这是松树油的化石，由于它有金子般的色泽而被视为贵重的珍宝）之类的商品，顺西欧的河道漂流而下；也远达爱尔兰和不列颠岛，去寻找黄金、铜矿和铅。随着时间的推移，有了新的出口产品，尤其从北方大野兽身上获取的珍贵产品：可用作斗篷和外套的毛皮、用来制作十字架和梳妆匣的海象牙、用作制造船上缆绳的海豹皮的皮条等。在9世纪早期，为了寻找黄金和白银，瑞典人进一步向东方航行进入俄罗斯，他们航行到拉多加湖，然后转向南方这片广阔土地上的水系河道。在诺夫哥罗德，距拉多加湖南岸约160公里处，入侵者将一个原斯拉夫人的定居处开发为重要的贸易据点。从这一地区，维京人贸易者走两条主要河道：一条沿第聂伯河南下进入一个区域，在这里，维京人在另一个斯拉夫人居住区建立了一个重要贸易城市基辅。从基辅出发，这些维京人和他们的"罗斯人"后代航行至黑海并沿其西海岸进入拜占庭的首都君士坦丁堡。另一条大河道沿伏尔加河南下进入保加尔人的土地。在布尔加城附近，伏尔加河转而向南，流过卡扎尔人居住的地区进入里海。维京人在里海纵向航行，然后换乘骆驼，经过一条长达650公里的陆路进入古代城市巴格达，在那里购买来自印度的香料和来自中国的丝绸。[①]

第二节　流域商贸与枢纽市镇的繁荣

整体而言，随着河流的流动带来的物资的流动与人口的流动，推

---

① 参见美国时代编辑部著：《全球通史·4》，吉林文史出版社2010年版，第211—213页。

动了流域经济的发展。如果将时间的长度略加拓展，就能发现，相对于暂时的物资和人口的流动，具有转运、补给、修整、交流等功能的流域枢纽市镇的繁荣，才是流域商贸推动地方社会经济，进而推动人类社会发展的根本动力源。这一现象，不只在本章开篇描绘的长江大港重庆及其下游的宜昌、武汉、南京等大型城镇如此，在中国广大偏远地区的小流域上的商贸枢纽城镇，对地方经济的推动与发展作用更加显著。

一、民国贺江流域的市镇贸易

民国时期贺江流域的商贸发展情况为本节的观点提供了鲜活的佐证。贺江是珠江水系之支流，发源于广西东部富川，至广东封开汇入西江，全长 351 公里，流域面积 11599 平方公里。连接湘、粤、桂 3 省，是民国时期广西东部富川、贺县、钟山、信都等县出入港粤的主要通道。贺江流域的圩镇，绝大部分依贺江及其支流设立，主要包括古城、钟山、羊头、西湾、八步、贺街、信都、铺门、桂岭、沙田、黄田、莲塘等。以古城、八步、贺街、信都、铺门为中心，向流域内的广大农村辐射，既是农产品集中销售、向外输出的集散地，又是外来日用工业品的批发市场。民国时期，这些圩镇物资丰富，市场兴旺，商业贸易相当繁荣。

富川古城于 1916 年开始出现商业贸易，1932 年时，已经拥有维新街、内新街、外新街、正街、横街等街道，共有杂货、水面、洋货、药材、木料等各种商店 60 余间[1]。八步商业的繁荣始于清光绪年间，1933 年有杂货水面、花纱杂货、苏杭洋杂、化学工业品、牛皮山货等各种商店 102 间，资本累计 148350 银元，年营业额高达 1138900 银元；贺街的商业也十分繁华，有杂货水面店、药材店等计 67 家，资本 77700 银元，年营业额 503900 银元[2]。后来，随着富川、贺县、钟山矿业的发展，沿江及矿区的圩市更加繁荣。1944 年，八

---

① 参见黎炳利、唐玉文著：《民国时期的古城商业》，载政协富川瑶族自治县委员会民族文史工作委员会编：《富川文史资料第五辑》，1990 年，第 37 页。

② 参见黄成助主编：《民国贺县志》（卷四），台湾成文出版社 1967 年版，第 144 页。

步的商业户达到 525 家，估计商业资本总额累计为 74 万银元，相当于 1933 年的 5 倍，年营业额为 560 余万银元①，有"小广州"之称。即使是与广东交界的铺门镇，1936 年也有商户 310 多家，商业贸易总额达 25 万银元②。从上述对部分圩镇的统计得知，民国时期贺江流域的商业贸易得到了迅速发展，无论商店类型、店家数量，还是商业资本和营业额，都达到了前所未有的新水平。

贺江流域气候温和，土地肥沃，适宜于各种农作物的种植，农产品极其丰富，为商业贸易和产品出口提供了充足的货源。粮食作物为水稻，除本地消费外，还有大量余粮可供出口。1935 年，贺县、信都输出广东的粮食，计米 91000 担、谷 6000 担③。铺门每逢圩期，上市的稻谷有六七十担，新谷登场或逢年过节前的圩期，上市稻谷多至 200 担；据统计，1931 年（铺门）各商号直接运销都城的稻谷达 6 万担，大米 4000 余担④。花生等传统的油类作物，种植面积广，产量丰富。中华人民共和国成立前，铺门圩期上市的花生油达二三十担，经营油脂的店铺从水路运销都城，多时年近千担⑤。茶叶是贺县南乡、大宁等地的特产，多"行销粤地，由粤运洋，每年产量不下 10 万斤"⑥。此外，还有大量的竹木可供出口，"如大宁、南乡、里松之杉，每年出口不下 20 万株；大平山、大小水之竹，每年出口不下 30 万根"⑦。其他各种农副产品也有大量上市并供出口。市场上出售的手工业品，有竹制品、木制品、藤制品、陶瓷、农具等等；矿区圩市，还有锄、锤、钢钎等生产工具销售。

除传统的农副产品和手工业品外，市场上还有许多来自国内外的日用工业品和洋杂百货出售。在进口商品中，百姓生活中不可缺少的

---

① 参见卢鼎鹏主编：《八步镇志》，广西人民出版社 1990 年版，第 98 页。
② 参见罗扬罴主编：《铺门镇志》，广西人民出版社 1992 年版，第 173 页。
③ 参见张培刚著：《广西粮食问题》，载《张培刚集》，华中科技大学出版社 2017 年版，第 621 页。
④ 参见罗扬罴主编：《铺门镇志》，广西人民出版社 1992 年版，第 171 页。
⑤ 参见罗扬罴主编：《铺门镇志》，广西人民出版社 1992 年版，第 108 页。
⑥ 黄成助主编：《民国贺县志》（卷四），台湾成文出版社 1967 年版，第 245 页。
⑦ 罗扬罴主编：《铺门镇志》，广西人民出版社 1992 年版，第 124 页。

食盐销量最大，它是一些圩市商业经营的"龙头"。在古城，经营食盐的各商行每行月销售量在 200—1500 担左右①；民国《贺县志》对当地的贸易情况作了这样的概述："入口货物以盐、铁、火柴、水油、洋纱、土纱最大宗，各色布匹次之；出口货物以生油、茶油、豆饼、谷米、红瓜子为大宗，牛皮、牛骨、生猪、生牛、香粉、锹板、铁锅次之。当地贸易，盐最流通，火柴、水油、洋纱畅销，由八步转售钟山、富川及湖南道州各县居大多数。"② 可见，贺江流域的商品极其丰富，其辐射范围已经到达湖南的一些州县。20 世纪 30 年代以后，随着新桂系集团的提倡与扶植，贺江流域的矿业迅速发展，成为广西最重要的矿业基地。矿产品开始替代各种物品成为出口值最大的商品。

民国时期贺江流域商业贸易的发展，主要取决于下列条件：一是农业生产的发展，农产品拥有广阔的市场。清代以来，随着商品经济的发展，与之近邻的广东重商轻农风气日重，使与其形成互补的贺江流域农副产品出口增加，这也推动了贺江流域的农业向商品化生产转变，并带动其他相关产业的发展。

二是交通运输条件的改善。商业贸易的兴衰，同交通联系密切。民国时期，特别是新桂系入主广西后，注重公路建设，使贺江流域同外界联系的主要通道由过去的单一水路，增加了公路。当时，流域内的公路，主要包括同省内公路网络相连的平八路（平乐至八步）和同广东相连的信封路（信都至封开）、贺连路（由贺县至广东连县）。汽车运输业已经出现并逐步有所发展，但由于运费昂贵，公路运输不占主要地位。贺江水路仍然是当时货运的主要通道，各种产品的进出口主要依赖这一通道流通。因此，它的畅通与否和运输能力如何，直接影响到贺江流域经济的发展。贺江水浅滩多，河道弯曲，制约了船只的运输量。新桂系上台后，注意疏浚河道，添购运输工具，尤其注重鼓励民间发展运输业，结果使贺江的民船数量和航运能力明显提

---

① 参见黎炳利、唐玉文著：《民国时期的古城商业》，载政协富川瑶族自治县委员会民族文史工作委员会编：《富川文史资料第五辑》，1990 年，第 37 页。

② 黄成助主编：《民国贺县志》（卷四），台湾成文出版社 1967 年版，第 144 页。

高。1946 年，贺江已经拥有各种民船 422 艘，载重量达 7420 吨[①]，保证了农工矿业发展对运输能力的需求。

三是工矿业发展和外来人口的大量增加。贺江流域工矿业发展迅速，精锡产量占同期广西产量的 85% 以上。各种矿业公司遍布矿区，为矿业服务的其他行业也同时发展，外来的各种非农业人口剧增。这些成群的矿业企业、矿工、机械配件供应商、生产投资者和服务提供者，刺激了贺江流域商业贸易的繁荣。在矿产品出口增加的同时，各种日用工业品的进口也大幅度增长。抗日战争爆发后，虽然国民政府和广西当局想方设法力保矿业的正常生产。但是，由于广州沦陷，出海口被封锁，矿产品出口和燃料进口严重困难，生产成本大幅度上升，许多民营矿业公司破产关闭。但是，在民营矿业萎缩的同时，公营的西湾煤矿、平桂冶炼厂、电厂等则迅速发展，加上抗战的影响，沿海和战区大量的非农业人口迁入，致使人口数量猛增。非农业人口的稳定增长，弥补了工矿业衰落带来商业萧条的负面影响，在促进地方民用工业发展的同时，也保证了贺江流域商业贸易的繁荣[②]。

二、清末西江流域的市镇贸易

例证来自柯乐洪对清末广西西江流域商贸的考察。清末英国探险家柯乐洪（A. R. Colquhoun）的著作《通过华南边疆：从广州到曼德勒旅行记事》，记录并论述了其于 1881—1882 年间考察广西西江流域水文、资源情况，沿江枢纽城镇社会政治、经济、文化情况以及当时广西航运商贸情况。

西江横贯广西全境，在社会历史进程中，一直发挥着交通枢纽、文化枢纽等重要作用。在清末时期，西江在本省、全国乃至跨国范围内，其运输、商贸的作用与地位如何，有何发展变化，这应当是研究西江流域航运史的一个重要组成部分和内容。我们通过柯乐洪的考察，可以获得一种概观层面的参考：在国内航运体系中，柯乐洪对当

---

① 参见广西省政府建设厅统计室编印：《广西经济建设手册》，1947 年，第 65 页。

② 参见韦浩明：《民国贺江流域的商业贸易与自然经济解体》，《广西社会科学》2003 年第 7 期。

时西江总体交通经贸价值并无乐观评价，他观察到许多一度在西江流域从事运输贸易的广东商人弃业返乡，沿江城市贸易凋敝，他推测有可能是由于原来存在于云南和广东至扬子江的大型运输航线的改变导致的。而在沟通广西与云南边界、广西与越南商贸方面，西江各支流仍然有重要的作用。在陆路商贸史上，学界将广西田东—德保—靖西—云南富宁—广南等地以及经过田东—百色，至贵州、云南的几个枢纽镇的路线称为滇贵古道；学界还将邕州（南宁）经龙州（西江流域左江支流北岸城镇）至越南的路线称为百越古道，从贸易路线的考察角度，可以发现西江航线与滇贵古道、百越古道一直都在发挥沟通广西与云南、与越南商贸的重要作用。

西江流域是涵盖多民族、多自然生态环境的区域，有丰富的历史纵深的积淀，蕴藏了多样的资源。柯乐洪的考察将资源与运输路线紧密结合起来，具有重要的史料价值，例如他记录广西盛产木材，北部最好的木材通过北河和抚河（指西江重要支流桂江）往南运输；全国最高质量的棺木出自柳州府，依靠北河运往全国。另据上海海关总税务司统计科 1882 年后的调查，广西大量木材主要依靠西江水路，沿柳州府、浔州府、梧州府运往广东。又例如，经过西江支流上的太平府，通过隆安，苏木和茴香子可以运到南宁，而南宁的茴香子和花生沿西江运往北海。柯乐洪重点考察了以下资源与贸易：

其一，矿产资源。广西矿产资源丰富，然而在 1881 年间，这类资源仍多数藏诸深山，反而向外省索取，如铜、铁和水银等自云南运至南宁。英方在此后十年间的探查，仍然未能详其概貌，在上海海关总税务司署统计科出版的《近十年各埠海关报告（1882—1891）》中引用了柯乐洪《通过华南边疆：从广州到曼德勒旅行纪事》一书的材料，称"贵县平天山有银矿，是太平天国军队发现并开采，叛乱平定后，银矿关闭，当地政府拒绝重开"①。此为确证贵县银矿资源的记录。但贵县（今贵港地区）有银矿并开采，历史悠久，平天

---

① *The Inspector General of Customs Decennial Reports*（1882–1891），Shanghai the statistical department of the inspectorate general of customs，p. 659.

山银矿亦早有存在，"太平军发现并开采一说"，需要史家详尽考证。

其二，鸦片贸易。19世纪末，正是鸦片战争之后，英国在华疯狂谋求一切输入鸦片的机会，广西是其亟待开辟的领域。柯乐洪做了非常详细的调查，他了解到："根据当地人的说法，广西人购买云南的鸦片已经有两代人的历史了。鸦片主要来自云南，也有一小部分在百色种植，与西药相比价钱都很低。"因此他野心勃勃地提出："印度出产的鸦片应该也可以卖到中国的华南市场。否则市场会被本地货取代。"① 又据柯乐洪和上海海关总税务司统计科的调查，云南的鸦片主要从广南府运至百色——西江航运的起点，除了小部分由陆路运往西南地区之外，主要通过西江航运，一部分沿着左江至太平府和龙州，一部分沿右江至南宁，再运往廉州与钦州。

其三，牛马市贸易。在西江枢纽南宁和处于右江河谷平原的平马县，柯乐洪观察到："由于稻作，南宁附近有很多水牛，比西江流域其他任何地方都多，价格从15到20两不等。一些小马驹据说购自云南，售价10至12两。阉牛很稀少，售价8至12两一头。在平马，马驹多是从当地牛市买来的，是来自老挝或掸帮（今缅甸北部）马的后代，后者我们后来在云南的旅途中见到很多。"② 早在宋代，广西邕州（今南宁）已置马司提举，大量采购从大理运来的广马，含括滇、黔、桂人民培育的西南系马种。马市贸易渊源已久，其发展与流布还需各种资料补充，柯乐洪的调查为研究广西与云南及边境国家的茶马贸易路径提供了一种实证资料线索。

此外，柯乐洪对沿江市镇的考察，着重于其商贸经济地位和航运枢纽功能，在非常短暂的停留时间内，他迅速采用是否有城墙、护墙，市镇内是否设立有税卡，有无商行、商铺、当铺，有无民间会馆，有无作坊之类的制作业，集市贸易有何产品，规模如何，沿江城镇码头、停泊船只情况等一系列观察判断标准，勾勒出西江流域沿江

---

① *The Inspector General of Customs Decennial Reports* (1882–1891), Shanghai the statistical department of the inspectorate general of customs, p. 192.

② *The Inspector General of Customs Decennial Reports* (1882–1891), Shanghai the statistical department of the inspectorate general of customs, p. 168.

城镇的总体面貌。在当时的西江航运线上，梧州、南宁、百色是柯乐洪重点考察的对象。通过上述评估标准的判断与比较，柯认为南宁的商业价值不如梧州[1]，而百色作为右江流域最繁忙的造船之地，是重要的航运枢纽。此外，一些小的城镇，也具有重要的枢纽作用，例如东津镇离浔州府大约 50 里，是著名的米市，且是联系北海和浔州府之间的贸易点；武林阜（今贵港市东部武林镇）的重要性在于通过一条小河与广西最大的肉桂市场大乌连接；通过南乡圩（今横县西南部的南乡镇）可联系南宁到北海之间的一些小的贸易；剥隘则是百色和云南之间的枢纽城镇之一。上述考察可作为西江枢纽城镇商贸史的重要参考[2]。

三、明清清水江流域的市镇贸易

这里简要介绍明清之际清水江流域的木材贸易对苗族银饰发展的影响。明清之际，商品经济得到发展，通过国家财税制度的改革，以及海外贸易的出超，中国的白银储量大大增加。随着明清政府及民间对木材需求的增加，林木丰茂、水运便利的清水江流域得到了开发，木材贸易在这一地区逐渐兴盛起来。而清水江流域的苗族则通过木材贸易积累了大量白银，并将白银加工成各种精美的银饰品，创造出独具特色的苗族银饰文化。

清水江是贵州省内的第二大河流，其北源出于黔东南的麻江，绕黔南的福泉，经凯里，入黄平重安江，南源出都匀的斗篷山、云雾山间，过凯里，与黄平重安江相汇。其主要的源支还有起于雷公山的巴拉河、西江白水河、乌迷河，右源还有南哨河、瑶光河、八卦河、黎平河、洪州河等，左源有刘洞河、监江等，在贵州省内的总长为 432公里，分为都匀至岔河上游段，岔河至锦屏中游段，锦屏至分水溪段，出贵州境入湖南沅江。与木材贸易和白银加工密切相关的清水江

---

① *The Inspector General of Customs Decennial Reports*（1882–1891），Shanghai the statistical department of the inspectorate general of customs，p. 132.

② 史晖：《清末广西西江流域商贸及航运文化的再认识——以英国探险家柯乐洪对西江流域的考察为据》，《三峡论坛》2013 年第 1 期。

流域是苗岭山脉绵延的中游和下游，涉及黔东南境内的麻江、凯里、黄平、镇远、施秉、丹寨、雷山、榕江、黎平、台江、剑河、三穗、天柱、锦屏等市县。

由于林木丰茂，加上锦屏境内水系发达，全部水系汇入清水江，入沅江，进洞庭，奔长江，木材运送极为方便。五百年前，清水江沿岸就形成了具有一定规模和影响的木材市场。清水江的木材贸易主要有两个方面：一是商人与材农的民间贸易。明万历四十四年（1616年），湖南木商进入现今锦屏县境的卦治、王寨、茅坪采购木材，此后，木商贸易陆陆续续进行，到了清雍正五年（1727年），贵州巡抚张广泗在王寨设弹压局，武装征收木材流通税。《黎平府志》记录，当时到清水江收购木材的有安徽徽州的"徽帮"、江西临江的"临帮"、陕西西安的"西帮"等三大帮。此外，还有常德、德江、河佛、洪江、托口简称"五勷"等地商人在清水江疯狂掠夺木材。雍正七年（1729年），张广泗在卦治、王寨、茅坪（史称"内三江"）三寨正式设立木市，管理清水江一带的木政。矗立在锦屏县卦治村老码头对岸的《奕世永遵》，将历史镌刻在江边巨石上，见证了清水江流域锦屏段木商文化的繁盛。二是"皇木"贸易。明正德九年（1514年），朝廷修乾清宫、坤宁宫，层层派员到湖广、川、黔等省，深入锦屏县内采集"皇木"；雍正七年（1729年），张广泗赴"内三江"专门采办"皇木"，清朝从雍正到乾隆、嘉庆、道光四朝都赴清水江采集"皇木"，至今，文斗有一处山坳仍叫"皇木坳"。20世纪60年代，在锦屏韶霭村发现《皇木案》的手抄本，让世人阅览到明清两朝湖广、贵州征派"皇木"的各种请示、报告及批文。这些都证明了明清两朝皇家修建皇宫时对清水江木材的征派。《明实录》记载有万历十二年（1584年）、十四年（1586年）、十九年（1591年）朝廷向川、黔、湘等省征办"皇木"。在"徽帮""临帮""西帮"中，"徽帮"实力最强，明万历年间，他们拿到乾清宫、坤宁宫修建的16万根"皇木"的采办权。《雷山县志》也记载了光绪十六年（1890年）丹江通判李成护送54根"皇木"上京的历史。

木材外销，促进了当地的经济发展，人们意识到过量采伐也会使森林匮乏，一棵树从生长到成材需要 20 年左右的时间，于是又采取间伐加人工种植林木以尽快恢复森林原貌。因为有利可图，许多有钱人通过购买土地、承包土地来种植林木，客观上对恢复森林生态做了贡献，这种带有科学发展观的边砍边造，使得清水江流域的木材可以源源不断地对外供应，并持续了三百多年。从明代中期到清乾隆时期，清水江流域的锦屏等中下游地区天柱、锦屏清水江沿岸的民族村寨，每年要接纳上千名外省木商和数以万计的本地少数民族木商在此进行木材交易。留下了大量关于木材买卖、木材水运及人工拖运、纠纷调解等民间契约文书。锦屏、黎平、剑河、三穗、天柱等县藏于民间的文书据推测在 100 余万件，年代最为久远的文书，记录时间在600 年前，见证了当时木商贸易的繁荣。许多人从木商贸易中得到了实惠，还造就了许多富翁，锦屏首富姚百万就是一例，当地民谣"月亮阶，青石台，姚家窨子成排排。一渡两江三上岸，金银如浪滚滚来"正是当时的写照。据不完全统计，明清到民国初年，每年通过木材生意，无论皇宫或民间，流入清水江流域地区的白银有 100 万到 300 万两不等。明清以来，白银作为本位货币以后，商品经济有了较大的发展，清水江流域最初的木材生意也由最初的"以物易物"——以水牛、黄牛作交换——发展为以白银作为中介货币的贸易形式，白银逐渐深入人心。当时清水江流域的民众掀起伐木、种树的热情，他们的目的就是换取更多的白银，积累财富。通过木材贸易，大量白银流入，但他们用白银购买生活用品又极少，白银流出不多，造成贸易顺差，因而清水江一带白银积累较多。加上苗族的移动性，备足银子以避饥荒，是他们固有的民族心理，这是清水江地区白银积累的主观因素。

清水江流域的木材贸易市场主要有台江的施洞巴拉河口，天柱的三门堂，锦屏的卦治、王寨、茅坪（史称"内三江"）三寨，湖南的洪江也是个重要的木材中转贸易市场。由于雷山、台江所属的雷公山地区海拔较高，气温相对较冷，树木生长的周期相对较长，木材的硬度、纹理、韧性、材质相对要好得多，因而备受欢迎，价格也就更高，交换获得的白银也就更多。然而，随着清水江流域木材贸易的发展和白银流入的不断累积，有的不法商人看到有利可图，不惜用充铅坠的假银充当纯白银来购买木材。由于白银掺假现象增多，加上白银沉重，不便于携带，到了后来，在木材贸易中改用"汉票"和"洪兑"等"期票"形式来作为流通手段。

清水江木材贸易，使这一地区的苗、侗人民由以物易物过渡到白银为货币本位后，积累了大量的白银财富，后来改用"期票"后，许多白银在民间囤积起来。白银大量在苗族地区囤积，产生了两种截然相反的保管方式：

第一种是收藏起来，他们中的许多人用木匣子装银子存放在自家的屋顶或人极少到的地方，或用棕麻或土坛子挖坑埋藏于地下，等待以后再作流通用，由于地球的运转和磁场的作用，埋于地下的银锭遇到泥土较软时，往往变换了原来的位置，以至于民间有"白银会走路"的说法。另一种就是将白银做其他的功能使用，白银失去了流通功能，对于没有投资需求和发达市场的苗族而言，出现了白银的闲置，这个闲置导致了一个消费渠道，那就是美化与装饰自身。因为在此之前，苗族与西南少数民族一样，具有把货币作为装饰品的传统。由于白银具有质软、高温可以烧熔，加上其他材料后可以变硬等特点，可以锻打造型，于是有许多人把白银高温烧熔，打制成装饰品。装饰品的锻造造就了清水江地区苗族的一批银匠，他们或把白银打制成周围环境所见的动植物，或用银饰图案来表达历史传说与图腾崇拜并穿在身上。在苗族的村村寨寨，过去都有几户到十几户专门从事银饰加工制作工艺的人家，甚至全村寨都从事银饰加工制作工艺来谋生的，如雷山的控拜、麻料、乌高等村寨。苗族银匠对苗族地区银饰品的普及起到了决定性的作用。

因此，关于明清时期清水江流域的木材贸易与苗族银饰发展之间的关系，我们大致可以做出以下小结：由于皇家修建皇宫，需要大量的木材，民间对木材的需求量也很大，苗岭山脉的清水江流域由于地理环境原因，盛产木材，是中国七大优质木材产地之一，明清时期，由于清水江流域的木材贸易的需要，明朝白银货币本位制的确立，使大量的白银进入了清水江流域的家家户户，当白银货币被纸币替代时，白银除了财富功能外，增加了装饰功能，白银作为饰品在这一地区因苗族同胞的偏好和能工巧匠的雕琢，使得银饰品在苗族内部流行，并逐渐扩大影响到其他民族①。

从上述三例可以看出。以富川、百色、锦屏等市镇为着力点，其对应的贺江、西江和清水江流域，通过贸易过程中经年累月的物资与财富的流动与集聚，开创了这些沿江河城镇与其他城镇不同的流域贸易功能，进而形成了"傍水而生、因水而富、水流城兴"的流域城市发展模式。

小　结

在本章中，我们从探讨区域商贸通过流域兴起的形式开始，分别以都江堰的修建对于成都平原、贺江商贸对于沿岸的富川等县、西江贸易对于沿线的百色等市镇，以及清水江流域木材贸易对于锦屏等苗族聚居区的白银集聚与银饰发展为例，分析了流域通过商贸促进枢纽市镇繁荣的方式和特征。整体而言，流域都是经济增长十分活跃、商贸十分发达的地区。一方面，城市的经济发展在很大程度上要依托于流域；另一方面，作为流域内的重要枢纽点，城镇对流域经济也可以起到较大的辐射作用。

流域内的重要枢纽城镇的主要功能是起到商贸中心的作用。商贸中心是指在一定区域范围内的商业贸易中心城市。从概念上看，区域性的商贸中心有两层含义：一是作为城市本身的经济定位，商贸业十分发达，在整个城市经济发展格局中占有十分重要的地位；二是作为区域经济的中心，经济的集散功能十分突出，尤其体现在商流、物流、信息流的集散，起到一种集聚、汇流和辐射的作用，对区域内的商贸业乃至于整个经济都具有重要影响。

---

① 　参见侯天江：《清水江木材商贸与苗族银饰关系研究》，《凯里学院学报》2014 年第 4 期。

区域性的商贸中心具有良好的区位优势，较强的综合经济实力，高度发达的商贸产业体系，多层次、开放式市场体系，交通便捷、通讯发达等突出特征①。以具备通航能力的江河为中心的流域，对于区域商贸中心的形成与发展，主要通过以下几个方面实现：首先是通过水路交通的便利，促进商品种类的增多和商品流通地域的扩大。如前文提到的贺江流域各市镇，由自然经济时期单纯的种田、卖农产品，发展为各类商品的集散点和中转站，再发展为以利润最高的锡矿贸易为主，展现了"由点串线，由线铺面"的流域商贸发展模式。这也是大多数流域城市由江河边的小渔村发展为沿江城市甚至特大城市的主要方式。

其次是借由水运的便利形成由城市、镇市及乡村圩市构成的多层次、网络状的区域性市场。货物的集聚还需要市场的扩展才能够消化，所以流域商贸的另一个发展特征在于促进多层次商贸网络的形成。市场的扩展和深入，不仅为流域商贸带来了源源不断的收入和开展的动力，区域文化也随着商贸线路不断延伸和扩展，最终与本土文化交汇融合，形成了全新面貌的文化体系。

最后，流域使沿线市镇通过各种交换实现了商业资本扩大。无论是最初的以物易物，还是讲贵金属——黄金白银——最为流通的主要货币，到最后信用票据和纸币的出现，流域都为其沿岸的市镇带来了取之不尽用之不竭的财富，这些获得的财富一部分被从事流域商贸的商人所赚取，再次投入到下一轮的生意之中，另一部分为了扩大生产和流域的通航能力，被用于建设港口、码头、集市和沿线市镇，促进了沿流域城市的经济发展。

因此，在很长一段历史时期，城市因流域而兴，人民因江河而富，成为一种较为普遍的现象，推动着一批又一批的人们涌向流域枢纽城镇，带来了这些城市的勃兴。

---

① 参见徐康宁、毛蕾：《关于南京建设长江下游商贸中心的研究》，《南京社会科学》1998年第1期。

第五章 人—水交融的物质基础：
流域与城市

最早的中国城市局限在北部和西北部，其他地区的首批城市是春秋时期（公元前722—公元前481年）在汉江流域的上半段建立的。在汉代，最大的移民线路是从中国西北开始，然后到大都市地区、江汉流域，再向南经湘江流域进入岭南地区。相应的长江中游地区的城市建设在汉江流域是最先进的，其次是湘江流域。从赣江流域到东部相对落后一些，而长江走廊地区本身由于排水问题不好解决，只是到汉代（221—589年）才加速了城市建设活动。沅江流域是长江中游子地区最后一个华人定居的地区，城市建设落后，直到中世纪也基本没有什么进展。

—— ［美］G. W. 施坚雅①

第一节 开拓城市：人类文明的转折点

城市，"城"用于防御外敌，"市"用于商品交换。城市的本意，就是保护人类安全，促进人类社会经济发展的地方。城市是农业发展到一定阶段的产物，以城市为中心的人类文明又反过来推进了农业向

---

① ［美］G. W. 施坚雅著：《中国封建社会晚期城市研究——施坚雅模式》，王旭译，吉林教育出版社1991年版，第32页。

养育更多城市非农业人口的目标不断前进。观察人类最早城市的开拓，我们不难发现，城市作为人类文明转折点的标志作用，是非常明显的。

最早的城市构建基础来自美索不达米亚南部冲积平原上无处不在的泥浆。对于人类最早的城市而言，泥浆最重要的作用是提供了丰沃的土壤层，它滋养了农作物，农作物滋养了城市。如果小麦和大麦的长势不好，城市也很难发展，不仅是因为缺少食物。农作物不仅仅意味着维持生存：剩余农产品把农民从田地里解放出来，使他们成为工匠与商贩；组织必要的灌溉工程形成了统治者与管理者的阶层结构；粮食出口成为支付进口奢侈品的手段；随之增多的财富吸引了周围村庄的移民和商人。

大约公元前 3500 年，在底格里斯河和幼发拉底河之畔，中东苏美尔文明就先发育于美索不达米亚的泥浆之中。苏美尔人的城市并不是世界上最早的城市：早至公元前 8000 年，就有大约 3000 人生活在杰里科城的围墙之内，杰里科是一座位于约旦河谷低段一汪清泉之侧的城市。但苏美尔人的成就是把许多这样孤立的定居地聚拢为一体，受同一统治者、法律、神灵和文化的约束。

城市发展的导火索一旦点燃，就不可能熄灭。在全球人口中，城市人口比例稳步增长。有时城市人口只是聚集在文明成就最辉煌的地方：罗马，在公元前 1 世纪，是世界上第一个人口达百万的城市；长安，中华帝国之都，在几百年后人口也达到了这个数字。这些城市是它们那个时代的奇迹，但它们及类似它们的城市只不过是更大奇迹的先兆。随着工业化时代的来临，人们走向城市的断断续续的步伐变成了爆炸式的城市化进程。到 1990 年，在居民达到 2000 万的大都市区——在那里，人们仍能发现被包围在巨大城市里的那些个别的区域中心——人们不再需要去找城市，城市来到人们身边。

但是，与城市的规模相比，更有意义的是城市给它的居民的生活所带来的变化。城市的种种约束焕发了社会变革的力量，密集空间内的共存要求新的行为准则。从泥浆到大都市，城市的崛起是人类历史上最壮观的景象之一。大约 45 亿年以来，地球上的生命按照自然选择的法则进化着。每种植物和动物都在自己的生态小环境里生存，在相互依赖的生存链条上，按照固有的传统完成其天赋的使命。人类同其他生命形式一样，受困于这种模式，他们也许比其他生物更有智慧，但他们的角色也曾仅限于为寻找食物而在大陆的可居之地漫游，从事狩猎和采集。随着城市的来临，这种模式被永远改变了。人类改造了自己的定居地，找到了一个新的生存空间。一旦摆脱了勉强糊口的状况，城里人可以从事各种各样的专门行业——编筐、制陶、纺布、织布、皮革制作、木匠和石匠——市场需要什么就干什么。当市场变得越来越大、越来越多样化时，机会也就变得越来越多。这看似简单的变化却影响深远。人们再也不用仅作为狩猎者及食物采集者为生存而挣扎。几个世纪的流逝使人们更加适应新的行业，现在向人们开放的行业不可胜数。可以说，人类已超越自然界原有的进化之链环。

来到城市的人，不一定都是定居者，许多来访者是行商身份。农民们一开始储存剩余粮食，就意识到粮食不仅能果腹，还可以用来交换生活必需品，甚至是只有其他地区才有的奢侈品。商人们的足迹渐行渐远，向外地传送了新的技术，如冶铁及玻璃制作技术，带回家的不只是新货物，也有新思想。这些发展对农耕社会的社会结构产生了深远的影响。当人们为了进行如灌溉类的公共福利工程或为了保卫土地而紧密联系到一起时，那种旧的、简单的对家庭或氏族的忠诚感扩大了。当手艺工匠们聚集到一个村庄谋生时，这个农业村庄就成了小市镇，农民可以用他的剩余粮食或牲畜换来一副铜犁、一个陶罐或一张木床。成功的农民可以从其他时运不济的农民手里买下土地，后者只能靠出卖劳力来生活，这样，社会阶层的分化开始出现。商人阶层要求有法可依——法律由新出现的文化人付诸文字——许多事务需要法律依据：商业交往、船运费、公平的工资、价格管理及贵重金属如金、银的兑换比率。越来越多的规则出现之后，中枢政府和市政服务部门随之出现，来管理城镇五花八门的活动。当这些因素集中于一个社会实体的时候，城市就诞生了。大约公元前 3500 年，定居在美索不达米亚南部地区的苏美尔人引导世界进入了文明时代①。

---

① 参见美国时代编辑部著：《全球通史·11》，吉林文史出版社 2010 年版，第 9—12 页。

第二节 流域与城市的建立

居住是人类最早的生活要求，是人类生存的最基本条件和文化的基本因素之一。住区（settlement），也称聚落，居住地。"聚落"一词，起源颇早，是中国古代文献中常用的提法。《史记·五帝本纪》载"一年而所居成聚，二年成邑，三年成都"，注释中称："聚，谓村落也。"《汉书·沟洫志》讲："或久无害，稍筑室宅，遂成聚落。"狭义理解，聚落指的是有别于都邑的乡村村落。居住地或住区是近代西方的常称。人类住区是一个完整的发展体系，联合国《人居议程》（*the Habitat Agenda*，1996）指出：应把乡村和城市作为人类住区连续体的两端看待。乡村聚落与城市是人类住区的不同形态。城市是人类住区发展的高级阶段，是人类文明的结晶。

一、长江流域城市发展的历史阶段

远古洪荒时期先民的栖息与居住在很大程度上依赖于自然环境，聚落的发展既受惠于所处的自然环境，也受制于自然环境。后来随着生产力水平的提高、经济的发展和人口的增长，人类住区也由低级形式的巢居、穴居逐步演变到地面建筑的村落、城市乃至目前最高形式的大都市区（matropolition area）和城市群发展。流域住区的形成和发展，就是经历了这样一个漫长的历史过程，即大体分为三个阶段：原始社会的巢穴阶段、起始于新石器时代的村落阶段、起始于奴隶社会而不断发展的城市住区阶段[①]。其中，尤其是后两个阶段彰显了流域与人类城市之间的密切关系。

在新石器时代，人类聚居的主要方式是流域内的村落。一万年前，人类经历了一次文明的大变革，即新石器革命（the neolithic rev-

----

① 参见邓先瑞、吴宜进：《长江流域住区的形成与发展》，《中国地质大学学报（社会科学版）》2003年第6期。

olution），史称农业革命。这个时期的总特点是以土地为依存，农业和畜牧业的发展使人类摆脱了采集和狩猎为主的生活，过渡到以种植作物和驯养家畜为主的生产方式。这是人类结束频繁的迁徙生活得以定居的前提条件。新石器时代，黄河流域的老官台文化、磁山—裴里岗文化、仰韶文化、大汶口文化，以及长江流域的河姆渡文化、大溪文化、屈家岭文化等时期，人们已能选择合适的自然环境建造房屋。这时建造的聚落或房屋已首先考虑定居地附近有无水源，能否保证人们饮水用水；其次，考虑到是否适宜从事生产活动，附近有无渔猎、采集和农耕的场所；再次，考虑到风的适宜，一般聚落都避开强风位置，如山头、山口这样的大风、多风处；最后，已考虑到交通是否方便，聚落多选在河流两边的平原或平坦的谷地，水陆交通方便。① 据考古发掘的大量遗址可以了解到，长江流域在新石器时代已出现了具有一定规模的聚落。浙江余姚的河姆渡村落遗址即是长江下游古村落的典型。河姆渡位于湖沼旁边一座小丘的东面，地势向东北略呈缓坡。该聚落的特点是：聚落由房基、窖、窑、墓四部分组成，即古人是集生活、生产、贮藏和祭祀为一体的；聚落的布局已井然有序，位于聚落中心是面积宽敞的大房子，其他小房屋的门都向着它开，构成一个向心状布局，明显地体现出团结向心的公社组织原则；住房是一种"干栏"式结构，以木桩为基础，其上架设大、小梁（龙骨）承托地板，构成架空的离地 1 米左右建筑基座，再在它的上面立柱架梁，围墙盖顶，最后在人字形屋顶上盖茅草或树皮。这种建筑适应于江南潮湿多雨的自然环境，既可防潮又可防御野兽的侵袭。长江中游湖北京山屈家岭遗址，位于两条小河流间的三角地段，聚落的居所不像同期北方地区那样有较多的半地穴式甚至地穴式建筑，而都是地面建筑。房屋的筑法一般是先挖房基，立柱填土，再以黏土或草拌泥掺加烧土碎块培筑墙壁。房屋的结构出现了隔墙分间的较大住房，有的是出入一个大门的内外套间式的房子，有的是长方形双间、多间的连

---

① 参见王志俊著：《史前人类对自然环境的利用与改造》，《环境考古研究（第一辑）》，科学出版社 1991 年版，第 31 页。

间式房子，各间分别开门通向户外。这种墙壁连间式住房，形式新颖，建筑结构有了明显的进步，它的出现可能与父系家庭的生活背景有关。①

长江流域新石器时代更有流域代表性的城市是位于中下游地区的良渚古城遗址。良渚古城年代大致为公元前 2600—公元前 2300 年，总面积达 290 多万平方米，部分地段地表以上还残留 4 米多高的城墙。城市的普通居民居住在城的外围，贵族住在城中央 30 万平方米的莫角土台上。古城外围的水利系统是迄今所知最早的大型水利工程，也是世界最早的水坝。结合现有的发现和古人的记载看来，良渚古城实为一座水城，共发现了六座水门。

此后，长江流域在商周时期，无论是上游还是中下游均发掘有原始村落遗址。20 世纪 80 年代在长江上游的川西平原发现的三星堆遗址，时代约为公元前 1790—前 771 年，历时千年，跨越新石器时代晚期和夏、商、周几个时代。该遗址周围发现有人工堆起的土埂，应是起防御作用的城墙遗迹。城墙内发现的灰坑及大量房屋遗址，属城内生活区。② 城外 12 平方公里范围内分布着 10 多处密布的古遗址群，形成成片分布、相对集中的乡村聚落。③ 商周时期在长江下游的南京地区，沿江两岸、秦淮河、滁河流域和玄武湖湖滨一带，都普遍地出现了早期居民点村落。④ 由于乡村是一个历史的、动态的概念，各阶段也会有新的特点。从世界范围看，乡村这个特定的区域可分为五个历史时期：原始型乡村、古代型乡村、近代型乡村、现代型乡村、未来型乡村。⑤ 长江流域的乡村，目前正处于由近代型向现代型过渡的阶段。现阶段乡村是指以农业生产活动为主要谋生手段的劳动者聚居社区。乡村的主体是农民，主业是农业，故又称为农村。

随着历史的发展，人类聚居的方式由以乡村为主变化为以城市聚

---

① 参见张昌倬主编：《中国 100 处考古发现》，广西人民出版社 1998 年版，第 99 页。

② 参见张昌倬主编：《中国 100 处考古发现》，广西人民出版社 1998 年版，第 153 页。

③ 参见屈小强等主编：《三星堆文化》，四川出版社 1993 年版，第 110—120 页。

④ 参见宋家泰等编著：《城市总体规划》，商务印书馆 1985 年版，第 66 页。

⑤ 参见左大康主编：《现代地理学辞典》，商务印书馆 1990 年版，第 689 页。

居为主的形式。当人类告别蒙昧，文明之光初洒大地时，城市就出现
了。柴尔德（V. G. Childe）将人类由史前社会迈进文明社会的巨大
社会变革称为"城市革命"（the urban revolution）。城市发展的历史
是人类文明发展中极其重要的阶段，城市住区是文明人类的自然生息
地。城市是社会生产力发展到一定阶段，即人类出现了阶级社会以后
的产物。尽管考古发掘已在长江流域与黄河流域都发现有原始社会的
古城遗址，但它们至多只能视为城市的萌芽或雏形，而并非通常意义
上的城市。只有随着生产力的发展，剩余产品的增加，私有制开始萌
芽，原始社会的生产逐渐解体，人类社会分化为奴隶与奴隶主两个对
立的阶级，奴隶制国家应运而生，于是，中国早期的城市产生了。中
国城市起源于夏代，自夏至西周长达 1300 多年的时间里，是中国古
代城市的最早发展期。这一阶段的总特点是城市数量少，功能比较单
一。① 传说中的夏代就已"筑城以卫君，造廓以守民"。据现有考古
事实，长江流域人类历史上的第一城是位于湖北境内黄陂的盘龙
城②。它是距今 3500 多年商代前期建于水滨高丘上的一座占地 7 万
多平方米的城市。由城内及城外连陆部分所发掘的遗址和遗物，向人
们展示了盘龙城的区域政治中心地位，以及先民在江汉平原地区所创
造的辉煌的青铜文化。在最早出现"城市"一词的春秋战国时期，
长江流域的城市大量兴起。当时楚国，就有郢、鄢宛、城阳、陈、上
蔡、下蔡、寿春等主要城市。巴蜀地带城市也已兴起，有 3000 多年
历史的重庆即是古代巴国的首府，蜀国也在今成都建立了城邑。江苏
宁镇地区为吴文化发源地之一，句吴的四个国都朱方、淹君地、阖闾
城、王台，都是古代城市的代表。显然，春秋战国时期，长江流域城
市的产生和发展主要是伴随着政治中心的确立而出现的。秦汉时期，
长江流域城市发展较之黄淮流域相对落后。但秦代长江流域仍出现不
少城市，如上游有巴郡和蜀郡，中游有南阳、汉中、长沙、南郡
（今江陵）、黔中（治所在今常德）等，下游有会稽（今绍兴）等。

---

① 参见宁越敏等著：《中国城市发展史》，安徽科学技术出版社 1994 年版，第 38 页。
② 参见伍新木、张秀生主编：《长江地区城乡建设与可持续发展》，武汉出版社 1999
年版，第 96 页。

汉代承秦制。长江流域的大部分县城分布的基本轮廓形成于汉代。随着生产力的发展，出现了一批人口规模较大的城市。据《史记·货殖列传》所载的全国18个较大城市，位于长江流域的即有合肥、宛（今南阳）、江陵、吴（今苏州）4座。魏晋南北朝时期，长江流域城市发展迅速，数量大大增加。东晋以后，随着南方经济、文化的发展，建康（东晋以前称建邺，即今南京）、京口（今镇江市）、吴（今苏州市）、乌程（今湖州市）、山阴（今绍兴市）等城市均已繁荣起来①。南朝首都建康，人口剧增，已发展成为长江流域最大的商业城市，也是当时世界上最大的城市之一。从隋唐至元代，随着中国经济重心的南移，长江流域的城市获得进一步发展。特别是到中唐时期，全国城市空间分布的重心明显地由黄河流域转移到了长江流域。此时，不仅广陵（扬州）、京口、夏口（汉口）、江陵、成都与建康并称长江流域六大都市，而且还有众多的州市发展成为繁盛的商业城市。唐代长江下游的扬州，地处南北运河和东西长江交汇点，为黄河、淮河、长江三大流域和太湖流域物资交流的主要枢纽，成为唐代漕运及盐转运中心。至中唐时期，长江干流（下游至重庆）沿江即有州城15个、县城19个、重要集镇18个。到宋代，开封作为国都，已与江南经济区联成一体。由于拥有半壁江山的南宋政权定都临安，致使这个前代远不如江南建康、江陵、吴、会稽等城市的小镇，很快就成为江南规模最大、经济最为富庶的城市，同时也促进了长江下游地区城市的发展。元代，通过疏浚大运河和发展海运贸易，运河沿岸和东南沿海出现了一些新兴城镇。封建社会后期的明清时期，长江流域商品性城市发展比北方更为迅速，而且唐代以来的许多草市逐渐演变成了著名的江南城镇，涌现出无锡、芜湖、九江、长沙全国四大米市和全国四大名镇中的汉口镇、景德镇。许多近现代意义上的城市，即是在这个基础上出现的。明代大城市继续发展，已有重庆、成都、武昌、汉阳、苏州、杭州等，仅江浙两省差不多就拥有全国1/3的大

---

① 参见石忆邵：《中国集贸市场的历史发展与地理分布》，《地理研究》1999 年第3 期。

城市。到清代，产生了更多的手工业和工商业城镇。1840 年鸦片战争以后，外国资本主义列强纷纷入侵，中国沦为半封建半殖民地社会。近代在帝国主义的炮舰打开中国封闭的大门之后，当时的清政府签订了一系列丧权辱国的条约，迫使中国沿海沿江港口开埠，从而形成了一系列半封建半殖民地性质的对外开放的贸易港口城市。其中沿长江的就有上海、苏州、镇江、南京、芜湖、安庆、九江、汉口、岳阳、沙市、宜昌、万县和重庆 13 个。沿江一些城市较早就有了对外经济联系，而且开放度比沿海其他地区更胜一筹。当时长江流域的城市总数占全国城市总数的 41.5%，大城市占 40%，中小城市占 50%，形成全国城市最密集的城市轴。①

通过对流域城市发展过程的梳理，我们不难发现，城市是文明人类的自然生息地，在世界范围内，长江流域城市起源早、发展快②，为中华文明的起源和发育提供了优质的场域。

二、两河流域城市发展的历史阶段

对照世界历史，近东的一些例子也展现了流域对于一个人类聚居点发展到城市过程中的重要作用。在人类文明最早出现的两河流域，很早就出现了城市的雏形——城镇，这些城镇拥有数以千计的人口，有由国王、贵族或教父治理的"权力机构"，有庙宇或王宫，有种类繁多的商业用场地和作坊，还有防御外敌的围墙。但先具备"城市资格"的城市是人口密集的乌鲁克，乌鲁克在幼发拉底河的一条支流旁边，地处如今的巴格达（伊拉克首都）东南方向 250 公里处。以前也发现过许多大型的聚居地，比如费特希范和新石器时代的杰里科，但它们的遗址为后人的研究所提供的线索极少，当它们消失之后，这里的人的生活习俗也随之消失了；与此不同的是，乌鲁克居民残留的大量痕迹却表明了当时的人的生活方式和劳作方式，这个城市

---

① 参见伍新木、张秀生主编：《长江地区城乡建设与可持续发展》，武汉出版社 1999 年版，第 13—14 页。

② 参见邓先瑞、吴宜进：《长江流域住区的形成与发展》，《中国地质大学学报（社会科学版）》2003 年第 6 期。

本身的名字也表明了其处于近东方文明发展时期。

在乌鲁克大约 450 公顷的聚居地上居住着 40000—50000 人，人们在乌鲁克城外还修建了达 10 公里长的坚固的防护城墙。乌鲁克就像美索不达米亚地区其他的一些活动中心一样，成为人们社会生活中一块强有力的"吸铁石"。城里的人口迅速膨胀，市区不得不继续往外扩大，郊区占地渐少。原来一直独立运作的生活社区都开始向乌鲁克进贡，将他们的产品运送到乌鲁克，服从于乌鲁克这个大中心的需要。周围原本很繁荣的其他聚居地的人口锐减，有一些甚至最终荒废了。在公元前 4000 年左右，乌鲁克周围农村至少分布着 146 个村落，每一个村落都有自己的庙宇、灌溉系统以及自己的氏族传统所认可的社会结构。而仅在 600 年之内，村落数目就减至 24 个，因为好几代农民及他们的家庭都搬到乌鲁克重建家园了。在市区，他们从事新的行业——冶金、雕刻、制砖等。这样的谋生方式不再受天气的主宰，也免于再受那些被妒忌或绝望所迫、多在农牧地区打劫的流浪者的侵害。城市周围的土地都属于富人所有，富人在城里和乡下都有居所，但实际上在富人庄园里劳作的不是富人自己，而是那些农民。每一个庄园都有自己的灌溉水渠和枣椰树果园、牲畜圈、农具库房以及存放每年收获的小麦、大麦、芝麻、洋葱等各种农作物的粮仓。这样的庄园一般都规模宏大，也管理得很好，它们巩固了周围小片土地之间的联系。一个庄园的拥有者可能是一个家族或几个家族的联合体，也可能是这些群体中的某些个人。城市的内部情况也可以表现其繁华。乌鲁克城中的大部分富裕的居民都有自己宽敞的二层房屋，房屋的木制阳台环绕整个的上层楼。城里住着春风得意的大商人——他们拥有自己的商业船队，船队时常穿行在各海港之间，可远达巴兰和印第安那。城里还住着官员、小商人或诸如木匠、作家之类的专业人员，他们的房子不如附近大商人的大厦那样堂皇富丽，但每户住所里的房间数目是可观的，而且都有僻静的庭院。乌鲁克城的繁荣主要依赖于成功的商业贸易。为了获得诸如金银、象牙和青金石之类的贵重物品以满足上层人物的消费需要，城里的商人会不远千里地远涉外域去寻找。周期性引入新商品是这个城市在整体上得以持续繁荣发展的关键所在。在乌鲁克市中心，有高高耸立的商贸建筑和厂房，还有群集的祭祀用建筑。

美索不达米亚有许多聚居地发展为城市。乌鲁克也许并不是其中最大、最富裕的。根据后来的传说，地处乌鲁克往北 160 公里处的基什，就是一个比乌鲁克更重要的经济中心，而在基什以东 50 公里处的尼普尔——也就是苏美尔神话中的天空之神恩里尔的故乡，比乌鲁克有更重要的宗教地位。

像上述那样的大城市的居民也开拓新的聚居地，例如现在叙利亚（在美索不达米亚最南端往北 900 公里处）的哈巴巴·卡比拉，它的地理位置具有战略意义，它控制着往南去的所有商贸线，还有西北方向去陶鲁斯山脉、南安纳托利亚和往西到距地中海海岸仅 150 公里的地方的商贸线。从哈巴巴所挖掘的坑道、壕沟可以看出，它的每一处设施都是为"统治周围的乡村地域"这一目的服务的。它建有巨大的防护墙——长约 1 公里，厚达 3 米，每 30 米有一城堡，防护墙外又有第二层小一点的防护墙。哈巴巴是方形格局城市，三面有防护墙的强力保护，剩余一方临幼发拉底河，这是哈巴巴·卡比拉最主要的贸易干线。大量货物正是顺着这条主线流通出去满足各种机构及作坊的需要。哈巴巴·卡比拉有足够的经济实力来修建宗教场所、供水系统、街道排水系统——各所房子的废水经陶制水管流到运河系统中去。

哈巴巴·卡比拉规划有致，建筑用砖又是独具一格的南美索不达米亚风格的泥砖，十有八九，哈巴巴·卡比拉是由最先从某一个南方城市来的开拓者们设计和建设的。当然，究竟来自哪一个城市，尚不能确认。美索不达米亚区的其他大部分城市或聚居地都没有沿用某一种统一的发展模式；每一个地方都有它自己的发展进程和它自身的发展原因。但是在相当长一段时期内，所有的城市都采用某种相似的社会结构。总之，对于一处人类的聚居区而言，要发展为真正的城市首先应具备这样的特点：防御有力的聚居地、远程贸易网络、水利系统、占主导地位的宗教机构、各种专门技术人员、开始出现社会和政治等级。在这样的发展进程中，近东要比同时代的世界其他地区快一些。不过，无论是杰里科的建塔工人、费特希克的艺术家，还是乌贝德富裕的农民、乌鲁克的名人望族，在当时的世界上都不是独一无二的。无论是住在往东更远处的印度河谷（印度河从喜马拉雅山发源），还是在中国的广袤大地，人们都同样行进在具有自己地区特色的、走向文明的道路上。[①]

第三节　流域城市的进化

将人类文明视为一个整体进行观察发现，城市和城市群是迄今为止人类聚落发展的最高阶段。从城市的历史来看，它虽然是人为建造的一种人类活动场所，却与以流域为代表的自然环境息息相关，可以说自然地理环境是城市形成和发展的重要条件，在某些特殊的历史阶段，甚至起到了决定性的作用。

一、历史上黄河流域的城市进化

历史上中国黄河流域的环境变迁与城市兴衰为流域对于城市的发展作用提供了证据。历史时期黄河流域城市的分布与变迁与当时的自然环境和社会环境有着密切的关系。先秦时期黄河流域的城市大多是在原始聚落基础上发展起来的，其中自然条件较好的，后来就发展成为春秋战国时代各国的都城和重要经济都会，但在布局上主要分布在中游地区。秦汉时期，由于运河的开凿，地区间经济联系的加强，黄河中下游地区城市蓬勃发展，是中国封建社会早期城市最发达的时代。魏晋南北朝时期，由于长期战乱，战国秦汉以来的名都和重要城市相继破坏、衰落。隋唐帝国的建立，为黄河流域城市的再度兴起创造了条件。由于自然环境没有大的变化，其布局和繁荣胜于秦汉。两宋以后，黄河流域环境恶化，再加上长期处于战争状态，城市的规模

---

① 美国时代编辑部著：《全球通史·1》，吉林文史出版社 2010 年版，第 155—171 页。

和效应远不如唐代。元明清时代，中国的政治中心和经济中心都东移至东部平原，特别是京杭大运河的开凿，重要城市都分布在大运河一线。城市的规模和经济影响，黄河流域的城市已不及长江流域。中国历史上黄河流域城市的兴衰、数量、规制、分布等的变迁，是由自然、政治、军事、经济、交通、文化等自然和人文的综合环境因素促成的，是一个十分复杂的历史地理现象。因此，研究黄河流域城市变迁的有关问题，可以从一个侧面了解流域影响城市发展的历史①。

从商周至春秋时期的城市，一般是从原始聚落逐渐发展起来的。近几十年来，考古学家在黄河流域不少省份陆续发现了数十座原始社会后期或青铜时代早期的筑有坚固城墙的城邑遗址。这些城邑遗址属于不同的史前文化，时代可上溯至四五千年以前。遗址的共同特征自然是有城墙遗迹，所以称它们为"城"。由于这些城邑的性质难断，考古学界有人含混地称它们为"文化城"。从现存文献包括甲骨文在内的资料来看，中国城市兴起很早，分布的地域特点主要在黄河中下游地区，比较集中在今河南西部的伊洛河平原、山西南部的涑汾河流域，黄河下游平原则分布着原封建诸国的国都所在。黄河上游为游牧民族活动地区，尚未出现城市，黄河下游即今河北平原中部，由于黄河下游河道的自由决改，洪水任意泛滥，河道分岔众多，人们无法长期定居，因此长期存在一大片空无城邑的地区，当然也不可能出现城市。为了政治统治和经济交流的需要，各地区城市之间也有了相当发达的水陆交通路线。甲骨文里已有"车""舟"二字。商代不断扩展势力，沟通各地区的交通道路必然逐步形成。商代晚期可能已形成以商都为中心的远方道路系统。这个时代的城市，在前商周时期，主要具军事城堡性质，后期的春秋时代，城市初步有了工商业，人口有所增加，但城市的职能主要还是政治控制，并没有质的变化②。

战国中期开始，各国竞相变法，其主要内容之一就是发展农耕经

---

① 参见邹逸麟：《历史时期黄河流域的环境变迁与城市兴衰》，《江汉论坛》2006 年第 5 期。

② 参见邹逸麟：《历史时期黄河流域的环境变迁与城市兴衰》，《江汉论坛》2006 年第 5 期。

济，手工业也随之兴起，出现了中国历史上工商业第一次繁荣时期。列国之间交往频繁，水路和陆路交通路线的大规模兴起和开辟，成为这个时期显著的特征。交通路线是维系城市之间联系的动脉，是人类在地理空间内开展社会活动的必要保障条件，它的开辟和畅通与不同时期的城市布局和发展变化密切相关。全国交通网络的形成是城市网络发展的必然结果。除了交通的联通，战国中期开始，黄河下游河道两岸全面修筑了数百里长的堤防。当时黄河东岸是齐国，西岸是赵、魏，为防护自己的疆土，各自修筑了防河大堤。从此黄河有了固定的单一河道，结束了多岔分流、决改频繁的局面。黄河下游两岸土地得到了充分的开发，到了西汉末年不仅河北平原人口骤增，连黄河堤内滩地上，也为人们所开垦。为人们经济开发和城市兴起提供了条件。由于上述的历史和地理背景，战国至西汉时期黄河流域城市发展达到空前繁荣。那些位于交通枢纽的城市或者被择为列国中心都邑，或者为商人会聚之所，成为有名的商业都会。如秦之咸阳（今陕西咸阳东北）、魏之大梁（今河南开封）、赵之邯郸、燕之琢（今河北琢县）、蓟（今北京城宣武区）、韩之荥阳（今河南荥阳北）、郑（今河南新郑）、齐之临淄（今山东淄博市临淄）、周之雒邑（今河南洛阳）、楚之郢（今湖北江陵北纪南城）、宛（今河南南阳市）、寿春（今安徽寿县）、宋之陶（今山东定陶西北）、睢阳（今河南商丘）、卫之濮阳（今河南濮阳南）等。秦汉以后又多是郡级政区的政治中心。西汉时期随着各地区之间经济交流的加强，原先分布在这些主要交通干线上的城市得到了进一步的繁荣和发展。从全国范围来看，长安、洛阳、成都、临淄、邯郸、宛是全国最重要的六大都会，四个在黄河流域。王莽时强化经济集权，于长安及雒阳、临淄、邯郸、宛、成都六大都市立五均官，以统制全国工商业，可见均为当时全国第一流都会。其余政治地位稍次的城市，因居水陆交通沿线或枢纽，而成为一方的商业中心。除上述六大都会外，当时主要的都会还有温、轵、杨、平阳、蓟、荥阳、睢阳、陈、阳翟、定陶、寿春、合肥、江陵、吴、番禺等。它们大多为郡国首府，并多数集中于黄河流域。据《汉书·地理志》记载，汉平帝元始二年（公元 2 年），全国有 103

个郡国，其中 70 个郡国在黄河流域，换言之，即全国三分之二郡级政治中心城市在黄河流域。有县级政区（县、道、邑）1587 个，其中 1132 个县在黄河流域，也占全国县级政区的三分之二。虽然有些侯国的规模很小，有的是一个乡升格的。但总的来说，黄河流域是当时城市最发达的地区。城市的分布已从黄河中游、下游的上端延伸发展到下游河北平原，原先荒无人烟的地方也密布着县级政区。总的说来，秦汉统一局面的确定，为富商大贾周流天下、沟通货物提供了良好的社会条件。从战国至秦汉时期，黄河流域城市分布已遍及整个流域，城市的等级已有国都、郡治和县级之分，除了政治中心性城市外，还有商业、交通、贸易性城市的出现，如定陶、平阳、杨、温、轵等，是中国封建社会早期城市最发达的时期[①]。

西汉末年的战争，给黄河流域的城市带来严重破坏，造成东汉时期城市经济远不如西汉。魏晋南北朝时期的长期战争破坏了社会正常的经济秩序，城市成为军事攻击的主要对象，尤其是大城市，更是屡遭战火的破坏。昔日都市繁盛的景象在中原大地上扫荡殆尽，留下的是一座座空城的残破丘墟。除政治军事因素以外，东汉亡后生产力遭到巨大破坏，商业衰落，自然经济完全占据了统治地位。在这样的社会经济环境下，战国以来从王侯营垒基础上发展起来的商业城市，日益丧失其经济支持而走向衰落。与此同时，由于战争和分裂局面的形成，原先畅通的交通路线也因而受阻。在中原地区城市衰败的同时，黄河上游原先城市经济比较落后的地区却出现一批新兴的城市。如原本经济比较落后的河西走廊，由于中原战乱，在十六国时期河西走廊为前凉、西凉、北凉等政权所割据，其中心城市姑臧（今武威）也得以迅速发展，北凉时人口达 20 多万。山陕高原的北部地区，有鲜卑族北魏政权的平城（今大同）和匈奴族夏政权的统万城（今内蒙古乌审旗南白城子）。总的来说，在魏晋南北朝时代，黄河流域原有的城市体系全遭破坏，仅存的城市也

---

① 参见邹逸麟：《历史时期黄河流域的环境变迁与城市兴衰》，《江汉论坛》2006 年第 5 期。

是此起彼伏、动荡不定，没有出现较为稳定的新局面。北魏放弃平城、迁都洛阳一事，说明洛阳所处的传统的轴心城市地带的位置，仍具有旺盛的生命力和强大的吸引力。所以，长安、洛阳之类的城市，虽然屡毁，依然屡建，人们最终并不愿意撤离这块充满"帝王之气"的土地。但自战国以来黄河流域城市繁荣的景况已不复再现。已存的城市除了政治中心的职能外，经济繁荣也仅是政治的副产品，纯粹商业、交通性城市已不复存在，是中国古代城市经济最衰落的时期①。

隋文帝统一全国，结束了长达数百年的分裂动乱。隋唐两代均以长安为首都（西京），洛阳为东都（东京），长安和洛阳重新构成了黄河流域的城市体系的轴心。隋唐统一帝国的出现，为全国交通的重新畅通提供了条件。中国举世闻名的南北大运河即形成于这个时期。大运河西抵长安，北达涿郡，南至余杭，总长 2000 余公里，沟通了黄河、海河、长江、淮河、钱塘江五大流域，再连上秦始皇时期开凿的灵渠，形成了以长安为政治中心、洛阳为轴心，向东北、东南、南方扇形辐射至全国的水运交通网。由于黄河流域的水运航路可以通往全国各地，于是运河沿线的城市幅射力和影响半径就大为扩展了。南北大运河的开凿，大大促进了沿线城市商业的繁荣，形成了运河沿线的城市带。从长安、洛阳轴心向东延伸，有郑州、汴州（今开封）、宋州（今商丘），汴水与泗水交会的徐州，汴水与淮河交会的泗州（今江苏盱眙县对岸，清康熙时没入洪泽湖中）等；从汴州分出支线，向南沿着颖、涡、汝诸水，经亳州（今安徽亳州）、陈州（今淮阳）、颖州（今阜阳）、豫州（今河南汝南），进入淮河流域，或自汴州向西南，即许昌、襄城，进入南阳盆地；自洛阳向东北的永济渠沿岸有魏州（今河北大名东）、贝州（今清河，被称为"天下北库"），还有北端的幽州（今北京）；从洛阳向北渡黄河，经卫州（今河南汲县），沿着太行山脉东麓向北

---

① 参见邹逸麟：《历史时期黄河流域的环境变迁与城市兴衰》，《江汉论坛》2006 年第5期。

有相州（今安阳）、邯郸、赵州（今河北赵县）、恒州（今正定）、定州（今定县）、易州（今易县）；从长安沿渭水而下，渡过黄河，东北沿着涑、汾流域向北有绛州（今山西新绛）、晋州（今临汾）、汾州（今汾阳）、太原、忻州（今忻县）、朔州（今朔县）、代州（今代县）、云州（今大同）可进入蒙古高原；自长安向西溯渭水而上，经上邽（今甘肃天水）、渭州（今陇西）、兰州，或向西经鄯州（今青海乐都）进入青藏高原，或向西北经凉州（今武威）、甘州（今张掖）、肃州（今酒泉）、沙州（今敦煌），出河西走廊进入新疆地区。唐代黄河流域的交通、城市的布局，已经奠定了今天交通城市分布的格局，充分说明该时期交通的开辟和城市的分布，对今后一千多年历史的发展有多么重要的意义。"安史之乱"后，北中国又陷入长期战乱之中，交通阻塞，城市破残。唐末长安城又沦为起义军与唐军的交战之地，宫庙寺署遭重创。公元901年，朱温劫唐帝，毁长安宫室民舍，这一次长安的毁灭是中国城市史上的标志性事件，自此，盛达千年的名都长安再没有机会重现汉唐时代的辉煌。五代时期，北方城市的分布格局受到新政治局势的影响，开封（汴）、洛阳、太原为北方政权的都城，所以获得相对稳定的发展。其中开封的发展最为重要，除后唐而外，后梁、后晋、后汉、后周均立都于此，所以，开封成了北方最重要的城市。开封在水运上的有利地位，是其发展的重要地理条件，而都城地位的确立，又在政治上获得了推动力量。总之，隋唐五代黄河流域城市的发展，可以"安史之乱"分为前、后两个时期，前期的城市十分繁荣，其表现为数量多、分布广，今天黄河流域城市分布的主要格局当时已经形成。原因有二：一是政治局面稳定，经济发展，为城市发展和稳定带来有利条件；二是黄河在东汉以后出现一个近八百年的安流局面，"安史之乱"以前，黄河很少有河患，使城市避免了洪水之灾。两者相较，还是政治稳定为主要原因，因为魏晋南北朝时黄河也是很少河患，但城市却因战乱而衰落。晚唐五代时期，黄河下游河患有所增加，但黄河流域整个环境尚未恶化，几次河患还不至于严重影响城市的发展。城市的衰落，主要是政治动乱、战争频繁所致。由此可见，中国封建社会前期，政治因素是造成城市兴衰的主要原因①。

自北宋开始，全国政治局面产生了新的变化。西北地区为西夏王朝所统治，旧时富庶的关中地区成为国防前线，长期处于战争状态，城市经济日趋衰落；山西大茂山、河北白沟以北为辽所据，河北地区成为军事要地。宋代承五代局面，国势远不及汉唐，建都开封为当时最佳选择。与此同时，淮南、两浙、荆湖、福建地区的农业、手工业、商业却迅速发展，经济空前高涨。这一形势决定了宋代黄河流域城市格局变化的背景。宋代以首都开封为中心，大力发展水运交通，在运河方面有所建树，形成了以汴京、开封为中心的四条人工运河：汴河、惠民河、金水河、五丈河（广济河），史称漕运四渠。其中金水河为五丈河的水源渠道，不通漕运。而另一条通漕的则为黄河，故历史上又合称为漕运四河。开封城内四水交会，成为水运枢纽。在开封市场上，有来自江淮的粮米，沿海的水产，北方的牛羊，洛阳、成都的酒，南方的果品名茶，西北的石炭，成都的纸，福建、成都、杭州的印本书籍，耀州的陶瓷等。由于城市经济生活的民间化，连通城郊远近地区的各类交通通道，也自然加强了其对于基层经济活动的意义。北宋时期整个而言，黄河流域城市经济发展不及南方。主要原因一是北宋时期黄河河患十分严重，从 10 世纪初至 11 世纪 40 年代（五代末至北宋庆历年间）的 140 年中，决溢共 95 次；二是辽对夏战争形势对黄河流域城市经济发展的负面影响。总之，宋金时代由于整个社会商品经济有所发展，黄河流域的城市经济虽有所发展，但由于环境的恶化和战争的频繁，就全国而言，其繁荣程度已不如南方，经济重心的南移已成定局，长安、洛阳城市轴心已不复存在，城市分布的重心移至黄河下游地区，为元明清时代黄河流域城市的格局奠定了基础②。

元朝疆土辽阔，全国遍设驿站总数达 1500 多处，构成以大都市

---

① 参见邹逸麟：《历史时期黄河流域的环境变迁与城市兴衰》，《江汉论坛》2006 年第 5 期。

② 参见邹逸麟：《历史时期黄河流域的环境变迁与城市兴衰》，《江汉论坛》2006 年第 5 期。

为中心的稠密交通网。明清两代又在元代驿站基础上再加以扩展，几乎无处不可通达，形成较汉唐更为稠密的全国交通网络。本时期在交通事业上最大的建树，则是举世闻名的京杭大运河的开凿。元明两代的大运河工程主要在黄河流域，对黄河流域的城市布局具有重大影响。明清时期商品经济得到空前发展，水陆交通发达，由此在全国范围内出现大批大小工业城市。一类是从中央到地方各级政治中心，如首都北京和陪都南京以及各省省会和府州治所，均是大小地区的中心都会。当时城市布局的情况是：一是京杭大运河沿线因水运交通发展起来商业城市，如通州、直沽、沧州、德州、临清、东昌、济宁、徐州、淮安等，这些城市多原先已为府州治所，后因大运河所经，更趋繁荣，在运河沿线也有一些小镇由于交通地位重要而形成较大的商业市镇，在地区之内产生较大影响，如河西镇、南阳镇、清江浦（淮阴）、王家营等；二是由于南北交通路线重心的东移，中西部原先发达的城市由此衰落，如大名府（今河北大名县东）在唐宋时为永济渠所经，是河北平原上的大都会，大运河东移后，其地位为临清所替代，邯郸、安阳、邢台、正定为传统太行山东麓南北大道必经之地，商业也较繁荣，然而自从低廉的水运交通路线东移后，其经济地位也渐为德州、临清、东昌所替代；三是元、明、清三代频繁的黄河泛滥、决口、改道，对黄河下游城市产生巨大影响，河南豫东各县在明、清两代几乎都被黄河洪水淹没过，其中以开封城最为严重，据文献记载，从元初至清末，开封城曾 7 次被河水所淹，考古学家估计，宋代开封城地在今天地下 10 米左右，其他黄河下游沿岸城市均有曾被黄水之祸，不胜枚举。总之，元、明、清三代黄河流域城市布局、规模，由于政治和自然的原因，产生了新的变化：一是城市重心东移，主要分布在大运河一线；二是中部城市由于黄河的泛决，经济明显衰落；三是西部城市亦因黄河流域整个环境的恶化和经济重心的东移，也渐趋衰落，长安、洛阳、太原、开封，均不如汉唐时代①。

---

① 参见邹逸麟：《历史时期黄河流域的环境变迁与城市兴衰》，《江汉论坛》2006 年第 5 期。

二、近代以来中国流域的城市进化

1840 年鸦片战争以后，中国社会产生了巨大变化。原有的经济格局、交通体系，在诸多新因素的干预下，发生了深刻变化。中国城市的布局与发展随之出现激变，其中口岸城市与铁路沿线城市的迅速发展是其主要特征，与其相对照，许多地区的传统城市停滞不前[①]，导致了全国范围内城市分布的新的以流域城市群为主要形式的特征。城市群是都市带和都市连绵区的低级形态或基础，当城市群逐渐发展到一定阶段，则演变为都市带或都市连绵区。中国改革开放以来，城市化地域推进迅速，进入加速发展阶段，20 世纪 90 年代，城市群初步形成，2000 年前后城市群在地域上可明显识别。城市群是一种社会人文现象，其分布有一定地域范围，随着时间具有动态变化性，属于人文空间流域是依据降水指标和由地形决定的汇水面积而区分的自然空间，其变化缓慢，可视为相对稳定。将一定时期内的人文空间与自然空间在地图上叠加，初步发现存在以下两个基本事实：

其一，第二、第三级地形阶梯上的河流流域与城市群形成较好的空间对应关系。中国西高东低阶梯状层层下降的地势，对河流的影响最显著，著名的江河大都发源于第一、二级地形阶梯上，自西向东奔流，西北诸河流域由于自然降水量少，人口密度低，只有水源充足的地区才能形成城镇；因此，整个西北地区城镇密度低，处在城市空间演化的最初阶段——一般城市。西南诸河流域（以雅鲁藏布江、澜沧江、怒江为代表）地势呈阶梯状急剧下降，河流下切，由于海拔高、落差大，不适合人类居住，没有形成较大城镇。发源于第一级阶梯上的长江，在其上游、中游、下游均形成城市群，同样发源于第一级阶梯上的黄河，其上游仍处于单一城市阶段，中游、下游已形成城市群。其余 6 大流域都分布在第二、第三级地形阶梯上，自然条件相对较好，自古城镇的发育，第三级阶梯城镇发育好于第二级阶梯。将

---

① 参见邹逸麟：《历史时期黄河流域的环境变迁与城市兴衰》，《江汉论坛》2006 年第 5 期。

城市群空间分布图与流域空间分布图叠加，可以看出中国八大流域与城市群分布在空间上形成较好的对应关系。

其二，城市群中心城市一般在流域的干流与主要支流交汇处。城市群不是凭空产生的，它是在区域城镇体系的基础上逐步演化而来的。从自然地理角度来看，流域具有结构性，符合"核心—边缘"结构。一般而言，"核心"部分都位于河谷或较低地带，"边缘"地带则处于区域周边的高地、沼泽或绵亘的山区。自然地理条件的不同，促成了"核心"区与"边缘"地带的种种差异。在农业社会，耕地是主要的社会资源，水运是区域与外界联系的主要通道，在河谷或较低地带，土壤肥沃，交通便利，人口集中，所以城市最早在此产生。也正是核心区在资源、交通、市场等方面都比边缘地区有优势，所以核心区的城镇密度较高、城镇体系发育较好。施坚雅指出："城镇不断发展又反过来强化了核心区与边缘地带的这种差异。因为在城市发展过程中木材耗费量很大，核心区的森林资源很快就被砍伐殆尽，转而只好取材于边缘地带的山地。这样就造成了两种后果：一是随着边缘地带的林木化为核心区域的灰烬，使核心区的土壤肥力无形中得至补充和增强；二是边缘地带森林减少，水土流失，通过江河水系冲至地势低平的核心区，然后淤积在那里。部分淤积的泥土再通过核心区分布的水道、沟渠和各种水利设施疏散开来，形成一块块冲积平原。在此过程中，本来是边缘地带的森林、土壤等自然因素，却提高了核心区的农业生产力。因而，城镇的发展一方面使核心区的土地更肥沃、人口更密集、发展速度更快，另一方面却以牺牲边缘地带的潜在可能性为代价。从这层意义上讲，核心区的城镇发展导致了边缘地带城镇的不发展。进入工业社会，虽然城镇发展的动力发生了改变，但原有的城镇仍是布局铁路、工厂时考虑的首要因素，因此，流域核心区仍是现代工业的集聚区。城市群第一增长极的城市，也称核心首位城市或区域中心城市，一般是在农业社会城镇的基础上演变而来的。中心城市起源一般在流域的核心区——河谷地带或冲积洪积平原某个位置。区域中心城市往往位于主要支流与干流的交汇处，这类地点由于具有水陆交界、水水中转的双重边缘效应而具有非常突出的区位优势，这本身就构成区域中心城市发展的内在动力①。

根据上述两点事实，可将中国主要中心城市的流域区位关系总结如表5-1②。

表5-1　中国主要中心城市流域区位关系

中心城市	流域区位描述
哈尔滨	松花江是黑龙江最大支流，流域面积55万平方公里。松嫩平原属盆地式冲积、湖积平原，哈尔滨位于平原偏东，因资源、交通等因素兴起
沈阳	辽河流域面积22.94万平方公里，沈阳位于辽河冲积平原中部偏东，先秦两汉时已设置城邑。近代因矿产、铁路交通等发展起来
北京、天津	海河流域面积为31.8万平方公里，包括滦河和海河两大水系。燕山、太行山弧形环抱华北平原。北京位于流域西北部冲积、洪积平原，天津位于滨海平原
西安	西安位于黄河中游汾渭平原中部，黄河在此水流缓慢泥沙淤积，唐代以前，已经形成城镇密集区。近代由于交通、工业布局等因素，西安又步入繁荣
郑州、济南	北宋以前，淮河独流入海，淮河流域形成完整的城镇体系。黄河夺淮，淮河水系紊乱，至今没有形成独立水系。以郑州、济南为中心的城市群地跨黄淮流域
上海、长沙、武汉、重庆、成都	长江流域面积180多万平方公里。上海位于长江下游滨海平原，近代因面向海洋、依托内陆交通联系世界的区位优势兴起；长沙、武汉位于长江中游平原腹地，自然条件优越，很早就形成区域性大城市；重庆、成都位于长江上游四川盆地东、中部，自古为天府之国，自然条件优越
广州、香港	珠江在中国流域面积44万平方公里。广州、香港位于珠江下游，近代由于商品经济的发展城市比较密集，形成广州、香港两个中心城市
福州、厦门	东南诸河都比较短促，闽江是较大河流，流域面积6万多平方公里。历史上人口移动沿闽江而下，福州、泉州最早成为城市，然后是漳州、厦门

当然，我们用大量的历史事实证明流域对城市兴衰的功能和作

---

① 参见陆玉麒：《流域中心城市的区位特征——以南昌为例》，《人文地理》2011年第4期。

② 参见王义民等：《流域与中国城市群空间分布规律研究》，《信阳师范学院学报》2013年第2期。

用，是为了摸索人类城市与自然界流域互相依存、共同促进的基本规律，最终推进与流域自然环境协调统一的现代化生态城市的建设。以中国长江流域的生态城市建设为例，可以管窥未来流域城市的发展方向。生态城市（ecocity）这一概念是 20 世纪 70 年代联合国教科文组织发起的"人与生物圈计划"研究过程中提出的，其内涵随着社会和科技的发展不断得到充实和完善①。一般认为，生态城市是按照生态学原理建立起来的一个社会、经济、自然协调发展，物质、能量、信息高效利用，生态良性循环的人类聚居地。它具有和谐性、高效性、循环性、持续性、整体性、区域性、开放性等特点。生态城市正是 21 世纪理想的城市形态和城市发展模式。

三、现代长江流域的生态城市进化方向

长江流域是中国生态城市建设开展较早的区域。1986 年江西省宜春市提出了建设生态城市的发展目标，并于 1988 年初进行生态城市试点工作，迈出了中国生态城市建设的第一步②。迄今长江流域不论是上海、杭州、南京、武汉、重庆、成都等特大城市，还是扬州、无锡、温州、宜春、宜昌、十堰、万州、乐山等众多大中小城市，都已提出并实施着生态城市建设。这些城市在规划与建设过程中，都强调要处理好城建系统、经济系统与自然生态系统之间的关系，力求结构合理、功能高效、关系和谐；大力倡导自然优先的城市发展理念，力求顺应当地自然生态，最大限度地保护和利用现存的山丘、河流、湖泊、林木、植被等自然因素，甚至将远处的自然景色借用或"引入"到城市中，再现自然，促进城市、人、自然和谐共生，达到人与自然的和谐统一，实现人工环境与自然环境的协调发展。

在长江上游，乐山市 1987 年就在城市总体规划中进行了生态城市的规划实践。都江堰市贯彻可持续发展思想，运用景观生态学理论

---

① 参见黄光宇著：《山地城市学》，中国建筑工业出版社 2002 年版，第 98—99 页。
② 参见向德平编著：《城市社会学》，高等教育出版社 2005 年版，第 89 页。

和方法，从绿地现状及生态条件的分析入手，指导景观绿地系统的网络布局、职能组织、空间控制及植物多样性规划①。该市这种景观生态绿地系统规划及实践，使整个城市凸显山、水、城、林、堰有机结合的特点，呈现出一派山清水秀、郁郁葱葱的景象。

在长江中游，武汉市已提出"山、水、城"融合战略，建设"两轴三心，多核成网"的城区内部生态格局②。"两轴"指长江是武汉的天然生态轴线，沿汉江向东延伸的生态轴线；"三心"，即武汉三镇作为相对独立的大型城市版块，各自建设一个大型生态开敞核心；"多核成网"，即在城市内部布置各种类型的公园绿地、街头绿地、社区绿地等设施，这些绿地节点与道路和水系绿地带共同构成城市绿色骨架。在城市规划和建设中强调要发挥自然生态条件特别是山水特点，重塑"百湖之市"，构筑城市林草系统，打造"绿网""水网"交织的生态环境；注重合理布局，改善城市气候，净化城市环境，创造优美人居环境。荆州市是国家历史文化名城，具有博大精深的城市水文化。有研究者认为③，其景观构想应以水文化为灵魂，形成"湖—河—江"三个层次的空间轮廓，按"点—线—面"逐次推进，让"平畴千里、襟江带湖、绿树蓝天、碧水浮城"的平原水乡城市景观得以延续，营造出有特色、有内涵的美丽滨水城市。年轻的山城十堰市，规划建设中注意保持山林的完整性，严格按照"依山就势建景点，林相改造建园林"的原则，科学利用山体，保护生态环境，突出城市特色，对城区建筑进行高度分区与高度控制，力求显山露水。如今十堰城区已形成"城在山中，楼在林中，居在园中，人在画中"的山区生态园林城的特色。十堰市于1999年生态城市年被建设部正式评为内陆山地第一座"国家园林城市"④，现在正奋力向现代化生态城市迈进。

①　参见沈一、陈涛：《都江堰市景观生态绿地系统规划探讨》，《规划师》2006年第2期。

②　参见武汉市城市规划协会、武汉市土地协会等：《武汉市城市总体发展战略规划（北京大学方案要点）》，《城市规划与国土资源》2005年第1期。

③　参见邓翔、秦年：《荆州市水文化初探》，《规划师》2006年第3期。

④　参见鞠海彬、袁安：《塑造十堰市个性的思考》，《规划师》2006年第2期。

在长江下游，合肥市按照钱学森 1990 年提出的"山水城市模式"构想①，发挥地势起伏、水面开阔的优势，按照把城市建设成为一座大园林的设想进行绿化。该市环城公园业已成为中国优秀的城市绿化系统之一，它宛如一条丝带，连接着城区内逍遥津、包河、稻香楼及杏花村等几个块状绿地，初步形成具有园林风貌和综合游览功能的一系列开敞式公园。其全面铺开的绿色带来了显著的生态效益，净化、美化了环境。因此，合肥市与北京、珠海一起首批获得了全国"园林城市"的称号。南京市在新世纪初，从主城、新城、绿色开阔空间三个空间要素出发，提出在都市发展区形成"以长江为主轴，以主城为核心，结构多元，间隔分布，多中心、开敞式的现代都市空间格局的规划构想，其中强调构建都市发展区生态防护网络，体现山、水、城、林特色"②。上海、杭州、宁波等城市也先后提出了建设生态城市的目标，遵循自然生态规律和城市发展规律，突出城市生态系统特点，构建人与自然和谐的城市生态系统③。

小　结

在本章中，我们从人类文明的转折点——城市的建立的角度，再次强调了流域对于人类的重要意义。因为，城市的形成和发展离不开水。在人类发展早期，古典文明无一例外地都诞生在大河流域，形成了中低纬度文明带。即使进入现代（1981 年），全球 197 个百万人口以上大城市的 80% 以上（160 个）分布在海拔不足 200 米的滨海、滨湖或沿河的平原地带④。

从二者关系上看，河流是一种自然现象，由干流、支流等组成流

---

① 参见鲍世行、顾孟潮主编：《杰出科学家钱学森论城市学与山水城市》，中国建筑工业出版社 1994 年版，第 39 页。

② 何子张、邵斌：《城市空间蔓延与空间政策分析》，《规划师》2006 年第 2 期。

③ 参见邓先瑞：《略论长江流域城市生态系统的特点》，《华中师范大学学报（自然科学版）》2005 年第 4 期。

④ 参见徐学强等编著：《城市地理学》，高等教育出版社 1997 年版，第 31—33 页。

域空间结构；城市是一种人文现象，由首位城市、不同级别的城镇组成区域城镇体系。施坚雅（G. W. Skinner）从自然地理的特征入手，以水系为基本要素，按分水岭划分区域，并考虑人口密度、高层等级城市的经济腹地，建构具有功能综合的城市体系，最终提出了中华帝国晚期的 8 大区域及主要城市①。

众所周知，在农业社会单一城镇的兴起、发展与河流密切相关。工业革命掀开人类发展新纪元，城市如雨后春笋般出现，城市化在空间地域不断推进。城市化达到一定水平必然形成区域城市群（urban agglomerations），城市群是区域城镇体系演化的高级形式。随着城市化水平的提升，世界范围内的城市群逐渐增多。城市群与流域之间也存在着规律性：城市地理学家、城市规划学家、经济学家和社会学家关注城市群结构、城市群发展过程中的动态特征、城市的集聚、分散与区域城市化水平的关系等；水文学家研究流域与人的关系，是从水文效应入手，重点放在人类活动对流域的影响——直接影响（如兴建水利、跨流域引水等）和间接影响（如改变下垫面性质、城市化形成的小气候等）。

在当今世界，城市群是全球经济增长最具活力的地域空间。从人类学角度考察流域与城市群之间的关系，把城市群看作人文空间，流域看作自然空间，从综合性入手，探索两种空间关系的分布规律，发现了两个基本事实：流域与城市群形成较好空间对应关系；中心城市一般在流域的最佳区位②。这两条线索为我们接下来研究流域在时间和空间两个维度如何构建人类社会的族群和国家，提供了理论基础和实际的案例。

---

① 参见［美］G. W. 施坚雅著：《中国封建社会晚期城市研究——施坚雅模式》，王旭译，吉林教育出版社 1991 年版，第 4—57 页。

② 王义民等：《流域与中国城市群空间分布规律研究》，《信阳师范学院学报（自然科学版）》2013 年第 2 期。

第六章 人—水交融的社会基础：
流域与族群

根据文献和传说推测，黄河及长江流域活动着黄炎集团、东夷集团和苗蛮集团。一般说来，黄炎集团活动于黄河中下游，东夷集团活动在黄河下游和两淮，而苗蛮集团活动于长江中下游地区。如《国语·晋语》载："黄帝以姬水成，炎帝以姜水成。故成而异德，故黄帝为姬，炎帝为姜。"有人认为，姬姜之水似都应为渭水支流，按此则黄炎集团是仰韶文化序列的主人。所谓东夷集团活动于海岱地区，也属黄河流域文化（下游），其考古文化应是北辛—大汶口文化序列，有人认为其传说中的对应物是黄帝的后代帝喾及其少昊族（帝喾姓高辛氏，不知与北辛文化之"辛"有无联系？），如是则黄炎集团与东夷集团有亲密的血缘关系，证实黄河中游与下游文化的关联。

——赵世瑜①

第一节 族群活动与流域区域的叠合

流域是族群文化活动的地域空间，自然形成的流域在人类活动的

---

① 赵世瑜、周尚意著：《中国文化地理概说》，陕西教育出版社 1991 年版，第 76—77 页。

参与下，转化为有意的人类文化空间，在这一过程中，族群活动的影响是十分明显的。流域与族群的研究，首先需要界定自然地理意义上的流域与人文地理意义上的流域的区别。流域文化作为一种地域文化，它既不是单纯的河流文化，也不等同于整个区域文化。因为前者弱化了流域文化丰富的内涵，过于突出河流发育、河道变迁及流域社会生活物质层面的影响等狭义的河流文化；后者则泛化了流域内所有地区的文化现象，甚至将远离河流的区域文化也归于流域文化，致使流域文化失去了特色，也失去了理论上存在的必要。

一、流域与区域族群文化

区域文化生长于一定的文化区。文化区的空间界定是理论上构建区域文化的前导工作。根据人文地理学的文化区理论，形式文化区在空间分布上可以分为集中的文化核心区与模糊的边界文化区。核心区的位置大约位于该文化区的中部或接近几何中心部位①。这里有必要对文化区域和文化圈加以区分。文化区域概念认为，一些相互关联的文化因素与环境相互作用，所产生的文化组合也许是独特的，也许不是，但都是就地生成的。文化圈是用来描述文化分布的概念之一，由德国民族学家 R. F. 格雷布纳首先提出，他在 1911 年出版的《民族学方法论》一书中使用文化圈概念作为研究民族学的方法论。格雷布纳认为，文化圈是一个空间范围，在这个空间内分布着一些彼此相关的文化丛或文化群。从地理空间角度看，文化丛就是文化圈。奥地利学者 W. 施密特主张，文化圈不限于一个地理空间范围，它在地理上不一定是连成一片的。文化圈学说认为，多数文化特征的分布，是基于迁徙和扩散造成的，因此会出现一些文化圈的交错现象。这些文化核心区外的交叉区域虽属于该文化圈，但并不具有该文化的典型性。文化区概念和文化圈概念的提出，有助于从空间上加深对文化的认识。文化区理论应主要从文化生成的角度来理解，而文化圈理论更多地要从文化传播的角度去认识才有意义。

---

① 参见王恩涌等编著：《人文地理学》，高等教育出版社 2000 年版，第 33 页。

不管是文化区理论还是文化圈理论，都说明文化的产生与发展是以空间区域为基础的。为了更直接说明流域文化空间的形成与发展，我们不妨把文化区域分布分为生成区和影响区来考察更易理解。文化区域具有空间性与时间性的特点。任何文化区域都具有空间性的特点，文化的生成与该空间范围内的地理环境有密切的关系，因此，与某一文化的产生密切相关的地区即为该文化的生成区。文化生态学的奠基人美国学者 J. H. 斯图尔德认为，文化对环境的适应性可以使不同的自然环境下的文化体系具有独特的特征，"总的来说，气候、地形、土壤、植被、动物群是决定性的，但可能其中的某些特征比其他特征更加重要。沙漠中的水洼地对游动的种子类食物采集者来说可能是至关重要的，猎物的习性可能影响狩猎的方式，鱼洄游的种类和季节将决定沿河和沿海居住的部落之习惯"[1]。流域核心河流两岸地区具有典型的地域文化特征，这些特征是与两岸地区的地理环境和气候特征密切相关的。

流域文化空间是地域性的文化场域，地域文化在空间上生成于流域地区独特的地理环境中。"文化是人的文化，是待人而后实有者。宇宙间若没有人，宇宙间即没有文化。"[2] 区域文化或地域文化的生成，除了仰赖一定的地理环境外，也离不开该区域或地域内的人类活动，或者说与该区域或地域内的特定族群及其文化传统有着密切的关系。自然环境是人类赖以生存的物质基础。人类社会的发展在一定程度上受自然地理环境的制约，自然环境对人类文化形成与发展的制约作用，时代愈早表现得愈明显。在生产力水平不发达的古代，尤其如此。[3]

二、区域族群互动与流域文化的形成

从世界范围内看族群互动与流域文化的生成，可以发现，西亚是

---

[1] ［美］J. H. 斯图尔德著：《文化变迁论：多线进化的方法论》，陈国强等编：《建设中国人类学》，上海三联书店 1992 年版，第 256 页。

[2] 冯友兰著：《冯友兰学术论著自选集》，北京师范学院出版社 1992 年版，第216 页。

[3] 参见田青刚：《族群活动与淮河文化的形成》，《贵州民族研究》2010 年第 4 期。

世界文明的发祥地，也是人类族群纷争最激烈的地方，文明初期的大多数族群在激烈的纷争中已经随着文明的更迭在西亚本土消失了，这些消失的族群很多流落到西亚以外的区域，特别是向着日出的东方迁徙所经过的南亚、中亚和东亚或更远的美洲。在印度和中国及周边的很多国家和地区都还保留着早期源自西亚的族群，虽然他们的文化和历史记忆经历了数千年的不断在地化，但其核心未变。今天我们依然可以通过族群迁徙的历史还原、辨析这些族群的源流。族群迁徙的在地化在东亚表现得十分突出。西亚及相关地区的三皇五帝以及夏商周的历史在东亚后代的传承记忆中几乎完全被在地化为东亚的历史了，但这种在地化始终存在着无法圆通的裂隙，通过仔细研究发现这些裂隙最终可以击破在地化的历史幻影。比如炎黄大战总是和黄帝蚩尤大战纠结在一起，始终无法圆通，这其中就有裂隙。其实击破三皇五帝夏商周的东亚在地化的历史幻影，我们会看到，殷商武丁以前的很多历史事件并不真实发生在东亚，一直以来中华早期历史的宏大叙事是以西亚为核心地区发生的具有世界性的文明史。三皇五帝及夏时的西亚连同北非是世界文明的大舞台，殷商时这一主导文明向南亚、中亚及东亚拓展，殷武丁以后才拓展到东亚的沿海地带，而周人将这一主导文明全面带入东亚，落地生根是周平王东迁以后的事了。早期文明史的主根和主干是在西亚及相关地区，其他皆是拓展以后的落地生根。

在这种还原中，更早期东亚的族群及已失忆历史的找寻就凸显在我们面前了。我们只能在少数民族的族群记忆中去找寻，而这也同样要面对少数民族族群在地化的历史幻影。好在这些族群尚在，考古遗迹也不断出现，通过蛛丝马迹我们还可以去追溯还原。万幸的是，我们在台湾和南海及太平洋岛屿甚至可以找到至今尚保留完整的很多早期族群。这得益于海洋的保护，使这些岛屿的族群在遗传和语言文化诸多方面得以像活化石一样留存至今，并在我们面前打开了通往更早期亚洲大陆迁徙历史的大门。

城市是族群迁徙驻足的地方，是族群定居的场所，族群文化和历史记忆的在地化也由此落地生根。从研究角度剥落在地化的痕迹，还原族群来龙去脉，城市族群更迭的研究是重要的切入点。当然城市中生活的每个人是族群文化和历史记忆在地化的自主主体，这是需牢记的。还原族群历史真相并不能去除文化和历史记忆的在地化，恰恰是其站在更高层面兼容了曾经的在地化，并使城市源于族群的历史的内在冲动更加顺畅地呈现出来，也使城市的空间形态更有意蕴，并且在更大范围的城市博弈中使城市自己的个性彰显出来。

关于中国城市所涉及的族群是非常广泛的，这些族群会牵涉到目前世界上现存的更广泛的族群。世界现存所有的文明从根本上说是同源异流的，正如现代人在全球独存而其他人种已消亡一样，异源的文明即使有，在全球文明史中也会找到更进一步的同源出处，因为现代人本身就是同源的。这也可以说是一种界定，我们总能找到多元共有的一元出处，只须进一步地追溯。这也和文明的定义有关，多元共有的一元出处最后就是定义。独存的现代人的文明在同源异流中始终保持着相互的关联，从差异的种族到差异的民族，各个族群皆对文明有所贡献。实际上文明就是在族群相互关联激荡中发展壮大的，多元恰恰是同源异流的族群之间的互动，只是有些互动有着时空上的复杂交错①。

第二节　文化底蕴：流域与族群的发展

讨论文化圈和文明，我们最先想到的可能是大江大河流域。大河上下，草场、山岳、湖泽、平原，各种景观构成复合生态系统，宜牧、宜猎、宜渔、宜农，成为文明的发源地和文明生长的中心区。人口和资源压力下的先民循着江河，拓展着大河文明的腹地。河岸溪谷，是族群和文化因素交汇碰撞的天然通道，社会组织在冲突和整合中迈上更高级的阶梯，而河口三角洲则往往是远洋贸易的集散地②。

从分子人类学提供的证据看来，早期人类文明共同体曾经历了夏

---

① 参见赵冰：《长江流域族群更迭及城市空间营造》，《华中建筑》2011 年第 1 期。

② 参见周大鸣、杨小柳：《珠江流域的族群与文化略论》，《西南民族大学学报（人文社科版）》2007 年第 7 期。

商周时期的文明更新及族群扩散，每一历史时期新的文明通过族群迁徙被带到了边缘地区，拓展了文明的空间范围。东亚作为曾经的边缘地区，随文明的更新及族群扩散，出现了一次次的族群更迭，留下了丰厚的族群更替、叠累、挤压及更迭的痕迹。流域空间范围内的族群历史发展与流域文化底蕴的形成之间，有着天然的密切关系。

中华民族起源于中华大地，中华大地是东亚的主体部分。东亚是一个半封闭的大陆，其地势西高东低，西部有巍峨的青藏高原、帕米尔高原、云贵高原、黄土高原和内蒙古高原，以及喜马拉雅山、喀喇昆仑山、昆仑山、祁连山、横断山、哀牢山、苗岭、乌蒙山、大娄山、武陵山、秦岭、太行山脉、贺兰山、阴山山脉、大兴安岭等山脉，以及塔克拉玛干沙漠、古尔班通古特沙漠、巴丹吉林沙漠、腾格里沙漠、库姆塔格沙漠、乌兰布和沙漠和柴达木盆地中的沙漠，把中华大地与西亚阻隔开来；东部濒临浩瀚的太平洋把中华大地与其他地区隔绝开来[①]。就是这块由高原、高山、沙漠和大海围护所形成的地理结构，中间又有黄河、长江、辽河、珠江从西向东奔腾万里注入太平洋，加上典型的季风气候，气候湿润温和，适宜农耕和游牧，于是，在中华大地，黄河、长江、辽河、珠江四大流域成了中华民族文化的摇篮。

以长江、黄河为代表的大河流域，之所以能够成为中华民族和中华文化的摇篮，是因为水是生命的要素，江河在人类文明史上是不可或缺的角色，不仅是文明起源和发展的重要时空语境，也是有史以来各民族或族群文化交流、互动、认同、冲突的孔道、边界和前沿。此外，江河还作为重要的文化符号在各民族或族群文化体系中具有深远的社会历史意义。

一、长江流域族群发展史

长江发源于青藏高原唐古拉山主峰西南侧，是中国第一大河。长

---

① 参见《中国地理概览》编写组编：《中国地理概览》，东方出版中心 1996 年版，第 10—11、99—100 页。

江由西到东流经青海、西藏、四川、云南、重庆、湖北、湖南、江西、安徽、江苏、上海 11 个省、市、自治区，入东海，全长 6300 公里，流域面积达 1808500 平方公里，占全国耕地面积的 1/4，住着全国 1/3 的人口。长江有 18 条大的支流，串联了 4 大湖泊，流域地区还包括甘肃、贵州、陕西和浙江的部分地区：长江支流流域面积超过 1 万平方公里的有 48 条；流域面积 5 万平方公里以上的有雅砻江、岷江、大渡河、嘉陵江、乌江、沅江、湘江、汉江和赣江 9 条。其中雅砻江、岷江、嘉陵江和汉江流域面积超过 10 万平方公里，以嘉陵江流域面积最大，约 16 万平方公里。中国大部分的淡水湖分布在长江中下游地区，面积较大的有鄱阳湖、洞庭湖、太湖和巢湖。[1]

众所周知，传统的说法黄河是中华文化的摇篮。Chaolong Xu（1997）指出，在中国历史上，"黄河文明"一直被视为中华文化的摇篮，以及中国超出四千年文明进程的唯一中心，然而，长江流域的考古学成果表明，上述观念很可能是一种虚幻的想象。包括河姆渡遗址等大批考古学证据表明，中华文明在长江流域的发源可以追溯到五千年前。在政治中心迁移到黄河流域的一千多年前，长江流域的人们就在中华大地上创造了杰出的文明。[2]

在长江的滋润和哺育之下，大江上下，与黄河流域一样遍布了古人类活动的遗迹。旧石器时代早期有巫山猿人和"鄂西臼齿"、郧县猿人、郧西猿人、和县猿人、巢县人、贵州观音洞文化和湖北大冶县章山乡石龙头发现的文化遗存。长江流域现已发现旧石器时代晚期智人的人骨化石，主要地点有四川资阳黄鳝溪、贵州普定县穿洞、云南丽江木家桥、江苏泗洪下草湾等。考古学家认为这些人骨化石从体质特征上看，与现代人基本相类同，并且还认为已具有黄色人种的大多数基本特征[3]。长江下游地区的新石器时代文化主要有浙江宁绍平原

---

① 参见《中国地理概览》编写组编：《中国地理概览》，东方出版中心 1996 年版，第 164—167 页。

② Chaolong Xu, "Viewing the Reconstruction of the Framework of Chinese Civilization", *Japan Review*, 1997, No. 9, pp. 205-222.

③ 参见吴汝康等主编：《中国远古人类》，科学出版社 1989 年版，第 57—58 页。

的河姆渡文化，太湖流域的马家浜文化、崧泽文化、良渚文化，江苏宁镇地区的北阴阳营文化，安徽江淮地区的薛家岗文化。长江中游的新石器时代的文化，在江汉地区主要有彭头山文化、大溪文化、屈家岭文化、石家河文化；在地处长江中下游之交的鄱阳湖及赣江流域一带，则分布着一些具有一定地域特征的新石器时代文化遗存，代表性的有万年仙人洞遗址和修水山背文化遗址。在长江上游的云南、贵州、四川等地，也曾发现有不少新石器时代文化遗址，如云南已知新石器时代遗址和石器出土地点达300多处，其中较重要的有宾川白羊村遗址、元谋大墩子遗址、晋宁石寨山遗址、昆明宫渡遗址、耿马南碧桥洞穴遗址、宣威尖角洞遗址、永仁菜园子遗址及抚仙湖、杞麓湖沿岸遗址和怒江流域遗址等处；贵州地区迄今已知有中河、可乐、白云、青场等处；四川长江上游地区则以川西南的礼州遗址最具典型，被定名为"大墩子——礼州文化"。此外，广西桂林甑皮岩遗址和福建闽侯昙石山等，也是长江以南地区重要的新石器时代文化遗址。①

从上可见，长江流域新石器时代文化显示出了比黄河流域更为丰富多彩的画面，在其下游有河姆渡文化—马家浜文化—良渚文化序列，在中游有大溪文化—屈家岭文化—青龙泉第三期文化序列等。进入文明时代以后，土生土长纵横于江汉的楚民族，与崛起于江南的越民族登上了长江流域的历史舞台②。

长江流域的族群历史变迁更迭异常丰富，基本上不离由西而东、由北至南的挤压更迭的大格局，虽局部也有战败族群西逃或兴盛族群北上的情形。诸多族群也在长江流域的生存繁衍中获得了自己在地化的发展。早期在长江流域的族群由于东亚大的族群挤压的格局，不同时期会出现不同的族群分布，同时期的族群为了自己的生存空间相互间也处在博弈状态，自然会有此消彼长的空间领域的变化，也由于长江流域不同的地理单元形成了族群不断叠压或换位的状况。在族群更

---

① 参见李学勤、徐吉军主编：《长江文化史（上）》，江西教育出版社2011年版，第3—14页。

② 参见徐杰舜：《中华四大流域：汉民族文化发祥的摇篮》，田阡、徐杰舜主编：《人类学与流域文明》，黑龙江人民出版社2017年版。

迭中，长江主干流及支流几乎是早期族群大尺度迁徙的首要通道，特别是顺流而下的进攻或逃离，比如楚灭巴以后，巴主要的一支巴旦也叫板盾或賨就是顺江而下后在东南沿海一带直至台湾、菲律宾等地发展，东南沿海的畲人、台湾排湾族和达悟族、菲律宾巴旦族都是当时族群散落的后裔，他们都崇拜蛇龙。秦灭楚以后罗人也是顺江而下入海直至朝鲜半岛，建立了新罗，至今还是朝鲜半岛的主体族群。

具体就地理单元来说，沿藏彝走廊进入云贵高原，在长江上游流域存在着非常丰富的族群更迭，历史上进入东亚的族群在这里几乎都可以找到走过的痕迹，但留下的记载少，还原难度大，通过考古也许能大体追溯其历史原貌，滇人、昆人、僰人、蜀人或叟人等族群的分布状况还有待廓清。其早期聚落或城邑规模不大，但丰富的族群及其冲突和融合，使其营造空间理念呈现多样化的特点，也使高原上的城邑呈现出丰富多彩的面貌。后来滇池流域的昆明应是汉人较为集中的城市，它也同样表现出了族群文化多元性及城市空间形态的版块面貌。

以岷江流域为主的成都平原，其族群主要沿岷江迁徙而来。三星堆和金沙遗址所揭示的面貌证实了其不同种族的族群更迭及其和西亚、中亚的关系。蜀王祖先蚕丛、柏灌、鱼凫、杜宇、开明前后相继的传说实际是迁徙族群的历史记忆，在此地真实发生的历史还需仔细分辨。其实蚕丛就是羌族，杜宇就是大月氏，开明就是荆蛮。营造城邑的理念亦同样反映了和西亚、中亚的关联，截至目前成都平原已发现距今4500年前左右的宝墩遗址、芒城遗址、郫县遗址、鱼凫村遗址、双河遗址、紫竹遗址和盐店遗址7座古城遗址，这一古城群是目前为止所知晓的中国早期规模最大的古城群。而成都从3000多年前的金沙遗址算起，其城址始终未变，城名未改，是现今中国历史最为悠久的特大城市。

嘉陵江流域及长江三峡南北武陵山和大巴山地区是非常重要的地理单元，是以巴人为主的地域。原在长江中游的廪君蛮和板盾蛮受到楚的打击后退居此地，是今天土家族的先族，城邑依托山地，注重防御性。

长江流域中游的荆州地区是中国早期的南北通道上的重要地区，濮人、越人、巴人、瑶人、苗人、楚人、吴人、汉人等族群在这里留下了驻足的叠痕。也是目前东亚最早出现城邑的地区，湖南澧县的城头山城市遗址距今6000年，是亚洲最早的城市，天门石家河城市遗址距今4000多年，有120公顷，堪称同时期亚洲第一大城市，当是风姓伏羲族群的城市。荆州纪南城是当时长江畔最气度不凡的大都会，也是楚人强大的体现。

汉水流域的汉水曾经被认为是今日长江的主干，汉之名称出于刘汉。由于汉朝400余年稳定的王朝统治，使汉人从统治者的称呼变成了东亚多民族形成的一个民族。汉水原本称襄水，应是向姓巴人生活的区域，在汉水各支系流域还生活着庸人、麋人、罗人、邓人、楚人等。襄樊和南阳处于汉水经过的南阳盆地，其城市虽经族群多次更迭，但因其处于南北交通要道，城市得以延续发展。

湘江流域是楚人南下扩张的主要流域，此前这里有夷人和巴人，湘江之名是向姓巴人从今汉水（原襄水）带去的，而长沙完全是楚人建立起来用于控制南方的中心城市，后来成为洞庭湖以南流域的中心城市。

长江流域中游云梦泽东部和云梦泽西部荆州地区遥相呼应的是武汉，武汉后来居上，成为长江流域中游的大都会，得益于区域性的重心东移。在云梦泽东部历史上的族群有鄂人、苗人、楚人和吴人等，鄂人经南阳沿随枣走廊来到鄂州，应是云梦泽东部早期的主要族群，吴人也曾以鄂州城作为都城。自大冶至铜陵地带，富含铜矿资源，对其开采从古至今未断，现代发展起来的黄石等城市也因此成为中国重要的工业城市。

赣江流域是一个袋状的地理单元，遗址显示了3000多年前这里曾存在的青铜文明，吴城遗址和牛头城遗址也许就是周族群追杀殷族群苗人的战场，吴城遗址的主人应是周族群，而牛头城遗址的主人是苗人。赣江流域的越人、苗人、吴人及后来的楚人都留下了自己城邑的痕迹，后来的闽人、客家人也是自北而来经此扩散到闽粤，并进一步扩散到台湾的。

长江下游流域水系发达，最早应是濮族支系和塞特族支系生活的地区，巢湖流域凌家滩遗址或许就是 5500 年前他们的中心城市。长江下游流域后来有越人和吴人等族群的分布叠压，考古揭示其早期城市的发展和城市内外的水系交通密切相关。两千多年来这里逐渐由中国的边缘地带变成了最发达的地区，南京、镇江、扬州、无锡、苏州等城市群已把江南的美称从中游转到了下游，特别是近现代以来，这里成为中西交融的前沿地区，也出现了上海这样的世界级的大都会。总之，长江流域的族群更迭显示了东亚族群发展最强劲的活力①。

二、黄河流域族群发展史

黄河是中国的第二长河，发源于青藏高原巴颜喀拉山脉北麓，流经青海、四川、甘肃、宁夏、内蒙古、陕西、山西、河南、山东 9 个省、市、自治区，注入渤海，全长约 5464 公里，流域面积约 75 万平方公里。黄河流域在海平面随气候冷暖变化而下降或上升时，其下游流域也随之改变。海平面下降到今日标高以下 150 米左右之时，渤海、黄海、东海都是茫茫绿野，黄河下游流域要一直延伸到今日黄海东部。海平面超过今日标高以上 15—50 米左右之时，太行山脉以东则是一片海洋，泰山则成了海洋中的岛屿，今黄河下游流域基本不存在。

黄河流域的自然条件十分适宜古人类的居住，然而就黄河流域的各个地区来说，情况却千差万别。远古人类的生产工具极其简陋，生产力水平极为低下，他们只能选择同他们的生产力水平相适应的地方居住、活动。黄河干流有的地段从高山峡谷中穿过，那里峭壁林立，崖陡谷深，水流湍急，既不便于人们提取用水和交通往来，也不便于开展生产活动；有的地段从开阔的平原上流过，那里又常常洪水泛滥，河流改道，使人类的生命遭到严重的威胁，人们避之唯恐不及。而黄河许多支流的两侧，往往有较大面积的冲积平原和较为宽广的台地。这些平原和台地多沿山麓分布，依山傍水，既便于人们进行生产

---

① 参见赵冰：《长江流域族群更迭及城市空间营造》，《华中建筑》2011 年第 1 期。

活动,洪水到来时也可以跑上台地或登上附近的山岭去躲避,往往就成为远古人类首选的居住地。因此,从青海的湟水河两岸到山东的大汶河流域,黄河的众多支流两侧,便分布着数以万计的古人类活动遗址。

迄今为止,黄河流域发现的旧石器时代早期文化遗址,年代最早的是山西芮城县境内的西侯度文化,距今已有180万年。继西侯度人之后,黄河又用她的乳汁养育了一批又一批儿女。他们主要分布在黄河的中游地区,留下了许多旧石器早期的文化遗存。其中主要有距今100万年左右的陕西蓝田县灞河东岸王公岭遗址,距今约70万至20万年的北京周口店龙骨山北京人遗址,距今约60万年的山西芮城县西侯度南的匼河遗址,距今约50万年的陕西蓝田县灞河西岸陈家窝遗址等。

进入旧石器时代中期,在黄河流域的许多地方发现了旧石器时代中期的文化遗存,其中以距今23万—18万年的陕西大荔县甜水沟遗址、距今15万—10万年的山西襄汾县丁村遗址、距今约10万年的山西阳高县许家窑遗址最为著名。至旧石器时代晚期,中华民族远古先民在黄河的活动范围大大扩展。东起山东,西到甘肃、青海,北到宁夏、内蒙古,南至河南,整个黄河流域都遍布着他们的足迹,留下了许多文化遗存。其中,比较重要的有河南许昌市灵井遗址、宁夏灵武市的水洞沟遗址、内蒙古乌审旗的萨拉乌苏河大沟湾遗址即河套人遗址、山西朔州市峙峪遗址、河南安阳市小南海洞穴遗址、陕西韩城市禹门遗址、甘肃环县刘家岔遗址、北京周口店龙骨山山顶洞人遗址、内蒙古呼和浩特市东郊大窑遗址、山西沁县下川遗址等。

大约距今17000多年前,黄河流域跨入了以农业生产为主要标志的新石器时代。早期的文化遗存,有北京门头沟东胡林村遗址、河北徐水县南庄头遗址、青海贵南县拉乙亥遗址;中期的文化遗存,有主要分布于中原地区的裴李岗文化,冀南和豫北的磁山文化,渭河流域和陕西汉中地区的老官台文化,鲁西地区的后李文化;晚期的文化遗存,有主要分布于北京地区的上宅文化,渭河流域、河南大部、晋南、冀南、陕西汉中地区的仰韶文化,陇东山地、陇西平原、宁夏清水河流域、青海贵德盆地和甘肃武威以东的马家窑文化，甘肃、青海境内黄河沿岸及其支流渭河、洮河、大夏河和湟水流域、宁夏南部与内蒙古西部的齐家文化，鲁西地区的北辛文化，山东大部和苏皖的淮北地区的大汶口文化。

中华民族的远古先民开始在黄河支流岸边的高台地定居下来，从事原始的农业生产。考古发现证实，远在距今七八千年前，黄河流域已经普遍种粟，有了比较成熟、初具规模的粟作农业。此外，磁山文化的河北武安牛洼堡和西万年遗址，裴李岗文化的河南新郑裴李岗和沙窝李、许昌丁庄遗址，老官台文化的渭南北刘遗址，仰韶文化的陕西半坡遗址等，都有粟出土，说明粟在这个时期已成为黄河流域一带居民的主要粮食。除了粟，粟的另一个品种黍，也在某些地方开始种植，老官台文化的甘肃秦安大地湾遗址、仰韶文化的陕西姜寨遗址、河南新郑大河村遗址等，都曾发现过黍的实物遗存。①

综上所述，可见黄河中、下游，包括汾河、渭河、泾河、洛河、沁河等大支流在内的黄土河谷地带，由于河谷的河坎高出洪水线，既可避免水害，又利于穴居。加之黄土疏松易碎，土壤肥沃，既适宜原始农耕，又为制造陶器提供了好原料。所以在黄河流域孕育出了蓝田人、南召人、大荔人、丁村人、许家窑人、峙峪人、河套人、新泰人等一个又一个原始族群。中国最早的夏民族就发祥于河洛，沿黄河边从西向东发展；商民族则发祥于黄河下游，自东向西发展；周民族也自西向东发展，纵横于黄河中、下游广大地区。进入春秋战国时代，黄河流域又成了民族融合的大熔炉，铸成了华夏民族的主体部分。②

距今 8000 年至 7000 年前海平面上升带来的海侵即大洪水，是人类文明的转折点。此前北半球的人们随气温和海平面上升逐渐向北迁徙扩散并向高地退让。但气温及海平面下降，族群迁徙扩散的方向便发生逆转，向南成了主向，人们逐渐回到被大洪水淹没后再次露出的陆地。黄河流域由于北面连接着广袤的欧亚草原，西面和中亚相连，

①　参见陈梧桐、陈名杰著：《黄河传》，河北大学出版社 2008 年版，第 52—65 页。

②　参见徐杰舜：《中华四大流域：汉民族文化发祥的摇篮》，田阡、徐杰舜主编：《人类学与流域文明》，黑龙江人民出版社 2017 年版。

同时具有适宜人类生存的气候和地理条件，从上游、中游到下游便成了迁徙族群争夺的空间，经中亚和北亚扩散到东亚的中心地区的西亚文明便最早出现在黄河流域，下游的中原地区成为西亚文明中心之外的次中心之一。

距今4200年前后气候变异，全球气温陡增，又一次大洪水袭来，出现海侵，导致沿海族群向高地溃逃。海岱地区的龙山文化族群强劲向西，迫使乌拉尔族群西迁，在黄河上游流域留下了齐家文化的遗存，齐家文化主要分布在甘肃、青海境内的黄河沿岸及其支流、宁夏部分地方、陕西西北部和内蒙古西部，其图腾为鸟。东汉结束前以汉族为主的人口将近6000万，主要集中于黄河流域的平原上。经三国到魏晋，北方游牧族群纷纷南下，迫使中原汉人南渡，中原易主，匈奴、鲜卑、羯、氐、羌在北方建立了十六国，形成和南下汉族政权相对抗的局面。

总的来说，黄河流域在很长一段时期作为东亚文明的中心之地，直接承受了自西而来的不断的族群更迭，累积了丰富的族群更迭的遗存和厚重的历史文化，更为未来中华民族的发展提供了坚实的基础。

从区域空间来说，族群从西北到中原，在黄河流域不同的地理单元都有着自己相对稳定的通道和中心。从中亚到甘青走廊，黄河上游流域文化最早受到西亚和中亚影响，这种影响接着向黄河中游流域扩散，在秦岭以北渭水流域形成稳定的生存空间单元，向北就是河套地区，向东则进入河洛地区，也是稳定的生存空间单元，再接着就进入广阔的中原地区大生存空间单元。黄河在这里由于中游带来的泥沙，导致其河道经常摆动，但通过人为的治理，中原地区成为黄河流域最富庶的地区，也成为各族群争夺的地区，入主中原就意味着成为东亚霸主。太行山脉以西和以东区隔的黄河以北的地理单元也是两个稳定的生存空间单元。

在这些生存空间单元中，形成了许多大大小小的聚落，有些聚落发展成为城市或中心城市，其统领范围有些超出生存空间单元，成为诸单元的中心城市，有些中心城市发展成为大都市或都城。仰韶文化早期和中期，黄河中下游流域出现了一些环壕聚落，到仰韶文化晚期演化为城邑，而黄河上游流域则未发现城邑。位于豫西丘陵和黄淮平原交界地带的西山古城遗址是目前黄河流域发现的最早的城址。平面近圆形，城外有护城壕。城内北部和城外西部有两处墓葬区，城内东北部和西北部有两处居住区。西部有房屋环绕的广场。龙山文化时期城邑才得以发展。其平面多呈方形，城址外围有城垣和城壕，城内有宫殿或祭祀场所作为中心，有居住区、生产作坊区和墓葬区，有的墓葬区在城外。如黄河中游流域的辉县孟庄城址、郾城郝家台城址、新密古城寨城址等，黄河下游流域的城子崖城址、丁公城址、田旺龙山城址。再就是两重城垣的布局，如黄河中游流域的登封王城岗遗址、襄汾陶寺龙山城址，黄河下游流域的边线王龙山城址等。黄河下游流域城市在大洪水之后基本上都消失了①。

春秋时期，战事频仍，周平王东迁带动各诸侯国纷纷筑城，致使城市数量空前增加。洛邑是周平王东迁的都邑，其名称源自西亚的洛邑。洛邑东西约 2500 米，南北约 3000 米，是在原有旧邑上按规制扩建而成。周人的《周礼·考工记》和《圣经》记载的城邑的营造规制一致。东迁的许多诸侯国都基本延续了西亚周人相应的营造规制传统。战国时期黄河流域城市发展进入新的时期，铁器工具的出现促进了生产力的提高，手工业和商业促进了城市的发展，大中小城市星罗棋布，城市在人口规模、用地规模、布局等方面突破了周人的营造规制，形成了自己的特点。都城无一例外地都有两座城，一个宫城，一个外城。秦都雍城、魏都安邑、郑韩故城、齐都临淄、鲁都曲阜等是这一时期的代表性城市。

汉朝城市发展是一个高峰时期，西汉约有 1580 座城市，东汉约有 1180 座城市。西汉长安城是都城，宫殿和官署集中在城区南部，占据了城市的一半以上的面积，城区北部是东、西二市和居民区，居民按照士、农、工、商四种不同的身份被严格地以里为单位划定在不同的区域中。东汉洛阳城是都城，它是在层叠的历代洛阳城的基础上改造而成的，城内宫城布局以南、北宫为主，明堂、辟

---

① 参见赵冰：《黄河流域族群更迭及城市空间营造》，《华中建筑》2012 年第 10 期。

雍、灵台是洛阳的标志性建筑。三国时重新定都洛阳，直至西晋，洛阳一直作为首都存在。南北朝时期洛阳、长安、晋阳都是非常繁盛的城市。

唐朝建都长安，人口不下百万。城内设有东、西二市。唐营建东都洛阳，规模略小于长安城。宫城、皇城布局在都城地势最高的西北隅。宋朝以后区域重心东移，北宋建都汴梁。汴梁周阔约 30 公里，由外城、内城、皇城三座城池组成，人口达到 150 余万。商业的繁华促使汴梁出现了新的空间格局。汴梁后为金国南京、元汴梁路、明清开封府，一直是黄淮河流域的重要城市。但从区域发展来说，中原已不再是经济中心，中心已经向长江下游流域转移。很多城市规模也大幅度缩减，如西安、洛阳等。

近代、现代、当代，由于西方工业文明启动的全球化，中华文明被迫向海洋文明靠拢，特别是当代，区域和城市发展重心向沿海地区转移，黄河流域的资源向沿海地区汇集，使流域生态急剧恶化，黄河下游、中游各主要支流以及黄河源头出现了断流，流域内植被被破坏，流域内城市在工业化过程中出现恶性城市化，只有山东沿海一带的城市发展稍显正常。但从历史城市的遗产来说，毕竟黄河流域历史积淀丰厚，虽历经战争、革命和改革，地面上的物质遗产遭受了极为严重的摧毁，但其历史文化底蕴在广大的民间、在大地的深处却得以幸存，为未来"古城复活运动"提供了可能①。

三、珠江流域族群发展史

珠江流域文化圈包括广东、广西、贵州、云南、湖南南部、江西南部、南中国海沿岸（包括港、澳、海南、闽南）等地域，是多元生态、文化和民族分布地区。经过长期的历史发展，珠江流域已经形成了具有密切的社会、经济关联，且富有内在文化传统的文化圈②。

珠江水系由西江、北江、东江与珠江三角洲水网构成。珠江出云

---

① 参见赵冰：《黄河流域族群更迭及城市空间营造》，《华中建筑》2012 年第 10 期。
② 参见周大鸣、杨小柳：《珠江流域的族群与文化略论》，《西南民族大学学报（人文社科版）》2007 年第 7 期。

贵，下两广，三江合流，直面南洋。以长度计，奔腾 2000 余公里，仅次于长江、黄河、黑龙江；以流域面积计，泽惠 45 万平方公里，涤荡两广和云贵，浩浩汤汤，年径流量仅次于长江，堪称巨川。近年来，随着考古发现的增多和研究的不断深入，珠江流域文化圈的历史和特征越来越清晰。

珠江流域文化圈涵盖的范围除了包括本水系流域和发源地外，还包括相邻的韩江和沿南中国海诸江河的流域、发源地以及辐射地带。珠江流域属于亚热带石灰岩、红壤和水稻土地区，降水丰沛，动植物资源非常丰富，地理景观与黄河流域、长江流域都有差别。珠江流域尤其是西江流域范围内，从旧石器时代早期一直到新石器时代的文化都很繁荣，考古发现非常丰富。新石器时代的繁盛状况更为显著。珠江流域优越的自然环境和生态环境为人类提供了丰富的食物来源，为文明起源提供了良好基础，而且考古发现，这一流域已经出现了不同文化适应不同生态的端倪。珠江流域动植物资源丰富，渔猎—采集经济似乎延续了较长一段时期，但是各种迹象表明这里可能是早期作物栽培中心之一，较早地开始向农业生产过渡。岭南新石器晚期遗址大体可以分为山岗（包括洞穴）、坡地（台地）、贝丘和沙丘（沙堤）几类，前两者农业经济特征比较鲜明，后两者渔猎采集特征突出，考古学文化面貌也显得落后些。各类遗址反映出居民因生态环境的不同选择了不同的适应方式和经济模式，从而为珠江流域的多元族群奠定了基础[1]。

1. 珠江流域的族群

先秦以来，主要有百越、苗蛮、百濮、氐羌等族群活跃在"珠江流域"，同时，横断山区、湘桂走廊以及南岭通道历史上是北方族群南下的走廊，一些族群经此停留再南下中南半岛，族群间的迁徙、演化、融合、分化情况颇复杂。如瑶族按照语言可以划分为四个分支，分属汉藏语系苗瑶语族的瑶语支和苗语支、壮侗语族的侗水语支

---

[1]　参见周大鸣、杨小柳：《珠江流域的族群与文化略论》，《西南民族大学学报（人文社科版）》2007 年第 7 期。

和当地汉族方言，语言竟不相通。在历史长河中，这些族群以及华夏族不断交流演变，互相融合同化，加上历代汉族的南迁，构成今天"珠江流域"族群的基础①。

"越"一名，见于《逸周书·伊尹朝献》，其云商汤时正东有"越沤"。先秦时期，珠江流域的福建、广东、广西、云南等地分布着一个很大的南方族群百越。百越的考古学文化特征是：使用双肩石斧和有段石锛；有夹砂或夹炭粗陶，有拍印绳纹；陶器组合有鼎、豆、壶共存，种植水稻；住干栏式房屋。百越活动见于记载最多的时代是春秋至汉末之际，属于百越系统的句吴和于越曾建立过强大的王国，并一度成为霸主。战国后期活动频繁的"扬越"，曾广泛分布于今淮南、长江下游和岭南地区。秦末汉初，闽越主要分布在今福建福州一带；南越分布在今广东和广南南部地区；西瓯大致分布在今广西西南部、越南北部。从汉开始，这些地区的民族先后被冠以"乌浒""俚僚""俚""僚""很"等族称。在乌浒人之后，出现俚僚、假等族，到宋代，部分俚人接受汉化，部分或退入山区，在海南岛的称为"黎"，在广西的称为"僮"，1958年以后改为壮，以及后称的布依、侗、黎、毛南、水、仫佬族等。目前学术界一致公认，中国语言上属壮侗语族的民族都主要来源于古代百越民族中的西瓯和骆越两大支系。

在3000多年前的商代，氐羌一些部落在黄河上、中游地区的活动见诸史籍。早在3000—4000年前，云南生活着氐羌族先民。珠江流域上游属于氐羌族群的有：彝族，秦汉时称叟、昆明，唐宋称乌蛮，元以后称罗罗，分布在云南；白族，秦汉时称僰，唐宋称白蛮，居住在滇西；纳西族，魏晋时称摩沙夷，唐称磨些蛮，活动在滇西北金沙江流域。苗蛮，又称三苗、苗、蛮，苗蛮族系主要分布于古代百越族群之西，最早来源可追溯到传说时代的三苗。先秦时期群蛮广泛分布于今天"珠江流域"区域的湖南、岭南北部等地，曾长期从属

---

① 参见周大鸣、杨小柳：《珠江流域的族群与文化略论》，《西南民族大学学报（人文社科版）》2007年第7期。

于楚。苗蛮中流行盘瓠传说。到秦汉时，他们在文献上被称为长沙武陵蛮。今天的苗、瑶、畲三族，都认为自己是盘瓠的后裔，学术界认为他们与汉时的武陵蛮或武溪蛮有着直接的渊源关系。百濮，是西南的古老族群，《逸周书》曾载南方各族及其贡献，提到百濮。百濮族系的考古文化较难识别。在澜沧江下游是濮、越交错杂居地区，澜沧江中游是濮系民族居住区，上游则是氐羌族系民族居住区。常璩《华阳国志·南中志》称在滇西南有闽濮、身果濮等族群，唐代后逐步扩大分布区。据考证，古代的濮，后来演变为今天的布朗族（史称蒲蛮，自称"布朗"）、德昂族（原称崩龙，自称"布龙"）及佤族（自称布饶），也就是南亚语系族属①。

珠江流域族群的发展与汉族向南方扩展有着密切的关系。战国时已成为华夏一员的楚国多次向南和西南扩张，公元前382年，楚悼王任用吴起为令尹平百越，楚文化（战国时期已经是华夏文化一支了）长驱直入岭南。秦始皇征服岭南百越各族后，谪徙民五十万戍之。汉武帝元鼎六年（前111年）冬，汉灭南越国，在南越设立南海等9郡。汉武帝元封元年（前110年），汉灭东越和闽越。至此，长期处于半割据状态的东越、南越地区，均归属汉朝。以后历代，汉族不断南迁，在岭南，逐渐形成广府、客家、潮汕（福佬）等汉族民系。广府民系可以溯源至秦汉时南下的北方居民与南越、西瓯融合形成的土著汉人，再可追溯至晋唐时南下的北方居民与土著汉人和俚人的融合，至宋元时北方汉族再次大量南下岭南，经过一轮族群融合，终于奠定了广府民系的最终格局。宋代以后，随着汉族政治统治的扩大和深入，包括宋中央势力深入贵州腹地，经济重心移到南方，进入珠江流域的汉人大量增加，深刻改变了当地文化面貌，广府人、客家人大量进入珠江三角洲、粤东北和粤北；福佬人移居雷州半岛、海南岛。在广西，军事移民和避乱入桂等因素是汉族迁入的主因。宋代以山东汉人为主，其中一个重要来源是随狄青入桂讨侬智高后留居戍守的士

---

① 参见周大鸣、杨小柳：《珠江流域的族群与文化略论》，《西南民族大学学报（人文社科版）》2007年第7期。

兵连同家属，他们世代繁衍，后裔仍称"山东祖籍"，保持自己特有的方言，分布在柳州、邕州一线和左右江沿岸。但避乱入桂仍是移民的主要原因，《建炎以来系年要录》说静江（桂林）知府许中因上言，企图禁止并迁走已经寓寄桂林的移民而获罪，被降职一等，想见这些移民数量相当可观，以致造成地方政府沉重的财政负担。南宋灭亡后，又有大量汉族南迁两广地区。在贵州，宋以后迁入者多为陕西、江西、四川等省区居民。嘉靖《思南府志》："府旧为苗夷所居，自佑恭克服之后，芟夷殆尽，至今居民皆流寓者，而陕西、江西为多。"陕西、江西文化入贵，也势所必然。在云南，公元前 279 年，楚国大将庄研率领大军，直扑滇地征服了当地的少数民族。唐代割据政权南诏四处用兵，掳掠土地和大量汉人，也是汉人一次大规模入滇，带来了先进的生产技术。明初，朱元璋命 30 万大军征讨元朝在云南的势力，事后进行规模空前的屯田，约有 200 万来自江浙一带的汉人迁入，形成强大的汉文化圈。清代云南矿业大兴，又招致数十万汉人到来，加强了汉文化传播。

上述珠江流域汉族前身华夏族以及后来的汉族作为文化载体，在人居地安家落户，他们所代表的汉文化也随之移植到当地，并与土著文化发生碰撞、交融和整合。由于南迁的汉族有比较先进的生产方式、比较发达的经济和文化，所以逐渐融合和同化当地的土著文化，成为珠江流域的文化主体，而各个少数民族族群，也在各自生存的空间内创造着自己的文化。多元文化是创造力的源泉，各族群文化既是区域合作的亮点，又是市场经济下需要保护的重要内容。珠江流域区域合作要发挥各族人民及其文化的主体地位，在继承传统的基础上创新，在保护生态和文化的前提下开发利用资源和多元文化，使珠江流域区域多元文化得以长久保存并发挥出它的经济文化价值①。

2. 珠江流域的族群关系与民族文化

由于特定的地理环境和历史发展过程，珠江流域区域呈现出和谐

---

① 参见周大鸣、杨小柳：《珠江流域的族群与文化略论》，《西南民族大学学报（人文社科版）》2007 年第 7 期。

共融、多元一体的族群关系，既为区域合作提供了良好的人文历史基础，又为区域合作提供了广阔的空间。

（1）和谐共融的民族关系

从民族分布上看，珠江流域内族群呈大杂居、小聚居、你中有我、我中有你的居住特点。"水性使人合"，许多族群通过珠江水系，建立了紧密的联系。西南地区的立体地形、立体气候，导致了民族的立体分布，即在一个直线距离很近的区域范围内（通常是以坝区为中心），有的民族居住在山顶，有的居住在山腰，有的居住在山脚或坝区、河滨。例如在云南文山，"苗族住山头，瑶族住箐头，壮族住水头，汉族住街头"[①]；在元江，傣族分布在低海拔地区，哈尼族、彝族多分布在山区，白族多分布在坝区和交通沿线；在贵州西部，"苗家住山头，仲家住水头，客家（汉族）住街头"。由于杂居分布，各民族之间形成了区域性的且难以割裂的民族关系，即政治、经济、文化上相互依存的密切关系[②]。

从民族的亲缘关系来看，前文已述，除汉、回、蒙古、满、维吾尔等民族外，今阿昌族、白族、纳西族、彝族、土家族、藏族等藏缅语民族与氐羌集团，布依族、仡佬族、壮族、侗族、水族和傣族等壮侗语民族与百越集团，布朗族、德昂族、佤族等孟高棉语民族与百濮集团，苗瑶语族的苗族、瑶族与盘瓠集团都有源流关系。在每一个民族的形成、发展过程中，不断有其他的民族由于迁徙、战争等原因加入到其中，因此，从血缘和文化上讲，各族群都有一定的亲缘关系。如藏缅语族中的白族，从有关的史料记载来看，他们是从氐羌集团中分化出来的，但在其历史发展过程中，又和其他的民族共同体发生了联系，吸纳了大量的外族人口和文化。据《唐会要》卷 98《昆弥国》条记载，唐初的白蛮，"以杨、李、赵、董为名家，各擅一州，不相统摄。自云其先本汉人"。可见唐以前已经有很多汉人融入到了白蛮当中。经历了唐朝与南诏的战争之后，又有大量的汉族士兵、工

---

① 王子华：《试论云南民族文化的多元和谐》，《云南社会科学》2000 年第 4 期。

② 参见周大鸣、杨小柳：《珠江流域的族群与文化略论》，《西南民族大学学报（人文社科版）》2007 年第 7 期。

匠因为被俘而加入到了白族先民当中，相应地，白族文化中就有了很多汉文化的影子。近代很多白族村子供奉唐朝大将李宓和其他将军为本主，就充分说明了白族与汉族在血缘、文化等方面有渊源关系。明清以后，由于大量汉族进入到了西南地区，他们中的大多数在坝区、城镇和白族相处，这样，在汉文化的吸引之下，滇东北、滇中的一些白族因接受了汉文化而成为了汉族。在贵州，由于吴三桂平水西，有些彝族就从水西逃到了紫云苗族地区，改穿苗族的衣服，从而融合到了苗族当中[①]。珠江流域大部分地区都有回族，回族进入到哪里，就接受当地的方言和一些风俗习惯。在汉族地区，回族的语言与汉族方言无异。在傣族地区，回族的服饰、建筑等和傣族没有什么两样[②]。

（2）生计模式与经济生活的多元互补格局

珠江流域生态环境多种多样，海洋浩瀚，山峦纵横，河湖众多，既有高山大陵、高原、低洼的盆地、平原和起伏和缓的丘陵，又有众多的大小河流和湖泊，还有广阔的海洋。自古以来，各民族或居于高山之上，或分布于河谷、山间盆地、坝区、平原之内，或居住在水滨，相应地呈立体状分布。根据他们所处的生态环境，大致可分为山地族群、坝区族群、水滨族群。而这些族群的经济生活也受居住环境的影响，有游牧、游耕、农耕和渔业等经济类型。近代以后更是百业兴旺，各民族彼此之间呈现出多元互补、合作共赢的状态。例如从百越系统分化出来的水族、侗族、布依族、壮族、傣族和后来迁入的汉族、回族以及受汉族影响很深的白族、土家族，多生活在山间坝子和低平的河谷、盆地，他们长期从事精耕细作的农业生产，生产的稳定性强、规模大，他们的社会发展水平相应较高。藏、彝、羌等民族虽然继承了其母体的文化因子，仍然从事畜牧业，但与所居环境相适应，他们的经济生活已和干旱草原的游牧民族有所不同。一方面，他们已经兼营农业作为补充；另一方面不再按南北向的季节游动放牧，而是垂直向上下游动放牧。苗瑶系统的苗族、瑶族长期以来从事流动

---

① 参见陈英：《黔西北民族关系史简论》，《贵州民族研究》1992年第4期。

② 参见郭净等主编：《云南少数民族概览》，云南人民出版社1992年版，第325页。

性很大的狩猎，但随着狩猎所必需的较为广阔的流动空间的逐渐缩小和山地所能提供的生物数量减少，他们开始从事游耕经济。此外像藏缅语族中的拉祜族、景颇族、基诺族、怒族、独龙族以及孟高棉语族的德昂族、布朗族、佤族等居住在温带、亚热带山区、半山区，由于所居地山高坡陡、森林茂密，没有规模放牧以及在较小范围内休耕轮作的条件，但却有在一定区域内从一山迁往另一山的可能，再加上山区丰富的动植物资源，这就使得他们也长期从事游耕经济。由于耕作粗放，产量低，生产力发展水平低，因此大部分游耕民族又兼及狩猎、采集或渔猎，处于低层次的发展之中①。

各民族的经济生活还有特点不同的亚型。这样，生态环境的复杂性一方面导致了各民族在经济生活及与之相适应的文化生活上各具特性而又并行不悖地发展，另一方面它又使得各民族为弥补自己在生活用品、生产工具等方面的缺失而互通有无，从而形成了经济上互相依存、文化上互相影响、"你离不开我，我离不开你"的民族关系。例如藏族人民对茶叶的需求量就特别大，历代商贾将滇茶和川茶贩运到藏区，形成了著名的"茶马古道"；由于生产力低下，农作物单一，游耕民族也离不开商品交换，他们多以自己的土特产与农耕民族交换生活用品，例如苗瑶等族的食盐历来是通过交换取得。在西双版纳地区，傣族将粮食供应山区；山区的哈尼、布朗、拉祜、基诺族则用自己所种的棉花、苏子、芝麻、茶叶、紫胶等土特产及手工品与傣族交换粮食。农忙季节，山区的少数民族就下山来，帮助傣族农民耕种和收割，同时换回大米以维持生活②。各民族在互通有无、交换各自产品的同时，也彼此影响。例如在云南德宏州，景颇族在德昂族和傣族的影响下学会了种水田，种水田的工具也是从外界输入的。在临沧地区，大约100多年前，一部分拉祜族进入西盟山区与佤族交错杂居，佤族的农业生产受到了拉祜族的影响，接受了其较为先

---

① 参见周大鸣、杨小柳：《珠江流域的族群与文化略论》，《西南民族大学学报（人文社科版）》2007年第7期。

② 参见高立士：《西双版纳山区民族历史上的传统生态保护》，《云南民族学院学报》1999年第1期。

进的生产方式，从拉祜族那里传入了犁头，荞、黄豆和草烟的籽种也相继传入①。今天，随着社会主义市场经济的建立和广大民族地区基础设施的不断改善，各个族群之间的交流更加频繁，不少民族的青壮年劳动力纷纷到城镇和经济发达地区外出务工，促进了各民族间的文化交融。同时，不同族群原有的生计模式中都吸收了现代化的因素，生产不断发展，合作的空间空前扩大②。

（3）多元交融的文化

珠江流域族群文化丰富多彩。举凡生产、服饰、建筑、岁时节日、婚丧、民间信仰、工艺美术、戏曲舞蹈、游戏娱乐、宗族社团、宗教祭祀、语言文学等，都体现着族群多元交融的情况。从语言来看，各个民族基本上都能兼通汉语，相邻的民族往往互相了解对方的语言。从宗教来看，西南各民族的宗教信仰有原始宗教、佛教、道教、伊斯兰教、基督教等，其中佛教又分南传上座部佛教、藏传佛教和汉传佛教，呈现出多元的宗教文化现象。作为展示民族文化及表现民族意识、民族性格、民族精神、民族审美等深层次民族文化的最佳形式的民族传统节日，在珠江流域地区也是内容丰富、数量极多。既有汉族的春节等节日，又有傣族的泼水节、彝族的火把节、白族的三月节、景颇族的目脑纵歌、瑶族的盘王节等等。由于各民族交错杂居，其文化的相互影响和交融混合现象也相当普遍，如铜鼓文化曾在珠江流域内普遍存在，今天仍然有不少民族使用。再如德宏州的阿昌族，因长期同周围的傣族、汉族、傈僳族及境外的缅甸人打交道，很多人都会讲多个民族的口语，久而久之，阿昌语中便渗入了缅语和景颇、汉、傣、傈僳等族的语言成分③。又如傣族与布朗、佤等民族，虽然来源各异，但他们都有文身、黑齿等相同的习俗，并且有共同的歌舞、乐器、民族节日，这些都充分体现了各族群在文化方面的交流

① 参见方慧：《历史上我国南亚语系民族与周边民族的经济文化交流》，《中国边疆史地研究》1993 年第 1 期。

② 参见周大鸣、杨小柳：《珠江流域的族群与文化略论》，《西南民族大学学报（人文社科版）》2007 年第 7 期。

③ 参见郭净等主编：《云南少数民族概览》，云南人民出版社 1992 年版，第 325 页。

与影响。许多少数民族的神话传说，如仡佬族关于洪水之后兄妹成婚、生九子的传说，也流传在苗、彝、汉等民族的传说中，这也充分反映了各族群之间的紧密联系①。

四、辽河流域族群发展史

2006 年 Y. Y Li 与 K. J. Willis 等根据来自中国内蒙古辽河西部流域的古生态证据认为，人类大约在 8000 年就在本区域发展了农耕业和牧业等早期活动。因而中国东北地区的辽河流域西部也应该被视为早期中华文明发源的摇篮之一②。2009 年 Andrew Lawler 由此提出了"在黄河之外：中国何以成为中国"的问题。从更广阔的视域出发，他概述了过去 20 年间中国大地上诸多激动人心的考古发现：从北部的满洲里到西部的成都平原，再到南方的沿海地区，考古发掘揭示了许多与黄河文明截然不同的复杂的早期文明，每一种文明都有自身代表性的史前古器物系统和发展传统。这些分布广泛的早期文化同样孕育了中华传统的种子。这些发现极大地挑战了"一元论"的华夏起源观，形成了新的"多元论"观③。

长期以来，人们一般认为只有黄河与长江是中华民族文化的摇篮，但红山文化的发现，红山女神的惊艳出土，一下子打开了视野，辽河也当之无愧地成了中华民族文化的发祥地。

辽河，中国北方地区大河之一，主流上游老哈河源于河北省七老图，山脉光头山（海拔 1729 米），会合西拉木伦河称西辽河，于台河口歧分为南北二支，南支为主流西辽河，北支为新开河。至双辽汇合后南下，到福德店汇合东辽河后始称辽河：经铁岭后转向西南流，至入六间房再歧分为二：一股南流为外辽河，到三岔河汇合浑河、太

---

① 参见周大鸣、杨小柳：《珠江流域的族群与文化略论》，《西南民族大学学报（人文社科版）》2007 年第 7 期。

② Y. Y. Li, K. J. Willis, L. P. Zhou, and H. T. Cui, "The Impact of Ancient Civilization on the Northeastern Chinese Landscape: Palaeoecological Evidence from the Western Liaohe River Basin", *Inner Mongolia in The Holocene*, December 2006, vol. 16, 8, pp. 1109-1121.

③ Andrew Lawler, *Beyond the Yellow River: How China Became China in Science*, Aug 2009, p. 325, 930-935.

子河称大辽河，经营口市注入渤海；另一股西南流称双台子河，经盘山南汇绕阳河注入渤海。1958 年以后，六间房堵截外辽河流路，使浑河、太子河成为独立水系，辽河主流由盘山南入海。辽河流经河北、内蒙古、吉林和辽宁 4 省区，全长 1394 公里。流域面积 20.16万平方公里。辽河流域属树枝状水系，东西宽南北窄；为温带大陆性季风气候，并由辽河冲击形成了中国东北著名的辽河平原，也是适宜人类绵绵瓜瓞、生息繁衍的地方①。

辽河被推上中华民族文化发祥地的位置是因为红山文化的出现。红山文化主要分布在辽宁，北达西拉木伦河，南逾燕山以南。出土文物有陶器、石器、玉器，尤其是玉器早于南方的良渚文化。红山文化有两大亮点：一是红山女神的发现。1979 年和 1982 年在辽宁东山嘴遗址大型祭坛中发现了两件约为真人二分之一的孕妇裸体立像，头及右臂残缺，腹腔部凸起，臀部肥大，手贴于上腹，有表现阴部的三角形记号，被学者视为生育女神，一举打破了中国没有裸体女神像的传统观点。接着 1983 年至 1985 年，在牛河梁女神庙遗址中发现了与真人尺寸相等的女神彩塑头像，是典型的蒙古人种的女性特征，与现代华北人的脸形相近。此外，该遗址还发现了大批大小不等的泥塑女性裸体残块和一些小型陶质女性裸体塑像，震惊了世界考古界。

二是龙的发现。先是"摆塑龙"的发现。辽河流域考古发现最早的龙为"摆塑龙"，它位于辽河支流绕阳河源头的查海遗址。这个遗址距今已有 8000 多年，是目前所知辽河流域出现最早的一处聚落遗址，堪称"辽河第一村"。更引人注目的是在聚落的中心小广场靠近大房址的西侧，用石块堆塑了一条巨大的石龙。这条巨龙头向西，尾朝东，身呈波浪状，龙口大张，四肢伸展，如腾云驾雾一般。龙的前体宽大，尾部细而上卷，若隐若现，所用石块大小均等，排列有序。龙头、龙身石块堆摆厚密，尾部石块摆放得比较松散。从远处的山坡上望去，红褐色石块就变成了龙体的鳞片，鳞光闪闪，造形生

① 参见《中国地理概览》编写组编：《中国地理概览》，东方出版中心 1996 年版，第 188—189 页。

动，威武雄健。这条石堆塑龙全长 19.70 米，身宽 1.8—2 米，是目前国内新石器时代有关龙的遗物中最早、最大的龙。后来又有玉龙的发现。2003 年年底，考古学家在辽宁省牛河梁红山文化遗址发现了 1 件玉龙。如果说查海遗址发现的龙形象尚不够完整和明确的话，那么出土于辽河支流西拉木伦河上游内蒙古自治区赤峰市翁牛特旗三星他拉村的红山文化大玉龙，恐怕就是最早出土的形象完整的龙了。

这样，红山文化的惊人发现为中华民族文化增添了异彩①。中国传统史学一向认为黄河流域是中华民族的摇篮，但象征中华 5000 年文明的考古证据在辽河流域一被发现，证明中华文明起源不是一个中心而是多个中心，包括辽河流域在内的燕山南北长城地带也是中华民族文化的发祥地之一②。

五、跨境流域族群发展史

黑龙江/阿穆尔河流域是东北亚萨满文化滥觞的核心区域。黑龙江/阿穆尔河，古称羽水、浴水、黑水、望建河、乌桓水、石里罕水，满语称萨哈连河，俄语称阿穆尔河，蒙语称哈拉穆河。其源有二：南源为额尔古纳（Argun）河，由海拉尔河和克鲁伦（Cherlen）河汇流而成。海拉尔河发源于中国内蒙古自治区大兴安岭西麓，克鲁伦河发源于蒙古国肯特（Khentei）山脉东坡，至满洲里市东南相汇后始称额尔古纳河。北源为俄罗斯境内的石勒喀（Shilka）河，石勒喀河上游称鄂嫩河，发源于蒙古国肯特山脉东侧。南北两源在中国黑龙江省漠河以西的洛古河附近汇合后称黑龙江。以南源起始计，黑龙江/阿穆尔河全长 4440 公里，流域总面积 1843000 平方公里；流经中国境内河流全长 1899 公里，流域面积 902000 平方公里③。自洛古河村至

---

① 参见徐杰舜：《中华四大流域：汉民族文化发祥的摇篮》，田阡、徐杰舜主编：《人类学与流域文明》，黑龙江人民出版社 2017 年版。

② 参见《牛河梁红山文化遗址发掘报告（1983—2003 年度）》，文物出版社 2012 年版；《中华民族 5000 年文明起源在辽河流域得到考古确认》，新华网，http://news.xin-huanet.com/st/2004—02/23/content_ 1327306.htm。

③ 参见陆孝平、富曾慈编纂：《中国主要江河水系要览》，中国水利水电出版社 2010 年版，第 11 页。

黑河附近的结雅河口为上游，结雅河口至乌苏里江为中游，乌苏里江河口以下至黑龙江入海口为下游。黑龙江/阿穆尔河沿途纳左岸的石勒喀河、结雅河、布列亚河、阿姆贡河和右岸的松花江、呼玛河、逊河、乌苏里江等支流，在俄罗斯境内的尼古拉耶夫斯克（庙街）注入鞑靼海峡。

历史上，东胡、肃慎、扶余三大古代族群及其相关部落，构成了黑龙江流域古代绵延不绝的民族谱系。自西汉以降，秽貊、扶余、勿吉、肃慎、靺鞨人便相继建立了具有强势统治力的地方政权和渔猎、游牧、农耕经济社会，黑龙江/阿穆尔河流域成为中国北方文明的肇兴之地；鲜卑、契丹、女真、蒙古、满洲人建立的北魏、辽、金、元、清王朝，则对 1600 年以来的中国古代乃至世界史产生了深远影响。

通古斯民族，指使用阿尔泰语系满—通古斯语族的族群。通古斯族群主要居住在中国、俄罗斯境内。如中国境内的满族、鄂伦春族、鄂温克族、赫哲族、锡伯族；俄罗斯境内的埃文克人（Evenk）、那乃人（Nannais）、埃文人（Evens）、乌德盖人（Udege）、奥罗奇人（Oroch）、奥罗克人（Orok）、涅吉达尔人（Negidals）、乌尔奇人（Ulcks）等。通古斯人一般被认为是在公元前 2000—公元前 1000 年形成，大约在中国东北地区的肃慎时期，语言属满—通古斯语族，分为通古斯语支和满语支，有南北通古斯之分。南支以松花江、混同江流域为中心分布，以满洲和赫哲为其典型；北支范围比较广泛，分布在黑龙江/阿穆尔河、勒拿河、叶尼塞河三大流域及周边的贝加尔湖、勘察加半岛等，以鄂温克系（鄂温克、鄂伦春、埃文人等）为其典型。黑龙江/阿穆尔河右岸，位于中国东北地区，有额尔古纳河、呼玛河、松花江等广阔的水系，主要分布的少数民族有：满族、赫哲族、锡伯族、蒙古族、达斡尔族、鄂温克族、鄂伦春族，除了蒙古族、达斡尔族外，均属通古斯族群。萨满信仰自古以来盛行于北方诸族中，是黑龙江/阿穆尔河流域的文明之根。

1. 黑龙江—额尔古纳河流域的族群文化

额尔古纳河为黑龙江/阿穆尔河主源之一。额尔古纳河，亦名

"完水"，是蒙古人的母亲河，发源于蒙古的克鲁伦河（南源）和中国的海拉尔河（西源），1689 年《中俄尼布楚条约》签订始为中俄界河，主要支流有克鲁伦河、海拉尔河、伊敏河、根河、激流河等。以西源计，全长 2162 公里，主干长 898 公里，流域面积 164000 平方公里。

海拉尔河，额尔古纳河上源，源于大兴安岭西侧吉勒老奇山西坡，以库都尔河为主源，全长 732 公里，流域面积 54537 平方公里[①]，主要支流有伊敏河、莫尔格勒河、免渡河等。海拉尔河流域中的陈巴尔虎旗，地处呼伦贝尔大草原腹地，是巴尔虎蒙古族的聚居地。巴尔虎蒙古族是蒙古民族中最古老的一支。《蒙古秘史》称"巴尔浑"，拉施特的《史集》称"巴尔虎惕"，《元史》称"八儿忽""巴儿胡"。巴尔虎蒙古族早在 12—13 世纪时，已在贝加尔湖东北部的巴尔虎真河的巴尔虎真脱古木一带从事渔猎和畜牧业生产，归属成吉思汗的蒙古帝国。后来他们逐渐从贝加尔湖一带向南迁徙游牧，清时属"索伦"部。当时的"索伦"部还有由布特哈拨来的达斡尔、鄂伦春、鄂温克人等。伪满洲国时期，将内蒙古东部各盟部旗划为东、西、南、北 4 个兴安分省，合称兴安省。呼伦贝尔地区属北分省，下辖索伦左、右旗，新巴尔虎左、右旗，陈巴尔虎及厄鲁特等旗。

伊敏河，海拉尔河支流，发源于大兴安岭山脉大平岭东北麓，穿越海拉尔市区，纵贯鄂温克族自治旗，在海拉尔市北山下注入干流，全长 340 公里，流域面积 22726 平方公里[②]。伊敏河流域处于呼伦贝尔草原东南部从山地向草原过渡地带。1732 年从布特哈迁来鄂温克族、达斡尔族、巴尔虎蒙古族、鄂伦春族兵丁及家属建索伦八旗；1790 年蒙古厄鲁特部迁锡尼河流域编入索伦八旗，1928 年建厄鲁特旗；1917—1928 年间苏联境内部分布利亚特部迁伊敏河、锡尼河一带，1921 年建布利亚特旗；1932 年将索伦八旗、布利亚特旗、厄鲁

---

① 参见陆孝平、富曾慈编纂：《中国主要江河水系要览》，中国水利水电出版社 2010 年版，第 13—14 页。

② 参见陆孝平、富曾慈编纂：《中国主要江河水系要览》，中国水利水电出版社 2010 年版，第 14 页。

特旗合并建索伦旗，1958 年更名鄂温克族自治旗。

激流河，额尔古纳河支流，发源于大兴安岭西北麓，全长 468 公里，流域面积 15846 平方公里，是中国北部原始林区水面最宽、弯道最多、落差最大的原始森林河。激流河的支流敖鲁古雅河附近，聚居了闻名遐迩的敖鲁古雅鄂温克人。敖鲁古雅河全长 78 公里，流域面积 1391 平方公里①。这里的鄂温克人是在 300 多年以前从勒拿河一带迁到额尔古纳河流域的，当时有 700 余人。在勒拿河流域，鄂温克人驯养和使用驯鹿，后来由于勒拿河一带猎物少了，他们便"逐水草而居"，沿石勒喀河迁徙至大兴安岭北麓的额尔古纳河流域敖鲁古雅河畔。敖鲁古雅乡在呼伦贝尔最北部的根河市满归镇以北约 17.5 公坦克处，是以狩猎和放养驯鹿为主的一座鄂温克族小镇。

2. 黑龙江—嫩江流域的族群文化

嫩江，松花江北源和最大的支流。古名难水，明代称脑温江，清初名诺尼江。源出大兴安岭支脉伊勒呼里山。在吉林前郭尔罗斯县三岔河与"第二松花江"汇合注入松花江。全长 1370 公里，流域面积 298500 平方公里。甘河，嫩江支流。源出大兴安岭山脉鸡场山西北麓，经内蒙古自治区莫力达瓦达斡尔自治旗、鄂伦春自治旗，在莫力达瓦达斡尔自治旗哈达阳镇附近注入干流。全长 493 公里，流域面积 19549 平方公里。主要支流有阿里河、奎勒河、克一河等。流域中的鄂伦春自治旗境内居住着鄂伦春、蒙古、达斡尔、鄂温克、汉、回、满、朝鲜等 21 个民族。支流中阿里河发源于伊勒呼里山西南侧，全长 155 公里，流域面积 2180 平方公里，是鄂伦春族的主要聚居地之一。诺敏河，嫩江支流，发源于大兴安岭支脉伊勒呼里山南麓，在内蒙古自治区莫力达瓦达斡尔族自治旗尼尔基镇附近分两支岔注入干流。全长 489 公里，流域面积 25966 平方公里②，主要支流有毕拉河、格尼河、托河等。位于诺敏河畔的内蒙古自治区莫力达瓦达斡尔族自治旗的西博荣

---

① 参见陆孝平、富曾慈编纂：《中国主要江河水系要览》，中国水利水电出版社 2010 年版，第 15 页。

② 参见陆孝平、富曾慈编纂：《中国主要江河水系要览》，中国水利水电出版社 2010 年版，第 17—18 页。

村，是达斡尔族萨满经常举办大型萨满祭祀活动的地方。

3. 黑龙江—呼玛河流域的族群文化

呼玛河，黑龙江支流，亦名"呼玛尔河""库玛尔河"，发源于大兴安岭雉鸡场山，经呼中、塔河、呼玛县境，在呼玛镇东南部注入黑龙江，全长 524 公里，流域面积 31082 平方公里①。主要支流有古龙干河、倭勒根河、塔哈河等。大兴安岭森林中的白银纳，背依白桦树林，面对呼玛河畔，历史上是鄂伦春族萨满活动非常盛行的地区。据民族学者调查，20 世纪 30—80 年代之间，白银纳一带鄂伦春族有名有姓的萨满尚有 8 人之多。

4. 黑龙江—松花江流域的族群文化

松花江是黑龙江/阿穆尔河在中国境内最大的支流，流经中国吉林、黑龙江省和内蒙古自治区，为中国七大江河之一。

松花江有南、北两源。以南源第二松花江计，全长 1897 公里，流域面积 561200 平方公里，发源于吉林长白山天池；以北源嫩江计，全长 2309 公里，发源于大兴安岭支脉伊勒呼里山中段南侧。两条支流在前郭尔罗斯县汇合始称松花江，折向东北流至同江注入黑龙江。自南源至三岔河为松花江上游，三岔河至佳木斯为松花江中游，佳木斯至河门为松花江下游。

松花江流域上游是满族的世居之地。吉林省九台市莽卡满族乡的萨满祭祀活动自古至今未绝迹。莽卡乡开发于明代，清末这里为乡邮，归吉林将军管辖。莽卡地处松花江西岸，隔江与舒兰相望。早在清初即有满族正白旗佟姓大户人家"随龙征讨"首先来此开荒占草，接着又有满族杨、石两姓人家相继来此开荒种地。乾隆年间（1730）又有旗人韩姓人家来此落户，逐渐形成村落。

牡丹江，松花江支流，发源于长白山脉的牡丹岭，全长 725 公里，流域面积 37600 平方公里②。流域中的海浪镇隶属于黑龙江省牡

---

① 参见陆孝平、富曾慈编纂：《中国主要江河水系要览》，中国水利水电出版社 2010 年版，第 11 页。

② 参见陆孝平、富曾慈编纂：《中国主要江河水系要览》，中国水利水电出版社 2010 年版，第 21 页。

丹江市宁安市，满族主要聚居地之一。海浪镇名源于驻地海浪村名。海浪为满语"海兰"的转音，汉译为"榆树"。

混同江，支流松花江与黑龙江在同江市汇合江段，由于这段江面水色南黄北黑，当地人俗称"混同江"。同江市，东与抚远县接壤，南与饶河县和富锦市毗连，西以松花江与绥滨县分界，北隔黑龙江与俄罗斯相望，总面积6164平方公里。同江有八岔、街津口两个赫哲族乡，是中国赫哲族的主要聚居地。

5. 黑龙江—阿穆尔河左岸跨境流域的族群文化

俄罗斯称黑龙江—阿穆尔河左岸广大地域为"远东地区"，该流域地区通古斯族群与西伯利亚诸族有着密不可分的历史渊源和血缘关系，形成了以黑龙江—阿穆尔河为界的中俄跨界族群文化[①]。

西伯利亚面积约1310万平方公里，范围西至乌拉尔山脉、东至太平洋、北至北冰洋、南至哈萨克的中北部以及蒙古和中国的边境，大致可以分成西西伯利亚平原及中西伯利亚高原两部分。整个地域除了西南部分属于哈萨克以外，其余的都属于俄罗斯联邦，包括乌拉尔联邦区、西伯利亚联邦区和远东联邦区的萨哈（雅库特）自治区三部分。西伯利亚属亚寒带针叶林气候，以泰加森林针叶树为中心的森林带非常广阔，有茂盛的森林、大草原和丰富的水系，如安加拉河、额尔齐斯河、贝加尔湖、勒拿河、鄂毕河、通古斯河、叶尼塞河等。

布里亚特、图瓦和雅库特等蒙古人和突厥人是西伯利亚的原住民，还有通古斯人、楚科奇人、科里亚克人及尤卡吉尔人等。中国古代不少强悍民族（匈奴、鲜卑、突厥、契丹、蒙古及女真等）都是从西伯利亚崛起的。16世纪后半叶，斯特罗加诺夫家族雇佣军从西边入侵西伯利亚。1558年，沙俄伊凡雷帝授权斯特罗加诺夫家族率哥萨克在乌拉尔山脉以东开发商栈，攫取当地丰富的毛皮资源。1578年（明万历六年）哥萨克领袖叶尔马克·齐莫菲叶维奇开始东侵，相继征服了库臣汗国、西伯利亚汗国，1636年（明崇祯九年）到达

---

① 参见刘桂腾：《黑龙江阿穆尔河流域的通古斯萨满鼓——以"流域"为视角的跨界族群萨满音乐研究》，《音乐探索》2012年第2期。

鄂霍次克海，征服了西伯利亚全境。1652 年（清顺治九年）俄人东入黑龙江，接近清朝疆域。1657 年，沙俄派正规军在尼布楚河与石勒喀河合流处建立了雅克萨城和尼布楚城。之后中俄之间发生多次外交和军事上的冲突。1685 年，清康熙帝派彭春将军从瑷珲起兵攻入雅克萨，之后清军撤军而俄军卷土重来。1686 年清军再攻雅克萨。1689 年 9 月 7 日尼布楚条约正式签字。以黑龙江（阿穆尔河）为界，中国放弃了贝加尔湖以东、额尔古纳河以西的土地。自此，黑龙江便由中国的内河变为横亘于中俄两国之间的界河，中国的鄂温克族、赫哲族等通古斯族群成为跨界民族。

黑龙江—阿穆尔河沿途纳左岸的主要支流有结雅河、布列亚河、阿姆贡河，历史上属于中国的族群有埃文克人、埃文人、那乃人、涅吉达尔人、乌尔奇人、乌德盖人、奥罗克人、尼夫赫人等，大多为通古斯族群。

埃文克人（Evenk），亦称埃文基人（Evenki），旧称通古斯人（Tungus）。语言属阿尔泰语系满—通古斯语族通古斯语支，无文字，目前有一半以上鄂温克族/埃文克人已经不使用母语了。鄂温克族/埃文克人早期普遍具有萨满信仰，现代，中国鄂温克族多信仰喇嘛教，俄罗斯埃文克人多信仰东正教，但萨满信仰仍盛行于民间。17 世纪以前该族群为中国少数民族之一，《中俄尼布楚条约》（1689 年）签订后部分埃文克人划归俄国管辖。历史上该民族长期处于氏族社会阶段，以牧猎经济为主。21 世纪初，埃文克人约 70000 人。中国境内有 30545 人（2000 年），主要分布在内蒙古自治区鄂温克族自治旗。在阿荣、莫力达瓦、陈巴尔虎、扎兰屯（布特哈旗）、根河（额尔古纳左旗）、鄂伦春自治旗以及黑龙江省讷河市等地也有分布。历史上，埃文克人（鄂温克族）曾经分布在西伯利亚 70% 的广阔地带。主要有三大分支：在勒拿河流域使鹿生活的称"索伦别部"，在赤塔一带的称"使马鄂温克"；在精奇里江一带的是"索伦本部"；从事狩猎和饲养驯鹿的埃文克人，散居在泰加林（taiga）广大地区——其范围西起鄂毕河—额尔齐斯河分水线，东抵鄂霍次克海岸与库页岛，南起黑龙江（阿穆尔河），北至北冰洋。放牧牛马或定居务农的鄂温克族/埃文克人，主要居住在中国的东北地区、俄罗斯的外贝加尔地区，小部分在蒙古人民共和国。

埃文人（Evens），亦称拉穆特人（Lamut）。其血统、语言和文化与埃文克人（Evenk）有密切关系，主要分布于俄罗斯埃文基（Evenky）自治区以北和东北地区。语言属阿尔泰语系通古斯语族，无文字。从起源和文化看来，他们与埃文克人比较接近，因此也有人说他们是埃文克人的分支。19世纪沙俄控制西伯利亚以后，埃文人多皈依东正教，但民间仍普遍信仰萨满教，以狩猎、捕捞、养驯鹿为生。

那乃人（Nannais），亦称果尔特人。语言属阿尔泰语系满—通古斯语族满语支，无文字，民间普遍具有萨满信仰。那乃人（赫哲族）的祖先自古在黑龙江、松花江、乌苏里江流域繁衍生息。属于肃慎系统的挹娄、勿吉、黑水靺鞨、野人女真等古代民族，都与赫哲族的祖先有渊源关系。至清初，始以"黑斤""黑真""赫真""奇楞""赫哲"等名称见诸文献。渔猎，是那乃人（赫哲族）的传统生计。中国境内的赫哲族人口4640人（2000年），中华人民共和国成立后，统一族名为赫哲。因长期与汉族交错杂居，通用汉语文。赫哲族主要分布在黑龙江省同江县、饶河县、抚远县，少数人散居在桦川、依兰、富饶三县的一些村镇和佳木斯市。因分布地区不同，从而有不同的自称。居富锦县大屯沿松花江上游的称"那贝"，居嘎尔当屯至津口村的称"那乃"，居勤得利村沿黑龙江下游至乌苏里江的称"那尼傲"。现在，全国共有四处赫哲族聚居地：同江市街津口赫哲族乡、八岔赫哲族乡、饶河县四排赫哲族乡和佳木斯敖其镇的敖其村。俄罗斯境内的那乃人人口为11883人（1989年），现在，那乃人主要居住在哈巴罗夫斯克边疆区那乃自治区，还有部分居住在库尔·乌尔米农业区、共青城、比金以及滨海边疆区和萨哈林岛。

奥罗克人（Orok），大部分聚居于俄罗斯库页岛南部，另有少数人经南千岛群岛迁至日本北海道。语言属于阿尔泰语系通古斯语族，无文字，人口为346人（2002年）。俄罗斯人称呼他们为"库页岛那乃人"，渔猎、牧鹿为其传统生计。

奥罗奇人（Orochi），西伯利亚最小的族群之一，分布在俄罗斯联邦境内哈巴罗夫斯克边区和滨海边区，人口 883 人（1990 年），语言属满—通古斯语族满语支。养鹿为传统生计，族源与那乃人、鄂伦春人有关。

乌尔奇人（Ulchs），自称"那尼"，意为"本地人"，与那乃人同源。主要聚居在黑龙江/阿穆尔河下游一带，乌尔奇人口总数为 3200 人（1980 年）。其民族来源十分复杂，除本民族的氏族外，还包括那尼、尼夫赫、奥罗克、奥罗奇、阿伊努等邻族成分。俄罗斯境内的那乃人及中国的赫哲人主要是剃发黑斤的后裔，乌尔奇人主要是不剃发黑斤的后裔。

涅吉达尔人（Negidals），居住在黑龙江下游亨滚河一带，人口 567 人（2002 年）。在中国的历史文献中，清代属"奇楞"（奇勒尔）部。

尼夫赫人（Nivkh），旧称"吉利亚克人"（Giliaks），满州人称之为"费雅喀"，人口为 5287 人（2002 年），语言属古西伯利亚语。尼夫赫人居住在阿穆尔河下游及附近的萨哈林岛上，长期以捕鱼、狩猎、养犬为生，夏季居沿海，冬季则迁至内陆。

乌德盖人（Udege），自称乌德、乌迪赫，在俄罗斯远东地区的乌德盖人有 2011 人（1989 年），语言属阿尔泰语系满—通古斯语族通古斯语支，无文字。金、元时分布于黑龙江、松花江、乌苏里江三江流域，以狩猎为生。《金史》称"野居女真"，元代称"斡拙"，明代称"野人女真"，清代称"兀的改部"或"乌德赫部"。

总之，在通古斯诸族中，满族是人口最多的族群，但包括与其在血缘、历史和文化上相近的赫哲族、锡伯族等中国境内的通古斯族群，与在俄罗斯境内的通古斯族群已经难以一一对应。中俄现代能够直接对应的跨界民族有两个较大的通古斯族群——鄂温克族/埃文克人、赫哲族/那乃人。有些族群的人数极少并与邻近的较大族群在血统、语言和文化上具有千丝万缕的联系。譬如与埃文克人相近的埃文人，与那乃人相近的乌尔奇人、乌德盖人、奥罗克人等。由于国家疆界使然，以族群为单元形成的文化空间，在地理上就必然形成了某些族群横跨国家疆界的现象。因而，探索获取某一族群文化整体性认识的渠道，应当成为流域人类学的一项重要任务①。

流域，是传统社会在渔猎、游牧和农耕经济条件下族群迁徙、聚居的自然流向。人与自然因素的结合，创造了特定地理、物候环境为基础的流域文明；因而，流域也是一种传统文化载体。特定的"流域"是我们整体观照族群文化的一个有趣的学术视野。虽然这并不算是一个新鲜的理论视角，但它对于跨界族群文化研究的有效性是显而易见的。由国家疆域割裂的族群文化空间，在特定流域中显现出不可分割的内在联系；同时，也使相互之间由地理因素所构成的渊源关系得以合理地揭示。

小　结

本章分别从空间和时间两个维度定义了流域与族群的关系。总体而言，以河流为中心的族群研究是族群与区域文化研究的重要通路。在前人开展的流域与族群的研究中，通常是就流域内的族际互动进行研究，而往往忽视流域与区域的联系。事实上，只有将流域与区域看成一个整体，才能真正了解流域和区域间的关系。人类学对流域族群的研究，往往局限于对单个地点及单个族群做细致入微的民族志考察，而缺乏对这一地区的整体性，或者说特殊性的深入思考。作为区域文化理论体系的一部分，流域与其他区域相比，最突出的特征就是"水"文化特色，水对于流域族群互动具有特殊的重要性。而这点特殊性，决定了可以将流域与区域有机联系成为一个整体。

流域的族群流动是建立在水路交通网络之上的。梳理以往对流域的族群和文化研究，其中的一个角度在于对流域内族群和文化的历史现状进行调查分析；另一角度则以民族族别为单位来展开，主要侧重

---

① 参见刘桂腾：《黑龙江阿穆尔河流域的通古斯萨满鼓——以"流域"为视角的跨界族群萨满音乐研究》，《音乐探索》2012 年第 2 期。

点是流域内各少数民族文化的历史和现状。但是，如何从全流域的角度，探讨流域族群和区域文化总体特征，如何从族群理论的角度，重新审视流域各族群的文化认同和族群互动，都还需要进一步的研究。有研究着力探讨流域各族群的认同和具体边界，以及这种认同和边界如何影响了族群分布、族群关系和族群文化特征，正是在这一研究领域内做出的积极尝试。

流域内的区域文化是在各个族群，尤其是各个少数民族族群与汉族之间密切互动的基础上形成的，是各个族群对不同的自然环境、人文环境适应的结果。要认识流域的族群与区域文化的联系和互动，需要对流域的族群发展史与交流史、族群认同和族群边界、族群文化发展史和文化发展现状，以及族群文化的区域性特征进行全面研究①。

① 参见麻国庆：《文化、族群与社会：环南中国海区域研究发凡》，《民族研究》2012 年第 2 期。

第七章 人—水交融的政治基础：
流域与国家

马克思主义国家起源理论与当今流行的"社会管理国家"观点有着本质的区别。根据马克思主义国家理论，我们认为"文明"的本义不是指"文化的精致形态"，它是"国家"的同义词，二者是摩尔根的《古代社会》及马克思、恩格斯著作中"civilization"一词的异译。马克思所设想的共产主义社会不是马克思主义国家理论中的"文明社会"，也可见"文明"不能理解为文化的精致形态；国家二重职能之一的公共管理职能是国家的重要职能，但它不是国家的本质，因为它不能将国家与非国家区别开来；文明社会的要素很多，其本质要素是作为暴力机器的"国家"（政府）的出现，而国家的本质特征是"和人民大众分离的公共权力"；在国家机器中，掌握暴力的警察是最具本质性的要素，或者说早期国家可以暂时没有法庭、监狱、官僚系统、宫殿等，但不能没有"警察"，恩格斯说"这种公共权力起初只不过作为警察而存在"；学界所列的文明社会要素需要归类，应分成构成要素与本质要素；我们可以从私有制、专偶制家庭、阶级、有组织地修筑的军事性城墙、宫殿、官僚系统、法庭、监狱等方面来考察国家的起源；分层社会不等于阶级社会，阶级形成需要有阶级意识及人为的努力，阶级形成的道路有两条，这两条阶级形成的道路都可通向国家，所谓"社会职能强化道路"也是经过阶级矛盾及阶级冲突才达到国家的，它不能否定国家的阶级性。

——恩格斯①

第一节　流域与国家的形成

恩格斯在他不朽的名著《家庭、私有制和国家的起源》中指出，"国家是社会在一定发展阶段上的产物；国家是承认：这个社会陷入了不可解决的自我矛盾，分裂为不可调和的对立面而又无力摆脱这些对立面。而为了使这些对立面，这些经济利益互相冲突的阶级，不致在无谓的斗争中把自己和社会消灭，就需要有一种表面上凌驾于社会之上的力量，这种力量应当缓和冲突，把冲突保持在"秩序"的范围以内；这种从社会中产生但又自居于社会之上并且日益同社会相异化的力量，就是国家……国家和旧的氏族组织不同的地方，第一点就是它按地区来划分它的国民。正如我们所看到的，由血缘关系形成和联结起来的旧的氏族公社已经很不够了，这多半是因为它们是以氏族成员被束缚在一定地区为前提的，而这种束缚早已不复存在。地区依然，但人们已经是流动的了。因此，按地区来划分就被作为出发点，并允许公民在他们居住的地方实现他们的公共权利和义务，不管他们属于哪一氏族或哪一部落。这种按照居住地组织国民的办法是一切国家共同的。因此，我们才觉得这种办法很自然；第二个不同点，是公共权力的设立，这种公共权力已经不再直接就是自己组织为武装力量的居民了。这个特殊的公共权力之所以需要，是因为自从社会分裂为阶级以后，居民的自动的武装组织已经成为不可能了……这种公共权力在每一个国家里都存在。构成这种权力的，不仅有武装的人，而且还有物质的附属物，如监狱和各种强制设施，这些东西都是以前的氏

---

① ［德］恩格斯著：《家庭、私有制和国家的起源——就路易斯·亨·摩尔根的研究成果而作》，《马克思恩格斯选集》第四卷，人民出版社 2011 年版，第 121—122 页。

族社会所没有的。在阶级对立还没有发展起来的社会和偏远的地区，这种公共权力可能极其微小，几乎是若有若无的，像有时在美利坚合众国的某些地方所看到的那样。但是，随着国内阶级对立的尖锐化，随着彼此相邻的各国的扩大和它们人口的增加，公共权力就日益加强"①。由恩格斯的研究可以看出，"国家"是一个较为复杂的概念，而且和"文明"的概念有着千丝万缕的联系。

一、国家与文明的关系

有学者从词源角度考察了"文明"与"国家"两个概念的发生发展，结论认为从词源上看"文明"即"国家"②，并因此认为研究"文明"起源也就是研究"国家"起源；"文明"社会也就是"国家"社会③。该学者接下来指出，地区与阶级不宜作为国家产生的标志，将公共权力的设立作为国家的标志也是笼统含混的，在进一步指出韦伯关于国家是"一个给定范围领土内（成功地）垄断了武力合法使用权的人类共同体"的定义存在的问题和适用的时代之局限性之后，给出了以早期国家—成熟国家—完备国家的连贯概念动态地定义"国家"的解决方案。早期国家是指最高的领导者，与名义上实质上其下的部分领导者，都实质性地独立掌握了一部分"武力合法使用权"。处理涉及全社会主要公共事务的以"武力合法使用权"为支撑的权力，主要掌握在最高的领导者手中。这个时期，仍旧会出现其他的组织甚至个人，在这一领导者之外独立处理涉及全社会主要公共事务的情况。国家与社会对此非但并无明确禁制，很多材料表明，有的时候甚至对此进行鼓励。在涉及小团体（指小于全社会的那些或大或小的团体）内部公共事务时，主要由小团体内部的领导者负责处理。在涉及小团体内部成员时，全社会最高的领导者之外，小团

---

① ［德］恩格斯著：《家庭、私有制和国家的起源》，《马克思恩格斯选集》第四卷，人民出版社 2011 年版，第 170—171 页。
② 参见易建平：《从词源角度看"文明"与"国家"》，《历史研究》2010 年第 6 期。
③ 参见易建平：《关于国家定义的重新认识》，《历史研究》2014 年第 2 期。

体内部的领导者，甚至于其他的组织以至于个人，仍旧掌握有刑事处罚权。国家与社会对此视为当然。成熟国家是指最高的领导者，与名义上实质上其下的部分领导者，都实质性地独立掌握了一部分"武力合法使用权"。处理涉及全社会公共事务的以"武力合法使用权"为支撑的权力，垄断在最高的领导者手中。但是，在涉及小团体（指小于全社会的那些或大或小的团体）内部公共事务时，主要由小团体内部的领导者负责处理。在涉及小团体内部成员时，全社会最高的领导者之外，小团体内部的领导者，甚至于其他的组织以至于个人，仍旧掌握有刑事处罚权。但是，对小团体内部领导者以及其他的组织与个人在这方面的权力，最高的领导者逐步进行了限制。完备国家是指最高的领导者"垄断了武力合法使用权"。其他的组织与个人，如果要合法地使用武力，必须得到该领导者授权。最终得出的国家的定义为：国家是一种独立的组织，在相对稳定的地域内，掌控了武力合法使用权，以支撑其处理公共事务。国家对权力的掌控是一个动态变化的过程。在最低阶段，国家形成的标志是，掌控了合法武力来支撑其处理涉及全社会的主要公共事务。但是，这个时期仍旧存在着其他的组织或（和）个人未经国家授权分享这种处理权的情况。在最高阶段，国家垄断了武力合法使用权，成为其唯一来源。[1]

二、国家、文明与流域

根据国家的定义，处理公共事务是权力很重要的标志，所以中央集权化的组织出现和灌溉事业的发展之间存在着联系，利用河流水源灌溉是一个庞大的系统工程，需要一个中央集权体制的有力保障；与此同时，大河谷地中的灌溉农业也成为国家的经济基础。中国古代政治文明、政治结构都形成于黄河流域，黄河在给人类带来肥沃的耕地、便利的交通的同时，雨季的洪水灾害也给人类社会带来灾难。人类在趋利避灾的开发过程中，传统的农业生产方式及与之适应的上层建筑也逐步形成。流域是以河流为中心、由分水岭包围的区域，分水

---

① 参见易建平：《关于国家定义的重新认识》，《历史研究》2014 年第 2 期。

岭是指分隔相邻两个流域的山岭或高地，河水从这里流向两个相反的方向。具体到黄河流域，巴颜喀拉山、秦岭都是它和长江的分界线，都是早期人类难以逾越的地带。所以，分水岭的阻隔使流域相对封闭，这一特性对于形成于其内部的中国文化来讲主要影响有二：一是有很强的延续性，二是具有较少的开放性。流域内以土地、温度、水资源等为核心农业资源，以及生物、矿产等其他资源，不仅丰饶且可以相对轻松地获取，这就为中国古代自给自足的生产方式提供了物质基础，农民被固定在土地上，且身份已被固化，于是在此经济基础上，以血缘关系为纽带的宗法制度，以专制主义为核心的统治理念逐步形成。

国家形成的历史具有明显的流域性特征，愈在早期，这一特征愈发明显，如众所周知的四大古国流域文明。先秦时期，在中华文明滥觞之地——黄河、长江等流域内，人类文明活动，诸如部落迁徙、技术传播、聚落分布等方面，同样呈现出了显著的流域性特征。以人类早期文明的聚集地——都城为例，它的分布、迁徙呈现出沿着河流"行走"的特征。秦始皇统一中国之前，诸侯割据，方国林立，先秦时期都城的空间扩展的一个显著特征就是沿着河流"行走"。如夏时期的都城主要在黄河中游汾、涑、渭、洛流域，商时期的都城沿着黄河中下游干支流，通过分水岭地带向与其毗邻的淮河流域、滏阳河流域（海河支流）、汉水流域（长江支流）扩张，东南至钱塘江流域的越国，东北有滦河流域。西周时期都城进一步沿着黄河支流渭水、泾水溯源西行，南向、西南向通过黄河、长江分水岭秦岭，进一步向汉水、嘉陵江、岷江等长江流域深入。春秋时期都城分布在东北方向开始深入到辽河流域，西向沿着渭水、泾水继续溯源扩张。战国时期的都城西南向已经发展到珠江流域。河流廊道功能尽显。

秦始皇统一全国之后，作为全国政治中心的京师基本位于黄河中游地区，如渭水流域的西安、伊洛流域的开封、海河流域的邯郸等。随着华北平原海河流域的形成，金元以降，直到今天，都城一直位于海河流域的北京。与西方不同，中国古代城市的功能主要是政治性的，作为各级政治中心，依赖政治性资源得到了聚集资源、优先发展的政策倾斜，呈现出明显的消费性特征的繁华，这一点在国家政治中心——都城发展历程中尤为明显，所以交通便利可以确保物资运输畅达就成为都城选址的重要条件。与此同时，都城作为全国政治中心，具体选址依据经历了经济腹地、天下之中再到地缘政治安全等变迁，但皆没有离开某一流域腹地，彰显了流域禀赋对于都城至关重要的地理意义①。

从中国长江流域最早的国家形成的轨迹，可以管窥国家的流域性特征。长江中游地区拥有众多的旧石器时代遗址，经历了彭头山文化、皂市下层文化、汤家岗文化（城背溪文化、高庙文化大体与皂市下层文化并存）、大溪文化、屈家岭文化、石家河文化、后石家河文化等新石器文化及青铜文化阶段，之后又出现了荆楚文化。从已公布的碳十四数据及树轮校正年代，以及与周边文化的对比看，屈家岭文化存在时间比过去学界流行的观点要提前约 300 年，即公元前 3500 至前 2800 年。石家河文化存在时间比过去学界流行的观点要提前约 400 年，即公元前 3000 至前 2300 年，相当于大汶口文化晚期和龙山文化早期。前后相继的两种文化在不同遗址过渡的时间不一，大约有 200 年的交叉期。

从目前的考古资料来看，长江中游地区的文明演进大体经历了酋邦、城邦、霸国、王国、帝国五个阶段。第一阶段，距今 18000—6300 年，陶器产生，农业社会出现；距今 7000 年前出现了凤凰崇拜、大型祭坛、人祭，酋邦形成；距今 6500 年左右出现了贫富分化。第二阶段，距今 6300—5300 年，出现了专偶制家庭、城壕，以及供职业守城人员使用的设施、阶级、类似于文字的陶符、人奠、人殉；在距今 5500—5300 年，出现了被称为神殿、宫殿的高规格建筑，城邦已经形成。第三阶段，距今 5300—4300 年，出现了金属、石灰、水泥性能建材、城邦群；石家河古城为现中国境内当时最大的城址，拥有宏大的城壕和独特的祭"祖"遗迹，阶级分化加剧，"王者"刻

---

① 参见王尚义、张慧芝著：《历史流域学论纲》，科学出版社 2014 年版，第 91—92 页。

画图像及图像文字出现；其时，战争主要在边缘地区展开；距今
5000—4300 年，霸国形成。第四阶段，距今 4300—4000 年，阶级分
化极其剧烈，龙凤及首领崇拜成为宗教主流，石家河城仍然是长江中
游地区汇聚四方文化因素的政治、经济、文化与宗教中心，尧、舜、
禹王国形成。尧、舜、禹王国形成后，文明中心北渐，长江中游地区
文明中心有所衰微，但石家河文化、二里头文化至二里岗文化之后的
盘龙城，遗存丰富，并拥有 300 万平方米的城址，标志着南方文明并
未中断。第五阶段，距今 4000—2000 年，荆楚主宰长江中游地区，
楚王熊渠始行分封制，属于王国。熊通始行郡县制，开始向"帝国"
迈进，至楚人刘邦建立西汉帝国，帝国体制完全形成。第一阶段属于
原始社会，第二至第五阶段为不同政体形式及不同规模的国家。①

第二节　流域与国家的形式

　　根据恩格斯的观点，"国家靠部分地改造氏族制度的机关，部分
地用设置新机关来排挤掉它们，并且最后全部以真正的国家机关来取
代它们而发展起来；同时受这些国家机关支配的，因而也可以被用来
反对人民的，武装的'公共权力'，代替了氏族、胞族和部落中自己
保卫自己的真正的'武装的人民'"②。同时，不同流域国家的形式
是不同的。例如，曾经统治欧洲和北非各大流域的罗马国家的形成过
程是"库里亚大会的一切政治权利（除了若干名义上的权利以外）
归百人团大会了……为了把三个旧的血族部落从国家中排除出去，设
立了四个地区部落，每个地区部落居住罗马城的四分之一，并享有一
系列的政治权利。这样，在罗马在所谓王政被废除之前，以个人血缘
关系为基础的古代社会制度就已经被炸毁了，代之而起的是一个新

---

　　① 参见刘俊男著：《长江中游地区文明进程研究》，科学出版社 2014 年版，第 480—481 页。

　　② ［德］恩格斯著：《家庭、私有制和国家的起源》，《马克思恩格斯选集》第四卷，人民出版社 2011 年版，第 107 页。

的、以地区划分和财产差别为基础的真正的国家制度。公共权力在这里体现在服兵役的公民身上，它不仅被用来反对奴隶，而且被用来反对不许服兵役和不许有武装的所谓无产者……罗马共和国的全部历史也就在这个制度的范围内演变，这里包括，共和国的贵族与平民为了担任官职以及分享国有土地而进行种种斗争，最后贵族溶化在大土地所有者和大货币所有者的新阶级中，这种大土地所有者和大货币所有者逐渐吞并了因兵役而破产的农民的一切地产，并使用奴隶来耕种由此产生的广大庄园"①。又如以住在莱茵河流域的德意志人，其国家的形成过程是"德意志野蛮人把罗马人从他们自己的国家里解放了出来，为此他们便强夺了罗马人全部土地的 2/3 在自己人当中分配。这一分配是按照氏族制度进行的；由于征服者的人数相对来说较少，仍有广大的土地未被分配，一部分归全体人民占有，一部分归各个部落和氏族占有。在每个氏族内，则用抽签方法把耕地和草地平均分给各户……这样的做法在罗马各行省不久就取消了，单块的份地变成了可以转让的私有财产即自主地。森林和牧场始终没有分配而留作共同使用；这种使用，以及被分配下去的耕地的耕种方式，都是按照古代的习俗和全体的决定来调整的。氏族在自己的村落里定居越久，德意志人和罗马人越是逐渐融合，亲属性质的联系就越是让位于地区性质的联系……氏族制度不知不觉地变成了地区制度，因而才能够和国家相适应。但是，它仍保存了它那种自然形成而为整个氏族制度所特有的民主性质；甚至在它后来被迫蜕变的时候，也还留下了氏族制度的片断，从而在被压迫者手中留下了一种武器，直到现代还有其生命力……德意志人确实重新使欧洲有了生气，因此，日耳曼时期的国家解体过程才不是以诺曼—萨拉森人的征服而告终，而是以采邑制度和保护关系（依附制度）的进一步发展为封建制度而告终，人口也有了巨大的增长"②。

---

① ［德］恩格斯著：《家庭、私有制和国家的起源》，《马克思恩格斯选集》第四卷，人民出版社 2011 年版，第 128—129 页。

② ［德］恩格斯著：《家庭、私有制和国家的起源》，《马克思恩格斯选集》第四卷，人民出版社 2011 年版，第 150—155 页。

一、流域国家的酋邦形式

通过部落内部各个血缘单位的联合，实行各个血缘单位的政治一体化，形成血缘集团的政治组织，服从政治组织最高领袖的集中领导与决策，这是古代酋邦的一般特征。在中国的长江支流清江流域，以廪君为最高首领的古代酋邦的形成，走的就是这条道路。《汉书·巴郡南郡蛮传》记载：

> 巴郡南郡蛮，本有五姓：巴氏，樊氏，瞫氏，相氏，郑氏。皆出于武落钟离山。其山有赤黑二穴，巴氏之子生于赤穴，四姓之子皆生黑穴。未有君长，俱事鬼神，乃共掷剑于石穴，约能中者，奉以为君。巴氏子务相乃独中之，众皆叹。又令各乘土船，约能浮者，当以为君。余姓皆沉，唯务相独浮。因共立之，是为廪君，乃乘土船，从夷水至盐阳。盐水有神女，谓廪君曰："此地广大，鱼盐所出，愿留共居。"廪君不许，盐神暮辄来取宿，旦即化为虫，与诸虫群飞，掩蔽日光，天地晦冥。积十余日，廪君伺其便，因射杀之，天乃开明。廪君于是君乎夷城，四姓皆臣之。廪君死，魂魄世为白虎。巴氏以虎饮人血，遂以人祠焉。

这段史料表明，武落钟离山赤黑二穴五姓的关系，是以血缘为纽带的同一部落内部不同血缘单位之间的关系。当时的时代，是没有君长的蒙昧时代，社会成员之间处于平等地位，廪君仅仅是巴氏之子而己，是氏族部落中的一名普通成员。

根据《后汉书》的这段记载进行分析，赤黑二穴五姓酋邦组织的形成，经历了三个发展阶段。

第一阶段：非暴力联合阶段。巴氏之子与其余四姓根据部落制传统，以勇力、智慧和技艺来决定谁为最高酋长。掷剑和乘土船两次竞赛，一为"约能中者，奉以为君"，一为"约能浮者，当以为君"，均属约定，表现了充分尊重原始部落习惯的特点，整个过程完全不带暴力性质，而是根据自愿原则进行。在这个阶段，巴氏子务相以勇力、智慧和技艺取胜，得到五姓的共同拥戴，立以为君，自此称为廪君。不过，这个时候的所谓君，充其量不过是一个普通的部落酋长，还没有达到充分掌握并行使集中的政治、经济、宗教权力的最高领袖的地步，由五姓联合所形成的组织，也充其量不过是一个血缘部落集团，还没有达到酋邦的发展水平。而这一切的变成现实，是通过下一阶段对外战争的途径实现的。

第二阶段：通过对外战争确立君权的阶段。廪君部落集团形成后，迅速走上了发动对外战争的道路，其武力扩张的方向，是从夷水至清江的盐阳，以争夺那里的食盐资源。清江盐阳之地是当时有名的盐产地。其时，这一食盐资源为当地的母系部落女首领盐水神女所控制，盐水神女又有盐神之称，表明其族在清江流域产盐区拥有相当大的势力。廪君集团来到盐阳，随即便与盐水神女展开大战。最后，廪君终于一举破敌，射杀了盐神，将盐源据为己有。廪君集团通过发动大规模战争武装占领盐阳之地，并消灭了盐神，这就突破了原始氏族部落的领地原则，把不同生态之间族体的生态互补，变成了跨生态的武力扩张，以政治行为而且是流血的政治行为代替了文化行为和经济行为，这一点非常值得注意。廪君发动对外战争，武力占领清江产盐区后所发生的"于是君乎夷城，四姓皆臣之"，说明了两个事实：一是廪君成为这个集团的最高领袖，一是酋邦组织的正式形成，夷城便是它的权力中心所在地，四姓中的上层便是统治中枢的成员。这样，廪君集团的性质便从经济系统和政治系统两方面同时发生了根本的转变，从过去的单纯血缘集团转变为现在的酋邦组织，平等社会不复存在。

第三阶段：通过宗教仪式神化君权的阶段。政治系统和经济系统的根本转变，又进一步推动了文化系统的根本转变，通过宗教仪式在意识形态领域神化君权于是成为必要。所谓"廪君死，魂魄世为白虎。巴氏以虎饮人血，遂以人祠焉"，便深刻地揭示了神化廪君的史实。廪君集团原先并无以人祭祀的习俗，只是当廪君成为政治领袖以后，出于神化廪君的需要才产生的，表明他同时又成为了宗教领袖，集政治、经济、宗教大权于一身，俨然成为酋邦的最高领袖。同时，以人祭祀属于杀殉的性质，它与作为一些古代民族传统习俗的殉葬有着根本的区别，其实质是对被杀者人权的剥夺，而它是以对被杀者政治经济权力的剥夺为前提的。显然，这意味着廪君对于酋邦之内的族众有着生杀予夺之权，这种权力又是通过神权的形式反映出来的，表明了君权与神权合一的事实。

从对廪君酋邦形成过程的详细分析，可以看出不是由于人口压力、土地限制等因素导致文明起源，而是由于对食盐资源的争夺，通过政治手段直至军事占领，而导致了文明因素的出现，导致了政治权威的兴起，导致了与平等社会不同的分层社会这样一个新型政治组织——酋邦的诞生①。

二、流域国家的王国形式

另一种国家的形式是王国。亨利·梅因（H. Maine）在其名著《古代法》中说过，最早出现的国家可能是以血缘关系为基础的组织，以地缘关系为基础是在最早的国家形成以后不久出现的②。亨利·梅因的论断是建立在对西方社会的材料分析基础之上所进行的归纳判断，具有相当说服力。但中国夏商周三代的情况与西方社会不尽相同，血缘关系及其组织和原则不仅在夏商周三代尚不成熟的国家里没有丝毫消融，而且在秦汉以后越来越成熟的国家里还继续长久地与地缘组织同时并存而且交织在一起，这就是宗族组织和农村公社的二重性表现之所在。

长江流域上游的古蜀三星堆鱼凫王朝的建立，使古蜀的社会组织和社会组织原则同时发生了剧烈变化。由于鱼凫王朝的建立是三代蜀王酋邦战争的结果，因此蜀王蚕丛和蜀王柏濩的部民就成为了鱼凫王朝的国民，古蜀也就从以血缘为基础的社会演进为以血缘和地缘二重结构为基础的社会。由于古蜀王国内部血缘关系多元化局面的形成，鱼凫王朝就不再是一个由单一血缘组织所构成的社会单位，而演化为

---

① 参见段渝：《商代蜀国青铜雕像文化来源和功能之再探讨》，《四川大学学报》1991 年第 2 期。

② 参见［英］亨利·梅因著：《古代法》，中国社会科学出版社 2009 年版，第 124—125 页。

一个由不同血缘组织所构成的政治单位，即以鱼凫氏为统治者集团的政治共同体或国家。虽然鱼凫王朝时期的古蜀国还是一个早期王国，它的血缘组织形式及其某些原则仍然长久地保存着，但是倘若仅仅根据它的血缘组织形式就轻率地否认其国家与文明性质，那将是极不科学的。

在国家形态上，鱼凫王朝时期的古蜀王国是一个实行神权政治的国家。三星堆一、二号祭祀坑出土的大量青铜器、青铜礼器群、黄金面罩，无一不与宗教神权息息相关，三星堆巨大的城墙本质上也是神权政治的产物。因此很明显，出土于一号坑内的金杖，实际上就是标志着王权、神权和经济、社会财富垄断之权的权杖，为古蜀王国政权的最高象征物。金杖上端的三组人、鱼、鸟图案说明，金杖既被赋予着人世间的王权，又被赋予着宗教的神权，它本身既是王权，又是神权，是政教合一的象征和标志。金杖上的人头图案，头戴兽面高冠，耳垂三角形耳坠，与二号祭祀坑所出蜀王形象造型——青铜大立人相同，表明杖身所刻人头代表着蜀王及其权力。鱼、鸟图案的意义在于，鱼能潜渊，鸟能登天，它们是蜀王的通神之物，具有龙的神化般功能。而能够上天入地，交通于神人之间的使者，正是蜀王自身。所以，金杖不仅仅是一具王杖，同时也是一具神杖，是用以沟通天地人神的工具和法器。

金杖的含义还不止于此。杖用纯金皮包卷，而黄金自古被视为稀世珍宝，其价值远在青铜、玉石之上，因此使用黄金制成权杖，又表现出对社会财富的占有，象征着经济上的垄断权力。所以说，三星堆金杖有着多种特权复合性的象征意义，标志着王权（政治权力）、神权（宗教权力）和财富垄断权（经济权力）。这三种特权的同时具备，集中赋予一杖，就象征着蜀王所居的最高统治地位。同时，它还意味着，商代的古蜀王国是一个彻头彻尾的神权政体。

王权采取神权的形式，是政治权力宗教化的一种表现，它意味着政教合一的政治体制的形成。王权与神权处于同等重要的位置，国家元首同时也是最高宗教领袖，这是文明初兴时代盛极一时的风气和特征。三星堆一号祭祀坑出土的金杖，上有人头、鱼、鸟图案，一般认为它们是鱼凫王的合成形象。将鱼凫这一族群的传统神物与王者形象直接结合为一体，正是直接表现出了鱼凫王既为最高政治领袖，又为最高宗教领袖的至高无上地位，证明鱼凫王朝时期的古蜀王国是一个实行神权政治、政教合一的早期国家。

长江流域古代四川盆地以广汉三星堆遗址为中心的古蜀王国，是一个实行神权政治的独立王国。对这个独立王国神权政体的运作系统进行分析，将有助于增进我们对于上古国家的政治制度和权力结构的深入了解。

其一，分层社会的复杂结构。王权形成并诞生于分层社会之中。在文明社会之前的酋邦（chiefdom）时代，社会分层还是一种比较简单的等级制结构，不论在深度还是广度方面都还没有达到国家形态的复杂社会水平。只有在文明时代复杂的分层社会中所诞生的王权，才具备了对社会政治、经济、意识形态的全部垄断权，即凌驾于整个社会之上的至高无上的统治权力。

在三星堆文化的时代，古蜀王国已经是一个在中央集权统治之下的高度复杂的分层社会。这个复杂的分层社会由区分为阶级的各个人群所共同构成，存在着统治阶级和被统治阶级的区别，其间的界线壁垒森严，各阶级的内部又有不同的阶层和职业集团。

古蜀王国的统治阶级由国王、王室子弟、姻亲、贵族、臣僚和武士等构成，也包括分布在各地的大大小小的地方性族群之长，他们都是世袭贵族，世世代代享尽荣华富贵。三星堆一号祭祀坑和二号祭祀坑出土的各式青铜人像、人头像[1]，其间的时代相距达百余年以上，可是它们却在若干基本形制方面，比如面相、表情和衣式、冠式、发式等方面颇为一致，具有明显的继承性，意味着它们所象征的历代统治者集团完全是一脉相传、世代相袭的，在政治上所实行的是王位和贵族的世袭制度[2]。

---

① 参见四川省文物考古研究所编：《三星堆祭祀坑》，文物出版社 1999 年版，第523—525、545—555 页。
② 参见段渝：《商代蜀国青铜雕像文化来源和功能之再探讨》，《四川大学学报》1991 年第 2 期。

　　古蜀王国统治阶级的上层和核心是一个权势倾人的神权政治集团，这种情况可以从三星堆一、二号坑内出土的大量青铜制品、黄金制品、象牙、海贝和玉石器得到确切证明。三星堆出土的青铜器的总重量达 1000 公斤以上。如此巨量的青铜器，需要 5—20 倍的铜矿石才能熔炼出来，也就是说，需要 5000—20000 公斤铜矿石原料，才能炼出三星堆出土的青铜器，这还不包括制作青铜器所必需的锡和铅。成都平原本土缺乏制作青铜器的铜、锡、铅等原料，这些原料只能通过某些途径，远距离地从其他地区运过来。三星堆古蜀王国要获得铜、锡、铅等青铜原料，其获取途径主要包括贡纳、贸易以及掠夺，其交换代价无疑是十分巨大的。因为，贡纳必须以征服为前提，而征服又必须以豢养一支强大的军队为前提，付出包括武器装备、军事训练、组织管理、指挥系统、食物供应等在内的人力、财力、物力和组织等方面的沉重代价。至于征服以后的占领，则情形更为复杂。其实掠夺也是如此，倘若没有供养一支强大的军队，要从遥远的云南地区掠夺回如此巨量的青铜原料，是绝不可能的。即便是远程贸易，也必须付出商队组织、军事保护以及用以交换的物品等代价。能够付出如此高昂的代价来占有并享用这些贵重物品的，除了核心统治者集团以外，没有其他任何个人和社会集团能够做到。至于珍贵价值远远超过青铜器的黄金制品，以及数量庞大的整支象牙，和专门用于重大祭祀和礼仪场合的成批玉石制品，其获取和制作过程及其使用权力，也同样不是除了核心统治者集团而外的其他任何个人和社会集团所能够拥有的。这就说明，居于三星堆古蜀王国最上层的核心统治者集团——神权统治集团，垄断了这个王国的所有青铜原料和其他贵重珍稀物品的获取、占有和使用等一切权力。

　　三星堆遗址巨大的城墙也是神权统治者集团高高在上的重要证据。三星堆遗址古城东西长 1600—2100 米，南北宽 1400 米，总面积 3.5—3.6 平方公里，其规模超过了商王朝早期统治中心的郑州商城。修建如此高大坚固的城墙，开掘如此巨量的土方，加上土方运输、工具制作、城墙设计、城垣施工、食物供给、组织调配、监督指挥以及再分配体制等一系列必需的庞大配套系统，足以表明统治者集团控制着足够支配征发的劳动力资源，控制着众多的人口，控制着丰富的自然资源和生产资源，控制着各种各样的劳动专门化分工和各种类型的生产性经济。神权统治者从把自然资源、生产性资源和劳动力资源物化为大型城墙建筑的角度，来显示国家的巨大威力，来标志神权与王权的强大和尊严，来象征统治权力的构造物和它的无限支配能力。而城圈的广阔，则表明城内的社会生活、政治结构早已超出酋邦制水平。结合对众多劳动者的统治和对丰富自然资源和社会财富的控制来看，显然已经存在一个集权的国家组织①。这个集权的国家组织的核心，便是政教合一的神权统治者集团，他们拥有并掌握着政治、经济、军事、宗教、意识形态等一切大权。

在核心统治者集团的外围，是由各级臣僚和分布在各地的大小权贵以及众多的地方性族群之长所组成的统治阶级中下层，他们的权力或大或小，各受其上层或王室的直接指挥和制约，整个统治阶级呈现为一种层层从属的金字塔结构或品级结构。

三星堆古蜀王国的统治阶级豢养了一支常设的武装力量。在三星堆遗址两个祭祀坑内出土了大批玉石兵器，主要有戈、矛、剑等形制，毫无疑问是从实战使用的兵器演化而来。在三星堆二号祭祀坑中还发现了20件三角形锯齿援直内无胡戈，也是从实战兵器演化而来。三星堆祭祀坑中还发现了不少全身披挂戎装的青铜甲士雕像，既有站立甲士像，又有跪坐甲士像，充分证明古蜀王国常设武装力量的存在。

古蜀王国的被统治阶级包括各种生活资料、生产资料和精神资料的生产者。大体说来，有各种农业生产者、陶工、木工、漆工、雕刻工、纺织工、酿造工、矿工、石工、玉工、运输工、冶炼工、建筑工、艺人，以及其他各方面的劳动生产者。此外，还有专门的商人阶层，在神权统治集团的支配下，从事对内对外的各种交换和贸易活动。

统治阶级与被统治阶级之间有着壁垒森严的界线，不得逾越。三

---

① 参见段渝：《巴蜀古代城市的起源、结构和网络体》，《历史研究》1993年第1期。

星堆遗址内多处出土生产工具的区域与基本没出土生产工具但却出土有大批玉石礼器和雕花漆木器等奢侈品的区域之间，几乎完全没有随葬品的狭小墓葬与瘞埋着巨量青铜器、金器、玉石器、象牙、海贝的大型祭祀坑之间，形成无比强烈的反差和对照。而三星堆遗址内出土的两具双手反缚、跪坐、无首的石雕奴隶像，则意味着统治阶级不但可以剥夺并无偿占有被统治阶级的剩余劳动，而且还握有对被统治阶级的生杀予夺大权。这些，非常深刻而活生生地刻画出了古蜀王国这个神权政体的性质。

其二，基本资源的占有模式。按照马克思主义的观点，当社会由于自己的全部经济生活条件而必然分裂成为两大对立阶级时，为了压制阶级之间公开的冲突而出现了第三种力量，这个第三种力量便是国家。恩格斯以后，由于大量新材料特别是人类学和考古学资料的发现与积累，使学术界对于国家起源的问题得以进行更加细致的研究，获得了若干新的进展。其中最重要的成果之一，是在理论上提出了分层的概念，并且提出和进一步完善了基本资源的概念。

社会各人群对于基本资源的不同关系，形成经济分层，它是一切社会分层和权力分层的基础。统治阶级之所以能够在经济上获得统治地位，首先是通过控制并占有基本资源来获得的。古蜀王国的基本资源占有模式包括以下几个主要方面。

对基本生活资源和生产者的占有与控制。基本生活资源主要是指维持生活所必需的食物。古蜀王国的各级统治者、大大小小的奴隶主，数量不少。从方圆 3.5—3.6 平方公里的巨大的三星堆古城看，其中必然聚集着大批权贵和显宦。作为商代古蜀王国次级中心城市的成都，由近年成都市金沙遗址考古发掘的新材料再次证实，商代晚期它同样是一座颇具规模的早期城市，其中同样聚集着大批权贵和显宦。这些为数众多的权贵和显宦之所以能够花天酒地，为所欲为，生活得很奢侈，最基本的前提就在于他们占有并控制了全部土地资源、生产资源、食物资源以及大量的食物生产者。古蜀王国的贵族统治者们嗜酒如命，三星堆遗址中发现了大量式样不同、制作精美的青铜和陶质酒器，为这些贵族和权贵们所专有。大量的酒必然是以消耗巨量的粮食原料为前提的。这种情况十分明显地说明，古蜀的贵族统治者已经控制了食物生产，控制了食物生产者，而这些又毫无疑问是以对于土地资源的控制和占有为前提的。这种现象，不但是贵族统治者阶级占有了农业劳动者阶级剩余劳动的证据，而且也是他们控制了基本生活资源的证据①。

对手工业生产者及其产品的占有和控制。规模庞大的三星堆古城，巨量青铜原料的开采、加工、运输、冶炼、翻模和铸造，大批玉器和石器的生产和加工，大片宫殿、居宅的建筑，以及成都羊子山高达 10 米，总面积约 10733 平方米，使用泥砖 130 多万块，用土总量达 7 万立方米以上的三级四方形大型礼仪性土台，成都十二桥商代大型木结构宫殿建筑，成都金沙遗址出土的大批青铜器、金器、玉石器和重达 1 吨以上的象牙，大量的、各式各样精美的金、玉、铜、石、陶质等工艺美术品，如此等等，无不出自于各类专门手工业劳动者之手。而所有这些物质成果并且连同蕴含在其中的全部精神成果，都统统被贵族统治者们一一攫取，全部据为己有。这就充分表明，这些手工业生产部门已经全部成为显贵们直接控制的生产领域，所有生产者及其产品，都成为他们那贪得无厌的巨大物质享受和奢侈糜烂生活的重要源泉。

对生产资源包括基本资源和战略性物资的占有和控制。在古代文明之初，铜矿、锡矿、金矿、玉矿等自然资源，往往是一个文明古国各种资源中最为重要的并且是最富于战略意义的资源，同时也是一国之中最为重要的物质财富。三星堆遗址出土的重达 1000 公斤以上的青铜制品，所消耗的铜矿砂、锡矿石等原材料达 5—20 倍以上，足见制造青铜器所需的铜、锡矿原料之多，表明神权与王权控制并占有着这些最重要的战略物资资源，或其来源，或获取它们的各种手段。三星堆遗址出土的各种黄金器物多达 100 件以上，金沙遗址出土的黄金器物更是多达数百件，金器数量之多，形体之大，均为商代中国所仅见。黄金自古被视为珍宝，人们总是将黄金世代相传，从不轻易抛

———————

① 参见段渝：《巴蜀古代城市的起源、结构和网络体》，《历史研究》1993 年第 1 期。

置，所以亘古以来，考古中发现的黄金器物并不多见。可是仅仅在古蜀国故都废墟的一角，便埋藏着如此丰富的纯金器物，这不能不使人感到古蜀国的神权政治领袖们是何等严密地控制着金矿的开采、黄金的加工和金器的制作，并把所有黄金据为己有。三星堆遗址出土的玉石器，绝大多数发现于显贵们的居住区和两个祭祀坑当中，这同样表现了玉石资源为统治阶级所控制和独占的事实。

对生产工具以及劳动分工的占有和控制。迄今为止，有关商代末叶之前古蜀窖藏和墓葬中埋葬生产工具的最早材料见于四川新繁水观音墓葬和两次在四川彭县竹瓦街发现的青铜器窖藏。从新繁水观音晚期墓葬开始，蜀墓中埋葬大量成套的金属生产工具这种习俗成为传统，并且生产工具还往往与青铜礼器和兵器等形成组合关系。青铜礼器和兵器是贵族身份和地位的重要代表和象征，埋葬青铜生产工具，与埋葬青铜礼器和兵器具有同样的内涵和意义，具有同等重要的地位。在先秦时"国之大事，在祀与戎"。这种体制和观念表现在墓葬中，就是大量埋葬各式精美的青铜礼器和兵器：礼器代表"祀"，象征着对宗教礼仪的占有和控制；兵器代表"戎"，象征着对武装力量的占有和控制。而蜀墓中与青铜礼器和兵器共生的大量青铜生产工具，其意义显然是象征着对生产工具和劳动分工的占有和控制。从整个蜀墓的发展序列来看，墓主生前地位越高，墓葬规模越大，随葬的金属生产工具的数量就越大，品种就越多。蜀墓和窖藏出土的金属生产工具，大多数是刀、凿、斧、斤、削、锯、锛等，与手工业有着密切关系。这种情形意味着，古蜀的青铜手工业工具是属于统治者所有的，手工业生产和分工完全被贵族统治者所控制和垄断①。

对宗教礼仪用器以及宗教性建筑的占有和控制。三星堆遗址出土的全部青铜器群、玉石器群、黄金器群以及某些陶器群，在性质上多属礼仪之器，均在礼仪和祭祀场合使用，无一不为神权政治集团所独占。兀立在成都平原一望无垠的原野川泽上的三星堆古城城墙，以及高达 10 米的成都羊子山土台，也是古蜀神权无比强大的表征，它们

---

① 参见段渝：《巴蜀古代城市的起源、结构和网络体》，《历史研究》1993 年第 1 期。

以无法抗拒的物质形式的力量来威慑万民的心灵，从而达到巩固神权统治的目的。由此可见，宗教神权是古蜀王权最为重要的组成部分，是王权的核心。

以上分析表明，在古蜀王国，基本资源是由国家和统治阶级所占有的。其中，自然资源、战略性物资资源和宗教礼仪资源，由统治阶级当中的核心统治者集团代表神权国家所垄断占有，生活资源如粮食、酒类、肉类等和一些生产性资源（如生产工具）则由各级统治者所分别占有，国家则以收取贡赋的形式同各级统治者分享这些资源。

其三，再分配系统的运作机制。在古代社会，一切农业生产品的流动模式，总是从次级聚落流向中心城邑，供各个脱离食物生产的阶级和阶层消费，而次级聚落的食物资源，都从广大农村直接流动而来。三星堆古城、成都金沙和十二桥遗址，都分布有不少平民的居址、作坊和工场，表明其中存在着大量的非食物生产者。他们当中，有建筑者、运输者、各门各类的手工业生产者以及艺者等，也有贵族统治者们的家内奴隶。这是一大批脱离食物生产的人群，他们的基本生活资料，须由周边甚至远地的农村生产，直接或间接地流向这些中心城邑。这部分农业产品，连同被中心城邑内麇集着的大批贵族显宦们所消耗、挥霍的大量粮食、酒类、肉类、瓜果、蔬菜以及其他各种食品，均由各个次级聚落和低级聚落以交纳贡赋或其他形式无偿提供。

三星堆遗址出土了大量各种兽类的遗骨遗骸，如鹿骨和一些大型动物的遗骸等。这些动物和野兽，都是狩猎或兼事狩猎、畜牧的部落为中心城邑的统治者提供的，也是一种由次级或低级聚落向高级中心流动的模式。成都金沙遗址发现了大型卜用龟甲，十二桥遗址除出土各种兽类遗骨外，也还出土不少龟甲，都是占卜所用的。据动物学家研究，成都十二桥出土的卜用龟甲是陆龟的腹甲，而陆龟并不出产在成都平原。可见，十二桥出土的陆龟是从外地引进的。根据古籍记载，岷山和川东各地出产大龟。古蜀王国在这些地方虽有若干文化传播和渗透，然而究非蜀土，蜀王政令也不能直接抵达。因而，出产在这些地方的大龟，只能是通过贸易交换方式引入古蜀中心城邑的，是一种双向性的物资流动模式①。

手工业产品的再分配模式包括贵重的手工业产品，如金器、青铜器、玉石器和雕花漆木器等，仅在中心城邑出现，表现出单向性的流动模式；珍稀原材料，如金、玉、铜、锡、铅、象牙、海贝等资源的流向，可分为几种情况：其中出产在蜀地的，呈单向性地流往中心城邑；不产于蜀地的，则以贡纳或交换等形式，呈单向或双向性地流往中心城邑。如海贝和象牙，分别出产在印度洋和南中国海地区，这些产品就只可能通过直接或间接的贸易双向性交换而来。再如青铜兵器，三星堆遗址以外各地发现的蜀式青铜兵器，在出土地区均未发现铸铜作坊的遗迹，而在三星堆遗址却发现大量铸铜的坩埚和铸出铜器后取出的模具碎块，以及大量熔炼青铜器后遗留下来的炼渣，表明三星堆遗址有大型青铜器作坊和工场。这些现象可以说明，包括兵器在内的金属军事装备，在古蜀王国是由中心城邑三星堆直接流向次级城邑或各个军事据点的，属于单向性的流动模式。大型礼器群，仅仅出现在古蜀核心统治者集团所在的三星堆古城和作为次级统治中心所在的成都金沙遗址，分布范围极为有限，其成品的制作就在这两座城市内，或部分来源于次级城邑，呈现为封闭式的、单向性的流动模式。

富于特殊用途的自然资源本身是大自然极其普通的赐品，例如土、石、木材等。但由于这类自然资源可以充作各种各样的生产和生活材料，所以被赋予某种权力或神秘力量的内涵。在成都平原古蜀王国的故土上，有数量众多的巨石建筑，这就是为学者们所盛称的"大石文化遗迹"，它来源于古蜀人对其先民及其居住环境的怀念，被作为一种国家崇拜性质的纪念性建筑，建造并矗立在成都平原古蜀王国故土各处。成都平原是一个大河冲积扇平原，本土不产任何大石。作为古蜀王国大石文化建筑材料的巨石，都是从邛崃山开采，经过千辛万苦运送到成都平原，再立于各地的。这种流动，是一种单向性的流动模式。此外，海洋生物资源的发现应当引起充分注意。三星

———————————

① 参见段渝：《巴蜀古代城市的起源、结构和网络体》，《历史研究》1993 年第 1 期。

堆一、二号坑内出土了数千枚海贝，其原产地主要是印度洋深海水域和南中国海，是古代南亚和东南亚地区的通用货币。三星堆出土的海贝，均从印度和东南亚地区交换而来，它们不仅被古蜀王国的权贵们作为财富的象征，更是作为垄断对外贸易的标志。海贝的发现，表明了古蜀王国的权贵们对于外贸及其手段的独占。从对外贸易角度而言，这是一种互动性的、双向性的物资流动模式①。

再分配模式体现了生产、消费、交换、分配体系的全过程及其运作机制。古蜀王国的再分配模式，根据上面的分析，大致可以归结为三类结构：第一类是各次级聚落或族体间广泛的互惠性交换和贸易；第二类是各种物资从次级聚落向中心城邑的单向性流动以至高度汇聚，主要物资种类有食物、贵重手工业生产品、艺术品、奢侈品，尤其是象征王权权威和神权权威以及具有重大战略意义的自然资源和物资；第三类是从中心城邑反向流动于各次级聚落和军事据点的单向性流动，这类物资主要是青铜兵器。其中第二类物资流动的大规模化及其在中心城邑的集中化所表现出来的高度社会控制，与第三类物资的反向流动所表现出来的对专职暴力机构的控制和垄断，充分说明古蜀王国的王权行使范围和程度，都已远远超出酋邦制组织的酋长权力，达到国家政权的水平。这一方面意味着古蜀王国的城乡连续体、文明中心和原始边缘等多重结构体系的形成；另一方面则深刻地揭示出，在古蜀王国的再分配体制中起决定作用的控制系统，是凌驾于社会之上的国家政权，其核心是王权和神权，其典型物化形式是金杖、青铜雕像群、青铜礼器、青铜兵器、玉石器、城墙、宫殿建筑和大型祭坛。

其四，统治集团的分级制体系。权力系统的研究，是了解权力性质、权力行使的广度和深度的关键。三星堆出土的大型青铜雕像群，便是其中的秘密之所在。

三星堆青铜人物雕像，包括各式立人像、跪坐人像、人头像、人面像，以及金杖、金面罩等，是古蜀王国采借外来文化并加以创造性

---

① 参见段渝：《巴蜀古代城市的起源、结构和网络体》，《历史研究》1993 年第 1 期。

适应整合的一种对权力内涵的表现方式。分布在成都平原到汉中盆地的与三星堆文化相同的遗址，由于在当地找不到其起源、演变的序列，而三星堆遗址本身有着清楚的起源、发展和演变序列，年代又早于那些遗址，因而它们必定是三星堆文化在空间上的延伸，三星堆遗址则是同一文化的传播源所在。同时，三星堆文化本身持续发展达上千年之久，又充分说明了古蜀王国的统治在时间序列上所达到的高度稳定性。空间上的连续性和时间上的稳定性，无可置疑地表明：三星堆作为蜀王之都，是最高权力中心之所在；其他位于不同层级和边缘地区的各级次中心及其支撑点，则是这个中心在各地实施统治的坚强基础和有力支柱，只是其族别各异而已。这种情况，与青铜雕像群所呈现出来的统治结构完全一致，表明古蜀王国的最高权力中心控制着分布有众多族类的广阔地域，这片广阔地域内的各个地方性族系之长，都是臣属于古蜀国王权的小国之君，既是蜀之附庸，又是供奉蜀国主神的群巫。这一点，同商代诸方国与商王朝的关系极为类似。通过以上分析，我们一方面揭示出商代蜀国王权的宗教神权性质，另一方面揭示出古蜀王国统治集团的分级制体系，看出它王权行使的基础在很大程度上是来源于对广阔地域上各个地方性族系之长的直接控制[1]。

三、不同流域国家形式的特点

通过以上对流域范围内国家形成的两种方式的分析，我们可以初步获得下面几点结论。

第一，酋邦的政治制度。以清江流域廪君集团的情况分析，经过从非暴力联合阶段到通过对外战争确立君权的阶段直到最后通过宗教仪式神化君权的阶段，由这三个阶段的连续演变，最终发展成为由五姓组成的具有层级结构的酋邦，巴氏子廪君成为酋邦的最高首领，即所谓"酋长"或"酋豪"。在这个以部落血缘关系为纽带的酋邦内部，最重要的政治制度是祭祀制度，它包括以下两个方面的内容：一

---

① 参见段渝：《巴蜀古代城市的起源、结构和网络体》，《历史研究》1993 年第 1 期。

是祭祀仪式本身，通过杀人祭祀于庙堂的仪式，以达到威慑和制裁的目的。近年考古学家在清江流域和渝东长江流域发现的青铜器上往往铸刻有虎的形象，大多与此有关，它们应是廪君集团祭祀制度的物化表现形式，表明了祭祀制度的固化。二是通过祭祀仪式，采取政治权力宗教化的方式，使"四姓皆臣之"的强权政治转变成以祭祀为中心的神权政治，使强权统治转化为宗教统治，以宗教掩盖政治，以文化代替暴力，使控制合法化。通过神化廪君的方式神化酋长权力，使权力合法化，达到强化酋长权力的目的。清江流域廪君酋邦植根于血缘组织，但它的层级结构的顶端是巴氏子，而巴氏始终占据着酋邦首领的位置，掌握着酋邦的各种权力，凌驾于血缘集团之上，从而表现出廪君酋邦所具有的初期国家的性质，可以认为它处于早期国家的初级阶段，或许这就是所谓"史前国家"。

第二，王国的政治制度。以三星堆古蜀王国分析，在经济分层、社会分化、政治经济宗教等权力的集中化以及再分配系统等方面，均与酋邦社会具有共同特点但却在更高的层面和更广阔的空间更加深刻地体现出来。它的更加深刻的内涵在于，三星堆古蜀王国所统治的民众，已不光是鱼凫氏古蜀人本身，还包括早于鱼凫王朝在成都平原立足而被鱼凫氏所征服的蚕丛氏和柏濩氏（柏灌氏），此外还有西南夷诸族群。这就是说，由鱼凫氏所建立的三星堆古蜀王国已是一个突破了氏族部落血缘纽带的血缘与地缘并存的政治组织。同时，三星堆古蜀王国建立了一支武装力量，部署在它的疆界并用于对外征服战争，另外还有考古迹象表现出拥有用于对内制裁的机器。这几点，可以说比较充分地表现出了一个早期国家的政治制度内涵。

第三，比较而言，三星堆古蜀王国不论在政治组织的演进还是在政治制度的完善方面都比清江流域廪君酋邦前进了一大步，前者已经达到国家水平，后者还处于酋邦制度之中。从某些基本要素看，酋邦与国家在政治制度上没有太大的差别，例如经济分层、社会分化、政治经济宗教等权力的集中化、再分配系统等，是酋邦组织和国家组织都共同具备而为氏族社会所没有的。但是，从另外一些因素看，酋邦

与国家却又有着根本的差别①。这一差别展现了流域国家的特点和
性质。

第三节　流域与早期帝国的兴起

除了酋邦和王国，在国家形成的各种形式中，帝国最集中展现了
国家的政治性和统治力，对世界历史的影响也最为深远。通过对流域
与最早的帝国兴起过程的考察，能够明确流域在国家起源时期的作用
和功能。

一、早期流域帝国的产生

帝国的产生，来自一个民族对另一个民族的征服。事实上，帝国
的定义之一就是一个民族将其政治统治延伸到其他不同的民族身上。
在人类历史上，帝国是一个民族渴望控制其他民族及资源的自然反
应，帝国的崛起经常取决于其统治者能不能建立起实现上述目标的军
事组织。帝国创建炫耀武力和奢侈的组织结构，让盟友对其忠诚，让
潜在敌人胆寒。帝国常常鼓励在艺术和学问上的伟大创造。帝国建立
了由港口和造船厂、公路和交通要道支撑的大集市，有些会脱颖而出
成为中心城镇。帝国有很多外来货物和不同的族群。拥有不同宗教、
不同语言、不同祖先、不同文化与技术发展水平的各个族群，被置于
中央集权统治之下。根据帝国的需要，其中的一些族群被授予完全的
公民权，其余大部分享受的权利和特权很少，而那些处于最底层的，
尤其是战俘，可能会被奴役。有一些对帝国构成危险或管理成本高的
族群则可能会被处死，作为对帝国潜在的反叛者的警告。帝国必须要
建立一套官僚体制，在度量衡、语言、货币、法律体系等方面足够统
一，使它们为单一的政治体制服务。帝国通常会指定某一语言作为帝

---

① 参见段渝：《酋邦与国家形成的两种机制——古代中国西南巴蜀地区的研究实
例》，《社会科学战线》2014 年第 9 期。

国统一的语言，以便让不同语言的各族群能够相互交流，也让帝国的文书即便不是所有人都能看懂，至少也必须让最偏远地区的行政官员能够看懂。帝国也必须将境内各地的货币统一，或者至少使之能够相互兑换。帝国也必须建立一定程度上统一的司法体系。帝国最重要的行政事务，也许就是向其臣民收税和向被征服地区征收贡物。这些税收是统治者继续统治的财政基础。

最早期的帝国出现在四千多年以前的美索不达米亚和尼罗河流域。从它们身上，我们可以发现帝国兴盛与衰落的一些基本特征。因为许多典型的帝国，其权力扩张的基础都是城市。所以，也就不难理解为什么美索不达米亚城邦制国家，会给帝国的形成提供肥沃的土壤。萨尔贡建立帝国，也刺激其他人起来与之对抗，最终推翻它，并在该地先后建立一系列后续帝国[①]。

埃及帝国的建立基础，不是城市，而是国家。埃及统治者通过对上下尼罗河的统一，而实现了单一国家治理。经过了上千年的发展，埃及人才把自己的权力加于其他国家身上。首先是对南部上尼罗河瀑布区努比亚的征服，随后实现了对整个尼罗河的完全控制，并向东扩张到中东地区和美索不达米亚。埃及帝国的兴衰与其自身和敌人的行政和军事力量的平衡转化有着极大的关系。

美索不达米亚最早的权力中心是在政治上相互独立的城市国家。它们之间经常会因为土地、灌溉权和优先权而相互争斗。从地理上讲，美索不达米亚上的城邦国家在抵御移民群体穿过美索不达米亚挑战其权力方面是非常脆弱的。在公元前2350年，萨尔贡（大约公元前2334—公元前2279年在位）就从阿拉伯半岛率领一帮闪米特人移民，进入苏美尔。这些新来的移民在苏美尔北部定居下来，称自己所住的地方为阿卡德。萨尔贡率领阿卡德人战胜了苏美尔的主要城邦，战胜了东部的埃兰人、北部的美索不达米亚人，也征服了连接美索不达米亚和地中海的狭长地带。他们在阿卡德建立了都城。有关萨尔贡

---

① 参见［美］斯霍华德·斯波德著：《世界通史（第四版）》，吴金平等译，山东画报出版社2013年版，第125—134页。

帝国的历史记录十分有限，但与我们所认定的帝国标准相关的特征，在它身上的确存在。第一，阿卡德人进行了广泛的征服。阿卡德政府的文书在几百英里外的波斯湾东部被发现，说明其管辖范围辽阔；第二，在将乌尔、拉伽什和乌玛的主要城市毁灭之后，萨尔贡都用自己的所谓"阿卡德之子"的行政管理人员取代了传统的文官统治集团；第三，阿卡德语成了苏美尔的政府文件语言；第四，长度、面积和干湿东西的质量，可能还有重量的标准在全帝国内被统一；第五，萨尔贡把自己的意象和意识形态强加给帝国。从阿卡德立国时期的文件就可以看出，合法的誓言都必须以国王的名义做出。萨尔贡还把自己的女儿封为乌尔最高的月亮女神奈娜。

埃及与美索不达米亚地区的帝国存在很大差异。从早期开始，埃及就是一个统一的国家。埃及的地理环境也有助于它成为一个单一行政单位，管理从尼罗河第一瀑布到地中海之间的地区。从公元前3000年到如今，埃及基本上一直都是一个单一的政治行为体，所以，我们称之为由单一政府管理的单一文明的王国，而不是一个民族统治其他民族的帝国。不过，埃及的势力并不总是停留在自己的地盘内。在大约公元前2040年至公元前1640年的中王朝时期，埃及人征服了努比亚，将其领土向南扩展了900英里（约1400公里），即从第一瀑布附近，也就是现今埃及的阿斯旺地区，扩展到现今苏丹首都喀土穆附近。开始，这种帝国征服只是在下努比亚进行，但努比亚人还是把埃及人成功驱赶出去，这也成为导致埃及中王朝垮台的部分因素[①]。

当埃及重新统一（大约公元前1550—公元前1070年）之后，新王国的殖民使埃及变得富裕，有助于产生一个富裕而有创造力的时代。因为法老经常在全国各地旅行，所以埃及沿着尼罗河，从三角洲到努比亚的所有地方，都建造了大量的豪华宫殿。国家宗教与国家政权紧密相连，所以，围绕着这些宫殿，也兴建了神庙和城镇，并成为重要的权力、信仰和统治中心。这些庙宇中最重要的一个由法老拉美

---

① 参见［美］斯霍华德·斯波德著：《世界通史（第四版）》，吴金平等译，山东画报出版社2013年版，第125—134页。

西斯二世（约公元前 1279—公元前 1213 年在位）在阿布辛贝建造。阿布辛贝位于第二瀑布北边，供奉埃及最大的神和拉美西斯二世自己。

埃及对边远地区和不同民族的帝国控制，遭到来自"肥沃新月地带"地方麦玺冬力的抵制。赫梯人、巴比伦人，特别是米坦尼人先后起义。在累范特遭遇失败后，埃及人被赶回到尼罗河地区，不过此时依然包括努比亚。在新王朝早期，埃及征服了先进而独立的中努比亚的心脏地区，那里盛产黄金、矿产和木材，也为埃及军队和警察提供大量人员。在大约公元前 1050 年努比亚争得自由之前，埃及一直保持着对努比亚的帝国殖民统治。帝国的终结，也意味着黄金、供应物资和奴隶来源的终结。这一切导致了埃及统一国家的解体。

美索不达米亚和埃及在完全不同的背景下，开始了各自的帝国事业。美索不达米亚从城邦国家开始，而埃及则是从统一国家开始。我们不难看出，每一个帝国都有一个以首都为中心的地区，从那里可以对各地进行控制；各帝国都有统一的语言、货币和法律体系；帝国都建有道路和通讯网络；各帝国都宣扬某种统一的意识形态，争取其公民和臣民的支持；各帝国都创作一些艺术、修建一些建筑，作为帝国权力的象征，向朋友和敌人展示。如有必要，各帝国都会集结军队，炫耀武力。所有帝国末日的到来，皆因其扩展野心膨胀但能力不足所致。有时候是因为它们扩张到了其能力的极限，因此无力管理且得不偿失；有时则是因为在战争中被击败[1]。

二、流域帝国的特征

通过早期流域帝国产生的过程，可以管窥流域与国家、流域与帝国诞生时间关联的一般特征，大致可以从以下十一个方面进行概括。[2]

---

[1] 参见 ［美］斯霍华德·斯波德著：《世界通史（第四版）》，吴金平等译，山东画报出版社 2013 年版，第 125—134 页。

[2] 参见刘俊男著：《长江中游地区文明进程研究》，科学出版社 2014 年版，第 473—478 页。

第一，两河流域与长江中游地区产生了最原生的文明。在起始阶段都出现了宗教神权，亦即都经历了利用宗教权力的酋邦阶段。其他的，如埃及、爱琴海周边都是受两河文明影响而生。

第二，文明起始阶段的统治中心都很小。如上埃及希拉康坡里一个诺姆遗址是统治中心，面积 50800 平方米，人口约 4700—10000人。又如，乌尔城邦，面积不过 90 平方公里，人口 6000 人。相比之下，城头山城有 8 万平方米，是澧阳平原约 4000 平方公里农村 2000年来的政治、宗教中心。石家河城城内 1.2 平方公里，连同城外紧紧相连的遗址共 8 平方公里，而在长江中游地区分布着近 20 座同时期的中、小型古城。

第三，几大文明都是在加入迁徙人群后才创造出来的。例如，来自中亚的苏美尔人迁到两河流域，与当地人共同创造了苏美尔文明。两河流域人民迁入埃及、爱琴海周边从而创造了两地的文明。长江中游城头山地区则吸收了沅水中游地区文化因素或吸纳沅水流域先民然后创造了城头山文明。石家河古城地区是仰韶文化和大溪文化共同影响的地区，吸收周边文化因素才迅速发展起来的。长江中游地区的文明因素不断北进，从而影响并推动黄河中游地区的二里头文化出现。陶寺古城也吸收了北、南方文化因素，或者北、南方人先后南下、北上至晋南地区促使了陶寺古文明的形成。因此，研究国家和文明起源务必要有迁徙观念，不可静止在一个小地方。

第四，几大文明都位于北纬 30°附近。古底格里斯河、古幼发拉底河、古尼罗河、古印度河、古恒河等地的文明古国，都位于北纬30°附近，大约在北纬 27°—30°之间（上埃及更靠南一点），这一点与中国的长江流域极为一致。究其原因，大概是这里有着独特的气候和植被，适宜人工培植作物。太靠南，植被更为丰富，人们没有人工培植作物的动力；太靠北，气候较寒冷，培植作物难以成功。不过，西亚、埃及等地最早出现的是旱作粮食，而长江中游地区是水稻。中国北方地区也是粟、黍等旱作粮食的发源地，但时间上要比长江中游地区晚。

第五，几大文明都最先产生于大河中游地区。古埃及、古印度、古苏美尔等几个主要的文明古国首先都产生在大河的中游地区。大概是因为中游多肥沃的冲积平原，不同于土地资源多样的上游山区，也不像下游地区多闹水灾，难以耕作。

第六，几大文明都建立在灌溉农业的基础上。长江中游地区城头山遗址也发现了汤家岗文化时期的水利灌溉设施——水塘、水沟等及水稻田遗迹。中国北方的兴隆洼文化也是建立在农耕的基础上，虽然这个地区后来变成了游牧区，但当时的农耕是占有重要地位的。因此，我们大体可以得出这样的认识：早期文明大都建立在农耕文化的基础上。

第七，如果将长江中游地区扩大至整个中国，则中国的古文明与世界最古老、最发达的两河地区有更多相近之处。例如，两河地区的梭万聚落，发现了100多座墓葬，绝大多数都葬在房屋的地下，随葬的精致大理石及大理石人像，其中很多是表现女性的人像。这种情况与中国西辽河地区的兴隆洼文化、红山文化很相像。再如，他们都用石块砌城墙、修房、建墓，也许两地之间有悠久的交往或部分迁徙。中国北方民族常迁至西亚或欧洲，如西辽迁到土耳其的突厥，以及迁入欧洲匈牙利的匈奴。蒙古也曾在西亚、欧洲建立过几个汗国。中国仰韶文化姜寨遗址发现的铜也可能是西亚传来的。

第八，几个较早的文明古国都经历了长期的争霸过程。例如，苏美尔各邦之间为争夺土地、奴隶和霸权展开了长期的战争，基什、乌鲁克等邦先后称霸。埃及也有上埃及与下埃及的争霸战争。20世纪30—50年代初在开罗附近的萨卡拉进行的发掘，为研究早期王朝时期的历史提供了丰富的资料。这些资料反映了埃及的统一和君主专制是逐步完成的。长江中游地区文明起源进程中的争霸时期应当是与其他几大文明古国有相似性的。

第九，生产力水平各有千秋。西亚两河流域在文明初始阶段生产力水平相当高，有金属，有牛耕，有车轮，这些都是相当了不起的成就。西亚是亚、欧、非三大洲交汇之地，首先出现了高水平的文明，得益于对周边文化营养的汲取。这证明了交往、开放对人类的重要性。当然，长江中游地区在生产力方面也有领先之处，如快轮制陶出现在屈家岭文化早期，距今约 5500 年，即在其他几个文明古国形成之前。长江中游地区对玉石、金刚石都有很高的加工水平，中国是崇玉的国家，从彭头山文化、兴隆洼文化开始就有加工精美的玉石饰品，城头山遗址还出土了加工精美的金刚石制品。此外，长江中游地区还发现了 5000 年前的石灰、类似于水泥性能的建筑材料，城头山还有专门的砖窑，用烧砖建房铺地（路）。这比西亚等地用太阳晒的砖要结实牢固。从中国境内各地发现的金属看，中国金属冶炼大体流行于公元前 3000 年以前的文明起始阶段，比中亚稍晚。

第十，长江中游地区的文明应当是独立起源的。首先，距今 1.8 万年以前的湖南道县玉蟾岩遗址，表明该地区的农业领先于其他各文明古国；其次，彭头山文化是完全的以纯农业为主的文化，少见渔猎，说明了其农业的发达；再次，7000 年前甚至可上推到 8000 年前湖南怀化高庙遗址下层的大型祭坛及对凤凰、太阳图案的祭祀，表明了当时神权及神职人员的存在，这是靠宗教维系统治的酋邦的根本特征，也比西亚早；此外，专偶制家庭，对大型陶（石）祖（男根）的公祭，以及城头山古城修建的年代都比西亚早，石家河古城遗址也比同期其他遗址范围要大。

第十一，文化繁荣表现各异。其他几个文明古国大多有文字出现，中国虽然发现了较多陶符，但是否为文字还处于研究之中。不过，长江中游地区的文化不断北渐，与北方地区文化一起共同创造了从不间断的数千年中华文明，这是其他古文明所不能比拟的，因为那些文明都曾中断过。再说，长江中游及中国其他地区都发现了众多礼器，有玉礼器、陶礼器等。中国人崇龙凤，尚玉器，讲礼节，这是文明之邦的一个重要特征。中国的天文学也特别发达，我们已经在长江中游地区的高庙文化、汤家岗文化遗址发现了众多 7000 年以前的八角星图案，学者们认为这是"河图""洛书""八卦图"的前身，属于天文历法学。在河南省还发现了 6000 年以前的蚌壳龙虎堆塑，体现了"左青龙，右白虎"的天文观念。

小 结

本章讨论了流域与国家之间的关系，尤其是流域在国家起源和形成阶段起到的重要作用，当我们将国家的形成和文明的产生在历史维度上画上等号，总结本章列举的案例，就可以得出如下一些初步的结论。

人类社会在从史前向文明、从部落向国家演进的过程，以及古代社会从史前向文明演进的道路虽然不尽一致，但却往往有着惊人的相似之处，如 E. 塞维斯（E. Service）就描述了古代社会所经历的队群、部落、酋邦、国家四个连续演进的阶段[①]。不过，在具体的某一古代社会里，却不必都遵循着这一连续演进的发展模式。从广泛而不是从某一具体区域的视角看，人类社会在从史前向文明、从部落向国家演进的过程中，连续或者不连续地发展出了两类政治组织——酋邦（chiefdom）和王国（kingdom）。酋邦在性质上属于史前时期政治组织的最高形式，而王国则属于历史时期或文明时代政治组织的最初形式。由于人类社会从史前过渡到文明、从部落过渡到国家这一历史时期的长期性和复杂性，以及各人类社会所处环境的差异性，尤其是酋邦与王国之间在性质上比较接近，于是常常使得我们难以清楚地区分在史前与文明交替这个特殊历史时期中所出现的两类政治组织的性质，常常把这两类不同性质的政治组织混为一谈。当然，从早期国家的角度认识，我们还可认为早期国家这个概念包括从史前到文明演进过程中出现的这两类不同的政治组织形式，既有酋邦这种所谓"史前国家"的政治组织形式，又有王国这种所谓"早期国家"的政治组织形式。换句话说，即是把酋邦看成是早期国家形成过程中的初级阶段，而把王国看成是早期国家演进过程中的高级阶段。

---

① E. R. Service, *Primitive Social Organization：An Evolutionary Perspective*, New York, 1971.

从以上各流域国家形成的异同比较可看出，迁徙人群对文明形成产生了直接的影响，这可以说是世界文明起源的总规律。通过比较，我们发现，长江中游地区的文明进程在萌生阶段（或酋邦阶段）与西亚两河流域大体相当，甚至还略早，比埃及、印度更早；在早期文明阶段则与两河流域、埃及等文明古国大体并驾齐驱，是世界上最古老的文明发祥地之一。[1]

---

① 参见刘俊男著：《长江中游地区文明进程研究》，科学出版社 2014 年版，第 473—478 页。

第八章　人—水和谐的竞争因素：
流域与战争

啊，奈娜神，城市已被毁灭，

人民在呻吟。

……

城墙已毁；人民在呻吟。

在高大的城楼内，

原先人们散步的小路，如今堆满了尸体；

原先的林荫大道，如今成了入侵者欢庆胜利的宴会场所；

在所有的街道上，都堆满了尸体；

在所有举行庆典的地方，都躺着成堆的民的尸体。

……

城市的尸体，如同太阳底下的油脂，自行融化。

——10 世纪伊朗民族史诗《国王之歌》①

第一节　流域与战争的源起

在古代社会，战争是正常的职业，激烈和持续的战争是促使国家

---

① ［美］斯霍华德·斯波德著：《世界通史（第四版）》，吴金平等译，山东画报出版社 2013 年版，第 120—121 页。

形成的动力之一，"古代部落对部落的战争，已经逐渐蜕变为在陆上和海上为攫夺牲畜、奴隶和财宝而不断进行的抢劫，变为一种正常的营生，一句话，财富被当作最高的价值而受到赞美和崇敬，古代氏族制度被滥用来替暴力掠夺财富的行为辩护。所缺少的只是一件东西，即这样一个机关，它不仅保障单个人新获得的财富不受氏族制度的共产制传统的侵犯，不仅使以前被轻视的私有财产神圣化，并宣布这种神圣化是整个人类社会的最高目的，而且还给相继发展起来的获得财产从而不断加速财富积累的新的形式，盖上社会普遍承认的印章；所缺少的只是这样一个机关，它不仅使正在开始的社会分裂为阶级的现象永久化，而且使有产者阶级剥削无产者阶级的权利以及前者对后者的统治永久化。而这样的机关也就出现了。国家被发明出来了"①。

何为战争？德国著名的军事理论家，西方战争理论的奠基者卡尔·冯·克劳塞维茨认为，战争是迫使敌人服从我们意志的一种暴力行为。暴力，即物质暴力（因为除了国家和法的概念以外就没有精神暴力了）是手段；把自己的意志强加于敌人是目的。为了确有把握地达到这个目的，必须使敌人无力抵抗，因此从概念上讲，使敌人无力抵抗是战争行为真正的目标。物质暴力的充分使用决不排斥智慧同时发挥作用，所以，不顾一切、不惜流血地使用暴力的一方，在对方不同样做的时候，就必然会取得优势。这样一来，他就使对方也不得不这样做，于是双方就会趋向极端，这种趋向，除了受内在的牵制力量的限制以外，不受其他任何限制。

一、战争的定义与性质

战争是一种暴力行动，目的是迫使敌人服从我们的意愿。战争理论包括三个基本要素，意志意图、暴力手段和打垮敌人，三者缺一不可。战争发动者的意志意图是战争发生的主观原因；战争的手段不是说服也不是祈求而是通过赤裸裸的暴力；战争的目的就是打垮敌人，

① ［德］恩格斯著：《家庭、私有制和国家的起源——就路易斯·亨·摩尔根的研究成果而作》，《马克思恩格斯选集》第四卷，人民出版社 2011 年版，第 107 页。

致使敌人丧失任何反抗的能力，从而胜利的一方将自己的意志强加给失败的一方，这样，一次战争才算完整，才是完成。

战争的发生源自于双方的利益冲突或者敌对情绪，这种对抗也可能是长期积累下来矛盾的总爆发，也可能是战争中的一方对未来双方重大冲突的预测而选择先下手为强。这种冲突和对抗的原因不仅仅是物质利益，其中还包括宗教信仰的对立、文明的冲突乃至于为了争夺区域的绝对领导权。战争的爆发有些偶然性的因素，比如战争双方或者一方的领导人是好战分子，或者是双方边境哨兵的擦枪走火。战争中的常态是使用暴力作为基本手段，当然了，不排除不战而屈人之兵的情况。

战争双方重大的利益冲突和长久的敌对情绪使得用流血的方式、以武力解决问题成为交战双方的必然选择，为了避免在未来战争中失利，战争双方必然积极备战，制造和购置最先进的武器，选拔和培养优秀的统帅，扩大军队的规模，提高本国军人的作战能力，进行经常性的军事演习和日常操练。在战场上，作战双方在保障国土基本安全的前提下，投入全部的作战力量，以此最大限度地使用暴力才会在敌人同样这样做的时候增加最后获胜的可能性[1]。

二、战争对人类文明的影响

战争在人类文明发展的过程中有巨大影响。在人类发展漫长的历史进程之中，人们最主要的活动是从事农业和手工业的生产，与自然界作斗争。同时，为了生产活动得以进行，还必须进行各种形式的人与人之间的斗争，其中主要的是阶级斗争。可是我们还不能不注意到，几千年的历史上，还有一种经常发生的、对人类历史的进程产生着巨大影响的历史现象，这就是战争。这其中，有阶级斗争发展到最高形式的战争，有维护统一与坚持分裂的战争，有统治阶级因内部冲突而爆发的战争，有抵御外来侵略的战争，有兄弟民族之间发生的战

---

[1] 参见周丹著：《战争论：西方的〈孙子兵法〉》，吉林出版集团有限责任公司2009年版，第6—7页。

争，也有极少数由封建统治者发动的对外侵略的战争……可以说，几千年来一直在进行着不同规模、不同形式、不同性质的各式各样的战争。任何战争都是一个系统的群体行动，而其主要实施与执行者只能是军队。战争就是不同的军队之间所进行的最激烈、最残酷的生死比拼。任何一个国家或民族是兴是亡是盛是衰，一个社会或地区是欢是悲是安是乱，往往取决于军队的立场与强弱①。

关于战争的影响力，仅以中国古代的战争为例，传说中的中华民族的共同祖先炎帝神农氏和黄帝轩辕氏的时代，也就是战争史开始的时代。"轩辕之时，神农氏世衰。诸侯相侵伐，暴虐百姓，而神农氏弗能征。于是轩辕氏乃习用干戈，以征不享。"（《史记·五帝本纪》）轩辕氏是一位著名统帅，据说他率领将士"与炎帝战于阪泉之野，三战，然后得其志"；以后又"征师诸侯，与蚩尤战于涿鹿之野，遂擒杀蚩尤"。正是在这两次大战之后，黄帝轩辕氏才统一中原，奠定了华夏的基业。"阪泉之战"与"涿鹿之战"也就成为中国远古最著名的两次大战。从此以后，各种战争此伏彼起，史不绝书，而且规模越来越大，方式越来越繁。从汤之讨桀，到武王伐纣；从春秋战国的诸侯纷争，到秦末汉初的中原逐鹿；从西汉前期的远征匈奴，到东汉末年的黄巾起义；从魏蜀吴的三国兵争，到西晋的内乱外患；从南北朝的对峙攻杀，到隋初的统一全国；从唐代的安史之乱，到五代的尔争我夺；从宋辽金夏的长期战乱，到元初的混一宇内；从朱元璋扫平群雄，到李自成义师入京；从八旗劲旅入关南下，到远征天山的清初武功；从太平军饮马长江，到八国联军入侵中华……在这样繁多的战争之中，涌现出不少民族英雄、起义领袖、著名将帅和军事理论家，更有数不清的战争参加者或受害者死于刀光剑影之下，弃骨荒野大漠之中。这样繁多的战争，有的推动了历史的前进，维护了祖国的统一与安定；也有的阻碍了历史的进步，给民族带来深重的灾难。总之，在历史长河中，战争成为中国社会生活中一个重要的组成部分，与中国古代的政治、经济、民族、文化各方面的历史紧密相

---

① 参见袁庭栋著：《解秘中国古代战争》，山东画报出版社 2008 年版，第 1—2 页。

关。中国有五千年的文明史，与之伴生，也有一部五千年的战争史①。

战争作为人类冲突中最为激烈的一种表达方式，并非是一种常态。在人类存在的第一个90000年里，为数不多的一个个在地球上漫游的狩猎—采集游牧部落主要还是倾向和平与合作的，暴力活动仅是零散的、无组织的。他们多以小型自给的群体形式散居着，只从这块土地上拿取他们直接需要的东西。

人类何时、以何种方式第一次诉诸严重的冲突对抗，我们还没有找到问题的最后答案。但是考古实物——来自埋葬墓地、洞穴绘画、城堡、人工制品——证明仅仅是在大约10000年前，大规模的战争才成为人类生存不可分割的组成部分。看来开始这种转变的直接原因是第一批定居农业社会的出现。它们不仅引起那些以游牧为基本生活方式的部族的嫉妒，而且引发了混乱和关于财富、领土和所有权概念的冲突矛盾。没有人利用的空间大大减少，个人之间的敌对情绪增加，对土地、谷物、贸易、牲畜、劳动力的竞争，变得司空见惯。位于底格里斯河和幼发拉底河之间的炎热的美索不达米亚冲积低地首先受到了外来游牧民族的蹂躏。公元前10000年左右，这里的人们开始了从食物收集者到食物生产者的转变。这种新的生活方式逐渐扩展到中东的其他地区和地中海。新的生活方式带来了新的机会，同时也带来了新的危险。土地的拥有者以牺牲邻人为代价来增加土地与财富，并且防范非土地所有者的攻掠。起初，参与战斗的是部族内一般的成员，在一位因能力和勇气而出类拔萃、被选为首领的人的指挥下，去应对特别紧急的情况。然而，当早期的民主形式让位于王权制度时，一个特殊的职业化的武士阶层出现了；它的发展是与这个集团对世袭统治者的效忠分不开的。我们对早期军队在组织与战斗技术方面了解甚微，但是岩洞壁画上显示他们已能娴熟地运用横队与纵队两种战术合成技术，并且也学会了使用侧翼迂回的策略。

公元前10000年左右，由于弓和投石器两种新式武器的发明，生

---

① 参见袁庭栋著：《解秘中国古代战争》，山东画报出版社2008年版，第2—3页。

命变得更无保障。70000 年以前在开掘矿石、驱赶动物和与部族作战中已经使用了矛。木制的杆的顶端因为使用了尖燧石或兽骨，已经能穿透最厚的兽皮，可以用来刺杀，也可以用来投掷。然而，由弯曲自如的条木和用兽肠做成的弦组成的简易的弓的出现，标明进攻技术的进步。其射程范围在 100 米左右，是矛射程的 2 倍。而且，一位弓箭手可携带许多箭。皮制投石器更为致命，可以在 190 米射程内发射石制戈用黏土烧制成的飞弹。

对社区成员来说，能找到抵御长距离武器进攻的方式十分关键，此外居住地同时要像堡垒一样坚固，并且舒适又方便。公元前 8000 年在约旦河谷地建立的耶利哥是我们所知较早的定居地，它由一条深沟和一道 3 米厚、4 米高的石墙所环绕，至少还有一个直径 10 米、高 9 米多，内装有阶梯的石塔对定居地提供额外的保护。

防御技术的改善，使武器技术也大为改善。金属时代的到来产生的影响最为巨大。约公元前 3000 年开始使用的青铜武器不像石器那样脆，它们不仅可以很容易被制成坚硬、柔韧性强的矛或刀，而且可制成盾、头盔和甲胄。500 年以后发现的铁，在铁匠掌握了用加热方法使其碳化以增加硬度的技术后，其坚硬程度无可比拟。随着高质量武器的大规模出现，战争也达到了史无前例的规模。[1]

第二节　大河流域与战争

战争是人类社会生活的产物。从人类诞生的那一天起，它便以各种形式伴随着人类的演进。战争起因大致分为两类：一类主要牵涉人与人之间的关系，如争夺妻子、血亲复仇、获得并维护荣誉、自卫等，我们将这种类型称为"人—人关系"；另一类是人与物质（自然）的关系，即战争是为了某种物质利益，如纳贡、扩疆、掠夺，

---

[1]　参见美国时代编辑部著：《全球通史·12》，吉林文史出版社 2010 年版，第 13—16 页。

可称为"人—物关系"。征服必须有一个或多个具体目的，必须体现为人—人关系或人—物关系。需要说明的是，战争的主体是人，两种类型的战争都是以人为中心。一方面，人—人关系引发的战争将导致物质利益的获得；另一方面，人—物关系引起的战争必然导致对人的征服。不容忽略的是，国家的形成导致了一个重要变化：战争的起因逐渐从人—人关系类型转为人—物关系类型，物质主义的取向成为战争爆发的主要原因[①]。

发生在大河流域的战争，由于或决定族群势力范围，或涉及生存空间扩张，或关乎自然资源争夺，或牵涉区域政治中心形成，所以具有矛盾激烈、规模宏大、场面残酷和影响深远的特点，往往成为部分或全体人类历史发展过程中重要的转折点。

一、争夺势力范围的流域战争

决定族群势力范围的战争例子如上古中国两大流域之间的黄帝蚩尤大战。距今 4600 余年前，黄帝与蚩尤在今河北省涿县进行了一场大战。这是中国历史上见于记载的最早的战争。中国北部自黄河流域到长江流域，在旧石器时代末期至新石器时代初期，便有人类活动、生息、繁衍。各氏族为争夺适于生存的耕牧畋猎之地，竞逐于中原地区，逐渐形成夏族、夷族及黎苗三大集团。当时，根据地在长江中游的黎苗集团，因境内贮藏有丰富的五金矿产，用它们的镕品制造的大刀矛戟，比石器更为坚利，故其兵力威震天下。夏族集团内部的团结似乎不甚稳固，各氏族之间时常互相侵伐。黎苗集团首领蚩尤乘其纷争，率领 81 个兄弟氏族发起进攻，击败了夏族首领炎帝榆罔，进而统治中原，自为炎帝。夏族各部落不堪忍受异族的统治，纷纷起来反抗。原立国于有熊（今河南省新郑县一带）的黄帝，联合夏族各部落，展开了反抗蚩尤的斗争。黄帝部族与蚩尤部族的最初接战地点，可能在今河南省中部。黄帝深知蚩尤部族使用铜制兵器，不易抵御，

---

① 参见易建平、李安山著：《世界历史（第19册）：战争与古代社会》，江西人民出版社 2012 年版，第 1—3 页。

但由于他们从南方而来，对北方的气候地形不熟悉，所以决定实施后退作战的方针，即将他们引导到一个陌生的地域，以增加其生活和行动的困难，然后在其战力衰退之际，捕捉机会歼灭之。根据这一构想，黄帝在两军初战之后，便主动地向北引退。蚩尤部众随即跟踪追击。当进入森林蔽野的河北平原后，蚩尤部众可能因环境生疏、气候不适，语言隔阂、敌情不明以及饮食缺乏等因素，行动日感困难，精神上所受的威胁也越来越大。到达河北省北部地区时，经过长途奔驰，他们已是疲劳不堪，战力和斗志均大为减退。反之，黄帝部众因得气候地形之利，无形中实力相对增强。最后，黄帝在涿鹿（今河北省涿县）地区利用一个特殊有利的天气——狂风大作、尘沙蔽天，乘蚩尤部众迷乱彷徨之时，以指南车指示方向，驱众向蚩尤部众冲击，一举击溃敌军，蚩尤亦被擒杀。

黄帝与蚩尤涿鹿之战，为夏族与黎苗集团以武力争夺中原的第一次大规模战争。蚩尤所率的黎苗部族，无论就兵器还是就兵力来说，均较对方占优，但结果终为黄帝所败，究其原因主要是黄帝战略指导的正确。如前所述，涿鹿之战前蚩尤部族已统治中原，而夏族各部落那时尚处于极不统一的发轫阶段。如无雄才大略的黄帝起来领导夏族各部落与蚩尤抗争，则中原可能永为蚩尤之族所盘踞，而中国此后的历史将有所不同。由此可见，涿鹿之战实为中华民族在发轫时期决定日后面貌的大事①。

二、扩张生存空间的流域战争

涉及生存空间扩张的例子如早期俄国沿流域扩张的军事行动。早期俄国的扩张受到流域的影响较深。由于地形平坦，俄国的河流普遍又长又宽，没有湍流的阻碍，因而，它们作为贸易、殖民和征服的通路是非常宝贵的。在乌拉尔山脉以西，有许多著名的河流：流入波罗的海的西德维纳河、向南流入黑海的德涅斯特河、第聂伯河和顿河以

---

① 参见张晓生、刘文彦编著：《中国古代战争通览（上卷）》，长征出版社 1988 年版，第 3—4 页。

及先往东、再折向南流入里海的伏尔加河。在乌拉尔山脉以东，灌溉西伯利亚平原的四大河流是西面的鄂毕河、中央的叶尼塞河、东北面的勒拿河和东南面的阿穆尔河。由于整个西伯利亚从巨大的青藏高原往下倾斜，这些河流中的前三条都向北流入北冰洋，只有第四条是向东流入太平洋。这些河流和它们的许多支流一起，提供了一张穿过平原的天然的交通干线网。这样，俄国的皮毛商人便能通过几条水陆联运的线路向东抵达太平洋。

大约在 1500 年前，俄罗斯人从他们在德涅斯特河、第聂伯河、涅曼河和德维纳河上游区的发源地向东推进。他们从发源地以巨大的弧形呈扇状展开，在辽阔平原的召唤下，继续前进到北面的北冰洋沿岸、南面的黑海和东面的乌拉尔山脉及更远的地方。他们的农业生产方式无法养活稠密的人口，因此，他们家宅分散，村落也很小，没有集中的村庄或城市。当时确已出现的少数城镇是沿主要水路作为贸易中心发展起来的。位于连接南北交通的第聂伯河沿岸的基辅和地处控制东西贸易的伊尔门湖畔的诺夫哥罗德的情况就是如此。正是长途贸易为公元 9 世纪发展起来的第一个俄罗斯国家提供了基础。基辅是这个国家的中心，但这个国家仍是水路沿岸各公国的一个松散联盟。基辅自身由于坐落在森林区和大草原的交界处，极易受侵犯，因而，它不得不为了生存而对游牧民族进行不断的斗争。俄罗斯殖民者无法移居到基辅以南和以东 150 英里外的地方，因为游牧民族侵略的威胁就像达摩克利斯之剑悬挂在他们头上。

1237 年，剑降临了，蒙古人像横扫大半个欧亚大陆那样扫荡了俄罗斯地区。蒙古人继续将其毁灭性的侵略推入中欧，直抵意大利和法国的大门口。然后，他们自动撤退，仅保留了欧洲的俄罗斯地区。蒙古人向四面八方延伸的庞大帝国没有作为一个统一体而长久地幸存，它分裂成地区性的几部分，其中所谓的金帐汗国包括了俄罗斯地区。金帐汗国的首都，亦即其后两世纪的俄国首都，是位于今天伏尔加格勒附近的萨莱。如此，森林和大草原之间的古老斗争也就随着大草原及其游牧民族的胜利而决定性地解决了。

俄罗斯人这时交出了他们在大草原上的一些小飞地，撤回到森林深处。在那里，他们只要承认可汗的宗主权，每年向可汗纳贡，就能按自己的方式生活。渐渐地，俄罗斯人恢复了自己的力量，发展起一个新的民族中心——坐落在远离危险的大草原的森林区深处的莫斯科公国。莫斯科除了较不易为游牧民族接近外，还具有其他有利条件。由于流至不同方向的许多大河流经莫斯科地区时相互也最接近，莫斯科能通过内陆水系得益。到 16 世纪时，俄罗斯人统一在莫斯科之下，俄罗斯人的军事技术也正向前发展，因为他们能从西欧所取得的巨大进步，尤其是火枪和火炮方面的巨大进步中得益。凭借这一军事优势，俄罗斯人得以占领整个喀山汗国。他们顺伏尔加河而下，扫荡该河流域地区，并于 1556 年攻克阿斯特拉罕。为了巩固占领地，俄罗斯人沿伏尔加河河岸修建了一系列设防据点，一直修筑到位于阿斯特拉罕的伏尔加河河口处。于是，俄罗斯人就成为巨大的伏尔加河流域的主人，抵达南面的里海和东面的乌拉尔山脉。这时，俄罗斯人向伏尔加河和乌拉尔山脉的那边进行无限扩张的路也敞开了。①

三、争抢自然资源的流域战争

关乎自然资源争夺的例子如亚述与乌拉杜争夺北美索不达米亚、北叙利亚的诸省和乌米亚湖的战争。亚述战争是亚述鼎盛时期进行的侵略战争。早在远古时期，北美索不达米亚良好的自然条件促进了畜牧业和农业的发展。境内山区自然资源丰富，手工业生产和国内外贸易因而迅速发展。奴隶制经济的发展需要大量奴隶。为此，亚述国王亚述那西尔帕二世曾经多次远征北叙利亚和南高加索。在南高加索，遇到了建国于此的乌拉尔图的抵抗。公元前 9 世纪中叶，几个毗邻国家组成了以大马士革为首的反亚述大同盟。卡尔激战之后，亚述军撤退。但不久亚述又开始推行对外扩张政策。

公元前 8 世纪中叶，国王提格拉特帕拉沙尔三世和他的继承者征服了大马士革、南叙利亚和巴勒斯坦，直至加沙城。继他们之后，国

---

① 参见［美］斯塔夫里阿诺斯著：《全球通史：从史前史到 21 世纪》，吴象婴等译，北京大学出版社 2006 年版，第 444—447 页。

王阿萨尔哈东又侵占了南腓尼基和沿海大城市西顿。他在远征到达尼罗河河谷之后，曾一度征服埃及。

亚述巴尼帕在位时，亚述处于极盛时期，成为独霸前亚细亚的大国，始终保持着高水平的军事组织与兵器，军队是国家机器中最重要的部分。军队的成员包括村社社员、农民、手工业者和小商。在边境和特别危险地区获有份地的移民，在出征期间也须服兵役。公元前8世纪，提格拉特帕拉沙尔三世在位时，对中央和地方的政权机构进行了重要改革，以适应军事的需要。常备军取代了民军。

公元前8世纪中叶，由于骑兵成了重要兵种，军队变得机动灵活了。骑兵常常迅猛出击并快速追击敌人。步兵由重装和轻装的兵士组成，在军队中起着主要作用。他们身穿铠甲，有盾牌和头盔防护，以弓箭、短剑和长矛为武器。军队中有专门筑路、架桥和设营的部队。筑城技术也得到了发展。亚述人以擅长构筑工事、围城和强攻敌人要塞而著称。他们攻城时使用一种带轮子的攻城器。

长期的战争促进了亚述人军事学术的发展。他们能巧妙地采用正面攻击和侧翼攻击，已会将部队排列成一定的队形，并知道奋力抢占狭窄的山隘口和山间通路，以及在前亚细亚山区和荒漠地区至为重要的水源。一些编年史常把亚述人屡战获胜的原因归结于他们既能迅速进攻，又能迅速地追歼敌军。亚述人还广泛地进行军事侦察和谍报工作。驻外特使均按时向国王报告别国的详细情报，如备战、军队调动、缔结秘密同盟、接见和派遣使节、密谋和起义、要塞的构筑、叛逃人物、牲畜的总头数及收成情况等。亚述人十分重视保障交通线和通讯联络的顺畅。他们精心维护道路。遇有战况，则在高台上点燃木柴，用烽火报警。通过荒漠地带的道路均筑有堡垒防护，并备有水井。大居民点设有特别官员和专门"为国王传送公文"的急使。

亚述人广泛地吸取了邻国的作战经验。他们从米坦尼人和赫梯人那里学会了使用骑兵和战车；从巴比伦人那里学会了在国境上建立军屯。同样，亚述人在军事上所取得的成就也被邻国所采用。例如，波斯人从亚述人那里学会了筑城技术，学会了包围要塞和用攻城器攻城，以及修筑"供车辆和军队通行的道路"的方法。后来，罗马人又从波斯人那里学会了筑路、架桥和开辟营地。

为了加强专制政权并为其军事侵略政策辩护，亚述也像古代东方其他奴隶制国家一样，广泛地利用宗教观念。亚述神被视为亚述人的最高神祇。根据当时的宗教信仰，亚述神使所有的部落和民族都听命于亚述的统治。人们常把亚述神描绘为张弓欲射的武士。在造型艺术中，特别是在宫壁浮雕中，常常描绘有战争场面、会战、围攻要塞和部队调动等情景。有关亚述的军事实力及历代暴君镇压被征服人民反抗的骇人听闻的残暴行为，当时及后代的书籍都有明确记载①。

四、抢占区域中心的流域战争

牵涉区域政治中心形成的例子有早期国家形式由城邦向帝国过渡时期的征服战争。发展军事力量是从城邦国家转向帝国的关键。城邦国家已具有防御与进攻的能力：城墙、护城河、士兵与军队，水边的城邦国家还有船和水手。城邦国家的国王既是城墙建造者，又是武装力量总司令，之所以出名，不仅是因为他们有杰出的行政才能，也因为他们有非凡的军事才能。他们要经常参与战争。

军事力量把这些城邦国家变成了帝国。大约 4000 年以前，阿卡德的萨尔贡（约公元前 2330 年—公元前 2280 年）就树立了这样的榜样。他在公元前 2250 年前后，将美索不达米亚平原争吵不休的城邦国家一一征服，建立了人类历史上有记载的第一个帝国。萨尔贡的部队显然配有一些常见的武器：带有锋利的石头或骨头尖端，射程大约长 150 英尺（约 45 米）的木头梭镖；射程 300 多英尺（约 90 米）的简单弓能够将石头以致命的力量抛掷 600 英尺（约 180 米）远的皮革吊索；战车——带有坚固木制轮子、驴拉的简易四轮车，用来运输梭镖投掷手和弓箭手。我们虽然没有关于萨尔贡军队的明显证据，但我们的确有其所打败的苏美尔的事例。乌尔对步兵、战车和武器等有一整套军用标准。萨尔贡的军队与乌尔军队在装备上也许并没有什么不同，但萨尔贡的军队人数更多、组织更严、技能更精、能力更

---

① 参见林之满等著：《古代战争（上）》，辽海出版社 2008 年版，第 2—4 页。

强。萨尔贡先后征服了幼发拉底河中上游的城邦，进入安纳托利亚南部地区。然后，他转头向东占领伊朗西部的苏萨——古代埃兰王国的首都。萨尔贡的帝国只持续了一个世纪，但自他之后，美索不达米亚通常都是由帝国统治，并且多半与萨尔贡一样，是由外部入侵势力建立的帝国来统治，只在很少的时候是由因内部革命而兴起的军队掌权。

埃及人在向南挺进到盛产金子的努比亚后，也在尼罗河第一瀑布附近建立了早期帝国。早在公元考前 2500 年，埃及人就在尼罗河上游的第二瀑布下方的布翰建立了城市，当时那里人口还不多。在被努比亚人攻占之前，布翰作为采矿和贸易中心的地位维持了几个世纪。不过，在第十二王朝时期（公元前 1991 年—公元前 1786 年），埃及人重新返回了这一地区。埃及人为了保证尼罗河第一瀑布航行船只的安全，修建了运河，并且沿运河平行修建了通往沙漠的道路。在布翰，埃及工程人员指挥修建了当时历史上最大的堡垒。低矮的外墙与高大的内墙都有壕沟保护，其顶部都成钝锯齿形，方便梭镖投手和弓箭手投掷武器。堡垒里面建有自带围墙的兵营、市场、政府机关和居民生活区，后来还建了祭祀太阳神荷鲁斯的寺庙。布翰成为埃及人在努比亚地区军事、行政和贸易的前哨基地。大约公元前 1600 年，在很可能是穿越西奈沙漠而来的希克索斯人打败埃及人后，努比亚人重新攻占了布翰。

在那时，很可能来自东北山区的移民，已经把新的战争工具传到"肥沃新月地带"，其中最著名的就是两轮马拉战车。这种战车轻巧、速度快，机动性强。战车由穿戴铜盔甲、发射铜头弓箭的弓箭手驾驶。这种战车使中东的军队强盛了一千年。大约公元前 1500 年，美索不达米亚北部的米坦尼第一个成功使用这种战车。随后，这种战车被赫梯人使用。赫梯（公元前 1650 年—公元前 1200 年）的都城在东安纳托利亚的博阿兹科伊。赫梯人不仅将钢铁运用到武器制造上，从防御性的盔甲，到进攻性的梭镖、箭和剑头，应有尽有；而且他们也将钢铁应用到农业生产工具上，以提高农业生产率。虽然战车、马、驴都被早期的军队使用，但军队的主力还是步兵。最著名的有：由厚厚的铜制盔甲保护、好几个纵队构成的古代希腊的重装备步兵，装备较轻、单位人数稍少但机动性更强的古罗马军团，数千人规模的中国步兵等。①

成功的战争即是一个国家政权整合功能的表现，为进一步整合国家和人民提供了可能性。国家整合功能的提高是政体演变的表现或结果。大致而言，战争对政体演变的影响主要表现在三个方面：物质基础的奠定和扩展、意识形态的控制与再造、政治制度的改革与演变。首先，战争胜利导致了对新资源的控制，从而为整合提供了新的物质条件。其次，集团之间的武装冲突可以增强"集团内"和"集团外"的意识，从而增强集团的凝聚力；战争的胜利提高了战胜民族的自豪感，加强了民族的内聚力，同时也为统治集团对民族进行教育提供了新的教材。为了在民众（包括战胜民族、战败民族及在扩张过程中吸收的各个民族）中树立政治权威，国王必须加强对意识形态的控制，在精神上制造或巩固王权的神圣性②，最后，随着疆域的扩大，在原有国家基础上奠定的政治体制难以适应新的领土规模和更为复杂的社会环境，政治体制改革成为必然③。

第三节　流域在战争中的战略地位

在中国古代历史上，曾多次出现过南北战争并形成南北政权对峙的情况，在这种对峙当中，有许多惊人的相似之处，比如南北政权的分界线大多就是在中国南北的天然分界线秦岭—淮河一线，最终的胜利者往往又都是北方政权。中国古代史上出现南北政权对峙的情况，起因往往是异族的入侵。在战争的初期，异族往往在军事上占有优

---

① 参见［美］斯霍华德·斯波德著：《世界通史（第四版）》，吴金平等译，山东画报出版社2013年版，第118—119页。

② 参见李安山：《论战争、王权和意识形态的相互作用》，《史学理论研究》2005年第4期。

③ 参见易建平、李安山著：《世界历史（第19册）：战争与古代社会》，江西人民出版社2012年版，第8—9页。

势。他们多是游牧民族，整个民族多有尚武之风，民风剽悍，在战争的初期优势明显。他们行动迅速、攻伐迅捷，处于农耕文明中的汉民族往往难以抵挡其锋芒。一旦突破长城和高山的阻碍，他们往往能以席卷之势长驱直入，迅速灭亡中原的汉族政权。但游牧民族一旦占领中原，其游牧的生产生活方式是无法适应广大的中原地区的地理条件的，他们也无法按游牧文化的方式对广大农耕文化的地区建立起有效的统治。因此，他们必须要融入当地的农耕文明之中，按农耕文明的方式建立起统治，而这需要一个过程。而且，中国的疆界过于庞大，异族入侵的势头会随着战线的拉长而得到缓冲。所以，当异族占领中原之后，一般不具备短时间大规模征服南方的能力。即使此时发起大规模征服战争，往往也会遭到各种抵抗，被迫将重心转为对已经征服的地区建立有效统治，金元莫不如是。此外，北方即使统一往往也存在诸多矛盾，民族问题、统治阶级内部矛盾都需要他们暂时停止大规模南征来进行调整。而此时的南方政权在刚刚丢失中原后，惊魂未定的汉族统治者忙于在南方建立起有效的统治，无论是东晋还是南宋，在建朝之初考虑得最多的，还是如何巩固在南方的政权，因此此时会出现南北对峙的局面。在初期的短暂调整后，南北政权双方都不会满足于眼前的局面，都会以完成全国统一为目标。但奇怪的是，一旦南北政权对峙局面形成，则双方会在很长一段时间内保持均势的局面，互相难以吃掉对方，除去政治、经济实力的因素，这种均势中流域的因素亦发挥着它独特的作用。

一、流域在中国古代南北对峙中的战略地位

历观中国古代南北政权对峙的分界线我们可以发现，它大体沿淮河至秦岭一线在北至黄河、南到长江一带上下波动，而从没有南北政权在北越过黄河或南超过长江之后还能出现相持局面。这一现象出现的根本原因是，在古代科技落后的情况下，地理上的劣势是人力难以克服的巨大障碍，越是早期的人们就越难摆脱地理的影响。从地理上说，秦岭—淮河一线在中国地理上的地位十分特殊，是中国地理上的南北分野，西端以秦岭及其东南向余脉桐柏山、大别山为主体；东端

则以淮河为大致的分界线。这一天然分界线两侧地理形势由此突变，气候条件也由此迥异。分界线的南边，夏季湿热多雨，地形复杂多变，这里既有陡峭的山地，也有起伏的丘陵和和缓的平原，这些对以骑兵见长的北方政权军队来说是特别不利的。秦岭号称"九州之险"，历来就是兵家要地。在古时，秦岭南北仅有褒斜道、子午道等谷道交通，山高谷险，道阻且长，古代若在此发生战争，兵马跋涉、军资运输都十分困难，首先占据秦岭的一方肯定拥有巨大的战争优势，因此也历来是兵家必争之地。而且一旦失去秦岭，就意味着四川和长江中游的广大地区无险可守。纵观中国历史，任何一个失去秦岭的政权都将失去四川。因此这里不仅发生过多次大型战争，而且历代统治者也往往在秦岭地区修筑城堡，设置重兵，这里的防守往往会比较坚固，骑兵难以发挥作用。而秦岭以东地区存在着纵横交错的江河湖泊，这更是北方军队难以逾越的天险。在淮河和秦岭之间，是汉水中游地区。这一地区群山峙立，道多歧途，险阻不断。汉水上游是复杂山地，下游则是湖泊连绵，中游自古为南船北马交换之地，同时，这一地区也是沟通南北的要衢与战略争夺地区。在南北对峙时期，若南方占领这一地区不仅可以保证长江中下游无虞，还可随时出击陕洛、关中；而若北方占领这一地区，则南方长江天险顿失。而从历史上来看，失去这一地区往往意味着巴蜀和江东的联系被切断，不仅巴蜀难守，而且江东地区亦再无力支撑。所以任何一个丢失汉水中游地区的南方政权，都无法维持长时间的南北对峙。

而淮河流域交接南北，是中国东部至为重要的战略地区。南与北都将此作为攻击对方的基地，特别对于南方而言，往往将此地看作立国的根本，无论是守国还是向北方进攻，江淮都是必据必守之地。因此，无论是汉水中游还是淮河流域，南方都会在此筑高城、囤精兵以据敌，加之水网密布，长于野战却拙于攻城的北人往往对此一筹莫展，历史上在此发生的多次北方攻坚战事大多不利于北方。

南与北维持均势的这条中间地带，是双方都必须要坚守的生死线，因为一旦这条线推进到长江以南，则南方将失去最有力的屏障，亡国只在瞬息之间，而一旦这条线推进到黄河以北，则北方人力物力优势损失殆尽，也不可能再维持统治，所以在中国历代的南北对峙都只在这个中间地带来回摆动，一旦超过这条线的范围，则意味着南北平衡的均势被打破，中国统一的时机已经成熟，对峙的情况将不再存在。

南据天险、北有骑兵，南北双方往往会处在一个较长时间的均势，但是对于对峙的双方而言，均势不可能一直保持下去，总有一方能打破均势，实现统一。前面提到的天险与骑兵都是影响均势的关键因素，在古代社会自然条件下，克服这些因素需要当时的人长时间的努力，因此上述两个因素能造成中国历史的长期对峙。但经过双方多年的相持，力量的平衡总会被打破，而中国历史上总是由北方政权承担起统一大任不是偶然的。北方克服天险虽然十分困难，但一旦抓住南方的失误，攻克某些险要，则南方政权危矣。更为重要的原因是，北方经过民族融合的洗礼，不仅实力更为强大，而且其在文化传统、政治观念上与南方差异日益缩小，这就为北方打破南北平衡创造了条件。北方可以利用自身的优势打破南北平衡的均势，相反对于南方政权而言，完成统一的任务实在过于艰巨，南方的领土面积往往不如北方，实力上多处下风，多数时间处于守势，一如前面所言，长于水军的南方军队一旦舍舟楫而进入平原与北方军队交锋，胜算实在不大；与日益民族融合的北方相比，南方军队也难有增强实力的潜力。如此种种南北实力的天平往往最终倒向北方便在情理之中了。①

但是，除了上述的流域历史地理因素之外，在战争方式水平处于同一时代的背景下，战略区位和纵深成为决定战争是否能够发生以及发生战争之后是否能够取胜的关键。中国具有以长江流域为战略核心的大范围纵深，整体而言，中国位于亚洲东部、太平洋西岸，在亚洲地理板块中占据着主体地位，在全球地缘政治比较中，以"亚洲重心"和海陆兼备而拥有较大的优势。在中国内陆，长江流域具有重要的地缘政治的功能和意义。

---

① 参见谢科峰：《浅析中国古代南北战争中的历史地理因素》，《黑龙江史志》2014年第9期。

　　长江自西而东横贯中国中部，干流流经青海、西藏、四川、云南、重庆、湖北、湖南、江西、安徽、江苏、上海 11 个省、自治区、直辖市，数百条支流延伸至贵州、甘肃、陕西、河南、广西、广东、浙江、福建 8 个省、自治区的部分地区，流域覆盖总计 19 个省级行政区，流域面积达 180 万平方公里，约占中国陆地总面积的 1/5。淮河大部分水量也通过京杭大运河汇入长江。从地形上看，它包括四川盆地、南方山地与长江中下游平原。与蒙古高原、关中平原、华北平原比较，长江流域诸区域处于中国国内地缘政治的三级位势。一般说来，政治控制力退至此线时政权多处衰落期，如果再继续失去长江，则国家就进入了要么换代、要么分裂的前夕，比如中国历史上的东晋、南宋、南明，清代的太平天国政权等，都是这样。

　　长江流域与黄河流域的地缘政治有着相似的特点。黄河和长江都在大约东经 110° 的地方出现向东转折，在转折西面均留下富饶且有险可据的盆地，主要有关中盆地和四川盆地等。位于长江上游的四川盆地富甲天下且依险易守。四川盆地被连绵不断的崇山峻岭所合围，这大幅抵消了外敌进犯的力量。立都于成都退可东据汉中、西扼剑阁，确保自存；进可由汉中北上陇西以进长安。值得注意和研究的是，在蜀地的重庆和成都之间，川东重庆的战略地位亦不可小觑，它是从四川东出的桥头堡，控制重庆其退可固守。蒙古入蜀成败的经验值得注意。蒙军数次入蜀的目的是从西面打通东出三峡并与荆湖地区的蒙军汇合，而实现这一计划的关键是拿下重庆。然而恰恰在这关键点上，蒙军均遭失败。1239 年 8 月，蒙军再度入蜀并夺成都，但在重庆受阻且被迫撤军。1258 年，蒙哥挟西征欧亚凯旋的威势，兵分三路再次伐宋，入蜀蒙军轻取成都后随即困于重庆，久攻不克并致使蒙军统帅蒙哥殒命于合川城东 5 公里的钓鱼城，蒙军因此再度被迫北撤，将攻宋重点移至襄阳方向。与成都相比，重庆依险为固，易守难攻，为久攻而难见其利的"天险之地"。鉴于这些历史经验，20 世纪初，四川军阀经营四川时亦将省政府和兵力重心放在重庆而不是成都。1937 年年底，蒋介石国民政府为了持久抗日决定从南京迁都四川，但陪都的地址并没有像诸葛亮那样选在成都而是放在重庆，并使

"重庆成为后方兵器工业中心"。

但是，西南的四川与东南的江浙一样，其地缘政治的意义对于全国的影响毕竟是局部性的。四川盆地进难出更难：其处于低地、四面环山，周边居高临下的其他力量的牵制使之只可就近守城却不可远行出击。四川北面的汉中曾是蜀汉北伐的桥头堡，亦是蜀国军事的重心所在。"在南北对峙的形势下，汉中对于南方的意义比起对于北方的意义来要重大些。这一方面是由于嘉陵江和汉水的原因，汉中与南方的联系更密切，另一方面是秦岭之险峻比大巴山更甚。自汉中越秦岭北进较难，越大巴山南进却较易。双方以秦岭为界，可共享秦岭之险；若以大巴山为前沿，则地理上的优势在北方。"① 尽管如此，汉中对南北攻防双方的意义还是不同的。汉中北面的秦岭东西绵延1500 公里，南北宽达 100—150 公里，其海拔多为 1500—2500 米。从北面攻防的角度看，汉中易于攻取，但若要占领，后勤补给则要翻越秦岭，路途艰险会使占领成本巨增；若占领失败需要退出，同样要翻越秦岭。秦岭高险攻南会势如破竹，退北则会将自己置于孤悬绝境。从南面攻防的角度看，由四川盆地入汉中只需翻越其险峻程度远不如秦岭的大巴山，路途险而不远；依托四川盆地丰富的资源供给，据险固守，相对北方由秦岭南下的势力要容易许多。

成都、汉中、重庆是镇守蜀地的三大重镇，其防御的功能均大于进攻，除刘邦时特殊的楚汉之争、天下未定的形势外，中国历史上偏居四川的政权有长时段的，但没有一个能——即使是蒋介石政权——成功统一全国的。其中，重庆不仅是控制四川的重镇，而且是扼控川蜀的东大门。重庆地处嘉陵江与长江的汇合处，凭长江及其支流岷江、涪江、乌江、嘉陵江组成水上运输网络，内通四川各处，外可东通荆襄，南达云贵，西可达川内大部，北接汉中，又有大巴山和三峡天险为屏障。

如果说长江是联结中国西东两端和中国统一的重要纽带的话，那

---

① 饶胜文著：《布局天下：中国古代军事地理大势》，解放军出版社 2002 年版，第239 页。

么，其中的中国湖北，尤其是湖北武汉则是能对全国发生关键影响的枢纽。湖北西面的宜昌是西南与华中的节点，扼西南进入华中平原的通道，而荆州则为武汉之西屏。武汉在全国地缘政治中的地位是如此关键，以致不管从任何方位，也不管从任何政治利益的角度看，地如其名，势由"武"昌。它与蒙古的地缘政治功能南北相对应，亦是中国政治尤其是中国近现代政治的破局地带：国内分裂可由此造成中国的统一，外族入侵或内乱也可由此造成中国的分裂。清末，曾国藩正是从武昌、安庆出手，打碎太平天国的关键屏护，动摇其防御根本，从而避免当时中国很可能出现的南北分裂。长江在历史上是造成南方割据的重要防线，但这在京杭大运河自隋开通后，长江的防御功能已因其横向航线过长反而易于断切，如果将下游南京视为长江之首，而中段武汉则为长江之腰，我们就会发现，武汉是长江防御的"七寸"所在。北军一旦进入并控制长江，就基本搞定或搞乱了中国；而其中占据或控制南京，也就控制了长江的出海口。但控制南京的关键，从大陆外部说，是控扼东海；从大陆内部说，主要在于控制武汉。

长江下游地势平缓，水系交通便利，易于人力物资调度。其气候大部分属北亚热带季风气候，农业一年二熟或三熟，水量充沛，农业发达，为全国税赋的主要来源。南京在历史上为六朝古都，它依凭长江天险，北接京杭大运河，可沿大运河北上京畿；南可控制江南富源，由长江或东入大海或西抵武汉和重庆。

比较而言，长江较之黄河对于中国不仅具有更优越的航运价值，而且具有更优越的地缘政治价值，对此，西方海权理论创始人艾尔弗雷德·塞耶·马汉（Alfred Thayer Mahan）对中国长江的地缘政治价值十分重视，他从帝国主义的视角把话说得很露骨：

　　　　对中国以及其他拥有海岸线的国家来说，海洋是发展商业的最有效的媒介——物资交换国家通过对外接触获得更新，从而保持、促进它们的勃勃生机。长江对于上述情形颇具意义，因为它有上千英里河段可供汽船航行，且将大海与其流域的心脏地带连接起来。中国由于拥有海岸也就使其他国家能够由海洋抵达中国……海上强国需要在中国海岸拥有地盘，并开辟它与世界的自由交通，它们可以直言不讳地声明长江的可航行河段是它们进入中国内陆的必经之路和在当地发挥影响的中心……长江流域在政治和商业上都极为重要……长江深入中国内地，而且很大的轮船从海上可直接沿长江的主要河段上溯而行。长江流域的广大地区也依靠长江与外界便捷来往。地理上，长江介于中国南北之间，从而对商品的分配和战争的进行都颇具影响。所以，一旦在长江流域建立起了势力，就在中国内地拥有了优势，并且能自由、稳定地通过长江沟通海洋；而在长江地区的商业优势又会加强其他方面的有利地位。这些合在一起，谁拥有了长江流域这个中华帝国的中心地带，谁就具有了可观的政治权威。出于这些原因，外部海上国家应积极、有效地对长江流域施加影响，而中国由此得到的益处也会被更广泛地、均衡地扩散到全国。在长江流域丢下一颗种子，它会结出一百倍的果实，在其他地区也有三十倍的收获……长江还为海上强国提供了进入内陆的漫长通道。战列舰可上溯至离海230英里的南京，而有战斗力的其他舰只则可到达还要远400英里的汉口，广泛用于美国内战的汽船更能驶至离入海口1000英里的宜昌……如果我们决心在中国维护我们的商业权利并发挥作用，我们只能借助于鼓励并支持中国人自觉地积极行动的方式，而不能篡夺他们的权力、侵占他们的土地。当前，长江流域看来是我们的利益重心所在，但如最近在北京发生的事件之类的事情一时也会使我们转而采取并不和既定政策相符的行动。虽然门户开放，不管是商业意义上还是思想意义上的，应成为我们在中国任何地区的目标，但它还是最容易在中部地区得以实现，并以此为坚实的根据地来推动其他地区，原因就是海权在中部长江地区能最稳固地存在。汽轮从海上可驶至离海600英里的汉口，再装上货物开往世界上的任一个大港口。这个事实有力地说明了长江流域的意义，在这里，给物质文明提供动力的商业可最大限度地发挥效能，并且能得到条顿民族在世界政治中的主要武力后盾海军的支持。假以时日，海军也会成为中国人民赖以抵制与合理外来影响截然不同的外来控制行径的主要后盾。[1]

马汉对中国长江战略地位的分析应当引起我们的高度重视，要认识到中国长江不仅对于中国内部统一，而且对于抵御"外族进攻"都具有重大的战略价值。历史证明，长江是中国政治联系的枢纽，一旦失去长江，从某种意义上说就失去了统一的中国[2]。

所以，东亚大陆相对封闭的地缘环境这一中华民族生存的基本空间，在黄河流域与长江流域的共同作用下，使战争与流域呈现出规律性的样貌。中华文明最早发源于黄河流域，后逐步向南北两个方向扩展，疆域逐渐扩大。在这个过程中战争的推动作用并不是盲目的，它受到人们活动空间范围的深刻影响。

中国新石器时期的文化遗址主要集中在黄河流域的两个地区，一个是以华山为中心的西部地区，其代表是龙山文化的典型大汶口文化。仰韶文化和龙山文化的遗址呈东西带状密布于黄河中下游。中国一出现农业经济，就形成华北平原的东部产粮区和关中平原的西部产粮区，从而形成黄河流域的东西两大经济中心。随着阶级社会的出现，也就相应产生了以这两个经济区为根基的政治集团，以函谷关为界以西的称为关陇集团，以东的称为关东集团。从夏商周到秦汉乃至隋唐，国家的命运实际上由这两个政治集团所左右。这一时期的东西二京制，就是这种地域分布的政治表现，其政治斗争的最高形式就相应地表现为黄河流域的东西战争。

魏晋南北隋唐时期，是中国经济政治地理格局发生重大变化的时期。一方面，北方的游牧民族突入长城，与中原文化发生了深刻的碰撞与交融，从而使中华民族经济政治的活动范围向北大大地扩展与延伸。另一方面，永嘉南渡以后，长江流域被迅速地开垦与发展起来，

---

① ［美］马汉著：《海权论》，萧伟中、梅然译，中国言实出版社 1997 年版，第 224—283 页。

② 参见张文木：《中国地缘政治的特点及其变动规律（下）——中国长江流域地缘政治的功能和意义》，《太平洋学报》2013 年第 3 期。

并在中唐以后逐渐超过了黄河流域。草原经济与长江经济对中国政局的影响越来越大，表现在国都的分布上由原来的东西走向逐渐向南北两个方向扩散，各政治集团势力相继在洛阳以北的安阳、大同、和林格尔，以南的南阳、南京等地建都。但总的来看，黄河流域在这一时期的绝大多数时间里无论经济、政治、人口、文化上都还是主要的地区。

尽管这一时期的南北战争，尤其是黄河与长江流域的战争从次数、规模和激烈程度上都大大超过了以往，但决定国家命运的战争仍然是黄河流域的东西战争。从中唐到五代，长江流域的经济水平超过黄河流域已成定局。黄河流域则由于战乱频繁，生态破坏严重，灾害频繁，经济地位迅速衰落。而几乎与此同时的公元 10 世纪前后则是欧亚大陆腹地的游牧民族勃兴的时期，继鲜卑之后，相继兴起了突厥、契丹、女真、蒙古和后来的满族。随着对中原文化接受和消化的加深，其对中国广大地区的统治能力也随之增强。宋以后相继建立了较之以前更为长期稳固的政权。作为草原文化与中原农耕文化结合部的北京，也就日益成为北方的政治中心，汉族则据长江流域与之抗衡，此即南北二京制形成的背景。

综上，东亚大陆内部自北而南并列分布着草原经济带、黄河经济带和长江经济带。中华民族的活动空间从黄河流域发端，逐渐向南北两个方向扩展，由此决定了中国古代战争在夏、商、周、秦汉时代是沿黄河流域的东西战争，后经三国、两晋南北朝、隋唐时代的演变转化，发展成为宋、元、明、清至近现代的南北战争[①]。

二、流域要塞在关键战役中的战术地位

将流域在战争中的功能体现得最为充分的是西南嘉陵江流域钓鱼城在宋末元初战争中的重要作用。钓鱼城位于今重庆合州市合阳镇嘉陵江南岸的钓鱼山上，占地 2.5 平方公里。城名因山名而得，山名又

---

① 参见姚晓瑞：《从经济和政治地理的变迁看中国古代战争地域特征的演变》，《广东广播电视大学学报》2000 年第 1 期。

得之于山顶一块凸起平整的巨石。传说远古时洪水泛滥，百姓逃奔山上避水，无以为食，天帝命一巨神持竿站巨石之上，垂钓嘉陵江中之鱼救济饥荒，钓鱼山名称由此而来①。钓鱼山山顶东西部地势倾斜，台地层层，西南、西北角和中部山地隆起，形成薄刀岭、马鞍山、中岩等平顶山峦。整个山顶东西长 1596 米，南北宽 960 米，山下沟壑纵横，小堡环拱。此外，钓鱼山上扼嘉陵江、渠江流经孔道，下控涪江、嘉陵江汇入长江要津，处于钳形江流，三面临江的险要地势之中。如此优越的自然地形条件，使钓鱼城成为古代攻防战争中理想的军事防御城池。作为重庆府北面的门户，其依山建城，环江为池，在以重庆为中心建立的抗蒙山地城池体系中，发挥了重要的防守作用，有"巴蜀要津"之称。

13 世纪中叶，蒙宋战争风云突起。志在征服天下的蒙古统治者没有因南宋出兵帮助自己灭金而格外开恩，在收拾金朝之后立即掉转矛头指向南宋。四川作为南宋的经济和军事要地，成为了双方争夺厮杀的主战场。1240 年，为阻挡蒙古军的进犯，四川安抚制置副使彭大雅命合州知州甘闰在钓鱼山修筑山寨，这是钓鱼城首次筑城，设置及规模尚很简陋，更没形成防御体系，对重庆的屏障作用有限。到了 1243 年余玠就任四川安抚制置使兼重庆知府后，情况就大不同了。余玠到任后安抚民心，广纳贤才，号召军民为保川抗敌共同献计画策。为进一步加强四川防务，余玠采取"守点不守线，联点而成线"的办法，选择三江沿岸险要处筑城结寨，屯兵聚粮，作为据点。各城寨之间彼此呼应，一处有事，他处驰赴救援。这样就建立了由十余座山城组成的星罗棋布、互为声援的大纵深战略防御体系，使重庆有了坚实的屏障。作为这一山城防御体系的核心，钓鱼城在原来基础上进行了加固重筑。同时，余玠把合州治及兴元都统司治所也都迁到这里，经过一番规划布置，钓鱼城堪称铜墙铁壁、固若金汤：城池依恃天险，不但有构筑在陡峭山岩上的内外两道防线，而且还有纵向延伸

---

① 参见姚有志、葛业文：《改变世界历史进程的钓鱼城防御战》，《军事历史》2006年第 9 期。

的水军码头，以暗道出口、一字城墙相连接的给养补给通道，和天池泉井、水洞门为代表的给排水系统。在城中的两级台地上，良田沃土，豁然千亩，具备了长期坚守所必需的一切基本条件。1254年，合州守将王坚调发州属5县共17万人最后一次完善了城防，把原来西门内的天池扩大到周围一百多步，又新开小池13处，凿井92眼，使城中拥有了充足的水源。之后不久，避乱的四川边地民众纷纷到此，兵源问题自然也不在话下，于是一座兵精食足的巍然巨镇横空而生。在中国古代战争史上，钓鱼城成为依托山地构筑防御体系的光辉典范。

1258年秋，蒙哥率军4万号称10万分三路入蜀，沿途势如破竹，很快将川西北府州县踏在脚下。12月，大军逼近合州。蒙哥派降人晋国宝赴钓鱼城招降，王坚义正词严予以拒绝，并宣布晋国宝叛变投敌罪行，逮至阅武场当众正法，以示抵抗决心。蒙哥闻讯大怒，于次年2月3日率入蜀各路大军渡渠江鸡爪滩，进至距城2.5公里的石子山上扎营，随即指挥军队开始向钓鱼城发起进攻。2月7日至9日，强攻一字城和镇西门。从3月起，又连续猛攻新东门、奇胜门、镇西门、小堡。蒙古军在渠江上架设浮桥，攻城器具十分精良，战斗十分激烈。城内军民同仇敌忾，齐心协力，在主将王坚和副将张珏指挥下从容应战，多次杀退敌人进攻。4月3日，天空阴云密布，转眼雷雨大作，一连下了20天。4月22日雨刚停，蒙哥命令重点进攻护国门。24日夜，蒙古军偷袭出奇门伸延嘉陵江的一字城得手，情况十分危急，王坚率敢死兵士同蒙古军展开惨烈搏杀，奋力将其击退，确保了外城的安全。

5月，蒙哥继续指挥部队猛攻钓鱼城，但是一次又一次地遭到失败，死伤惨重。不少跟随蒙哥出征的将领都战死于钓鱼城下，可见当时战斗之惨烈。此时天气一天比一天热起来，南方夏天潮湿酷热，这对常年生活在北方草原地带的蒙古兵来说简直是致命的，军中开始流行痢疫，战斗力大为减弱。相反，在经过数月的战斗、屡次挫败敌人进攻之后，钓鱼城军民士气高涨，斗志更加旺盛。王坚还不失时机地率领健卒，利用夜晚频频开城袭击骚扰，弄得蒙古军睡觉也不得安枕，军心涣散，士气更低落了。这种景况蒙哥看在眼里，急在心头，聚集诸王、驸马及文武官员问计，现在这个样子该如何是好？丞相史天泽建议暂缓进攻。近臣术速忽里也认为久顿坚城之下很不利，主张留少量军队继续困扰，而以主力迂回夔府（今奉节）、万州等地，沿长江水陆东下，与忽必烈诸路军会攻临安。但骄横自负的蒙哥在这个节骨眼上却偏偏犯了兵家大忌。横扫欧亚似卷席、气吞万里如虎的他几乎无往不克，无坚不摧。如今小小一个钓鱼城却死活拿不下，叫他如何咽下这口气。蒙哥拒绝撤兵，仍命加紧对钓鱼城的攻击。6月初，骁将前锋元帅汪德臣率军乘夜攻进钓鱼城外的马军寨，杀死寨主和守军，可是因为后续部队未及跟上，到天明时下起雨来，攻城云梯又折断，在王坚反击下只得溃败而回。这时，南宋四川制置副使兼知重庆府吕文德奉命率大型战舰千余艘，溯嘉陵江而上救援钓鱼城。舰队行至三槽山，遭到蒙哥与史天泽的夹攻，蒙古军从上游顺流纵击，吕文德无法前进，败退回重庆。

6月5日清晨，耀武扬威的汪德臣单骑至钓鱼城下高喊劝降，称吕文德援军已被打败。话音未落，城中飞石迎面射来，汪德臣被击中，恰逢天降大雨，王坚率军出城追击，汪德臣回到营中不久后死去。屡攻不克之下，蒙哥恼怒万分，他想看看城内到底是何光景，命兵士在与钓鱼城新东门相峙的脑顶坪上筑起一座台楼。楼上连接桅杆，上有飞车，人在里面可以窥视城内一举一动。王坚见状针锋相对，命人在新东门城垛处安装了炮位。7月21日，蒙哥亲临脑顶坪台楼下指挥瞭望，王坚在城内望见，吩咐发炮轰击台楼。顿时炮声轰鸣，飞石四溅，箭如雨下，蒙哥躲避不及，当场身负重伤。兵士匆忙救起蒙哥，撤还石子山大营。27日，蒙哥撤军至金剑山温汤峡（今重庆北暗北温泉，一说在壁山县西北20公里的西温泉），伤重不治而亡，终年52岁[①]。

蒙哥之死，令中外震惊。不仅南宋军民欢欣鼓舞，欧洲中亚诸国

---

① 参见姚有志、葛业文：《改变世界历史进程的钓鱼城防御战》，《军事历史》2006年第9期。

也如释重负。消息传至欧洲，饱受蒙古铁骑蹂躏之苦的民众奔走相告："上帝之鞭折断了！"钓鱼城这一往日默默无闻的小城，从此被欧洲人冠上"上帝折鞭处""东方的麦加城"之名而响彻世界。蒙哥身亡有着极大的偶然性，但历史的航道往往却因这种偶然的事件而改变。蒙哥之死成了一系列重大事件的转折点，钓鱼城之战也因蒙哥之死影响和改写了中国历史和世界历史①。

首先最直接的后果是宣告了蒙古这场侵宋战争的失败，南宋政权因此又维持了 20 年的寿命。蒙哥死后，蒙古军队群龙无首，最高权力出现真空，诸王无不对汗位虎视眈眈。进攻四川的蒙古军被迫撤军，护送蒙哥灵柩北归。此时正率中路军包围鄂州的忽必烈，为与其弟阿里不哥争夺汗位，答应南宋权相贾似道的求和请求，急忙还军起程北返。从云南经广西迂回北上的兀良合台军，也渡过长江北撤。此后蒙古政权陷入内乱，围绕争夺汗位和权力、势力范围而进行的战争持续不断，使其无暇南顾。直到忽必烈清除反对势力、登上大汗宝座之后，灭宋才又被提上议事日程。试想如果钓鱼城失陷，蒙古大军顺江而下，腐朽透顶的南宋朝廷又怎能抵挡得住。

其次是迫使蒙古军停止了第三次西征，欧洲、亚洲、非洲等地许多国家面临的威胁得到缓解。蒙哥在大举攻宋的同时，于 1252 年派遣其弟旭烈兀发动了第三次西征。旭烈兀率军先后攻占今伊朗、伊拉克及叙利亚等阿拉伯半岛大片土地，兵锋直指埃及，通往非洲的道路即将打开。埃及举国震恐大骇，倾全国之兵欲与蒙古军决战于巴勒斯坦。正在此时，蒙哥死讯及忽必烈与阿里不哥争夺汗位的消息传来，旭烈兀于是率主力东撤，昼夜兼程向蒙古大草原进发，只留下少量军队交由部将怯的不花统率，继续向埃及进军。因兵力过于悬殊，这支军队后来战败，蒙古军迈向非洲之步就此止住，扩张遭到了遏制。

可以说，蒙哥之死是蒙古贵族全面扩张和大规模征战走向结束的转折点，也是大的蒙古政权从统一走向分裂的转折点。蒙哥死后，忽

---

① 参见姚有志、葛业文：《改变世界历史进程的钓鱼城防御战》，《军事历史》2006年第 9 期。

必烈与阿里不哥争夺汗位，爆发了激烈的内战，战火前后持续了 5年。阿里不哥败降后不久，宗王海都又纠集拉拢东西道诸王，自为盟主，发动对抗忽必烈的叛乱。海都之乱持续了 30 多年，直到 1301 年海都战败受伤死去才被平定，1259 年由蒙哥之死引发的蒙古贵族的内讧最终宣告结束。但此时由成吉思汗及其后继者们建立的统一的蒙古政权已四分五裂，横跨欧亚的大蒙古国也已经不复存在，蒙古贵族从此再也未能组织全体宗王的联军出征，之后的征战只能由各汗国自己单独进行，规模和影响都非常有限，大规模的征战永远成为了历史。令欧亚诸国胆寒的蒙古铁骑和"上帝之鞭"如疾风般消失，惶惶不可终日的东、西欧乃至更广大地区的人民生命和财产被拯救，这些地区的文化从而也避免了横遭毁灭的厄运。从这个意义上而言，钓鱼城之战的作用业已超出了中国范围，对世界史也产生了深远而重大的影响。

此外，这场战争还为后来忽必烈当政、建立大一统的元朝提供了历史契机。同保守主义的蒙哥相比，汉化程度较深的忽必烈算得上是一位睿智开明、极富远见卓识的君主，内外政策趋于开明、理性和务实。忽必烈即汗位后，大力推行汉化措施，逐步改变蒙古军队的滥杀政策。蒙古（元）军攻占宋境后，当地的经济和文化都没有遭到更大的破坏，包括 1279 年通过长期围困最终迫使钓鱼城军民放弃抵抗，也没有执行蒙哥"屠城"的遗嘱，城市繁华依旧，江南地区更是成为全国经济文化最发达地区。忽必烈以把蒙古这个边疆政权转变为一统中国的封建大王朝的丰功伟绩，在中国历史上留下了浓墨重彩[①]的一笔。

小　结

本章内容揭示了战争的性质与人类文明发展的历程密切相关。而

---

① 参见姚有志、葛业文：《改变世界历史进程的钓鱼城防御战》，《军事历史》2006年第 9 期。

以流域为代表的生态环境，作为人类文明起源和早期发展的主要场域，见证和经历了人类早期历史，尤其是冷兵器时期的大部分战争。在这一历史阶段中，流域生态环境与战争之间，存在着一种相互制约、相互依赖、相互作用的对立统一关系。一方面战争对流域环境造成巨大的破坏，限制了流域环境的发展。尤其是当政治、军事家们还没有充分认识到遭受破坏的流域环境对人们的生活、生产和社会活动将产生反作用时，战争对流域环境的破坏性就更为显而易见。如中国西部的黄河流域，历史上曾是森林茂盛、水土肥沃、雨水充沛、气候适宜的富饶地区，养育了炎黄子孙，是中华民族的摇篮。经过了数千年的奴隶社会、封建时代连绵不断的战争，这里的生态环境受到严重的破坏，森林被毁，水土流失，土地逐渐沙化，气候变恶劣，生态环境发生了根本性的变化。昔日的宝地，许多现已成为杳无人烟的荒凉沙漠，历史上有过记载的许多丝绸之路上的繁荣昌盛的古代文明城市，如今只留下一望无际的沙漠中的沙堆和一些断壁残垣。

战争多发生在各大流域范围内的原因，大概有以下几个方面：第一，流域是人类生存的良好空间，是人类的适生地。流域能为早期人类的生存和繁衍提供合适的温度、水、丰饶的食物，以及便于垦植的土地条件。在大冰期过后，流域河湖沼泽遍布，空气湿度适中，各种陆生、水生植物生长茂盛，吸引了多种多样的动物群体，这一切为处于采集游猎阶段的古人类提供了丰饶的动植物食料。这是吸引四方山民来此生活、定居的动因。随着时间的增长，各大流域的人口逐渐增多，这又为流域的早期开发提供了劳动力，加快了流域开发的速度和规模。在开发的过程中，不同集团或集团内部为了各自的利益发生一些争执，并逐渐演化成众多人参加的大规模战争。此外，流域具有便于农业开垦的土地条件。流域一般山地面积较小，且分布在流域周边，丘陵较为平缓，平原面积广大，平原由冲积扇平原、冲积平原、滨海平原三种类型构成。尤其在山前冲积扇平原上，有大片的稍有倾斜的淤土壤地，植被较为稀少，稍经火烧，使用石制、木制农具便可垦植。这样的土地条件为流域原始农业的较早兴起提供了良好基础。古人类在此谋生感到比较容易。流域内部平原地表面起伏不平，有众多的岗丘、固堆、河谷、湖沼和低洼地。微地貌类型多种多样，它适合多样的生活方式，可从事采集、狩猎、追猎、捕渔、游牧，也可以从事原始农业、饲养业。它是古人类谋生的最佳场所，优先成为人类的聚集地和争夺地。

第二，治水成功促进了农业繁荣，使流域成为政治中心和经济基地。约在新石器初期，各类人群涌到各大流域，共同开发流域条件优越的土地。但是，流域地区常常爆发洪涝灾害。洪水冲坏了古人的住地和田园，威胁着他们的生命安全。为保卫家园，古人开始了治水活动，与洪水作斗争。例如在古代中国，首先是共工在河北平原上治水，后来又是鲧禹父子在黄淮平原上治水。大禹治水成功，威信大增，得到了诸方氏族的拥戴，建立了夏朝，成了中原之盟主。鲧禹居淮河流域的登封境内，故淮河流域登封成了夏的政治中心。治理洪水并非夏族一个集团完成，治水需要上下游联合实施。尧舜时期，夏族集团居淮河上游区，在黄淮平原这个政治舞台上，交替出现了夏族首领黄帝、尧、禹和夷族首领少昊、舜、伯益、皋陶的名字。两大宗族集团合力治水，使文化得以充分交流。治水成功，人类安居乐业，农业发展，经济繁荣，流域成为经济发达地区。

第三，居中的地理位置，使流域地区成了各国争霸的场所。流域地区一般处于国家中间地段，经济繁荣，地位重要。在广阔的流域平原上既没有大山的屏挡，也没有大川的阻隔，兼并战争很容易进行。

第四，流域发达的水运灌溉系统，成为历代王朝倍加重视和保护的经济命脉。流域在人类定居之初就有兴修水利的习惯，水利工程为流域的水运、灌溉提供了方便，增强了流域诸国的经济实力和竞争力。流域某些水运发达的地区便成为统治者争占和控制的地区，水运通道上的各个重要城市和渡口，也自然成了战争争夺的焦点[①]。

---

① 参见鲁峰：《淮河流域战争多发的动因与战略地位》，《人文地理》2000年第4期。

第九章　人—水和谐的社会因素：流域与移民

　　我父之迁麻城也，在洪武之八年，十年生我。我八九岁时，父尝对母言曰："迁居之苦，当为儿言之矣！"陈友杰（谅）抚有江西、福建，太祖未下，兵燹之忧，日无宁刻。虽大军爱民如子，而百姓见之提防，人各避锋，士如瓜裂。我于是携母走浮梁，过余干，至庐山、都阳，澎湃惊人，月余始渡。寄食于兴国州之胡姓家数日，胡姓诚恩人也。后忽至武昌之金牛，欲居焉。然江分南北，南岸干戈如故，不若江北之稍宁。春三月渡江，由齐安北上，幸遇故土之郝公、秦公、曹公，亦逃居于窟泥陂之所，我始安焉。儿记之，以遗后人。

——湖广移民余氏族谱①

第一节　流域移民的动因

　　流域移民有各种类型，有其不同的特点，但究其原因而言，大致可归为生存和发展两个方面。

---

　　① 李敏：《从麻城各姓氏族谱看湖广麻城孝感乡移民现象》，陈世松编：《移民文化与当代社会——纪念"湖广填四川"340 周年论文集》，四川人民出版社 2009 年版，第332 页。

一、生存原因驱使

生存型的移民是为维持自身的生存而不得不迁入其他地区定居的人口，或者说是以改变居住地点为维持生存的手段的移民行为。产生这类移民的主要原因是迁出地的推力，如自然灾害、战争动乱、土地矛盾、人口压力等，而不是迁入地区更好的生活环境、生产条件、发展机会等拉力或吸引力。移民的主要目的是生存，是离开原居住地，而不论迁入何处，或迁入地的条件。实际上，供这类移民选择的余地一般都很有限，往往只有唯一的迁移方向或地区。这类移民中的大多数是不自觉的，他们或者根本不愿意迁移，或者只有暂时迁离故乡的准备，只是迁移后的客观条件不允许他们返回故乡才最终成为移民。中国移民史上大多数移民都属于这一类型。例如黄河流域人口的南迁基本上都是出于生存压力，如黄河流域的战争动乱、游牧民族的南下、地主豪强对土地的霸占、人口压力造成的土地匮乏、无法抵御的自然灾害、官府或豪强对赋税追索等等，都是迁出地的推力。即使是统治阶级上层人士也是如此，他们的南迁虽然也有维护自己政治地位和经济利益的考虑，但置于首位的同样是生命的保全。被用行政手段或军事手段强制迁移的流域移民，他们在原地本来并不存在生存的威胁，但却受到了来自统治者的威胁——抗拒不迁意味着生命的丧失。他们别无选择，当然也属于生存型移民①。

近代关内进入松花江流域的移民，华北异常艰难的生存环境是迫使大批农民迁离华北的主要原因。近代以后，华北尤其是河北与山东两省人口飞速增长，致使人口增量超过土地供养力，人地矛盾日益突出。在华北人口出现井喷式增长，大大超过全国平均人口密度的同时，华北耕地面积的扩展却几乎停滞，致使人均种地面积不足 0.27 公顷，山东更在 0.2 公顷以下。华北人民已生存在死亡的边缘。除严重的人口压力外，华北人民还要饱受超乎法理人情的各种苛捐杂税的

① 参见葛剑雄主编：《中国移民史（第一卷）》，福建人民出版社 1997 年版，第 48—54 页。

盘剥。清末华北地区的地租率就普遍高于东北 2—4 倍，到民国时期更是有增无减，在军阀盘踞下并饱受兵燹之灾的直、鲁、豫农民除地丁正项之外还要受到许多高额附加税的盘剥。此外，华北地区长期严重的自然灾害与兵灾匪祸相互为因，使农民最低限度的生活资料也告中断，于是造成驱逐性的人口外流。近代华北自然灾害不断，不仅灾域广泛，而且多灾并发，水、旱、蝗、雹等灾害使华北农民生活受到严重威胁。加之民国时期华北地区兵祸连连，战争频年不已，加深了农村经济的破产程度。严峻的生活环境迫使关内移民如潮如涌，每年以几百万人的规模向东三省求食奋进，谋求生存，形成了华北移民闯关东的狂潮。华北移民东北实质是一个贫苦农民挣扎在死亡线上的自发的不可遏止的悲壮的谋求生存运动。生存环境的恶化，是迫使华北人民走上逃亡之路的主要原因[1]。

二、发展原因驱使

发展型的移民是为了物质生活或精神生活状况的改善而迁入其他地区定居的人口，或者说是以提高物质生活或精神生活的水平为目的的移民行为。产生这类移民的主要原因不是迁出地区的推力，而是迁入地区的拉力或吸引力。中国移民史上这类移民在数量上只占少数，但方式却相当多。

例如，明代女真族不断向辽河流域的迁徙，虽然既有生存的原因也有发展的因素，但究其根本动力，客观的吸引和主观发展的要求起到了重要的作用。一方面，明政府在政治上的大力招抚是引发女真各部迁徙的重要原因之一。洪武年间，明政府屡欲对奴儿干地区进行招谕，以路远未至。及永乐元年（1403），邢枢等人再次前往，才取得了成功。随后，明政府又相继设都司置卫所，以加强管理；建立安乐、自在二州，以安置内附女真人[2]。在经济、文化上，明政府也大力推行有利于加强同女真各部联系的政策，恢复水陆驿站，以便利交

---

① 参见任杰玉、杨松涛：《试析近代关内移民进入松花江流域的原因》，《佳木斯大学社会科学学报》2002 年第 3 期。

② 参见吉占等编：《清入关前史料选辑》，中国人民大学出版社 1984 年版，第 2 页。

通往来，广设马市、木市，以促进经济交流。这些政策措施对吸引女真南下产生了巨大影响。也为他们的南迁定居创造了有利条件。女真各卫前往北京朝贡者每年络绎不绝，动以千计。为了笼络女真人，明成祖朱棣甚至把建州卫指挥使阿哈出的女儿纳为妃子，使阿哈出作为皇亲国戚[①]，在招抚女真人的过程中起到了重要的作用。政治上的吸引力是诱发各少数民族迁入辽河流域的动力。另一方面，学习汉族的先进生产技术，加强经济交流，更多地吸收物质文化发展水平较高的汉族文明，使本身社会经济不断有所发展，这是女真人不断向辽河流域迁徙，并逐步向辽东地区靠近的一个重要因素。向辽东地区靠近，使得他们便于通过朝贡京师、马市贸易、民间往来等渠道来出售自己的采集、渔猎和畜牧产品，换取汉族所生产的犁铧等生产工具和布米等生活必需品以及各种武器等。汉族地区的各种生产物，是女真人各种生产、生活必需品的重要来源。牛和耕具更是他们尽力获取的重要目标。边疆少数民族对中原先进生产技术及物质的渴求日强，也正是这种经济欲求推动了女真向辽河流域的向心性移动[②]。

三、生存型移民与发展型移民的关系

生存型移民与发展型移民的关系有这样几种情况：第一种情况是生存型移民取得了发展型的结果。如秦朝灭赵国后，卓氏被掳掠迁往临邛（今四川邛崃县），但卓氏善于冶铁技术，利用当地的资源，很快就"富至僮千人，田池射猎之乐，拟于人君"。这一类移民之转化为发展型，虽然也有偶然因素，但却有其必然，主要原因是这些移民本身具有发展的条件。更重要的是，这些移民在迁移的过程中并不以获得生存为唯一目的，而是积极寻求发展的机会。

第二种情况是生存型的移民潮中本来就包含了主动求得发展的移民。如在西汉向边疆的移民中，就有人为了建立军功而主动加入。在东汉末和西晋末的动乱爆发前后，都有人谋求南方或西北、东北的地

---

① 参见孙进己等著：《女真史》，吉林文史出版社 1987 年版，第 184 页。

② 参见毛英萍：《明代辽河流域女真族迁徙的原因和作用》，《沈阳大学学报》2009 年第 1 期。

方官职，以便保住自己的政治地位和财产，并趁机获得更大的利益。

第三种是以发展为目的的移民造成生存型的移民。如某些统治者为形成分裂割据的局面，将相官员为了开疆拓土、建功立业，都必须驱使一批军民、部族、奴仆、俘虏、罪犯等随之迁移，并在迁地定居。

需要指出的是，生存的标准是相对的，并无绝对的指标。不同阶级、阶层，不同的地区，不同的时期的生存临界线都可以有相当大的差距。正因为如此，有时就很难确定某一次移民运动和某一位移民是属于哪一类性质。有的是两者兼而有之。另外，移民的性质也是会转变的，有些人迁移的动因是生存，是出于迁出地的推力，但使他们定居的则是发展的目的，是迁入地的拉力。又如因自然灾害而迁入城市的灾民完全是生存型的，而且大多原来并没有定居的打算，但在天灾过后，一部分人发现城市有比农村好一些的生活条件或发展可能，就不再迁回原地了①。

第二节　中国流域移民的类型

中国三千多年的移民史涉及数十个政权、数十个民族或部族的数千万人口，要将他们归纳为有限的几种类型是相当困难的。我们为归纳对象选择的标准是四条：第一是人数，即见于记载或经过研究确定的移民数量，从中选择最多的几次；第二是持续时间，即从某次或某一类移民运动的开始至结束年代中，选取最长的几次或几类；第三是涉及范围，即移民的迁出地和迁入地本身的范围，必要时也考虑迁移过程所经过的地方，取其范围最广的几次；第四是影响，即移民直接的、间接的，精神的、物质的，当时的和长远的综合影响以哪几次为最大。归纳的方法则兼顾移民的性质、民族、迁移方向、迁移方式、

---

① 参见葛剑雄主编：《中国移民史（第一卷）》，福建人民出版社 1997 年版，第48—54 页。

迁出地和迁入地、迁移时间等几方面。根据上述标准和方法，我们将移民归纳为自北而南的生存型移民，以行政或军事手段推行的强制性移民，从平原到山区、从内地到边疆的开发性移民，北方牧业民族或非华夏族的内徙与西迁，以及东南沿海地区对海外的移民五种类型，其中前三种是中国流域移民的主要类型。

一、生存型流域移民

公元前 3 世纪，秦始皇征发数十万人越过南岭山脉，征服了珠江流域的越族，在那里建立起秦朝的郡县。这支远征军主要来自黄河流域，经过几年激烈的战斗已有很大伤亡，但又得到中原移民的补充，从此就在岭南驻防定居。这次以开疆拓土为目的的军事行动同时成为一次自北而南的移民，其人数之多、距离之远、影响之深都是空前的。进入西汉以后，从黄河流域向长江流域和南方各地的移民一直没有停止，他们的迁移都是零星的、缓慢的、无组织的。两汉之际曾经出现过一次人口南迁的浪潮，但持续的时间不长，而且多数人在北方恢复安定后又返回故乡，没有成为真正的移民。东汉末年至三国期间，由于北方黄河流域长期的战乱和自然灾害，而南方长江流域则相对平静，大批北方人南下避难，以北方移民为统治集团的蜀国和吴国的建立，使多数难民在南方定居。六七十年后的重新统一虽然使一部分官僚和上层人士迁往北方，却没有吸引多数移民回归。以后又出现了三次黄河流域的汉人南迁的高潮：从 4 世纪初的西晋永嘉年间（307—312 年）到 5 世纪中叶南朝宋元嘉年间（424—453 年）、从唐天宝十四载（755 年）"安史之乱"爆发至唐末五代，从北宋靖康元年（1126 年）至南宋后期。这几次南迁几乎遍及整个黄河中下游地区，时间持续百年以上，移民总数都在百万以上。其中第三次南迁的余波一直延续到元朝，在蒙古、元灭金和南宋的过程中以及元统一政权建立后，逃避战乱和赋役的人还在源源不断流向南方。就是在这几次高潮以外的近千年间，北方人口向南方的自发的、开发性的移民也从来没有停止过。

从秦汉至元末由黄河流域向长江流域的自北而南的移民是中国移

民史上最重要的一章，规模和影响远远超过了其他任何一类，这绝不是偶然的。首先有地理环境方面的原因。从商、周至秦汉，黄河流域年平均气温比现在高 2—3℃，气候温和，雨量充沛，适宜人类的生存和生产。而长江流域则气温偏高，降水量太多，过于湿热，疾病易于流行，排除积水也很困难。黄河中下游大多是黄土高原或黄土冲积平原，土壤疏松，原始植被一般不太茂密，比较容易清除，在金属工具还没有普遍运用的情况下更容易开垦耕种。而长江流域地下水位较高，土壤多为黏土，原始植被相当茂密，初期的开垦非常困难，在缺乏金属工具时尤其如此。黄土高原的地形比较平坦，在水土流失还不严重时，沟壑很少发育，存在大片"原"和"川"（台地、高地或河谷平原）；华北平原更是连成一片的大平原，有利于开发，也便于交通。而长江流域地形复杂，山岭崎岖，平原面积小，河流湖沼多，交通条件差。[①]

正因为这样，尽管长江流域很早就产生了发达的文化，但总的开发水平和规模要落后于黄河流域。这一结果很明显地反映在人口分布上，到西汉末的元始二年（公元 2 年），黄河流域中自燕山山脉以南、太行山和中条山以东、豫西山区和淮河以北这一范围内的人口密度为每平方公里 77.6 人，其中不少行政区的密度超过每平方公里100 人。这一地区的面积只占西汉疆域的 11.4%，而人口却占了60.6%。关中平原的人口也非常稠密，长安附近地区的人口密度超过每平方公里 1000 人。如果以淮河和秦岭为界，北方的人口占 80% 以上，南方还不到 20%。南方不仅人口密度很低，而且还有很多地方基本是无人区，如现在的浙江南部和福建、广西和广东大部、贵州等地人口密度都还不足每平方公里 1 人。

人口分布的悬殊必定反映在人口与土地的比例关系上。在人口最稠密的关东和关中，到西汉后期已经有很多人均土地很少的"狭乡"，这些地方土地开发已尽，在当时生产条件下已无法使人人有地

---

① 参见葛剑雄主编：《中国移民史（第一卷）》，福建人民出版社 1997 年版，第48—54 页。

种，也无法养活再增加的人口，出现了相对过剩人口。但在长江流域或以南地区，开发程度还很低，到处是有地可垦的"宽乡"。这一有利条件当然会吸引北方无地少地的农民南迁，所以西汉和东汉期间都有大批来自黄河流域人口稠密区的农民自发迁入长江流域，特别是中游地区。

在黄河流域发生严重自然灾害，当地又无力就地救济时，灾民就只能外迁。由于它的北方、西北和东北大多是游牧民族或非汉族的聚居区，自然条件也不理想，除了在战乱时期，灾民一般不会迁去；所以主要的流向还是南方的长江流域。关中平原的灾民大多越过秦岭进入汉中盆地及四川盆地，也有的越过秦岭后往东南进入南阳盆地再南迁至长江中游，或直接顺汉水而下。黄河下游地区的灾民一般从南阳盆地及江淮平原南下。灾民的南迁本来是临时性的，在灾害过后应该返回故乡。但南方自然条件的优越在东汉以后已经很明显，加上地多人少因而比较容易获得土地，必定会有一部分灾民就此在南方定居。如果灾害持续时间较长，一些灾民适应了南方的生活，也就不再回故乡。

从秦汉开始，黄河流域一直是政治中心所在。秦的首都在咸阳（今陕西咸阳市东北）。西汉建都长安，东汉迁至洛阳，末年曾迁长安和许（今河南许昌县东）。三国魏和西晋的都城在洛阳，西晋一度迁至长安。十六国和北朝期间主要的都城在长安、襄国（今河北邢台市）、邺（今河北临漳县西南）、蓟（今北京城区西南）、平城（今山西大同市）、洛阳等地。长安和洛阳是隋、唐、五代绝大多数时间的首都，最后才迁至开封，并为北宋所继承。金统一北方后以今北京为都，以后元朝建为大都。政治中心所在的特殊地位引出了两方面的后果[1]。

一是战争动乱特别多。异族入侵者如果仅仅为了掳掠人口财物，会满足于在边疆地区的袭击；而如果想成为中原的主人，就必然要以

_____

[1] 参见葛剑雄主编：《中国移民史（第一卷）》，福建人民出版社 1997 年版，第48—54 页。

中原王朝的首都为目标。中原王朝只要不愿交出政权或无处可迁，就会不惜一切代价坚守。农民起义、改朝换代或统治阶级内部的权力争夺，也无不以夺取现政权的首都为最终目标。正因为如此，首都附近往往是战争规模最大、持续时间最长、波及范围最广的地方。黄河流域的战乱比长江流域多得多，造成的损失也大得多。战乱发生后，百姓逃避的方向虽不止一处，但还是以南方为主。中原王朝无法在黄河流域维持时，也会将政治中心迁至南方，或者在北方的都城失陷后另建都城于南方。政治中心的南移不仅带动大量人口迁移，而且使移民中增加了皇族、官僚等统治阶级的上层人士和文人学士、艺人工匠等文化技术水平高的成分。即使仅仅出于偏安的目的，统治者也必须在南方发展经济，增强实力。文化素质较高的移民也能在南方传播先进文化，提高当地的文化水平。因战乱形成的南北分裂都要延续较长时间，南迁人口别无选择，只能在南方定居。待重新统一后，依然是政治中心的北方，对追求政治、经济和文化方面发展的人具有相当大的吸引力，因此会产生一些由南而北的发展型移民。但他们的数量有限，绝大多数北方移民的后裔已经定居于南方。

政治中心的另一方面的后果，是在相当长的时期内，黄河流域贵族、官僚、地主、豪强集中，土地兼并剧烈，赋税徭役负担重。不仅贫苦农民要获得土地、维持生计很不容易，就是中小地主也常常有破产之虞。所以即使没有发生什么自然灾害，也会出现大批因逃避赋役、丧失土地、破产、犯罪、避仇而离家的流民。而南方，特别是在开发不久的地方，赋役负担较轻，获得土地比较容易，其中还有不少"天高皇帝远"、官府暂时管不到或不纳赋税的地方。所以南方也是北方流民的主要去向。在特殊情况下，这类流民成为南迁人口的主体。

自然因素再次对北方移民南下起了重要作用。随着年平均气温的逐渐下降，黄河流域早期开发的优势也逐渐转化为劣势。在农业人口大规模进入黄河中游从事开垦以后，本来就并不十分茂盛的原始植被很快就遭到破坏，水土流失越来越严重。一方面，大量泥沙流入黄河，造成淤积，中下游河床越填越高，水灾也越来越严重，下游经常决溢改道。每次决口或改道不仅直接毁坏大片农田和财产，还扰乱了水系，淤塞了湖沼，或者抬高了地下水位，加速了土地的盐碱化，造成长期难以消除的后果。另一方面，黄河中游的黄土高原因水土流失，沟壑发育，被切割得支离破碎，大片的原、川已不复存在，耕种条件越来越差。在没有原始植被保护、地形严重破碎的条件下，疏松的黄土又以更快的速度流失。在世界各主要的冲积平原中，华北平原本来就是比较贫瘠的一个。经过一段时间的耕种以后，土壤的肥力日趋瘠薄，更由于上中游已缺乏天然植被，新的淤积土地也缺乏营养物质的补充，形成恶性循环。①

此外，南方农业生产的不断进步，为日益增加的人口提供了越来越多的粮食。这些因素长期综合作用的结果，充分表现在元代人口分布的南北比例上。南方的户口数竟占全国总数的 85%，实际人口估计也在 80% 以上，这是中国人口史上南北人口分布比例达到的极点。由于这是以北方人口的大量外迁和耗减为前提的不正常现象，不可能长期保持。到明朝初年，鉴于长江沿岸、江淮之间和华北受战乱破坏后人口更加稀少，朱元璋组织了大规模的由南而北的移民，同时也鼓励百姓自愿迁入人口稀少地区。元末南方受战乱影响较小，人口密度较高，在北方充足的土地的吸引下，大批农民加入了移民的行列。今江西、浙江、江苏和安徽的南部都有移民输出，而江西是最大的移民输出区。

几百万移民的外迁，使南方赢得了一个宝贵的喘息机会，但人口的迅速增长很快使这一成果化为乌有。南方的人口不久就恢复到宋元时的数量，并在明朝后期创造了空前的纪录，超过了 2 亿人。南方的平原、河谷和低山坡地几乎已经完全开发利用，不仅再也无法容纳北方移民，连本地人口也不得不向西南边疆、山区和海外寻求出路了②。

---

① 参见葛剑雄主编：《中国移民史（第一卷）》，福建人民出版社 1997 年版，第 48—54 页。

② 参见葛剑雄主编：《中国移民史（第一卷）》，福建人民出版社 1997 年版，第 48—54 页。

二、强制性流域移民

这一类型的移民在中国源远流长，曾经相当普遍，按其被迁移的目的和方式，又可分为政治型（包括控制型、掠夺型、惩罚型）、民族型以及军事型几类。

尽管以上类型的移民都是出于行政或军事手段的强制，很少有自愿的，甚至有的在迁移过程中就已经造成了很大的损失，但只要与经济开发、特别是发展农业生产结合起来，符合实际需要，还是会产生积极的后果，如西汉初的实关中、中期的移民实边，曹魏的屯田，明初对江淮地区和华北的移民，通过建立卫所对边远地区的移民等。有的移民虽然在经济上付出了一定的代价，但对政权的巩固、政治中心的稳定、边防力量的加强和迁入地经济的恢复有重要作用。由于这类迁移往往过多考虑政治或军事利益，忽视经济和自然条件，造成长期难以解决的困难或无法消除的后果，如迁入人口超过当地可供粮食的能力，或者是迁出人口过多使迁出地的经济长期不能复原，或者是盲目开发加剧水土流失和环境的破坏。掠夺性的移民更不会顾及其迁出地的利益和移民的命运，即使客观上产生一些成果，也是以生命和财产的巨大损失为代价的。强制性的移民必然引起被迁对象的不满和反抗，因而只有凭借强大的政治压力和军事实力才能完成。如果移民不能顺利定居，一旦压力消除，移民还会回流，成果不易巩固。

值得注意的是，在明朝以后，除了清朝入关前有过掠夺性的移民外，这类强制移民基本已成为历史。如著名的"湖广填四川"就没有采用强制手段，只是以优惠的条件鼓励官员和地主组织招募，以获得土地所有权或减免赋税来吸引农民参加。就是明朝初年的大规模移民也是强制与鼓励相结合的，相当多的移民是在这移民大潮的带动下，自发自愿迁移的。从明朝中期以后，在中国内地已经很难找到大片的人口稀疏区供统治者进行大规模的强制性移民了。另一方面，由于大多数地区的人口密度已经很高，即使遇到天灾人祸后出现人口下降，依靠自身的恢复和毗邻地区的补充，很快就会复原，没有必要从外地引入大批移民。一旦出现像清初四川那样一大片移民的乐土，无地少地的农民就会不远千里蜂拥而至，统治者只需稍加招募优待就足以掀起移民热潮。正因为如此，清朝对迁四川移民的招募政策没有持续多久，就已挡不住自发移民的洪流，最后不得不加以禁止。太平天国战争后，尽管长江下游平原人口锐减，但官方从外地引入移民的行动往往受到当地人民的强烈反对。面临这样的形势，统治者当然没有必要或者也不可能用行政或军事手段进行强制性移民，相反，他们已经不得不采取措施来禁止自发移民进入人们不容许进入的地方，如东北柳条边外的封禁地①。

三、开发性流域移民

人类对丘陵、山区土地的局部利用早已开始，但在正常情况下，人类总是要选择自然条件较好的地方从事生产的。丘陵山区与平原相比，一般存在着气温低、日照时间短、灌溉不易、耕种不便、土地面积小、运输困难等缺点。所以除非有天灾人祸或其他特殊情况，在平原上的土地还没有充分开发利用之前，人们是不会转而开发山区的。即使有进入山区的，也只限于其中条件较好的局部，或者从事矿冶、采伐、养殖、狩猎等非农业生产②。

黄河流域及其以北也有丘陵山区，但因气温低、干旱缺水，利用和开发更加困难。而且在相当长的时期内，长江流域和南方是北方过剩人口理想的移殖区。对北方无地农民来说，第一选择自然是迁往自然条件更好、土地富余的南方。到明朝中期南方的人口突破一亿时，当地能够开垦的平原、缓坡地和低丘地基本都已加以利用。仅仅依靠平原上传统的农业已经无法养活众多的人口，更不能满足日益增加的人口的需要。开发山区成了必由之路，成千上万的流民已经不计效益和后果，自发涌入山区。但长江流域山区的开垦

---

① 参见葛剑雄主编：《中国移民史（第一卷）》，福建人民出版社 1997 年版，第48—54 页。

② 参见葛剑雄主编：《中国移民史（第一卷）》，福建人民出版社 1997 年版，第48—54 页。

也存在着难以逾越的障碍，出于坡陡、土薄，灌溉和保水非常困难，只能种植对水土肥要求不高的旱地作物。早熟稻尽管生长期较短、用水量较小，也只能在能保水的缓坡地或梯田栽种，无法扩大到山区。从16世纪开始传入中国的美洲粮食作物番薯、玉米、花生、土豆及时地解决了这一难题。这些作物对土壤、灌溉、肥料的要求较低，完全适合干旱的山地种植，不会与水稻争地。人口的增加和平原地区的充分利用对山区的开发提出了迫切的需要，但使这种需要成为可能的却是这些作物。也有一部分山区的开发是从种植经济作物开始的，如栽种茶树、杉树、油桐、生漆、黄麻、靛青等曾经是一些人从平原进入山区的目的。这些种植业虽有很高的经济效益，但能容纳的人口不多，而且无法使他们做到粮食自给，所以一般只能在有一定余粮、经济比较发达的地区附近进行，对吸收和养活大批剩余人口还是无能为力。

明末的严重自然灾害和持续战乱大大削减了人口高峰，也推迟了向山区的移民。经过17世纪后半期的恢复，这一高潮终于在18世纪不可避免地再次到来。从秦岭到南岭，从长江流域到珠江流域，从浙闽丘陵到云贵高原，大片的原始森林被砍伐，天然植被被清除，一切可以利用的土地几乎都种上了玉米、番薯。立竿见影的好处和充足的粮食吸引来了更多的移民，也刺激着已经定居的移民以更快的速度增加人口。在越来越多人口的不断蚕食下，南方内地山区很快趋于饱和，到19世纪前期移民高潮已成余波。

黄河流域人口稠密的局部地区的相对饱和，也可以通过相近地区间的调整加以消化。在南方的开发逐渐加快并取得成效以后，北方的剩余人口有了稳定的出路。边疆的开发也有一个平原到山区的过程，一般总是自然条件较好的平原先成为移殖区，以后从平原扩散到山区。平原向山区的移民基本上是一个自发的过程，不仅官方从未作过系统的计划，就连官僚地主也很少参与。移民绝大多数是既无资产又无文化的贫苦农民，少数是企图发财的无业游民，因而不可能做必要的准备和起码的投入，完全是盲目的、急功近利的掠夺性生产。在开发的过程中，自然资源、土地资源和生态环境都受到严重破坏，由此引起的水土流失还导致江河淤塞，水旱灾害频繁①。

第三节　流域移民的影响

各种类型的流域移民对流域社会的影响可以说是多方面的，涵盖政治、民族、经济、文化、人口等各方面。

一、流域移民对政区稳定的影响

从中国历史上第一个统一的、疆域广阔的国家秦的建立开始，经过了近两千年的时间，终于在清乾隆二十四年（1759）形成了一个北起萨彦岭、额尔古纳河、外兴安岭，南至南海诸岛，西起巴尔喀什湖、帕米尔高原，东至库页岛，拥有一千多万平方公里领土的空前统一的国家。这两千多年间的中国疆域主要是由两部分组成的，即中原王朝的疆域和边疆政权的疆域。无论哪一种疆域的巩固和扩大，都离不开流域移民的作用。

例如，三国时期，流域移民开始进入今浙江南部和福建北部，吴国设置了几个新县。西晋末年，大批南迁人口涌入长江三角洲，以后又有一部分移民进入福建，因此在东晋和南朝期间设在福建境内的政区又增加了。到隋时，尽管福建的人口依然很少，存在大片未开发地区，但基本上已是汉族移民及其后裔，中原王朝对这一地区的统治已经相当巩固。以后，除了五代期间有过三十多年割据外，再也没有与中原王朝分裂过。

又如，公元前218年，秦朝的军队越过五岭，经过多年战争夺取了今广东、广西和越南东北一带，接着又把十多万戍卒和罪犯安置到岭南，让他们与当地越人杂居，以加速民族同化，扩大统治基础。秦朝在南越设置了南海、桂林和象郡三郡，主要的行政官员都

---

① 参见葛剑雄主编：《中国移民史（第一卷）》，福建人民出版社1997年版，第54—69页。

由中原移民担任，移民成为秦朝在当地统治的基础。秦朝灭亡以后，来自真定（今河北正定县南）的移民赵佗于公元前206年自立为南越王。公元前181年前后，赵佗又把疆域扩大到今越南北部和中部。尽管南越国的主要人口是越人，并且一度是一个不受汉朝管辖的独立政权，但由于汉族移民居于统治地位，对中原王朝还是具有很大的向往，愿意接受汉朝的统一。汉武帝元鼎五年（公元前112年），反对并入汉朝的南越丞相吕嘉发动叛乱。汉军分两路进攻，于次年攻入南越都城番禺（今广州市），将南越的疆域全部收入版图，设置了9个郡。统一以后，岭南和中原地区的人员往来和经济文化联系更加紧密，来自中原的地方官和移民传播推广了先进的农耕技术，帮助当地人民形成了更文明的生产和生活方式。从此，虽然在岭南也曾出现过短时期的割据政权，但绝大多数时间都是中原王朝疆域的一部分，这不能不归功于从秦朝开始的早期移民所奠定的基础。

构成历史上中国疆域的另一部分是存在于中原王朝之外的边区政权，它们大多是由非汉族建立或统治的，疆域范围一般要比中原王朝小得多。但这些政权都是历史上中国的一部分，它们疆域的发展和巩固，对于中国疆域的最终形成同样是必不可少的条件。一些边疆民族入主中原以后，其中心统治区已经远离原来的基地，为了实施有效的统治，就必须做相应的迁移。历史上几个曾经成功地统治了黄河流域以至中国南部的北方边疆民族都做过这样的迁移，有的民族从此离开了原来的聚居地区，在汉族地区开辟新的基地。十六国时期建立前秦的氐族、建立北魏的鲜卑人都做过这样的迁移。北魏孝文帝还力排众议，下决心迁都洛阳；鲜卑民族的主体完全迁入了黄河流域，不仅巩固了北魏政权对已有疆域的控制，也大大加快了鲜卑族与汉族融合的过程。尽管北魏本身因统治集团内部的争夺而灭亡，但它为中国北方与南方的重新统一奠定了基础①。

---

① 参见葛剑雄主编：《中国移民史（第一卷）》，福建人民出版社1997年版，第76—140页。

二、流域移民与民族的形成

今天的中华民族是一个由56个民族组成的大家庭，是一个民族集合体。中华民族的组成有很多必然的原因，但各民族的流域移民在这一过程中所起的作用是非常重要的。

汉族的前身华夏族并不来源于同一血缘部落，最迟到春秋时代，出自夏、商、周的三支后裔已经具有共同的民族心态，结成了一个民族共同体的雏形，并以"诸夏"自居，以区别于其他部落或部落集团。当时诸夏的分布范围集中于中原，即今陕西东部、山西南部、河南北部、山东中西部、河北南部，在此范围之外只有零星的据点。而且即使在中原，也有很多原有的或新从周边地区迁入的非诸夏民族。到秦始皇时代（公元前221年—前210年），诸夏向西已经推进到陇东高原，向北到了河套、阴山南麓、辽河下游和朝鲜半岛的西北部，向东到了海滨，向南到了四川盆地、长江中下游；在更南的地区还移殖了一些地方，如闽江下游、珠江三角洲和珠江流域、云贵高原的若干据点。在诸夏推进到的范围内，黄河中下游和华北其他地区基本上已成为诸夏的领地。但在长江流域，一般还只占据了平原和交通线两侧，其余地方还非诸夏所有。

西汉期间，在汉朝郡县范围内的诸夏，包括已经同化于诸夏的其他部族，都以同一民族自居。随着汉朝疆域的扩大，汉人移民又进入了新的地域。在长江流域，汉人继续以平原和交通线为基地深入周围的非汉人地区。汉人从黄河流域向长江流域的移殖尽管是零散的、缓慢的，但却持续不断，所以到东汉时已经达到相当的规模，这又推动了平原地区汉人向周围的扩散。东汉时南方今江西、湖南境内的人口有大幅度的增加。长江中游的汉人与蛮族的冲突日趋激烈，就是这移民活动的必然结果。东汉末年至三国期间，长江下游的汉人（包括来自北方和江淮间的移民）全面控制了山区的山越人聚居区。虽然当时的主要目的是为了掳掠山越人口，但也为汉人向山区的移殖准备了条件。

从西晋末年开始，汉人又一次从黄河流域向周边扩散。尽管汉人总的分布范围并没有什么扩展，在西南甚至还有所退缩，但却在此范围内进一步压缩非汉族的区域，实际上扩大了汉族的居住区。如迁入长江中下游和汉水流域的汉人大批进入原来由蛮族和越族人聚居的地方，所以经过东晋和南朝期间的不断移殖，这一带已经很少再有蛮族和越族的大片聚居区了。

在南方，随着汉族聚居区向山区和边远地方的扩张，当地原有民族的生存空间日益缩小。除了少数人迁离原地，向更南更深的山区转移外，多数人选择了与汉人共同生活的方式。

今天的中华民族是一个多民族的共同体。中华民族并不是一个单一的民族，组成它的五十多个民族都保持着各自的民族特点，没有哪个民族已经融入其他民族。同时它又不是一个简单的按领土范围划分的民族集合体，而是彼此之间有着密切联系和共同利益的自觉的民族实体。流域移民的意义不仅在于使汉族和其他民族增加了人口，提高了质量；更重要的是表现在通过相互移民建立起来的精神和物质上的联系。这种通过移民建立起来的联系远远超过了一般的物资交流和人员来往，而是逐渐造成一种"你中有我，我中有你"的局面，在感情和观念上起着潜移默化的作用[1]。

三、流域移民对地区开发的影响

中国历史上的地区开发，是指在一个地理区域或行政区域内，在当时的生产技术条件下，自然资源（主要是土地）和人力得到比较充分的利用，经济发展，农业、商业、手工业生产由落后状态提高到全国平均水平或先进水平的过程。无论根据哪一种标准，流域移民在地区开发中都起了重要的或决定性的作用。

在生产主要依靠体力劳动的情况下，一定数量的劳动力是完成地区开发的决定性条件。任何一个地区必须具有一定数量的人口，才能使多数可以利用的土地得到开垦。也只有人口增加到一定的数量，才

---

① 参见葛剑雄主编：《中国移民史（第一卷）》，福建人民出版社1997年版，第76—140页。

能促使农业向精耕细作和多种经营方向发展。而商业和手工业既需要来自农业生产的剩余劳动力，又必须有具备一定消费能力的人口（特别是城镇人口）。所以，商业和手工业发达地区，一般都是人口稠密的地区；而人口稀少、农业粗放的地方，手工业也往往比较落后。

在人口数量不多、生产力又非常低下的情况下，人类早期的聚居地范围有限，而其余广大的地域都无人居住或人口很少。如果完全依靠本地人口的自然增长，要达到开发的程度显然需要非常长的阶段。甚至有很多地方因为缺少起码的人力而无法抵御自然灾害或外来的袭击，不仅得不到发展，而且人口濒于灭绝。而移民却能在短期内使迁入地的人口有很大的增加，为当地的开发提供基本的劳动力；或者促使当地的农业向深度和广度发展。移民不仅增加了迁入地的人口和劳动力，而且使当地人口和劳动力的素质得到一定程度的提高。因为历代移民的主流是从人口稠密区流向人口稀疏区，从经济文化发达地区流向较落后的地区，由中心区流向边远地区，由汉族地区流向非汉族地区。所以，一般说来，移民的生产技能和文化素质要比迁入地人口高，移民中的青壮年人口比例也较高，移民的迁入为当地生产力的提高创造了有利条件。地区开发中一些重大的工程，如道路、堤坝、海塘、水渠等，往往需要集中大量劳动力才能建成；如果没有这些基本的工程，开发所必不可少的条件，如沟通联系、开辟丛林、排除积水、围海造田、水利灌溉等，就都不可能具备。在南方，由于平原面积狭小，扩大耕地的主要途径就是开辟丛林和山地，建造海塘拦海造地。今天成为沃野的珠江、汉江等三角洲，宁绍平原、浙南平原和福建各沿海平原，最初是海涂或海面，通过一次次修建海塘才逐步成为良田。福建沿海各地较大规模的围海造田和水利工程最早出现在唐后期，无疑与"安史之乱"后北方人口的迁入有关；广东沿海围垦的扩大也得到北方人口南迁的促进。

由于战争、灾荒、瘟疫等天灾人祸的破坏，历史上不少已经有了相当开发程度的地区曾经出现人口锐减，土地荒芜，城市变成丘墟，经济遭受严重破坏的现象。这些地区面临着重新开发的任务，及时移民就成为解决问题的关键。大量史实证明，凡是能在短时期内完成重新开发、经济文化得到迅速恢复的地区，无不得益于及时的大量的流域移民。

从秦汉以来，黄河中下游地区一次次沦为战场，多次出现千里丘墟、荒无人烟的局面，但直到盛唐时代依然保持着全国经济文化最发达的地位。这固然有自然条件等多方面的原因，但与政治中心所在地的优越地位对移民的吸引和统治者实施强制性移民大大加速了地区重建有极大关系，而移民对首都地区的影响尤其明显。长江流域的四川盆地再开发的过程也是很典型的例子。早就被称为"天府之国"的四川盆地到南宋时已成为全国人口密度最高的地区之一，经济发展也居前列，但南宋末年蒙古军进攻的战争持续了数十年，空前激烈和残酷的战争使人口锐减，到元至元二十七年（1290 年）登记到的户口仅 10 万户，致使四川在整个元代都恢复不了元气。元末明初对四川的移民规模很小，四川在整个明代的发展不大。明末清初四川又受到空前浩劫，人口损失殆尽，到处地旷人稀，很多地方无人居住。从顺治十年（1653 年）起，清政府发布了一系列招募移民、鼓励移民进入四川开垦的规定，并为移民提供了土地、赋税、入籍等各种优惠条件。持续一个多世纪的"湖广填四川"实际上是以湖广（今湖南、湖北）为主，包括陕西、江西、福建、广东、江苏、河南、浙江、安徽、贵州、广西等省人口的大迁移。道光三十年（1850 年）四川省实际人口已经达到 3200 万，仅次于江苏、安徽、山东而居全国第四。人口的迅速增加大大加快了重新开发的速度，不仅平原地区得到恢复，连盆地边缘的山地也都被利用，四川成为农业大省，并由移民迁入地转变为移民输出省。①

合理组织的再开发性移民同时具有缓解人口稠密地区的压力，调节地区间过大的人口密度差距的作用，也有利于经济和文化的交流，所以在重建迁入地的同时，对迁出地也能有积极作用。

---

① 参见葛剑雄主编：《中国移民史（第一卷）》，福建人民出版社 1997 年版，第 76—140 页。

四、流域移民对文化构建的影响

总体说来，由于移民数量多、居住稳定、居留时间长，可以为他们所负载的文化提供一个适宜的延续和发展的环境，因而往往能比流动人口发挥更大的作用。特别是在制度文化和物质文化的传播过程中，移民具有明显的优势。

移民中的知识分子与迁入地的本土知识分子之间，在学术文化上总是存在先进与落后的差别或地区间的差别。在先进与落后之间，除非双方过于悬殊，一般总是先进带动落后，使落后进步。而学术文化的地域差异，则不可避免地引起两种或多种地区文化间的碰撞和冲突，引起学术思想、流派、风格的变异，最终必定会产生一种不同于原来任何一种的新地区文化。如果迁入地是新开发区或者本土文化相当落后，甚至无知识分子和学术文化可言，移民知识分子就会起到启蒙和培植的作用，使迁入地逐渐产生知识分子和学术文化的基础。但这一过程也不是简单地复制迁出地的文化，因为它总要受到迁入地的自然和人文地理条件的制约。

中原汉族向周边民族地区的移民或周边民族的内迁，往往造成中原文化向周边地区扩散或周边民族汉化的结果，这也是移民运动传播学术思想文化的主要表现之一。这一过程实际上在春秋战国时就已开始，到东汉后，北方游牧或半农半牧民族逐渐内徙，在关中、并州、幽州一带与汉人杂居，以后又广泛分布于黄河流域。经过长期的影响，到三国西晋时期，这些民族的社会上层，逐渐濡染中原学风，出现了一批尊儒习经，优游士林，精通汉文化的人物，汉族学术文化在非汉族中的传播达到前所未有的广度。

一般说来，制度文化是与物质文化一致的，农业民族、牧业民族、半农半牧民族都会形成与本民族的生产、生活特点相适应的社会制度。但另一方面，社会制度是在不断发展和进步的，农业民族如此，牧业民族也是如此。所以移民对制度文化的传播还是能起很大作用的。如契丹族建立辽朝后，将从汉族地区掳掠来或招降来的人口安置在滦河流域，以后，辽朝的中央机构还设置了两套制度和行政机构，分别用于统治本族及其他少数民族、汉族。汉人韩延徽、韩知古、康默记等人受到辽太祖的重用，他们根据契丹族的特点，成功地将中原政权的都邑、宫殿、礼仪、法律、文书制度移植到辽朝。①

五、流域移民对人口发展的影响

人口发展主要指三个方面，即人口数量的增加、人口地理分布的优化和人口素质的提高。研究移民与人口发展的关系，也就是要考察各类移民活动对这三方面的直接和间接的影响。

移民是人口的一种机械流动，其直接结果是迁出地人口的减少和迁入地人口相应的增加。所以如果将迁出地和迁入地合并在一个单位统计的话，人口总数不会发生什么变化。但是，由于历代移民的大多数都是从人口相对稠密地区迁入稀疏地区，从经济文化比较发达的地区迁入落后地区，从开发程度高的地区迁入开发程度比较低的或尚未开发的地区，从人均耕地少的地区迁入人均耕地较多的地区，所以一般说来，移民在迁入地可以比较容易获得耕地，具有开垦和耕种的能力，拥有经济文化方面的优势。正是因为移民的迁出地一般都是经济文化比较发达、人口密度高、人均耕地少、人口压力比较严重的地区。从这些地区迁出人口，无疑会降低当地的人口密度，提高人均耕地数，从而缓解人口压力。移民虽然可以带走财物和土地的所有权，却无法带走土地本身，所以在迁出地的农民尽管不一定能获得土地的所有权，却可能得到土地的使用权。在这种情况下，当地人口的出生率得到刺激，人口会以更快的速度增加，迁出移民的空缺很快被新增人口所填补。由于传统农业一般不需要集约管理和技术更新，所以当地人才随移民外迁，不会妨碍农业生产与发展，但对手工业和文化、教育、学术、艺术等必然带来不利影响。但这类影响至多只会减少外来移民和流动人口，却不会使本地人口的增长减慢。如西汉至元代（除发生战乱和重自然灾害期间外），黄河流域向长江流域的移民，

---

① 参见葛剑雄主编：《中国移民史（第一卷）》，福建人民出版社1997年版，第76—140页。

明初从江南、江西向江淮之间的移民，明清时的江西填湖广和湖广填四川，太平天国战争后周围地区向长江三角洲的移民，一般都没有给迁出地区的人口增长带来较长时间的消极影响。[①]

　　由于自然和人文地理条件的差异，也由于人们所从事的生产方式的不同，各地的人口分布不可能也不应该均衡。但是在特定的地理条件和生产方式下，人口的分布完全可以做到相对合理，即与当时主要的生产力配置基本一致。要做到这一点无非是通过这样几种手段：或根据已经形成的人口分布状况，发展或调整生产规模与布局；或根据现有的生产力配置，调节各地的人口自然增长率，使人口的规模逐渐与生产的规模平衡；或增加运输能力，解决局部地区人口分布与生产布局不平衡造成的供应问题；或组织人口迁移，调整人口分布，使之与生产力的配置相适应。第一种方法面临的最大困难是，决定生产规模和配置的并不仅仅是人力，还得以可能利用的资源为基础。第二种办法更难实行。尽管实际上人口的自然增长率早已受到了各地生产力水平的制约，但中国以往的人口观念绝不会接受限制生育的概念，更不用说会将这种限制付诸实践。第三种办法其实是第一种办法的延伸，也就是用粮食等生活生产必需品的输送来调剂各地的余缺，弥补生产力配置的缺陷。但在没有现代交通手段的条件下，大量物资的长距离输送是相当困难的，耗费的人力物力往往超过物资本身的价值。只有第四种办法是唯一切实可行的。其主要手段是通过人口迁移，一方面使人口的分布适应可耕地的分布，这既可以使耕地得到充分的开发和利用，又使剩余的劳动力有田可种；另一方面是使人口分布适应粮食的产地，尽量就近消费。因此，只有通过移民，才能迅速调整人口分布，促进人口的有效增长，这是其他任何手段所无法替代的。

　　人口素质应包括身体素质和文化素质两个方面。在身体素质方面，移民无疑有利于避免近亲、同族间的通婚，或仅在很小的区域内

[①]　参见葛剑雄主编：《中国移民史（第一卷）》，福建人民出版社1997年版，第76—140页。

通婚，而在封闭的农业社会中，这本来是难以避免的。移民对于文化素质的提高也是有利的。无论原来的文化程度是高是低，为了要在迁入地获得生存和发展，移民不仅要保持和发挥原有的文化优势，还必须吸收当地文化中先进的或有利的因素。因此，在迁入地定居的移民的文化水准、生产技能一般都会比在迁出地时高。经常迁移的人较少狭隘的地域观念、乡土观念和保守思想，容易接受新思想、新观念和新技术。很多新作物、新工具、新方法的传播和推广就是由移民在迁移和定居的过程中实现的。①

六、流域移民对民俗整合的影响

作为一种重要的文化现象和文化要素，风俗的基本特征是它具有时间上的传承性和空间上的播布性。风俗的传承性主要表现为民俗事象在内容和形式上的连续性和稳定性，而风俗的播布性则体现为同一或类似民俗事象在不同地域空间的横向传播和分布。除了由于不同民族之间相互采借而造成某一民俗向不同地区和民族传播以外，人口迁徙造成某种民俗随之迁移到新的地区也是风俗传播的重要途径。我们研究移民与风俗的关系，探讨的正是人口迁移对风俗的地理分布及其演化产生的影响②。

经过多次大规模的迁徙，流域人口的分布区已由黄河流域扩大到长江流域、珠江流域以及包括台湾、云南、贵州、广西、甘肃、内蒙古和东北三省在内的广大地区。尽管由于各地自然环境不同，流域内部的风俗也呈现出明显的地域差异，但从整体上看，流域风俗的内部一致性仍然很强。这种分布特征与历史上流域内部各地区之间风俗的整合和趋同有关。文化的整合和趋同是文化接触过程中的必然现象。整合是指发生接触和碰撞的不同文化丛之间相互适应、相互调整的过程；由于长期不断地相互借鉴、吸收、融合，最后形成一种具有某种

---

① 参见葛剑雄主编：《中国移民史（第一卷）》，福建人民出版社 1997 年版，第76—140 页。

② 参见范玉春著：《移民与中国文化》，广西师范大学出版社 2005 年版，第191—197 页。

或某些共同特征的新的文化丛，这就是文化的趋同现象。历史上流域人口的大迁徙，造成了各种文化之间的相互接触、吸收和融合，其结果便是形成文化的整合，其中尤以风俗的整合和趋同最具典型性。

流域风俗传播与分布表现的第一个层面，是沿流域粮食作物的种植与饮食民俗的流传。中国自古以来就存在两个明显不同的粮食作物种植区，即黄河流域小麦种植区和长江、珠江流域水稻种植区，二者的分界线大概在江淮之间。西晋末年以来，北方移民连绵不断地迁移到南方地区居住。由于吃不惯南方生产的籼米，加上传统耕作技术的局限，北方移民首先在江南水田改种小麦，取得成功。随着北方移民的不断增加，小麦生产在南方逐渐得到推广和普及。两宋之际的北人南迁和政府税收政策的调整，导致对麦的需求大增，南方种麦也普遍。明清以后，西南地区也成为中国南方重要的产麦区。直至今日，尽管各种粮食作物在各地农业经济结构中所占的比例不同，但"小麦—水稻—杂粮"这种粮食结构模式已在全国普遍形成，这不能不归功于历代北方移民的南迁。

在各种农作物的传播中，与移民关系最密切的莫过于玉米和红薯。这两种作物原产于美洲，1492年哥伦布发现新大陆以后才辗转传向世界各地。明朝嘉靖时期，玉米经中亚传入中国西北地区的宁夏、甘肃、陕西交界山区，后传至陕西南部，清初，陕南汉中盆地已成为玉米的主要产区。当时，来自湖北、湖南、安徽、江西等地的农民纷纷移居汉中，安徽农民又将玉米种子带回安庆和皖西一带种植，到乾隆时期，皖西大别山区已形成蔓延数百里的玉米种植区。浙南、浙西山区也出现了租山种玉米的安庆人、江西人和福建人。民国以后，玉米成为西南少数民族地区最主要的粮食作物。红薯又名番薯，明万历年间由安南、吕宋传入中国东南沿海，并迅速在广东、福建形成大面积集中产区。清初，福建人移居赣南，红薯迅速扩大到整个赣南山区，江西人移居湖南时，又将红薯带入湖南。此外，闽、粤移民在四川也建立了规模颇大的红薯产区。今广西桂平、贵港一带是广西境内主要的红薯产区，这也与清代客家人的大规模移民活动有关；桂北兴安、全州、灌阳、资源等地红薯种植的大面积推广则主要得益于清代中后期湖南、江西移民的进入。①

　　更重要的是，流域人口的迁徙还直接推动了中国农业、牧业区域分界线的北移。在秦汉以前，中国农、牧分界线一直在河套以南地区，随着秦代新秦中地区的开辟和汉代对河西四郡的经营，中国的农牧业分界线大大地向北推进。据《汉书·地理志》记载，汉武帝时期征服匈奴以后，大量中原汉族居民因屯戍纷纷迁移到河西地区，这些主要来自关东地区的贫民移居河套和河西地区以后，不仅带来了充足的劳动力，也带来了先进的农业生产技术，他们成功地将麦、粟、稻等中原传统的农作物移植到水草宜畜牧的西北地区。到了西汉末年，河西四郡的匈奴故俗也开始向汉族的传统饮食和生产习俗转化，俨然一派农业文明特有的淳朴气象。到了南北朝以后，以张掖为中心的河西地区已成稳固的农业文明区。入清以后，大量河北、山东农民纷纷移居口外和关外，又使今内蒙古和东北三省成为汉族的重要聚居区，与此相适应，农业经济也迅速取代游牧经济成为当地最主要的经济活动。

　　流域风俗传播与扩布表现的第二个层面，是沿流域建筑形式的发展与居住民俗的流传。居住民俗的演化同样深受流域移民的影响。人类从穴居巢处进入定居生活后，居住形式即成为物质民俗的重要载体。由于自然条件的不同，中国南、北方的居住民俗特别是民居形式呈现明显的地域差异。一般来说，中原地区盛行地面砖瓦建筑，而周边地区则流行"架板为屋"或干栏式的木构建筑。随着汉族人口向周边地区迁移，陕、甘、四川地区的"架板为屋"逐渐消失，而原来分布在东南、西南地区的干栏建筑也只保留在边远的少数民族山区。当若干支先进移民同时迁入某一地区时，并不会迅速形成一种占主导地位的民居，而往往会同时保留多种风格的民居形式。清代对广西的移民即是如此，清代中期以来，来自广东、福建的移民聚集在浔州（今桂平），分为三大集团，即闽派、嘉惠派和广肇派。由于移民

---

　　① 参见范玉春著：《移民与中国文化》，广西师范大学出版社2005年版，第191—197页。

的经济、文化发展水平大致相当，又是同时进入的，所以在民居形式上也保留了各自原来的风格。清代、民国时期柳州的粤东会馆、湖南会馆、江西会馆、福建会馆等的兴起也反映了各地建筑文化的差异，当地谚语有"粤东会馆赛石头，湖广会馆赛柱头，江西会馆赛墙头，福建会馆赛码头"之说。粤东会馆建筑的特色主要体现在其山墙以巨石砌基，走廊阶陛、天井中庭皆一色水磨麻石，其他装饰也多以雕工精致的石雕为主；湖广会馆的所有建筑均有精美的柱头，殿柱上多刻有金鳌倒立，加以油漆彩绘，柱基上设有莲花座，戏台及雨亭均系雕梁画栋，漆绘精巧，造型典雅；江西会馆的特点主要体现在山墙建筑上，为三重檐式，墙头上三重琉璃瓦；福建会馆建筑从大门、仪门到正殿、内殿四重，均有阶陛码头，石级整齐，刻工精细。柳州各会馆建筑上的差异生动地反映了由于移民来源不同而造成的居住文化上的差异。

无论是哪一种移民形式，其对建筑风格的影响都是巨大的，它使某种民居样式突破原来的分布地域，扩展到更广大的空间，从而造成大面积居住风格的一致性。有些时候，移民原居地的民居式样已发生了变化，移民本身却由于远离故土，又与居住地融合不深，而依然保存着其原居地旧有的民居形式。[①]

此外，流域风俗传播与扩布还表现在沿流域社会礼俗的流传层面。社会礼俗是一种介于物质和精神之间的重要民俗事象，最重要的内容莫过于岁时节令和婚丧礼仪。从总体上看，汉族风俗的内部一致性很强，春节、元宵、清明、端午、中元、中秋、重阳等节日已成为整个汉民族的传统节日，与汉族杂居的少数民族也在一定程度上受汉族影响。比如在西南地区，由于明清以后迁入的移民大多来自湖南、湖北和江西等地，而这一带正是古代龙舟民俗最兴盛的地区。受移民的影响，壮、布依、侗、土家、仡佬等族都在端午这一天举行龙舟竞渡、挂艾蒲、吃粽子、饮雄黄酒，并在小儿衣襟上系香袋。民俗内容

---

① 参见范玉春著：《移民与中国文化》，广西师范大学出版社 2005 年版，第 191—197 页。

与汉族的端午民俗完全一致。从明代开始，今桂林地区多盛行端午龙舟竞渡和吃粽子，桂林市龙船坪即是清末民国时期桂林龙舟下水的地方。而这一风俗的起源和兴盛在很大程度上也应归于明代以来湖广移民的大量入居。

葬俗方面的捡骨葬更受到移民的直接影响。中国自古以来重视孝道，在生奉养、死后庐墓是孝道的主要内容。当年北方人民辗转千里之外，父母客死异乡，不能入葬祖坟，做子孙的总存有一种愿望，即有朝一日将父母遗骸归葬故乡。正是怀着这种心愿，加上没有固定的居住地，一旦父母亡故，就只能就地浅埋，待尸骨腐烂后，再开棺将遗骨捡出，装进一个坛子里，以便在返回故乡时将其归葬祖坟，形成特殊的"捡骨葬"（或称"二次葬"）葬俗。这一葬俗主要分布在客家人地区以及受客家文化影响的广东、广西部分地区。①

第四节　中国古代跨流域移民史

流域是一种开放的耗散型结构系统，其子系统间协同配合，同时系统内外进行大量的人、财、物、信息交换，具有很大的协同力，形成一个"活"的、有生命力的、越来越高级和越来越兴旺发达的耗散型结构经济系统。

"移民"一词最早出现于战国时期，《周礼·秋官·士师》称"士师"之职在"掌士之八成……若邦凶荒，则以荒辩之法治之。令移民通财，纠守缓刑"。此处的"移民"是作为一种救荒措施而提出来的。指在地方发生饥荒时，让老百姓迁往没有发生饥荒的地区，也就是后世常说的"就食"。在此，"移民"是一个动词，指迁移人口。与此相近的另一个概念是所谓的"徙民"。《管子·四时》称"其时日冬，其气日寒。其……事号令，修禁徙民，令静止"。认为冬天天

---

① 参见范玉春著：《移民与中国文化》，广西师范大学出版社 2005 年版，第 191—197 页。

气寒冷，应该禁止百姓私自迁徙，以静养百姓。在这里，"徙民"仍是动词。作为名词的"徙民"最迟在汉代已经出现，《史记·平准书》曰："其明年，贫民大徙，皆仰给县官，无以尽赡，卜式持钱二十万予河南守，以给徙民。"此处的"徙民"即指从内地迁居西北边疆地区的移民人口。

现代汉语中的"移民"概念同样具有动词、名词两种词性。作动词时，"移民"指一部分人口从原居地迁移至其他地方居住；作为名词，"移民"则指进行迁移行为的人。移民是人口移动的结果，移民必定是移动人口，但是，并不是所有的移动人口都是移民；移民只是移动人口中的一部分，即移动人口中符合三项条件（即一定数量、一定距离、居留一定时间）的那部分人口。①

在基本明确了古今中外关于"移民"的定义后，探索流域内部和跨流域移民的历史，研究移民沿流域迁徙的路线，是研究流域与移民关系的重要内容。

一、先秦时期黄河流域内部的移民

因自然条件优越，位于黄河中下游接壤地带的陕关中、豫西北、晋西南平原被称为中华文明滥觞之地。它们位于黄土高原东南，彼此接壤，地理环境、自然禀赋相类：原隰开阔、土壤肥沃、河湖纵横，由之成为中国境内原始农牧业最为发达之区，成为早期人类聚集，开发较早的区域，成为先秦时期人口密度最大、文明程度较高的地区。

商、周时期，黄河中下游地区中心区域分布着以农业为主的华夏族，在周边与他们毗邻甚至交错分布的还有以游牧、渔猎为主的戎、狄、夷等少数民族。随着人口的增加，华夏族便开始向周边扩展，如西周封国晋就越过灵霍峡谷，由汾河下游地区进入中游。在春秋后期及战国时期，随着黄河下游开始筑坝拦水，关中等地水利工程扩展，人口进一步增加。与此同时，诸侯国之间的兼并战争，也使得它们不

---

① 参见范玉春著：《移民与中国文化》，广西师范大学出版社 2005 年版，第 8—12 页。

断寻求领土扩展以增强实力，于是以黄河中下游为核心，开始四向扩展，华夏农耕文明也随之向黄河下游、上游及中游南北地区扩展。

二、秦至宋末从黄河向南方流域的移民

秦始皇统一全国的过程，也是一个汉民族人口扩展的过程，譬如与匈奴人征战夺回了黄河上游河套地区，并移汉民垦田实边；南向越过五岭，进入了珠江流域，迁罪犯 50 万守五岭与越族杂居。

西晋永嘉年间，由于匈奴入侵造成"永嘉之乱"，黄河流域广大人民流离失所，北方人口被迫大规模迁移到淮河、长江流域，主要流入江苏、安徽、湖北、四川等地①，约 90 万之众从黄河流域转移到长江流域，极大地改变了中国人口分布格局。从永嘉乱发到刘宋泰始年间（311—471 年），大规模移民持续了一个多世纪。北方人口南下的路线，谭其骧指出："中原人民南迁，其所由之途径，颇多可寻。如汉水为陕甘东南下之通途，故南郑、襄阳为汉域二大都会，同时亦为陕甘移民之二大集合地。金牛道即南栈道，为陕、甘人西南下之通途，故四川省境内之侨郡县皆在此道附近。时邗沟已凿，穿通江、淮，故沟南端之江都及其对岸之镇江、武进，遂为山东及苏北移民之集合地。淮域诸支流皆东南向，故河南人大都东南迁安徽，不由正南移湖北也。"② 西晋年间人口大迁徙主要沿着当时的交通线路南下，而河流、河谷在古代交通线路中又具有天然优势，所以正如谭其骧的研究结论，川陕之间长江北岸的支流，淮河南北两侧的支流，以及勾连江淮的人工河道邗沟都是重要的迁徙路线。对此，胡阿祥做了进一步考证："洛都王公大臣及司、青、兖、并、幽、冀诸州流入，多由汴水、菏水会于彭城，或由汴水、濉水经相县至濉溪，或由沂水、沭水，南达下邳、东海；再由泗水抵淮阳，过淮，栖于山阳、淮阴一带，若更南迁，则例沿贯通江淮之邗沟（中渎水），经安宜、三阿达

---

① 参见谭其骧：《晋永嘉丧乱后之民族迁徙》，《长水集》（上），人民出版社 1987 年版，第 199—223 页。

② 谭其骧：《晋永嘉丧乱后之民族迁徙》，《长水集》（上），人民出版社 1987 年版，第 221 页。

广陵，渡江至京口，分寄晋陵郡境及江乘、建康诸处。"① 淮河中下游汝、颍、沙、涡、濉、汴、泗、沂、沭等偏向东南的支流水道，加上沟通江淮的邗沟，成为当时黄河中下游中原地区流民南下的重要移民通道。

唐天宝十四年（755 年）安史乱发，长达八年的战争"东穷海，南淮、汉，西抵函、秦，北彻幽都"，使主战场黄河中下游地区，特别是河北、河南及关中一带，"农桑井邑，靡获安居，骨肉室家，不能相保"，人们为避战火无奈南逃，出现了"三川北虏乱如麻，四海南奔似永嘉"的人口大迁徙，形成中国历史上又一次移民高潮。移民迁徙路线大致与永嘉之乱后的路线相似，所以迁徙范围也主要是从黄河流域迁入淮河、长江流域，只是移至的范围更南，远及荆楚地区。"安史之乱在短时间内席卷了河北河南大部分州县后，在东向却被挡在睢阳。于是'贼风挫衄，不至江淮'。在西线又受阻于南阳，于是'南夏得以保全'。因此南下的北方移民浪潮就在淮汉以南各地沉淀下来，明显地形成三道波痕：第一道涌的最远，达到湘南、岭南、闽南等地；第二道集中于长江沿线的苏北浙南、皖南赣北和川中地区；三道波痕之中，中间一道麇集了最多数量的移民，第三道次之，第一道最少。"② 在这次大移民中，约有 100 万人南迁，使得长江流域人口迅速增加，从根本上改变了中国人口分布以黄河流域为中心的格局，中国黄河流域、长江流域人口分布的比例第一次达到均衡。

北宋末靖康元年（1126 年），金兵大举南下，战乱遍及黄河中下游，黄河流域的民众不得不再次为了生存离乡南徙。靖康之乱后，宋金边界基本上以"秦岭—淮河"一线为界，移民主要由黄河中下游地区迁向长江流域的浙江、江苏、湖北、四川等地。如靖康元年（1126 年）十一月，金兵攻占河东地区，不久战乱便波及襄阳、南阳一带，北方移民只得继续南迁。北宋末年人口已达 1 亿，长江流域平

---

① 胡阿祥：《东晋南朝侨州郡县研究》，复旦大学历史地理研究所博士论文，1987年，第 123 页。

② 周振鹤：《唐代安史之乱和北方人民的南迁》，《中华文史论丛》1987 年第 2 期。

原地区的人口多已饱和，南迁人口较前两次更加深入丘陵和偏远地带，更多人口迁入四川、福建、两广①。1161年金大举南侵，淮河流域成为主要战场，迫使淮河流域的居民南迁入长江流域，主要迁移至浙江、江苏、湖南、江西等地。

金朝（1115—1234年）亡后，再次引发黄河流域人口南下长江流域。不久，蒙古大军南下欲灭南宋，这些地方的人民为避战乱只得继续南迁。蒙古和南宋之间的战争首先就是争夺长江中游汉水流域，蒙古军旨在由此沿江挥师东下，直逼临安。随着蒙古大军对四川、襄阳及淮南地区展开的军事攻势，特别是在襄阳周围与南宋军展开拉锯战，这一带的百姓多流徙江、湘。1273年，忽必烈亲率20万大军分水、陆两路南下，发动了最后灭亡南宋的战争，主要战场在长江中下游地区，当地居民为躲避战乱大量向珠江流域迁徙，主要迁入广东、广西、福建等地。

三、明代黄河、长江流域向海河中下游流域的移民

永乐元年（1403），朱棣定都北京，随之开始培植经济腹地——海河流域。由于连年战争，人口锐减，于是下令移民，开荒种田，发展经济。永乐年间，陆续从南直隶（江苏）、山西、山东、湖广等地多次向北直隶移民，并从陕西、江苏、湖广等地调拨军队，到北直隶驻守、耕种。由此，引发了明代从黄河流域、长江流域向京津所在的海河流域中下游的大移民浪潮。

据《明永乐实录》和相关的地方志统计，永乐年间向海河流域中下游、北直隶地区移民15批次，时间分别是在永乐二年、三年、四年、五年、七年、十二年、十四年、十五年。在移民来源的空间地域上，有2批来自南直隶、苏州、浙江、江南各地，有5批全部来自山西，另有3批移民中包括山西人，有3批来自山东，有2批来自湖广地区。永乐以后，移民便基本结束了。

---

① 参见葛剑雄：《迁徙的姓氏：追寻移民的脚步》，《中国国家地理》2007年第2期。

四、明清时期长江流域内部的移民

明清两代，随着长江中上游地区的开发，"湖广熟，天下足"局面的形成，开始出现流域内的人口调整，出现由东向西移民高潮："江西填湖广，湖广填四川"，使长江流域内部的人口进一步趋于合理。

从洪武初年至永乐十五年的半个世纪，明王朝组织了8次大规模的移民活动，形成了著名的"江西填湖广"等运动。明初移民时，官府在"江西鄱阳瓦屑坝"设局驻员，饶州府各县移民沿乐安河、饶河到达鄱阳瓦屑坝集中，然后乘船驶出鄱阳湖口，溯长江而上，迁入湖广等地。进入湖南以陆路为主，主要是湘江与赣江的分水岭之间由长廊断陷谷地或斜谷地构成的天然交通孔道。进入湖北以水路为主，充分利用了长江、汉水交通动脉，乘船溯江而上。

明末清初，战乱、灾荒、瘟疫不断，造成四川人口锐减。康熙年间颁布一系列移民优惠政策，开始鼓励向四川地区大规模移民，此后数十年间，湖南、湖北、广东、河南等省的移民大量迁往四川，形成了"湖广填四川"的移民活动。这次移民的主要路线是沿着长江三峡水道溯源西行。[①]

一般说来，在没有发生严重的自然灾害、社会动乱或战争的情况下，不会出现大规模的、长距离的和集中进行的移民。在占中国主要部分的农业区和汉族区，正常情况下产生移民的机制并不发达。人口自然增长而产生的人口压力是逐渐地、稳定地增加的，由此产生的过剩人口，即使全部转化为移民，也不可能有太大的波动，可以按一定的方向和距离迁入大致固定的迁入区，直到这一迁入区相对饱和为止，而这往往需要数十年以上的时间。因为意外原因而成为移民的数量毕竟是非常有限的。但是，一旦发生了在当时生产力条件下无法抗拒的自然灾害，无论农业民族还是牧业民族，稳定的迁移数量和范围都会突破。在社会动乱或战争爆发时，受影响地区的人口出于生存的目的，

---

① 参见王尚义、张慧芝著：《历史流域学论纲》，科学出版社 2014 年版，第 120—124 页。

大多会设法迁移。这些天灾人祸如果持续时间较短，外迁人口中的相当大部分会返回原地；如果时间较长，多数外迁人口就会在迁入地定居，成为真正的移民。天灾人祸本身导致的人口耗减和人口外迁造成迁出地区人口密度的大幅度下降，使统治者在灾害过后出于恢复经济的目的会实施新的移民，而地广人稀的条件也会吸引一部分人口稠密地区的人自发迁入。综观各个阶段的移民高潮，无不发生在严重的自然灾害、剧烈的社会动乱和战争的过程之中以及平息以后，尤其是天灾人祸同时发生的时候。天灾人祸规模越大、影响的范围越广、持续的时间越长、灾区的人口越稠密，产生的移民一般也越多。①

小　结

　　文化是由人类创造的，也是依附于人类而存在的。地理环境的多样性和人类创造力的多样性使文化因地而异，因人而异，表现出强烈的地理特征。人口在空间的流动，实质上也就是他们所负载的文化在空间的流动。所以说，移民运动在本质上是一种文化的迁移。人是文化最活跃的载体，在信息交流主要依靠人工传递的古代社会尤其如此，文化传播一般都是借助于人的迁移和流动来实现的。即使是在科学技术非常发达的当代，人在传播文化方面的作用依然是任何技术手段所无法替代的。总的说来，由于移民数量多、居住稳定、居留时间长，可以为他们所负载的文化提供一个适宜的延续和发展的环境，因而往往能比流动人口发挥更大的作用。特别是在制度文化和物质文化的传播过程中，移民具有明显的优势。②

　　从流域视角看，一定规模的移民汇聚到某一个流域，不仅为流域经济发展提供了人力资源，从而促进了流域内部农、商、工各业及流

---

　　① 参见葛剑雄主编：《中国移民史（第一卷）》，福建人民出版社 1997 年版，第 47—48 页。

　　② 参见葛剑雄主编：《中国移民史（第一卷）》，福建人民出版社 1997 年版，第 102—103 页。

域城镇的发展；而且这些移民带来的异域文化与流域内部本土文化结合，还会催生新的文化模式的形成。此外，为了管理这些移民，还会推进流域内部政治制度文明的发展。其中最主要的是随着沿流域移民的传播和定居，带来的流域移民文化与本地文化的交融、结合与重构。在文化的各种形式中，考察以物质民俗和社会民俗为代表的流域民俗文化的扩散轨迹，能够使我们一窥流域移民和移民文化的类型、形成过程和基本特征。

文化作为人类物质和精神创造总和，不仅因时间向度的演进而具有时代性，也因空间向度的展开而具有地域性。文化的时代性演进和地域性展开均与社会的基本因子——人口——及其迁移行为具有紧密的联系。人口迁移是人口变迁的主要方式，也是社会变迁的基本形式。人口迁移是与人类历史同时开始的，历史上的人口迁移规模庞大、分布广泛，对历史的发展产生了深刻而广泛的影响。举凡统一国家的形成和巩固、民族格局的奠定、经济的开发与经济重心的转移、文化的发展及其地理分布等，无不深深地打上了移民的印记。

人口迁移行为总是发生在特定的时空背景之下，人口迁移的后果之一即是促使人类活动的地理环境（包括自然的和人文的）发生变化，因此，作为标志性的地理元素，流域的作用不言而喻。移民作为流域范围内重要的人文要素，具有重要的研究价值和客观的未来研究前景。因为在一定地域内居住、聚集的人口数量、人口素质或与当地社会、经济、生态环境等存在密切关联。流域与移民方面，接下来可以主要研究居民的分布、变迁及其规律，包括：人口的分布与变迁；民族来源、分布地区、迁徙路线；移民地区和路线、地区开发和影响等。流域是人口聚集区域，这是古今中外的共同特征。流域内部自然环境、生态资源等差异，使流域上下游之间、干支流之间的生产方式、人口承载力存在很大差异，如上游山地适宜林、木、采集，人口承载力较小；下游冲积平原适宜农耕，入海口城市为商业发展提供便利等，人口承载力皆较大。这就为不同民族的人口在流域和谐相处提供了自然基础。此外，河流及河谷的水陆交通畅达性、干支流交通的网络性、入海口交通的开放性等，又使流域往往成为古代不同民族人口迁徙的通道。所以流域不仅是历史时期人口聚集区，且是人口迁徙、民族融合的走廊、熔炉。

因此，在以流域为单元的自然区域内，不同历史时期流域内人口的数量、质量、民族性，人口在流域内部的空间布局、变动，及与自然、生态、社会等因素的人口特征与流域开发发展的关系等，都需要开展深入研究①。

---

① 参见王尚义、张慧芝著：《历史流域学论纲》，科学出版社 2014 年版，第 57 页。

第十章 人—水和谐的精神因素：
流域与文化

假如用河流为比喻，中国文化的发展有如黄河、长江。黄河、长江，源头相距不远，都在巴颜喀喇山区，一向北流，一向南流。这两条大河的水系，笼罩了中国的大部分疆域，然后殊途同归，倾泻于太平洋的黄海与东海。两个水域分别在中国的北部和中南部，界定了两个地理环境，呈现了自己的文化特色。

中国文化从源头的细流，长江大河一路收纳了支流河川的水量，也接受了这些河川带来的许多成分，终于汇聚为洪流，奔向大海——这一大海即是世界各处人类共同缔造的世界文化。

——许倬云[1]

第一节 流域的文化载体功能

区域文化具有发端于地理环境，成于流域文化的普遍规律。文化作为人类开发利用自然资源创造的财富和适应环境采取的方式，与地理环境有不可分割的联系。流域的区位、地质、地貌、植被、气候、水文和综合自然地理总体特征使它们各自和整体上对流域文化特质和

---

[1] 许倬云著：《万古江河——中国历史文化的转折与开展》，上海文艺出版社2006年版，第1—2页。

风格存在一定的感应关系。关于流域与文化之间的关系，历史学者吕思勉曾论述到：

> 亚洲的东部，在世界上，是自成其为一个文化区域的。这一个区域，以黄河、长江两流域为其文化的中心。其北为蒙古高原，便于游牧民族的住居。其南的粤江、闽江两流域，则地势崎岖，气候炎热，开化虽甚早，进步却较迟。黄河、长江两流域，也不是没有山地的，但其下流，则包括淮水流域，以古地理言之，则江、河之间，包括淮、济二水。今黄河下流，为古济水入海之道，黄河则在今天津入海，扩展为一大平原，地味腴沃，气候适宜，这便是中国民族的文化最初函毓之处。①

从字面意义上来看，"文化"是汉语中固有的词汇，由"文"与"化"两个字组成，"文"的本义指各色交错的纹理，最早见于甲骨文中，是一个象形字，像一个袒胸而立、身有花纹纹饰的人，以后进一步引申为精神修养、德行美善之意；"化"本义指改易、生成、造化，表达的是事物动态的变化过程，以后又衍生出造化，由自然万物生成，引申出对伦理道德、社会文明的化成等教育与塑造过程的表达。战国以后，"文"与"化"二字始并联使用，意为"以文教化"，即以文德教化天下。西方语言中也有与"文化"对应的词汇，拉丁文 Cultura 含有耕种、居住、练习、注意等多重意义。英文 Culture 含有改良土壤、栽培作物、种植树木、饲养牲畜等含义。《牛津字典》从 1510 年把 Culture 的词义引申为对人性情的陶冶、品德的教化、神明的崇拜等含义，使其具有了精神、人文的意义，与中文的"文化"有了比较接近的意思。中西方对"文化"一词的理解各不相同，中文关注精神层面，而西方从人类与自然的物质生产关系萌发原义，进而引申到精神领域。因此，从这层意义上分析，"Culture"比"文化"的内涵更为宽广。

---

① 吕思勉著：《中国文化史》，新世界出版社 2008 年版，第 301 页。

流域是指每一条河流或水系从陆地面积上获得的水量补给区，也就是其在地面的集水区域。由两个相邻集水区之间的最高点连接而成的不规则曲线成为分水线，分水线内的范围就是流域。每一条河流都有自己的流域，一个大流域可以按照水系等级分成很多小流域，小流域又可以分成更小的流域①。河流是流域的中枢，根据其地理特征可分为河源、上游、中游、下游和河口五部分。流域内有不同的地貌单元，河源与上游一般为高原、山地，海拔高，比降大，侵蚀强烈，与冰川、湖泊、沼泽、泉、草地、森林等相联系，生产方式大部分为畜牧业。中游比降和缓，侵蚀与堆积作用基本平衡，有高原、山地，但海拔已降低；也有盆地、冲积与洪积平原，能够实现水利灌溉，农业发达。下游与河口海拔显著降低，淤积作用显著，多形成广阔的平原和三角洲，适宜发展农业、渔业和海上交通运输业。流域是一个自然地理综合体，孕育了丰富多样的生物资源，进行着复杂的水循环、物质的流动和能量的交换，为人类社会的可持续发展提供了坚强的后盾。流域中既包含气候、水文、土壤、地貌、生物等自然地理要素，也包含文化、人口、民族、军事、经济、资源、城市、乡村、交通等人文地理要素。各要素在时空上以人类社会的需求为动力，以流域可持续发展为目标，有机地组合在一起，构成了一个开放的系统——流域复合系统，包括流域自然系统、流域经济系统和流域社会系统三部分。

流域是人类文明的摇篮，文化是人类文明的结晶，二者之间关系密切。流域作为地球系统最基本的组织单元，要素众多，结构复杂，功能多样而繁杂，这些要素成为文化形成与存在的物质和精神基础。流域本身及其所具有的农业经济、交通、自然功能为文化的产生和发展提供了驱动力和源源不断的思想源泉，促使形态各异的流域形成了流域文化的特质和风格及其地域差异。

一、流域与文化的起源

早期人类文明大都起源于大河流域，古埃及、古巴比伦、古印度

---

① 参见伍光和主编：《自然地理学》，高等教育出版社 2000 年版，第 150 页。

和中国被世界公认为四大文明古国。这些古国文化的产生和发展如果离开尼罗河、幼发拉底河和底格里斯河、恒河、黄河的慷慨哺育，就成了无根之木，无源之水。如果将这些大河称为人类的"母亲河"是一点也不过分的。四大文明古国所展现的是公元前五千年开始的人类文明，人类已经逐步学会驯化动物、种植植物，原始农业与畜牧业出现。是什么因素促成人类文明的发展呢？主要是因为这些大河流域的中下游地势平坦，土地肥沃，灌溉便利；气候温和适中，有利于农作物培植和生长，能够满足人们生存的基本条件。因此，有人以黄河为例，提出了"黄河文化"，确切地讲应指以黄河为纽带发展起来的沿黄地区的区域文化。这种文化是以沿黄自然环境和自然资源为根基，通过沿黄地区各民族共同开发、创造的具有共同文化特征的物质文化和精神文化的总和。黄河中下游是华夏最早进入文明时代的地区，也曾是中国乃至世界文化最发达的地区之一。对黄河及黄河文化，梁漱溟有过非常精辟的论述：

> 中国民族是世界一切古文化民族中，唯一生长于温带而非生长于热带的民族。中国文化不起于肥沃的扬子江流域或珠江流域，而起于比较贫瘠的黄河平原。原始的中国人，无论是西方侵入，或由土著开化而来，总之有史之初他们所处的自然环境，是比较清苦的：这里没有像尼罗河流域那样定期泛滥，亦没有像恒河平原那样丰富的物产。黄河大约在古代已经不断地给予两岸居民以洪水的灾害。西北方山脉高度，挡不住沙漠吹来的冷风。人类在洪水期间，就只好躲到山西西南部的高原里去，和毒蛇猛兽争山林之利。黄河既然不好行船，因此交通比较困难，只是变换的机会较少。人们需要终日胼手胝足，才能维持他们的生活，因此没有余暇以骋身外之思。……中国民族是第一个生在地上的民族；古代中国人的思想眼光，从未超过现实的地上生活，而梦想什么未来的天国。[1]

---

① 梁漱溟著：《中国文化要义》，上海人民出版社 2011 年版，第 92—93 页。

上述包括黄河文化的人类文明主要出现在大河的中下游地段，然而，在人类更早的旧石器时代，人们还不会农业生产，他们生活在什么地方呢？考古发掘表明，中国最早的人类有元谋人、蓝田人、北京人、山顶洞人等，他们都是在山区被发现的。因为他们选择地势较高的自然洞穴为栖身之所，使用石器为工具，只有山区才具备这样的天然便利条件。同时他们的生活离不开水，所以他们选择的洞穴离水源不会太远。山西境内发现了 252 处旧石器时代遗存[①]，最著名的汾河流域的丁村人和桑干河流域的许家窑人等，均是在河流两岸的台地上被发现的。

由此可见，人类是到了新石器时代才开始从山地走向盆地、平原，从事农业生产的。同时，人类文明的起源是多源的，人类的文化是多元的，不同文化在不断地融合与整合。人类是大自然的产物，愈是在文明的源头，人们对大自然的依附就越大，这种对大自然的依赖便发展成各具特色的区域文化。因此，如果单纯以某条河流或发掘地来命名人类的文化，都不足以阐明文化的本质特征。而流域是一个具有生物多样性的系统，具有合理的组织结构和良性运转的系统，能够保持物质循环、能量流动和信息传输畅通的系统。对于长期的或偶发的自然及人为扰动具有弹性限度，能够自我恢复到生态平衡的状态。正是流域所具有的这些功能，它才能够显示出旺盛的生命活力，不分昼夜奔腾不息，所到之处，万物滋生，充满生机。流域以一种超自然的力量，维持着流域生境及生物体的物质和能力，总体上保持平衡。

人类文明出现在大河流域，是一个很值得探讨的现象，但作出全面解释并非易事。我们可以从地理环境中找到一些答案。流域是一个相对集中的环境，回旋的余地很大，即使遭到强悍的外族入侵、战争的破坏或严重的自然灾害，也能够很快得以恢复，延续文明的发展，便于将不同民族的势力和文化加以吸纳与整合，不至于因地区性的自然灾害而全体毁灭，所以能够传承数千年而绵延不绝。地域的广大和

---

① 参见山西省文物局编：《中国文物地图集·山西分册》，中国地图出版社 2006 年版，第 4—5 页。

整体规模的巨大，形成了一种难以征服的力量。

二、流域环境与文化形成

人类创造的任何文化都离不开流域，因此，用"流域文化"来反映人类与自然的关系是再贴切不过的。因为流域特有的功能，决定了人类文明必然诞生其中。流域的河源、上游多为山地、高原，中游、下游多为盆地、平原、丘陵等。由于拥有复杂多样的地貌形态，为农、牧业提供了便利的自然资源。流域，尤其是大的流域都跨越多个纬度带和经度带，气候类型多样，不同的温度、湿度条件可以适应不同的农业生产和经济开发。四大文明古国都是在流域的中下游地区，利用河流冲积的肥沃土壤、温暖湿润的气候、便利的灌溉水资源，形成了发达的农业文化区。

建立在农业生产的基础上形成的文化，只有中国的传统文化得以发扬光大，原因是黄河流域在很长的历史时间段，为中华文化提供了源源不断的可持续动力，坚实的农业生产基础始终没有改变。而其他文化却因为农业基础的毁灭而消失。在流域的山地和高原区，形成的是特点鲜明的游牧文化。农耕文化与游牧文化既各成系统，又相互交融、互补。黄河流域的农牧交错带，不同历史时期农牧界线的变化是两种文化融合与区别的真实写照。地处汾河中游的古都晋阳所显现的文化特征就是一个典型案例。晋阳自古处于华夏民族与草原民族交往和冲突的中心地带，农耕文化与游牧文化的交错与过渡的地理因素，汉胡融合杂处的人文环境，使其在文化上体现出一种多样性、包容性的特点。太原一带"人性劲悍，习于戎马"，这是因为久居边塞和民族冲突与融合的要冲，战事频繁，强化了太原人尚武的精神，使他们具有了粗犷豪放、坚韧刚烈、尚武侠义的性格。同时受儒家文化教育的熏陶，太原人知义、尚信、讲求气节、务实纯朴。政治的包容与民族的融合，促进了文化上的兼收并蓄。在晋阳古城出土的春秋赵卿墓中有不少青铜器物兼有中原和草原文化的特点。

自然地理环境对人类文明的影响不能简单地归结为决定与否，但流域是文化形成与存在的基础，这是有目共睹的。流域内物质的循

环，能量和信息的流动，周而复始，永不磨灭，为人类的生存和发展
提供了基本的物质基础。人类根据自身的需要，利用流域的基本规
律，完成了对自身有利的物质转化和能量传递。不同时代、不同流域
的人们对自然的利用方式迥然不同，这就使得处于不同流域的人类历
史与文化在发展中呈现出多姿多彩的特色。同时也说明在同一流域
中、在不同的时段，人类的文化会出现不同结果的缘由所在。人类早
期，只能被动地适应环境，随着生产力的提高，人类开始能动地利用
环境，自然地理环境的限制因子在逐渐减弱。但是即使到了 21 世纪，
人类对自然资源的利用仍必须在不违背大自然规律的前提下才能够进
行，否则将遭到大自然的报复。

流域特殊的地理条件使其形成一个相对的优越封闭的环境，在这
种环境中产生的文化具有完整性与独立性。黄河上游的马家窑文化、
齐家文化等，黄河中游的磁山文化、裴李岗文化、仰韶文化、龙山文
化等，黄河下游的北辛文化、大汶口文化等，长江下游的河姆渡文化
等各有自己的特色。流域这种相对封闭的环境，不仅为本流域文化的
产生和发展提供了物质基础，而且为抵御外族入侵和严重的自然灾
害，提供了较大的回旋余地，使流域文化得以传承数千年。同一流
域的文化具有同一性，"一方水土养一方人"就是最贴切的说法。
黄河流域覆盖 9 个省，南北相差 10 个纬度，东西跨越 23 个经度，
流域面积 75.2 万多平方公里，河源至河口落差 4830 米。从上游的
青海、甘肃、宁夏、内蒙古，到中游的陕西、山西，再到下游的河
南、山东，虽然各地的方言很多，但都含有一种"黄河味"。流域内
不同的地理单元和复杂的地貌形态，又使文化具有多样性。"百里不
同风，千里不同俗"。河南的中原文化、山西的三晋文化、山东的齐
鲁文化、河北的燕赵文化、陕西的关中文化、甘肃的陇东文化等各具
地域特点。

流域也是一个开放的环境系统，尽管流域间的分水岭是早期人类
难以逾越的天然屏障，但这不代表流域之间的文化没有交流。远古时
代，黄河中下游的炎黄部落与海河流域的蚩尤部族发生了"涿鹿之
战"，蚩尤战败，其部族一部分融入华夏，一部分南撤成为今日的南

方诸族，另一部分则渡海而去。这场战争是中华文化初始期的各流域、各支系的一次大碰撞、大融合。在古代没有信息传播媒介的情况下，迁徙、战争都是文化交融的手段。正是这场战争，使黄河、海河流域文化，甚至长江流域文化也相互碰撞、融合，而多源的文化中心形成了多元的中华文化。

三、流域经济与文化发展

英文中"文化"一词 Culture 包含栽培作物、种植树木、饲养牲畜等含义，实际上就是人类改造大自然的具体活动。由此可见文化与农业经济之间有着密切的联系，体现出作为文化创造主体的人与自然之间的互动关系。一方面，人类的活动始终受到周围自然环境的影响和制约；另一方面，人类在自身的发展中不断地征服自然、改造自然。人与自然的这种双向同构关系一于人类的社会实践，首先以农业生产实践为基础，而农业生产都是从流域发展起来的。

人类的文明是建立在农业基础上的，农业的发展提高了粮食的产量，促进了人口的发展，为人类文明的最终建立和发展打下了坚实的基础，从而造就了各大文明。农业经济的发展依赖于灌溉技术的发展。有效的灌溉系统离不开大河流域，河流的下游地区又是土地肥沃的冲积平原，所以流域在人类文明的发展史上有着举足轻重的地位。这就是流域农业经济功能的体现，在所有的经济功能中是最重要的。农业自古以来就是国民经济的基础，是立国之本。粮食的生产离不开土地和水源，而大河流域恰恰具备了这样的自然条件。每年洪水泛滥，将大量富含营养物质的肥沃泥土，沉积在冲积平原上，为农业生产提供了土地资源。人类的水利灌溉又为庄稼提供了充足的水资源，成为农业的命脉。农业的兴旺发达推进了人类文明的发展，各大文明古国出现在大河流域也就不足为奇了。

早在七千多年前，埃及人就开始利用尼罗河发展灌溉农业。每年6—10月河水泛滥，8月洪水淹没两岸，10月以后洪水退去，养分丰富的泥沙沉积在三角洲地区，形成了肥沃的土地，人们在此开河挖渠，大力发展灌溉农业，在干旱的沙漠地区形成了一条绿色的生命走廊。尼罗河的灌溉农业为埃及人民创造了大量的财富，成为古埃及文明的摇篮。古巴比伦文明诞生于幼发拉底河和底格里斯河流域，其发达的农业经济主要依靠完善的灌溉系统，包括汲水吊杆、运河、水渠、堤坝、堰和水库。直到今天，在伊拉克还有一条宽 120 米，深 10 米，长达数公里的古巴比伦大型灌溉工程遗址"空中花园"，就是依靠完善的水利工程系统来维持其良性循环。中国的黄河文明同样依赖农业经济，郦道元《水经注·晋水》记载了汾河中游的晋水流域于公元前 453 年开凿的智伯渠，它是中国水利史上最早的灌溉引水工程，水源来自晋祠泉。其水利功效一直到现在仍然发挥作用，使晋祠灌区成为太原最富庶的地方，并且是晋阳古城的主要供水来源，滋养了这座千年古城，使其在古代社会中繁荣昌盛。

如果流域内没有丰富的水资源，古代农业经济就不可能得到大规模发展，也就不会有基于农业经济基础的人类文化的起源和发展。因此，流域的农业经济功能是文化的原动力。

四、流域交通与文化传播

文化的传播，无论是物质文化还是精神文化，都与交通的发展密不可分。流域天然的河流通道、宽阔的腹地，成为文化传播的自然通道。

流域内的河道大部分以线状分布在地球表面，天然的水道具备了交通经济的功能。人类通过河流赋予的交通功能发展内河航运，这是一种费用低廉、安全高效的运输方式。

流域内的河流是影响城市分布的最重要因子，四大文明古国发源地的城市和现代大城市都是依托河流发展起来的，一般都分布在大江大河的中下游、河口或河流的交汇处。如黄河流域的支流渭河流域的古长安城、汾河流域的古晋阳城；尼罗河流域的开罗、亚历山大城；恒河流域的加尔各答；两河流域的巴格达等；长江流域的重庆、武汉、南京、上海等；珠江流域的广州；泰晤士河流域的伦敦；莱茵河流域的鹿特丹等均处于水陆交通的起点和转折点，交通经济功能得以彰显。

除了利用流域内的天然河道，人类还开凿运河，将不同流域沟通起来，发展交通运输。著名的京杭大运河，开始于春秋时期吴王夫差十年（公元前486年）开凿的邗沟，将长江流域和淮河流域联系起来。以后，历经隋、元两朝的大规模扩展，将海河、黄河、淮河、长江、钱塘江五大流域连为一体，成为历代漕运的黄金水道。另外，流域的通道不仅是水运的通道，也是陆路交通的通道。今天的铁路、高速公路有很多是沿河流穿行的。

五、流域性格与文化特质

流域具有水循环功能，生态功能和物质、能量与信息的循环和传输功能，这些功能深刻地影响着全球的地理环境、生态平衡和水资源的开发利用，对地球环境的演变、人与各类生物的生存都具有深远的影响和效应，而且为人类文化提供了思想源泉。

老子的道家思想把"道"作为世界的本源和运动规律"道可道，非常道。名可名，非常名"。而道的物质载体就是水。古希腊哲学家赫拉克利特的名言"人不能两次走进同一条河流""一切皆流，无物常住"等，这些朴素的唯物主义和辩证法思想均来源于河流。孔子曰"逝者如斯夫，不舍昼夜"，警示人们要珍惜光阴，否则如一江春水向东流，一去不复返。中国西晋时期的哲学家杨泉在他所著的《物理论》中说："所以立天地者，水也。成天地者，气也。水土之气，升而为天。夫地有形，而天无体，譬如灰焉，烟在上，灰在下也。""土气合和而庶类自生。"杨泉认为大自然中水是根本，水中混浊部分，下沉成为土；水土中的水汽蒸发，升入空中，就成为天。土气合和即天地合和，庶类指万物。在天地和谐的情况下，万物皆自然发生，这是最朴素的唯物主义思想。

五行阴阳是中国古代的一种物质观，其思想也存在于流域文化之中。《五帝》篇中记载："天有五行，水火金木土，分时化育，以成万物。其神谓之五帝。"《诗·大雅·公刘》："相其阴阳，观其流泉。"《道德经》曰："道生一，一生二，二生三，三生万物。万物负阴而抱阳，冲气以为和。"《易·系辞上》："一阴一阳之谓道。"五行指金、木、水、火、土。五行学说认为大自然由五种要素所构成，随着这五个要素的盛衰，而使得大自然产生变化，不但影响到人的命运，同时也使宇宙万物循环不已。五行学说认为，宇宙万物都由木火土金水五种基本物质的运行（运动）和变化所构成。它强调整体概念，描绘了事物的结构关系和运动形式。如果说阴阳是一种古代的对立统一学说，则五行可以说是一种原始的普通系统论。

老子《道德经》曰："上善若水，水善利万物而不争，处众人之所恶，故几于道。"老子认为水不与万物更不与人争，处在人们不愿意居住的恶劣环境中，水的品格最接近他所提倡的清静无为的道，体现在中华文化中就是中庸、中和之道，把握住平衡点，不走极端，平正通达，无往而不利。

六、流域自身的文化功能

文化功能是流域给人类带来的精神方面的作用，包括语言文字、文学艺术、民风民俗、旅游休闲、思想道德等。

尼罗河流域的古埃及产生了象形文字；两河流域的古巴比伦产生了楔形文字；恒河流域的古印度产生了印章文字；黄河流域的中国产生了甲骨文，这些文字都是人类早期在各大流域的生活和生产实践中通过最简单的图画和花纹逐渐演化而来的。

与文字一样，人类的语言也同样具有流域特征。即使同一种语言也会因部落的迁徙融合、图腾崇拜的变化、时间区域的变迁而产生变种——方言。南北方之间以及相邻周边处于不同流域单元的区域语言是不同的，但同一流域的语言还是具有同根性的。

古今中外，各大流域都是文化的摇篮。郦道元的《水经注》就是最为经典的作品，以河流为纲，记载了各流域的自然和人文地理景观，包括自然方面的水文、气候、土壤、地形、地貌、伏流、瀑布、动物、植物、自然灾害等，人文方面的城邑、聚落、行政区划、陵墓、建筑、产业分布等。他还对中国境外的地理面貌也进行了详细描述，例如印度东南部的恒河、印度河和孟加拉湾沿岸的水文地理和风土人情等。流域还是国家与民族兴衰的标志，如《国语·周语》将国家的衰亡与流域的兴衰联系起来，反映出古代先贤崇敬自然、遵循自然规律、维护流域生态健康的朴素思想。

不同流域还产生出不同的民风民俗，黄河流域有三晋文化、三秦文化、齐鲁文化、中原文化等；长江流域产生了楚文化、吴越文化、蜀文化等，各具特色。由流域的自然功能衍生而来的流域文化功能，具有很强的传承性，一个流域就有一部自己发展变化的文化史，成为一个民族文明进程中不可或缺的精神支柱①。

第二节　文化的流域特质

文化属于思想的上层建筑，是社会意识形态组成的有机整体，与经济基础相对应，并同政治结构一起构成了社会上层建筑的整体。文化的结构是社会经济结构的反映，它耸立在经济结构之上，为经济结构服务。按反映社会生活的侧重面和方式的不同，文化结构分为哲学、艺术、宗教、道德、政治、法律思想等不同形式。

一、文化的流域特点

江河流域范围，在区域分布上有其特色，其上、中、下游往往会流经不同的自然地理区域与民族、文化区域，但就整个流域论，又具有明显的共同特点。所以要对流域文化进行全面而深入的研究，就需要对流域文化之整体性特征进行探讨与阐述，否则就会使流域文化研究等同于一般性的区域文化研究。

以中国的黄河和长江流域不同的文化为例，黄河、长江都源自青海的巴颜喀喇山，起源地相差不过几十里，但两条河流在中游地段，一向南一向北，跨度极大。它们的跨度，象征了中国本部历史的多元发展。最后，黄河、长江分别流入黄海、东海。这两条大河流经地域

---

① 参见孟万忠、王尚义：《试论流域功能与文化》，《太原师范学院学报（社会科学版）》2014年第3期。

代表了两种完全不同的自然生态环境。

黄土高原上的居民，背向青天脸向地，艰苦求生，每一份粮食都是靠自己的汗水换来的。土地要经过耕耘成为熟地，双手上的厚茧缝里充满了黄土，因此他们坚定地固守在家乡，不愿迁移。他们吃苦耐劳、安土重迁，心态比较保守。但他们在南方长江流域的邻居就不一样了。长江经过高山以后，流入丘陵，穿过四川的峡谷，奔向有着湖泊和小河流的大平原。丘陵山林里有足够的粮食，湖泊和河流旁有许多肥沃的土地，所以这个地区居民的生活是快乐的，心态是活泼的，他们愿意变动，也不在乎变动。他们的歌唱有如树林里的清风和溪谷里的流水。北方的黄河文化孕育了循规蹈矩、守分安命的儒家；在南方，出现的却是多思，甚至是辩证式的老子和庄子，对宇宙充满了问题。从新石器时代开始，圆圆的曲线一直都是中国南方最常见的艺术表现形式。相对而言，黄河流域的艺术表现形式却是正方、正圆、正三角，极为厚重。

这两个文化区之间，只有一些像秦岭和伏牛山不算很高的山，并且有许多通道相通，所以黄土的中国和长江的中国，虽似隔离，却能持续不断地交流、冲突，相互刺激，终于并合成为中国文化的主要地区。黄土中国和长江中国，一硬一软、一方一圆、一绝对一相对，这两条路线的交织，使得中国思想既能谨守原则，又能应付时代的变化。正如北方的石刻和南方后来发展的水墨画，既有具体的写实，也有抽象的写意，相互交织成既复杂又丰富的艺术传统①。

以长江文化与黄河文化相对照，从全流域整体特征论，可将黄河文化概称为"龙文化"，将长江文化概称为"凤文化"。如此概称，黄河文化之雄浑威猛厚重朴实，长江文化之灵巧清秀色彩斑斓等种种表象与内核，已尽涵其中，可令人驰骋想象，尽情玩味。同时，还可将长江文化概括为"水文化"，将黄河文化概括为"土文化"。

长江流域面积辽阔，干流由青海省唐古拉山主峰格拉丹东雪山西

① 参见许倬云著：《万古江河——中国历史文化的转折与开展》，上海文艺出版社2006年版，第2—4页。

南侧发源，穿越西藏、云南、四川、重庆、湖北、湖南、江西、安徽、江苏、上海等省、市、自治区，支流所经还包括甘肃、陕西、河南、贵州、广西、浙江等 6 个省、自治区，流域面积广达 180 万平方公里，约占中国陆地总面积的 1/5。流域内地貌类型多样，上游流经的青藏高原、云贵高原与四川盆地，雄奇壮丽；中下游流经的江汉平原、洞庭湖平原、鄱阳湖平原与河口三角洲平原，湖沼众多，河网密布；而江南丘陵则丘岗冲垅逶迤相间，山水相映。自然景观的丰富多彩，加上民族众多，习俗各异，自然形成了多个文化区。这些文化区，尽管都在长江流域范围内，彼此之间有着天然的相互交流影响的通道，因而在文化上有着一定的共同特征；但毕竟因为自然环境与民族习俗的不同，在文化上也有明显的差异。总的来看，彼此之间的文化体现出"和而不同"的复杂特性。由此可见，要对流域文化进行系统的、深入的研究，有必要对流域范围内不同区域的文化进行认真而科学的研究，这是研究流域文化的基础。

要对流域内各区域文化开展研究，首先要对流域内文化区的划分与分布有一个明确的认识。而要做好流域内文化区的划分工作，还应确立下述两个原则：即动态变化原则与层次级别原则。所谓动态变化原则是指在历史发展过程中，流域内文化区之分布状况及文化内涵、特点会因时而变。就以长江流域为例，春秋战国时期若可大致划分为巴蜀文化区、西南夷文化区、楚文化区与吴越文化区，那么随着时间的推移，朝代的更迭，经济文化的发展，下历各朝代，流域内各文化区之分布范围会有所变化，以致出现原文化区之分化、重组与衍生新的文化区等现象。这种文化区变动的情况，既给研究流域内之区域文化增添了内容，又可使我们增加对各区域文化特征认识的深度。层次级别原则是指长江流域之文化区，或因自然环境分异，或因民族种属差别，或因社会经济发展程度的不同，可在一级文化区内分别划分出若干个二级，甚至三级文化区。各级文化区之间形成层垒包容的关系。对下一级文化区的深入研究，可以增加上一级文化区研究的丰度；而就上一级文化区的深入研究，又可帮助对下一级文化区文化内涵特征之把握。

二、流域文化研究的原则

在开展流域内区域文化研究方面，除应注重上述两个原则之外，还应注意处理好对各文化区发展不平衡性问题的研究。流域内各文化区确有发展程度先进落后的差别，但这种差别在历史时期并非是一成不变的，常有先进沦于落后，落后的又后来居上的情况。对各个历史时期文化先进区域，固然应重视对它的研究，以彰显流域文化发展所达到的高度；对文化后进区域，也应加强研究。这样做，其目的虽也有揭示流域文化全貌的用意，更重要的还有总结后进区域之文化何以会较长时期裹足不前，或者何以会由先进变为后进的原因等作用，由此可见其意义也非同一般。因此，我们对流域文化的研究，应当从研究流域范围内各区域文化起步，而且从时空交织的角度，在纵的方面，注重这些区域在历史时期的变化；在横的方面，尽量覆盖整个流域的各个部分，这样方能使流域文化的研究臻于全面与深入。

此外，当前生态环境以及与之有关的生态文化研究问题，日益受到科技界与学术界的愈来愈大的关注。这当然主要是因为一个地区生态环境的特点往往对该地区之经济、社会发展具有重大影响，由此对该地区文化内涵与特征的形成也有重大的影响；同时还因为，一个地区生态环境之变迁还往往关系到该地区经济、文化的兴衰。世界上一些古老文明的衰亡，虽然有政治、军事方面的原因，但有的却直接导源于生态环境的恶化与灾变。经过人类数千年来为着夺取或巩固政治权力以及为了求得生存或发展经济的需要对生态环境不断施加的影响，各地之生态环境均相应地发生了程度不等的变化。虽然其中也有自然要素本身变化的影响，但人为活动所造成的变化印痕也是随处可见的。而且随着科学技术的发展，人类对生态环境变迁影响之范围与力度也日益增大，特别是某些负面影响，有的甚至已达到或接近威胁人类生存的境地。这也就是举世各国从高层政要到普通百姓均普遍关注生态环境保护与治理工作的主要原因。就流域生态文化研究而言，因为流域内各区域自然环境差异明显，历史上经济社会发展方向与程度也不尽相同，所以彼此间之生态文化是互有差异与特色的。然而毕竟因为同处在一个流域范围内，所以不仅经济社会发展上有互补互济、互通声息、相互交流辐射等紧密的联系，而且在生态环境变迁上也有相互影响、唇齿相依的关系。所以在生态文化上也相互关联①。

第三节　流域文化的地域性

一方水土养一方人，所揭示的就是人类对于自然环境与文明类型之间关系的思考。流域文化作为一种系统性的人类整体文化，具有整体性、系统性、开放性、兼容性等特征。在人居环境发展演变过程中，流域自然环境随着人的生产、生活等活动发生一系列变化，流域内气候、动物、植被等要素随之变迁，流域经济、人口、交通、文化等要素的发展，导致流域人居环境整体文化特征发生演变。文化特质由自然环境维度向社会文化维度集合转变并在历史中积淀。依托河流主廊道，流域社会文化特质以流域环境中特定的农田、森林、草地、城乡等空间作为基底背景，与流域中其他形式的子廊道，如林带、道路等，将流域中不同性质和特征的文化板块，如湖泊、植被群、聚落等人居空间联成一个整体，共同形成了流域文化系统的地域性特征。以下仅举两例，论证流域文化系统的地域性特征是如何在构建地方特色文化中起到关键性作用的。

一、珠江流域文化的地域性特征

珠江是中国的第四大河流，也是中国南方最大的河流之一，起源于云南省，其干流西江流经云南、贵州、广西和广东，流域面积达15.26 万平方公里。珠江流域不仅有丰富的土地资源、矿产资源、森林资源和水力资源，还有众多的民族和族群以及他们在长期的适应中创造出来的多彩的文化。珠江流域的自然地理环境较为复杂，既有高

---

①　参见朱士光：《论区域历史地理研究的一个重要领域——流域文化研究——以长江文化研究为例》，中国地理学会历史地理专业委员会《历史地理》编委会编：《历史地理（第二十辑）》，上海人民出版社 2004 年版，第 309—312 页。

原地区，也有丘陵地带和沿海地区。

珠江流域的上游属于云贵高原文化区。云南、贵州的民族，尽管经济文化类型各不相同，但都受到山地环境的制约，因而在文化上不可避免地表现出山地文化的特征。山地直接影响各民族的生计方式和生活方式，并赋予他们一种特殊的性格、灵感和创造力，许多文化现象都由"山"引发出来，具有浓厚的山野气息，表现出独特的山地文化特征。从总体上讲，云贵少数民族的经济似可概括为山地经济。在古代农业社会，山地农业在云贵地区占有十分突出的地位，在坝子中主要是水田稻作农业，而广大山区则长期盛行刀耕火种。人们以坝子为中心形成聚落，而坝与坝之间为山岭所隔绝，于是形成许许多多彼此分隔的小天地。可能是由于坝子间山水相连的缘故，古人称之为"溪洞"。云贵山地经济的传统模式，大抵属于溪洞经济类型。它最显著的特征，就是"男耕女织、自给自足"，在一个狭小的范围之内，"日出而作、日落而息"，重土少迁，很少走出乡里。"溪洞"是他们的一片乐土，人们自耕自食，自织自衣，上山可以猎兽罗鸟，下河可以捞鱼捕虾，伐木以建屋，劈竹以制器，粗茶淡饭的生活无求于外，过着世外桃源的日子。复杂多样的地形，为立体农业创造了有利条件，有利于多种经营。山里则有丰富的矿藏，云贵地区的矿产开发有许多优势。人与山水和谐相处，人对生态环境有极为朴素但却有利于持续发展的认识。山水给予人灵感和智慧，塑造了大山之子的性格。当然，由于山地环境的种种限制，山地民族在古代的农业社会里，生产和生活都遇到许多困难。对当地各民族社会来说，山是最大的交通障碍，一出门就要爬坡上坎，翻山越岭，交通不便，信息不灵，客观上阻碍了人们的交往，不利于文化交流和社会进步，也局限了人们的视野。然而，正是因为生产和生活环境的艰苦，培养了当地人吃苦耐劳、坚韧不拔的精神。开发山区，特别是喀斯特山区，人们需要付出更大的代价，需要百倍的努力和不同寻常的创造。

珠江流域的中游属于广西文化区。广西壮族自治区位于珠江流域的中游，是一个以壮族和汉族为主体民族的多民族聚居区。除汉族外，广西还有壮族、瑶族、苗族、侗族、仫佬族、毛南族、回族、京族、彝族、水族和仡佬族 11 个世居少数民族。广西各民族在历史上创造了不同的文化，在长期的生产、生活中互相交融，形成了多元一体的文化格局。广西的少数民族大都生活在边远地区或高寒山区。除京族和回族外，其他民族主要分布在西部山区。这些地区山多平地，许多地方山高林密，沟壑纵横，交通不便，历史上很少与外界有来往。千百年来，这些地区的人们多数聚居在山脚坡地或山间谷地，少数散居在崇山峻岭之中，大多过着以稻作农业为主的自给自足的经济生活，并围绕着农耕活动形成了一系列文化表征。如绝大多数的少数民族长期以来从事自给自足或半自给自足的农耕生产；居住的环境比较封闭，各民族之间及本民族各地区之间交往较少，山隔水阻，形成各自体系，逐步形成了小农意识浓厚的民族心理；住的村落比较分散而且规模不大，由于自然环境恶劣，自然灾害频繁，为了生存和发展，逐步形成了吃苦耐劳的性格；由于长期生活在大自然中，形成了热情好客、能歌善舞、诚实真诚、直爽豪放的习性；同时，因长期的封闭和较低的教育发展水平，各少数民族的文化也显得相对落后，这些民族文化特征深深打上了农耕时代的文化烙印。虽然各民族间的文化形态各异，但都离不开以稻作农耕为主的生产和生活方式。

珠江流域的下游属于珠江三角洲文化区。珠江三角洲主要是指广东省境内。广东省的汉族可分为三大民系，即广府人、潮州人和客家人。广东族群与区域文化很有特色。广东是岭南的中心地区，背负五岭，面临南海，生态环境很有特点。历史上汉人南迁，与当地土著南越族群相融合，汉越文化相交融，并与外来文化长期交流，形成了独具特色的区域文化。广东省现有 8000 多万人，世居省内的少数民族有壮族、瑶族、畲族、回族和满族，共 100 多万人。他们受汉文化的强烈影响，同时也在不同程度上保持自己的传统。汉族和少数民族、汉文化和少数民族文化的交融是广东地区从古至今族群关系的重要特点。汉人占广东全省人口的绝大多数，形成了广府、潮汕和客家三大民系及其文化。粤、港、澳文化同根生，华侨文化也大多源于广府、潮汕和客家文化。广东汉族三民系是北方汉人在不同时期迁到广东的不同地区、适应不同的生态环境而形成的。广府文化、潮汕文化和客家文化都是以从北方带来的中原文化为基础，与当地土著的越人文化相融合，并不断吸收外来文化的特质，包括周边的文化和海外的文化，形成了同源于中原汉文化又有各自地方特色的文化。广东汉族三民系的文化特点及其变迁，以广府文化为重点。而潮汕文化、客家文化以及作为汉族的一个群体的水上居民文化，通过比较，也呈现出各自的特点。广府地区有优越的自然条件，创造了多元经济。明清时期就开始有基田耕作制，桑基鱼塘，种桑养蚕，蚕粪喂鱼，鱼粪形成塘泥作为基上农作物的优质肥料，三者紧密结合，保持良性循环的人工生态系统。这种灿烂的农业文明，今天随着改革开放进一步向工业文明过渡，随历史的演进而变化。广东滨海，有天然的条件通向海洋，发展商业文化，历史上就是中国重要的对外通商口岸，商业和对外贸易发达，历来有重商的传统。因地处岭外，离帝王都会远，广东受儒家思想的影响不如中原深厚，历代广东学者多主张经世致用，近代广东思想家提出发展民族工商业，重商的传统成为一种重要的文化特质体现在广府文化之中。广东汉族三民系的文化都很有特色，形成了适应于当地生态环境的生活方式。民居一方面有古代中原汉族民的中轴对称等特点，另一方面又有适应本地气候湿热和传统文化因素形成的特点，有浓厚的地方色彩。①

二、清江流域文化的地域性特征

清江，古称夷水、盐水，发源于湖北利川市的齐跃山，主流由西向东流经利川、恩施、建始、巴东、长阳、宜都等市县，在宜都汇人长江，全长423公里。清江流域几乎包括湖北所有的民族自治地区，是土家族主要聚居地之一，清江也被称为土家人的母亲河。

清江流域民族文化的产生首先与特殊的地理环境密不可分。清江是湖北省境内第二大长江支流，流域面积17000平方公里。清江流域大多处于中国第二级阶梯向第三级阶梯的过渡地带，云贵高原东部延

---

① 参见周大鸣、吕俊彪著：《珠江流域的族群与区域文化》，中山大学出版社2007年版，第35—51页。

伸部分的末端，它的东缘已处于第三级阶梯长江中游平原。其北部是大巴山山脉的南缘分支——巫山山脉，东南部和中部是苗岭的分支——武陵山脉，西部是大娄山山脉的北部延伸部分——齐跃山脉，由于这三大山脉走向各异，致使境内山峦起伏，洞穴遍布，河流众多，地形复杂多样，形成了高原与山间盆地、山岭与陷落带、山地与坪坝相互交错的立体地形。适宜的气候、丰富的自然资源、河流的舟楫之利、众多的洞穴，为早期人类的生存和创造文化提供了先决条件，因此，在这片土地上发现众多的早期人类文化遗存，如建始直立人、长阳人等；此种地形、地貌和资源，决定了其经济类型属山地经济，采集猎渔经济长期占主导地位，农业属山地农业，而且发展缓慢；大山的阻隔造成了对外交流的困难，使文化信息长期在内部流动，为地域文化形成准备了温床；相对封闭的地理单元和自然生态长期保持完好，不但为民族文化的创造、传承、延续提供了可能，而为巫鬼文化和神话的滋生准备了得天独厚的土壤①。

清江流域文化既是一种地域文化，也是一种民族文化，它的主体是土家族文化。因此，它作为土家族文化的重要组成部分，自然保留着土家族文化的基本内核。但与湘西北、渝东南、黔东北土家族文化相比，清江文化又有自身的特性。

通过考古发掘证实，整个土家族聚居区都有久远的历史。在土家族聚居的清江、酉水、澧水、乌江流域都发现了从石器时代到秦汉时期的大量文化遗址。清江流域的"建始直立人"距今 204 万年，它是中国乃至亚洲目前发现的最早的人类之一。距今 20 万年的长阳人也是江南晚期智人的重要代表。从旧石器时代开始，直到春秋战国时代，清江流域的考古发掘都保持了连续性，文化没有出现过断层，其序列发展十分清楚。特别是香炉石文化有 7 个自然堆积层，从夏一直到东周，各个时期的文化特征十分明显，这不仅在土家族地区，甚至在中国的区域考古中都是罕见的。香炉石文化已经被学术界正式确定

---

① 参见黄柏权：《清江流域民族文化生成机制及其特征》，谭宏、徐杰舜编：《人类学与江河文明》，黑龙江人民出版社 2014 年版，第 263—272 页。

为"早期巴文化"，这种考古文化与文献的记载也极为吻合，并且与当地口耳相传的口述史和神话一致。在一个区域内，文献资料、考古资料、民族学资料三者如此吻合也是不多见的。可见，清江流域文化的悠久性和古老性不仅在土家族地区是无与伦比的，就是在亚洲和中华大地上也堪称罕见，也许亚洲最早的人类就从这一区域开始的。清江流域远古文化延绵至今，为现在的土家人所继承。今天，在清江流域，我们仍能找到清江古老文化的影子。如流行于清江中、下游的撒尔嗬、各种号子和各种曲调的民歌、古老的风习依然生生不息，潜沉于土家族的生活中。

清江及其支流在鄂西南大山丛中千回百转，最后艰难地冲出大山。虽然处在万山丛中，但清江文化从来就不闭关自守，自古就具有开放的胸襟。早在史前，清江流域的巴人就主动走出大山，大胆与中原主流文化交往。在大禹时，巴人就参加了大禹的会稽之会，商朝末年，巴人还参加了武王伐纣的战争，从此与周建立了密切关系。春秋战国时期，位于清江流域的巴国，面对东边强大的楚国，西边的蜀国，北边的秦国，在政治和军事上采取主动出击、灵活机动、借用外力、各个击破的战略，一方面，与楚、秦联姻，保持良好的关系；另一方面，与楚时战时和。巴国在文化上实施走出去的策略，乐观浪漫的巴人把自己的歌舞带到楚国的郢都，让楚人大开眼界，为其倾倒。巴人的开放政策获得了极大成功。使弱小的巴国在夹缝中生存发展数百年，继续书写和创造自己民族的历史和文化。清江巴人的这一传统不断被其子孙发扬光大。秦灭巴国以后，巴人一方面与秦联姻，另一方面，以自己的特产清酒与秦人交易，通过婚姻和商品交易扩大影响，传播着民族的文化。汉晋时期，巴人又以自己的嵫布作为对外联系的特产。在以后的历史长河中，尽管巴人的称呼慢慢退出了历史舞台，但清江流域的巴人后裔及其他民族，仍然没有把自己封闭在大山中。一是巴人在政治上保持与中央王朝的密切联系。清江流域除与中央政府保持一致外，还通过进贡等形式与中央保持密切联系。二是巴人在经济上与外界经常交流。从文献记载和考古发掘看，清江流域一直与山外保持密切的经济交往。特别是改土归流后，清江流域的对外交往更为密切，在流域形成了资丘、景阳、三里坝、恩施、庆阳等商业集镇。特别是1938 年湖北省政府西迁恩施以后，恩施成为陪都重庆的门户和湖北省政治、经济、文化的中心，清江流域的对外经济联系出现了前所未有的盛况。给清江流域后来的社会经济发展产生了深远的影响。三是巴人在文化上采借吸纳。从巴人把《下里》《巴人》之歌带到楚都开始，清江就以其博大的胸怀接纳外来优秀的文化。清江流域民族文化在吸纳外来文化时，不是完全照搬，而是以本地本民族的文化为根、为本，将外来文化的有益成分自然融入民族民间文化之中，使之成为更具生命力和影响力的民族文化①。

清江文化的母体与巫文化息息相关。因为清江到峡江一带是中国巫文化最发达的地区之一。传说生活在清江流域的巴人首领廪君就是一个大巫师。巫文化本身就带有许多神秘和浪漫的成分。加之清江文化深受浪漫的楚文化的影响，因此，清江文化处处充满浪漫色彩。清江流域被誉为"歌的海洋"，民歌、小调种类繁多，无论是创世歌、风俗歌、情歌、仪式歌，还是劳动歌、各类号子都直抒胸臆，豪放浪漫。清江流域人们的生活处处充满浪漫，特别是在人生礼仪中更为突出。在清江流域建始一带有一种"打喜花鼓"的习俗，即是在小孩出生后，小孩的外婆家就要送礼，去看望刚生育的女儿和外孙。主家要整嘎嘎酒。因山高路远，送礼的人不能当天返回，夜深人静的时候，为了消除疲劳，活跃气氛，也为了庆贺新的生命的诞生，送礼的就和主家人一起，拿起扫把等物作道具，在堂屋或院坝边唱边舞，男女都可参与，跳的人兴奋不已，看的人兴高采烈，这一习俗至今不衰。一个人从童年到少年，再到青年，就要谈婚论嫁。在恩施石窑和大山顶，有一种节日叫女儿会，时间在农历的七月十二，那一天远近青年男女打扮一新，相约上街，眉目传情，互吐爱慕之情。清江流域，青年男女订婚后就要选定吉日成婚。婚礼中男方要陪"十兄

---

① 参见黄柏权：《清江流域民族文化生成机制及其特征》，谭宏、徐杰舜编：《人类学与江河文明》，黑龙江人民出版社 2014 年版，第 263—272 页。

弟"，女方要陪"十姊妹"。这种具有成年礼性质的活动主要是唱歌，诉说离别之情。在清江流域人生几大礼仪中，最具特色的是老人死后的葬礼。在其他民族中，老人死去都是悲伤的事，丧事活动中充满悲伤、肃穆的气氛。但在清江流域截然不同，老人死后必须要载歌载舞。这种称为"撒尔嗬"的丧礼，看不出一点悲的气氛，歌师随鼓点边唱边舞，通宵达旦，歌词甚至有插科打诨和有关情爱的词句。清江文化的浪漫是清江人在特殊的地理环境和人文环境中孕育成长起来的，表现出清江流域各族人民对生命意识的自由张扬，对人事的乐观豁达，对美好生活的寄托和期望，对大自然无限的热爱，也表现出一个山地民族的精神风采和人生理念①。

清江流域由于处于中国东西南北的交汇点上，历史上就是各种文化的聚焦地，使清江文化在五方杂处中不断实现着交汇和融通，呈现出多姿多彩的风貌。清江文化在孕育时期就具备了多元混合的特性，史前时期清江流域就有城背溪文化、大溪文化、石家河文化在此共生共存和相互交融，从而奠定了清江文化多元共存的基础。春秋战国时期，由于楚、秦势力向西方、向南方扩张，不同的人群不断进入清江流域，这些族群都带入了自身的文化成分，在与原来土著文化交融整合中形成了清江文化的雏形，这种文化兼有巴文化、濮文化、楚文化的特征。秦汉统一后，清江流域纳入中央政府进行直接统治，汉文化不断传入。改土归流和抗日战争两次重大历史事件，对清江文化的影响最为深远，所以清江文化中的汉文化因子十分明显。同时，其他少数民族的文化对清江流域的文化也有影响，如元军南下时，一部分蒙古军队驻留下来；明清时期，因中央政府对苗族的镇压，一部分苗族和侗族进入清江流域，所以清江流域也有这些民族文化的因子。其兼容性主要表现在：第一，从宗教信仰看，历史上清江流域盛行原始宗教，巫术活动十分普遍。在历史发展进程中，随着人口流动和文化交流，儒教、道教、佛教、基

① 参见黄柏权：《清江流域民族文化生成机制及其特征》，谭宏、徐杰舜编：《人类学与江河文明》，黑龙江人民出版社 2014 年版，第 263—272 页。

督教、天主教，以及其他地方信仰也传入这一地区，所以民间在保留原始宗教的同时，也信仰儒、释、道和天主教、基督教等神学宗教。在清江流域，除本地固有的向王天子庙、德济娘娘庙、竹王祠外，还有文庙、关帝庙、张飞庙、水浒宫、禹王宫、天后宫、川主宫、伏波庙以及道观、寺院、天主教堂等。一个小小山镇可能有几十座不同的庙宇或宗教活动场所。如恩施市以前就有48座各种庙宇。相反，在清江流域却没有八部大神庙、摆手堂、风神庙等宗教活动场所。第二，从语言上看，土家语在清江流域早已丢失殆尽，只是目前还难以确定丢失的时间。因此，在清江流域人们长期使用汉语交流，语言属西南官话，但各地的方言差别较大，利川一带川味很浓，而建始一些地方江夏口音很重。第三，从物质文化上看，深受巴、楚和汉文化的影响。如建筑上，清江支流忠建河流域和利川南部保留了许多典型的土家吊脚楼，但在恩施、巴东、长阳一带民间多是土墙屋，木屋的样式也有差异。特别是宗教建筑和市镇建筑受外来文化影响大，拱、马头墙等手法时有出现。清江流域所用的器具多是竹、木所制，但从形制上有很大差异，如长阳、巴东、建始部分地方多用背架，而利川、恩施、宣恩、咸丰就少有，这些地方多用背篓和篓筐。背篓在清江流域形制也很不一致。物质文化上与酉水、汉江流域差异更大。第四，从文化艺术上看，由于清江流域较长时间以来都使用汉语，民族历史和文化都靠口传。由于各地人口在清江流域的大量流动和文化本身的开放性，清江流域民间文艺异彩纷呈，既有楚文化、巴文化的成分，也深受汉文化和苗族、侗族文化的影响。其五，从风俗习惯上看，也受汉文化和其他文化的影响，如婚俗，在清江流域有女儿会采取自由婚姻的形式，大多地方却是"父母之命，媒妁之言"。在节日活动上各地也不一样，如在长阳一带有划龙舟的习俗，清江上游就没有。①

---

① 参见黄柏权：《清江流域民族文化生成机制及其特征》，谭宏、徐杰舜编：《人类学与江河文明》，黑龙江人民出版社2014年版，第263—272页。

小　结

从游牧文化的"逐水而居"，到农耕文化的"临水而居"，人类文化因水而生，四大文明古国都是因其所在的大河流域而兴盛。究其原因，饮用水源是人类生存的第一要素。流域内还孕育了古代的城镇和现代的城市。许多国家的首都，政治、经济、文化中心大部分都是建在大河之畔。中国古都长安、洛阳、开封等位于黄河流域，古都南京位于长江流域，古都杭州位于钱塘江流域；埃及古都底比斯、孟菲斯等位于尼罗河流域；古巴比伦首都巴比伦城位于幼发拉底河流域；古印度首都华氏城位于恒河流域。今天，法国首都巴黎位于塞纳河流域，奥地利首都维也纳位于多瑙河流域，埃及首都开罗位于尼罗河流域，中国上海、武汉位于长江流域等。根据中华人民共和国住房和城乡建设部的统计公报，2007 年全国共有设市城市 655 个，大部分城市都临河而建，4 个直辖市和 28 个省会城市均位于河流之畔，饮用水功能是城市依托的首要因素。流域淡水资源是人类生存的生命线，是维持生活、生产的基本保障。流域各种各样的功能共同维护着流域的健康，保证了系统的良性循环和运转，支撑着人类文化的可持续发展。

通过本章的剖析可知，自然功能是流域功能的基础，经济功能和社会功能构建在健康的自然功能之上。如果流域内的河流断流了，湖泊干涸了，流域的水循环难以为继，各种水生生物和陆生生物不仅失去了栖息之地，而且失去了生命之源。生物多样性的丧失，将进一步打破流域的生态平衡，系统将发生紊乱，物质、能量与信息循环和传输的链条将发生断裂，流域的健康将受到损害。没有了水，流域内的土地得不到滋养将变得贫瘠，农业、工业和交通的经济功能将不复存在。流域生态环境的恶化，人类得不到清洁的饮用水，各种经济功能的丧失，人类的生存将受到威胁，人类要么迁徙，要么灭亡，流域将荡然无存。两河流域文明的衰亡就是一个典型的案例，其经验和教训值得现代人深思。

　　尽管现代人类文化的发展和传播已经突破了流域的限制，但流域仍然为文化提供了无可替代的物质和精神基础，维持着流域生境及生物体的物质和能量平衡，为人类文化的生命力提供源源不断的源泉。①

---

① 参见孟万忠、王尚义：《试论流域功能与文化》，《太原师范学院学报（社会科学版）》2014 年第 3 期。

结　语

本书关注的是流域，通过人类学家的眼睛，来分析看待我们身边或奔腾东去、或涓涓潺潺、或蜿蜒迤逦、或叮叮咚咚的河流。在到了下结论的时候，却发现这个话题远远没有讨论清楚，探索明白，但逝者如斯夫，只有先尝试探寻流域人类学的问题，构建流域人类学的体系，才有可能在更大的范围内引起更多人的关注，关注生育养育我们的世界河流。

从本书的起笔之初，我们就不断地强调，水是生命之源，也是人类文明之源。发祥于底格里斯河和幼发拉底河两河流域的古巴比伦文明，发祥于尼罗河的古埃及文明，发祥于印度河和恒河的古印度文明，发祥于黄河和长江的中华文明，并称为世界古代四大文明。发源于地中海的古希腊罗马文明和大西洋的欧洲近代文明也与流域息息相关。在前言中，我们提出，随着人类学张力的扩展，流域被纳入其研究的视野，在最初的流域人类学体系中，我们凝练出两个层面：一是流域与人类文明关系的整合；二是基于"人—水"关系的流域开发与保护。正文分成十章的 20 余万字，每一章的出发点都是讨论客观的流域时空与主观的人类文明发展趋势之间的关系，最终都落脚到了流域与不同层面的人的互动关系中，"水"与"人"如何实现长期的动态平衡与可持续发展。这样，每一部分的研究既是平行的，也是递进的：平行的是研究逻辑和分析方法，递进的是对象层次和人类群体的范畴——从最初的人类自身到相对小范围的类群体的活动（农业、交通、商贸），再到更大范围的人类群体（城市、族群、国家）及其活动（战争、移民、文化），形成一套完整的主观—客观—主观—

客观的对象研究逻辑，期望能够通过本书科学、严谨、完整的研究，初步建构起流域人类学的理论框架。

在中国人类学区域研究中，以流域人类学的视角理解区域文化的方法，能够使我们产生出以下的学术构想。首先，在流域人类学的概念方面，流域今后将更被关注的是其作为文化区域的部分，流域被定义为以水流为标识的人类活动区域，这些活动区域的形成，是由于人类群体按照某种规则和方式组合形成人类社会以后，淡水的主要来源——江河、湖泊、溪流被赋予了更广阔的社会意义和文化内涵。在此基础上，进一步探讨人类与水、人类社会与流域，以及流域文化之间的关系。其次，在流域人类学的理论方面，区域文化将作为前人的理论被整体纳入流域人类学的历史范畴，进而讨论建构与他者和建构与自我的人类学区域研究的理论逻辑对流域人类学未来发展方向的影响。再次，在流域人类学的对象方面，社会、经济、历史、族群、文化等各个方面，将以不同的形式成为流域研究的内容，并在面对和解决当今社会与流域有关的问题方面提供可资借鉴的例证。接下来，在流域人类学的视野方面，关于水源、水路、水利、水患与人类文明关系的探讨，将使这一学科的视野扩展到前人难以企及的宽度和广度。最后，在流域人类学的方法方面，跨文化的流域比较研究将成为主要的特色方法。将跨地域、超时间的流域人类文明进行横向的比较，并通过比较尝试总结河流与人类社会、流域与人类文明的关系，进而上升到探讨人与水的关系和人与自然关系的层面，以期为未来的人类应对流域问题、改善流域环境和传承流域文化提供理论支撑和方法路径。

总之，流域人类学有成为人类学中率先跨越学科与理论界限的全新认知方式，从重新认识区域文化、重新解释人类社会出发，实现重构人与自然、人与社会的关系的目标。从这一意义上看来，流域人类学自身就好像一条河流，从思想的"发源"到案例的"汇合"，再到理论的"奔流入海"，最后通过逻辑的"蒸发"，形成观念的"雨点"，再次降落到地面。在这一完整的过程中，人类作为客观世界之外的"参与者""经历者"和"入侵者"，并不会因为生产力的发达

与否而改变主客观的位置，换言之，人类对自然的所作所为，最后都
会通过某种形式复还到人类自己，唯一的区别只是破坏力的大小和时
间的长短。所以，无论是河流、海洋，还是山川、丘陵，都是人与自
然关系中无法脱离的渊薮。同时，对于自然环境开发的利益与保护的
代价之间，似乎取舍的难度不会像现在这么大；同时，人类未来的发
展方向，定能够看见一道绿色的曙光。

参考文献

一、专著、编著、学位论文类

1. ［古希腊］希罗多德著：《历史（上）》，王以铸译，商务印书馆 1959 年版。

2. ［美］威尔伯·施拉姆、威廉·波特著：《传播学概论》，陈亮等译，新华出版社 1984 年版。

3. ［英］特伦斯·霍克斯著：《结构主义和符号学》，瞿铁鹏译，上海译文出版社 1987 年版。

4. ［法］迪尔凯姆著：《社会学方法的规则》，胡伟译，华夏出版社 1990 年版。

5. ［美］G. W 施坚雅著：《中国封建社会晚期城市研究——施坚雅模式》，王旭等译，吉林教育出版社 1991 年版。

6. ［美］马汉著：《海权论》，萧伟中、梅然译，中国言实出版社 1997 年版。

7. 葛剑雄主编：《中国移民史（第一卷）》，福建人民出版社 1997 年版。

8. ［法］布迪厄、［美］华康德著：《实践与反思：反思社会学导引》，李猛、李康译，中央编译出版社 1998 年版。

9. ［美］明恩浦著：《中国乡村生活》，午晴、唐军译，时事出版社 1998 年版。

10. ［美］华勒斯坦等著：《学科·知识·权力》，刘健芝等编译，生活·读书·新知三联书店 1999 年版。

11. ［美］克利福德·格尔茨著：《文化的解释》，韩莉译，译林出版社 1999 年版。

12. ［法］埃米尔·涂尔干著：《宗教生活的基本形式》，渠东等译，上海人民出版社 1999 年版。

13. ［美］康纳顿著：《社会如何记忆》，纳日碧力戈译，上海人民出版社 2000 年版。

330

14. ［法］莫里斯·哈布瓦赫著：《论集体记忆》，毕然、郭金华等译，上海人民出版社 2002 年版。

15. ［美］托马斯·库恩著：《科学革命的结构》，金吾伦、胡新和译，北京大学出版社 2003 年版。

16. ［英］安东尼·吉登斯著：《社会学》，赵旭东等译，北京大学出版社 2003 年版。

17. ［美］斯塔夫里阿诺斯著：《全球通史：从史前史到 21 世纪》，吴象婴等译，北京大学出版社 2006 年版。

18. ［德］马克思、恩格斯著：《马克思恩格斯选集》，人民出版社 2011 年版。

19. ［美］斯霍华德·斯波德著：《世界通史（第四版）》，吴金平等译，山东画报出版社 2013 年版。

20. ［英］托马斯·布莱基斯顿著：《江行五月》，马剑、孙琳译，中国地图出版社 2013 年版。

21. ［日］斯波义信著：《中国都市史》，布和译，北京大学出版社 2013 年版。

22. ［美］明恩浦著：《中国人的德行》，朱建国译，译林出版社 2014 年版。

23. 李思纯著：《江村十论》，上海人民出版社 1957 年版。

24. 黄成助主编：《民国贺县志（卷四）》，台湾成文出版社 1967 年版。

25. 林耀华主编：《原始社会史》，中华书局 1984 年版。

26. 吉占等编：《清入关前史料选辑》，中国人民大学出版社 1984 年版。

27. 宋家泰等编著：《城市总体规划》，商务印书馆 1985 年版。

28. 中国历史文化名城研究会：《中国历史文化名城保护与建设》，文物出版社 1987 年版。

29. 李德顺著：《价值论——一种主体性的研究》，中国人民大学出版社 1987 年版。

30. 孙进己等编：《女真史》，吉林文史出版社 1987 年版。

31. 谭其骧编著：《长水集》，人民出版社 1987 年版。

32. 胡阿祥：《东晋南朝侨州郡县研究》，复旦大学历史地理研究所 1987 年博士学位论文。

33. 黄芝岗著：《中国的水神》，上海文艺出版社 1988 年版。

34. 张晓生、刘文彦编著：《中国古代战争通览（上卷）》，长征出版社 1988 年版。

35. 费孝通著：《中华民族的多元一体格局》，中央民族学院出版社 1989 年版。

36. 王绍荃著：《四川内河航运史（古代近代制）》，四川人民出版社 1989 年版。

37. 吴汝康等主编：《中国远古人类》，科学出版社 1989 年版。

38. 卢鼎鹏主编：《八步镇志》，广西人民出版社 1990 年版。

39. 左大康主编：《现代地理学辞典》，商务印书馆 1990 年版。

40. 赵世瑜、周尚意著：《中国文化地理概说》，陕西教育出版社 1991 年版。

41. 丁世良主编：《中国地方志民俗资料汇编·中南卷（上）》，书目文献出版社 1991 年版。

42. 梁钊韬著：《文化人类学》，中山大学出版社 1991 年版。

43. 陈国强等编：《建设中国人类学》，三联书店上海分店 1992 年版。

44. 罗扬罴主编：《铺门镇志》，广西人民出版社 1992 年版。

45. 冯友兰著：《冯友兰学术论著自选集》，北京师范学院出版社 1992 年版。

46. 屈小强等主编：《三星堆文化》，四川出版社 1993 年版。

47. 王子今著：《秦汉交通史稿》，中共中央党校出版社 1994 年版。

48. 宁越敏等著：《中国城市发展史》，安徽科学技术出版社 1994 年版。

49. 李学勤著：《长江文化史》，江西教育出版社 1995 年版。

50. 李绍明著：《李绍明民族学文选》，成都出版社 1995 年版。

51. 《中国地理概览》编写组编：《中国地理概览》，东方出版中心 1996 年版。

52. 李亦园著：《人类的视野》，上海文艺出版社 1996 年版。

53. 林耀华：《民族学通论（修订本）》，中央民族大学出版社 1997 年版。

54. 王明珂著：《华夏边缘：历史记忆与族群认同》，允晨文化实业公司 1997 年版。

55. 张昌倬主编：《中国 100 处考古发现》，广西人民出版社 1998 年版。

56. 费孝通著：《乡土中国　生育制度》，北京大学出版社 1998 年版。

57. 王宁著：《中国文化概论》，中央民族大学出版社 1999 年版。

58. 伍新木、张秀生主编：《长江地区城乡建设与可持续发展》，武汉出版社 1999 年版。

59. 四川省文物考古研究所编：《三星堆祭祀坑》，文物出版社 1999 年版。

60. 徐光冀主编：《中国考古学年鉴（1998）》，文物出版社 2000 年版。

61. 王恩涌等编著：《人文地理学》，高等教育出版社 2000 年版。

62. 伍光和主编：《自然地理学》，高等教育出版社 2000 年版。

63. 何明柯著：《物流系统论》，中国时代经济出版社 2001 年版。

64. 张道军等编著：《流域生态环境可持续发展论》，黄河水利出版社 2002 年版。

65. 黄家城、陈雄章主编：《交通与历史横向发展变迁》，人民交通出版社 2002 年版。

66. 饶胜文著：《布局天下：中国古代军事地理大势》，解放军出版社 2002 年版。

67. 黄光宇著：《山地城市学》，中国建筑工业出版社 2002 年版。

68. 庄孔韶主编：《人类学通论》，山西教育出版社 2003 年版。

69. 司徒尚纪著：《珠江文化与史地研究》，中国评论文化有限公司 2003 年版。

70. 郑振满、陈春声主编：《民间信仰与社会空间》，福建人民出版社 2003 年版。

71. 张江凯、魏峻著：《新石器时代考古》，文物出版社 2004 年版。

72. 中国文物保护技术协会、国家文物局：《2020 年中国历史文化遗产保护领域科学和技术发展研究，2020 年中国科学和技术发展研究（下）》，中国科技出版社 2004 年版。

73. 夏春玉主编：《现代物流概论》，首都经济贸易大学出版社 2004 年版。

74. 中国地理学会历史地理专业委员会《历史地理》编委会编：《历史地理（第二十辑）》，上海人民出版社 2004 年版。

75. 范玉春著：《移民与中国文化》，广西师范大学出版社 2005 年版。

76. 向德平编著：《城市社会学》，高等教育出版社 2005 年版。

77. 郑土有著：《中国风俗通志·信仰志》，山东教育出版社 2005 年版。

78. 费孝通著：《论文化与文化自觉》，群言出版社 2005 年版。

79. 费孝通、张之毅著：《云南三村》，社会科学文献出版社 2006 年版。

80. 许倬云著：《万古江河——中国历史文化的转折与开展》，上海文艺出版社 2006 年版。

81. 张文尝等主编：《交通经济带》，科学出版社 2006 年版。

82. 卿希泰著：《道教史》，江苏人民出版社 2006 年版。

83. 谭红主编：《巴蜀移民史》，巴蜀书社 2006 年版。

84. 周大鸣、吕俊彪著：《珠江流域的族群与区域文化》，中山大学出版社 2007 年版。

85. 陈梧桐、陈名杰著：《黄河传》，河北大学出版社 2008 年版。

86. 阴法鲁等著：《中国古代文化史（下）》，北京大学出版社 2008 年版。

87. 袁庭栋著：《解秘中国古代战争》，山东画报出版社 2008 年版。

88. 李春霞著：《遗产：源起与规则》，云南教育出版社 2008 年版。

89. 吕思勉著：《中国文化史》，新世界出版社 2008 年版。

90. 栾保群著：《中国神谱》，天津人民出版社 2009 年版。

91. 许倬云著：《历史大脉络》，广西师范大学出版社 2009 年版。

92. 费孝通著：《费孝通全集：第 1 卷》，内蒙古人民出版社 2009 年版。

93. 邓伟志著：《社会学辞典》，上海辞书出版社 2009 年版。

94. 苑利、顾军著：《非物质文化遗产学》，高等教育出版社 2009 年版。

95. 何远成著：《基于水运的流域物流理论与应用研究》，长安大学 2010 年博士学位论文。

96. 美国时代编辑部编著：《全球通史》，吉林文史出版社 2010 年版。

97. 陆孝平、富曾慈编：《中国主要江河水系要览》，中国水利水电出版社 2010 年版。

98. 路遥等编著：《民间信仰与社会生活》，上海人民出版社 2011 年版。

99. 梁漱溟著：《中国文化要义》，上海人民出版社 2011 年版。

100. 彭兆荣著：《文化遗产学十讲》，云南教育出版社 2012 年版。

101. 吕烈丹著：《稻作与史前文化演变》，科学出版社 2013 年版。

102. 曹兵武著：《文物与文化》，故宫出版社 2013 年版。

103. 蔡靖泉著：《文化遗产学》，华中师范大学出版社 2014 年版。

104. 王尚义、张慧芝著：《历史流域学论纲》，科学出版社 2014 年版。

105. 谭宏、徐杰舜编：《人类学与江河文明》，黑龙江人民出版社 2014 年版。

106. 刘俊男著：《长江中游地区文明进程研究》，科学出版社 2014 年版。

107. 张培刚著：《张培刚集》，华中科技大学出版社 2017 年版。

108. Wissler, Clark, *The American Indian: An Introduction to the Anthropology of the New World*, Oxford University Press, 1922.

109. Wissler, Clark, *Man and Culture*, Tomas Y. Crowell Company, 1923.

110. Tylor, E. B., *The Origins of Culture*, New York: Harper and Brothers Publishers, 1958.

111. Roux, G., *Ancient Iraq*, Penguin Harmondsworth, 1964.

112. Service, E. R., *Primitive Social Organization: An Evolutionary Perspective*, New York, 1971.

113. Mark Elvin, *The Pattern of the Chinese Past*, Stanford University Press, 1973.

114. Gabriel, B., *Zum oekologischen wandel in der oestlichen Zentralsahara*, Berliner Geographische Abbandlungen, 1977.

115. Richard. J. Chorley, Stanley. A. Schumm, David. E. Sugden, *Geomorphology*, London: Methuen & Co. Ltd, 1984.

116. William Bloom, Personal Identity, *National Identity and International Relations*, Cambridge: Cambridge University Press, 1990.

117. Prentice, R. C., *Tourism and Heritage Attractions*, London: Routledge, 1993.

118. National Park Service, *The Secretary of the Interior's Standardsfor the Treatment of Historic Properties with Guidelines for thereatment of Cultural Landscapes*, Washington D. C., U. S., Departmentof the Interior National Park Service, Departmentof the Interior National Park Service, 1996.

119. Dominique Poulot, *Patrimoine et musees L'institution de la culture*,

Hachette，2001.

120. Fowler，P. J.，*World Heritage Cultural Landscapes* 1992 – 2002，Paris：UNESCO，2003.

121. Jansen-Verbeke，M.，Priestley，G. K.，Russo，A. P，*Cultural Resources for Tourism：Patterns，Processes and Policies*，New York：Nova Science Publishers，2008.

122. He Yuancheng, Dong Qianli," Study on Chinese Water Transport System and Basin Logistics"，The proceedings of the Third International Conference on Operations and Supply Chain Management，Wuhan，Jul. 28 to Aug. 3，2009.

二、报刊论文类

1. 徐淑英、高由禧等：《黄河流域气象的初步分析》，《地理学报》1954 年第 1 期。

2. 涂厚善：《试论古代印度河流域文化的特点及其产生的原因》，《华中师范学院学报》1979 年第 4 期。

3. 洛阳博物馆：《洛阳西高崖遗址试掘简报》，《文物》1981 年第 7 期。

4. 费孝通：《谈深入开展民族调查问题》，《中南民族学院学报》1982 年第 3 期。

5. 黄其煦：《黄河流域新石器时代农耕文化中的作物——关于农业起源问题的探索（三）》，《农业考古》1983 年第 2 期。

6. ［印度］伊尔凡·哈比布：《印度史上的农民》，姜述贤译，《南亚研究》1987 年第 2 期。

7. 周振鹤：《唐代安史之乱和北方人民的南迁》，《中华文史论丛》1987 年第 2 期。

8. ［美］马克·纳森·柯恩：《人口压力与农业起源》，王利华译，《农业考古》1990 年第 2 期。

9. ［英］米丽亚姆·斯蒂德、李经宇：《古代埃及农业耕作方式及农作物》，《农业历史研究》1991 年第 1 期。

10. 段渝：《商代蜀国青铜雕像文化来源和功能之再探讨》，《四川大学学报》1991 年第 2 期。

11. 贺培育：《文明传播中的制度冲突与融合》，《社会主义研究》1991 年第 3 期。

12. 陈英：《黔西北民族关系史简论》，《贵州民族研究》1992 年第 4 期。

13. 张文合：《论流域开发》，《长江论坛》1993 年第 1 期。

14. 方慧：《历史上我国南亚语系民族与周边民族的经济文化交流》，《中国边疆史地研究》1993 年第 1 期。

15. 段渝：《巴蜀古代城市的起源、结构和网络体》，《历史研究》1993 年第

1 期。

16. 王会昌：《尼罗河流域文明与地理环境变迁研究》，《人文地理》1996 年第 1 期。

17. 惠富平：《中国传统农书整理综论》，《中国农史》1997 年第 1 期。

18. 王铭铭：《小地方与大社会——中国社会的社区观察》，《社会学研究》1997 年第 1 期。

19. 张文绪、裴安平：《澧县梦溪八十垱出土稻谷的研究》，《文物》1997 年第 1 期。

20. 严文明：《黄河流域文明的发祥与发展》，《华夏考古》1997 年第 1 期。

21. 徐康宁、毛蕾：《关于南京建设长江下游商贸中心的研究》，《南京社会科学》1998 年第 1 期。

22. 戴向明：《黄河流域新石器时代文化格局之演变》，《考古学报》1998 年第 4 期。

23. 高立士：《西双版纳山区民族历史上的传统生态保护》，《云南民族学院学报》1999 年第 1 期。

24. 石忆邵：《中国集贸市场的历史发展与地理分布》，《地理研究》1999 年第 3 期。

25. 蔡胜和、杨焕明：《方兴未艾的古代 DNA 的研究》，《遗传》2000 年第 1 期。

26. 陈湘满：《美国田纳西流域开发及其对我国流域经济发展的启示》，《世界地理研究》2000 年第 2 期。

27. 魏兴涛、孔昭宸、刘长江：《三门峡南交口遗址仰韶文化稻作遗存的发现及其意义》，《农业考古》2000 年第 3 期。

28. 王子华：《试论云南民族文化的多元和谐》，《云南社会科学》2000 年第 4 期。

29. 陆大道：《论区域的最佳结构与最佳发展——提出"点—轴系统"和"T"型结构以来的回顾与正分析》，《地理学报》2001 年第 2 期。

30. 黄颖、李辉、文波、王玲娥、金力、高蒙河：《遗传基因技术与三峡考古实践》，《东南文化》2002 年第 3 期。

31. 王静爱：《中国政区和流域的多样性与可持续发展》，《北京师范大学学报》2002 年第 4 期。

32. 王思明：《农史研究：回顾与展望》，《新华文摘》2003 年第 3 期。

33. 王星光：《新石器时代粟稻混作区初探》，《中国农史》2003 年第 3 期。

34. 邓先瑞、吴宜进：《长江流域住区的形成与发展》，《中国地质大学学报（社会科学版）》，2003 年第 6 期。

35. 陈修颖：《区域空间结构重组：理论基础、动力机制及其实现》，《经济地理》2003 年第 7 期。

36. 韦浩明：《民国贺江流域的商业贸易与自然经济解体》，《广西社会科学》2003 年第 7 期。

37. 李辉、潘悟云、文波、杨宁宁、金建中、金力、卢大儒：《客家人起源的遗传学分析》，《遗传学报》2003 年第 9 期。

38. 费孝通：《对文化的历史性和社会性的思考》，《思想战线》2004 年第 2 期。

39. 谢选华、李辉、毛显赟、文波、高嵩、金建中、卢大儒、金力：《土家族源流的遗传学初探》，《遗传学报》2004 年第 10 期。

40. 张磊：《中国传统农业文化的当代价值》，《西北农林科技大学学报（社会科学版）》2004 年第 6 期。

41. 林秀玉：《古代文明与地理环境之关系——古代中国、埃及及两河流域比较》，《闽江学院学报》2004 年第 1 期。

42. 罗小勇、陈蕾、吐尔逊：《流域综合利用规划环境影响评价有关问题探讨》，《水电站设计》2005 年第 1 期。

43. 李星星：《论民族走廊及三纵三横的格局》，《中华文化论坛》2005 年第 3 期。

44. 邓先瑞：《略论长江流域城市生态系统的特点》，《华中师范大学学报（自然科学版）》2005 年第 4 期。

45. 李安山：《论战争、王权和意识形态的相互作用》，《史学理论研究》2005 年第 4 期。

46. 岳健、穆桂金、杨发相、崔卫国、张广妮：《关于流域问题的讨论》，《干旱区地理》2005 年第 6 期。

47. 宋林飞：《中国经济发展模式的理论探讨：费孝通的一项重要学术贡献》，《江海学刊》2006 年第 1 期。

48. 李文华、闵庆文、孙业红：《自然与文化遗产保护中几个问题的探讨》，《地理研究》2006 年第 4 期。

49. 邹逸麟：《历史时期黄河流域的环境变迁与城市兴衰》，《江汉论坛》2006 年第 5 期。

50. 王铭铭：《藏彝走廊——多学科区域研究》，《西南民族大学学报》2007 年第 1 期。

51. 葛剑雄：《迁徙的姓氏：追寻移民的脚步》，《中国国家地理》2007 年第 2 期。

52. 郑云飞、孙国平、陈旭高：《7000 年前考古遗址出土稻谷的小穗轴特征》，《科学通报》2007 年第 9 期。

53. 周大鸣、杨小柳：《珠江流域的族群与文化略论》，《西南民族大学学报（人文社科版）》2007 年第 7 期。

54. 苏黎、陈凡：《中国传统农业技术演化特征分析》，《中国农学通报》

2008 年第 4 期。

55. 彭兆荣、林雅嫦：《遗产的解释》，《贵州社会科学》2008 年第 2 期。

56. ［英］傅稻镰、秦岭：《稻作农业起源研究中的植物考古学》，《南方文物》2009 年第 3 期。

57. 王赵松、李兰：《流域水电梯级开发与环境生态保护的研究进展》，《水电能源科学》2009 年第 4 期。

58. 宋峰：《世界遗产"完整性"原则的再思考》，《中国园林》2009 年第 5 期。

59. 田青刚：《族群活动与淮河文化的形成》，《贵州民族研究》2010 年第 4 期。

60. 邓亦兵：《清代前期全国商贸网络形成》，《浙江学刊》2010 年第 4 期。

61. 李晓昀、苏敏、黄海花、李辉、田东萍、高玉霞：《潮汕人与广府、客家人母系遗传背景差异的分析》，《西南交通大学学报（医学版）》2010 年第 6 期。

62. 易建平：《从词源角度看"文明"与"国家"》，《历史研究》2010 年第 6 期。

63. 田青：《中国非物质文化遗产保护的现状与未来》，《新华文摘》2010 年第 23 期。

64. 赵冰：《长江流域族群更叠及城市空间营造》，《华中建筑》2011 年第 1 期。

65. 曹大明：《论民族走廊研究中的三个问题》，《北方民族大学学报（哲学社会科学版）》2011 年第 4 期。

66. 张朝枝、郑艳芬：《文化遗产保护与利用关系的国际规则演变》，《旅游学刊》2011 年第 1 期。

67. 孙白露、朱启臻：《农业文化的价值及继承和保护探讨》，《农业现代化研究》2011 年第 1 期。

68. 陆玉麒：《流域中心城市的区位特征——以南昌为例》，《人文地理》2011 年第 4 期。

69. 张雷、黄园淅、程晓凌、杨波、李江苏：《流域开发的生态效应问题初探》，《资源科学》2011 年第 8 期。

70. 邓振华、高玉：《河南邓州八里岗遗址出土植物遗存分析》，《南方文物》2012 年第 1 期。

71. 麻国庆：《文化、族群与社会：环南中国海区域研究发凡》，《民族研究》2012 年第 2 期。

72. 安学斌：《民族文化遗产学的学科性质、特征与意义》，《西南民族大学生报（人文社会科学版）》2012 年第 8 期。

73. 周泓：《庄孔韶人类学民族学研究的方法论诉求之意义（上）——中国

认知传统与区域文化理念的理论与实践》，《民族论坛》2012 年第 3 期。

74. 王义民、李文田、尹航：《流域与中国城市群空间分布规律研究》，《信阳师范学院学报》2013 年第 2 期。

75. 刘志仁：《最严格水资源管理制度在西北内陆河流域的践行研究——水资源管理责任和考核制度的视角》，《西安交通大学学报（社会科学版）》2013 年第 5 期。

76. 李上、刘波林：《标准化学科知识体系构建研究》，《中国标准化》2013 年第 8 期。

77. 黄慰文：《走"出"非洲，还是走"入"非洲？人类起源探索》，《大众考古》2013 年第 2 期。

78. ［加拿大］Gary W. Crawford、陈雪香等：《山东济南长清月庄遗址植物遗存的初步分析》，《江汉考古》2013 年第 2 期。

79. 叶原：《官方意识形态与民间信仰间的博弈——大足宝顶山摩崖石窟中的题材冲突》，《西南民族大学学报》2013 年第 6 期。

80. 易建平：《关于国家定义的重新认识》，《历史研究》2014 年第 2 期。

81. 孟万忠、王尚义：《试论流域功能与文化》，《太原师范学院学报（社会科学版）》2014 年第 3 期。

82. 段渝：《酋邦与国家形成的两种机制——古代中国西南巴蜀地区的研究实例》，《社会科学战线》2014 年第 9 期。

83. 徐学书、喇明英、梁音：《"民族走廊：互动、融合与发展"学术会议综述》，《西南民族大学学报（人文社科版）》2014 年第 11 期。

84. 杨海乐、陈家宽：《"流域"及其相关术语的梳理与厘定》，《中国科技术语》2014 年第 2 期。

85. 刘志仁、汪妍村：《基于耗散结构理论的西北内陆河流域生态环境补偿研究》，《西北大学学报（自然科学版）》2014 年第 4 期。

86. ［以色列］Ofer Bar-Yosef：《黎凡特的纳吐夫文化——农业起源的开端》，高雅云译，《南方文物》2014 年第 1 期。

87. 宋娇、李海峰：《从年名看古巴比伦时期的灌溉农业与水渠开建》，《农业考古》2014 年第 6 期。

88. 周大鸣、詹虚致：《人类学区域研究的脉络与反思》，《民族研究》2015 年第 1 期。

89. 刘壮壮、樊志民：《文明肇始：黄河流域农业的率先发展与文明先行》，《中国农史》2015 年第 5 期。

90. 郭建勋：《水网天下，神通川湘：四川杨四将军信仰流变过程及意义》，《西南民族大学学报》2015 年第 7 期。

91. 涂炯：《多点民族志：全球化时代的人类学研究方法》，《中国社会科学报》2015 年 12 月 3 日。

92.［英］傅稻镰（Dorian Q Fuller）：《农业起源中的河姆渡文化》，《宁波博物馆学术报告厅"河姆渡遗址博物馆讲座"》2015 年 12 月 28 日。

93. 王剑：《聚落、廊道、立面：西南区域研究的流域人类学视野》，《社会科学战线》2016 年第 10 期。

94. Biswas, P. K., "Inland Water Transport—An Overview and Prospective Plan", *Journal of the Institution of Engineers* (India), Part MR：Marine Engineering Division, 2007, 88 (7).

95. Mary Janedela Cruz, Parviz Koohafkan, "Globally Important Agricultural Heritage Systems：A Shared Vision of Agricultural, Ecologicaland Traditional Societal Sustainability", Resources Science, 2009, 31 (6).

责任编辑:陈 登
封面设计:林芝玉

图书在版编目(CIP)数据

流域人类学导论/田阡 著. —北京:人民出版社,2018.6
ISBN 978 - 7 - 01 - 019534 - 6

Ⅰ.①流… Ⅱ.①田… Ⅲ.①流域-文化人类学 Ⅳ.①C912.4

中国版本图书馆 CIP 数据核字(2018)第 157393 号

流域人类学导论

LIUYU RENLEIXUE DAOLUN

田 阡 著

人民出版社 出版发行

(100706 北京市东城区隆福寺街 99 号)

天津文林印务有限公司印刷 新华书店经销

2018 年 6 月第 1 版 2018 年 6 月北京第 1 次印刷
开本:710 毫米×1000 毫米 1/16 印张:23.5
字数:334 千字

ISBN 978 - 7 - 01 - 019534 - 6 定价:68.00 元

邮购地址 100706 北京市东城区隆福寺街 99 号
人民东方图书销售中心 电话 (010)65250042 65289539